国家出版基金项目
NATIONAL PUBLICATION FOUNDATION

中国近代
思想家文库

◎

郭齐勇 编

熊十力卷

中国人民大学出版社
·北京·

总　序

　　对于近代的理解，虽不见得所有人都是一致的，但总的说来，对于近代这个词所涵的基本意义，人们还是有共识的。一个国家、一个民族走入近代，就意味着以工业化为主导的经济取代了以地主经济、领主经济或自然经济为主导的中世纪的经济形态，也还意味着，它不再是孤立的或是封闭与半封闭的，而是以某种形式加入到世界总的发展进程。尤其重要的是，它以某种形式的民主制度取代君主专制或其他不同形式的专制制度。中国是个幅员广大、人口众多、历史悠久的多民族国家，由于长期历史发展是自成一体的，与外界的交往比较有限，其生产方式的代谢迟缓了一些。如果说，世界的近代是从 17 世纪开始的，那么中国的近代则是从 19 世纪中期才开始的。现在国内学界比较一致的认识，是把 1840 年到 1949 年视为中国的近代。

　　中国的近代起始的标志是 1840 年的鸦片战争。原来相对封闭的国门被拥有近代种种优势的英帝国以军舰、大炮再加上种种卑鄙的欺诈打开了。从此，中国不情愿地加入到世界秩序中，沦为半殖民地。原来独立的大一统的中央集权的君主专制国家，如今独立已经极大地被限制，大一统也逐渐残缺不全，中央集权因列强的侵夺也不完全名实相符了。后来因太平天国运动，地方军政势力崛起，形成内轻外重的形势，也使中央集权被弱化。经历第二次鸦片战争、中法战争、甲午战争、八国联军入侵的战争以及辛亥革命后的多次内外战争，直至日本全面侵略中国的战争，致使中国的经济、政治、教育、文化，都无法顺利走上近代发展的轨道。古今之间，新旧之间，中外之间，混杂、矛盾、冲突。总之，鸦片战争后的中国，既未能成为近代国家，更不能维持原有的统治秩序。而外患内忧咄咄逼人，人们都有某种程度"国将不国"的忧虑。

　　"天下兴亡，匹夫有责"，读书明理的士大夫，或今所谓知识分子，尤为敏感，在空前的危机与挑战面前，皆思有所献替。于是发生种种救亡图存的思想与主张。有的从所能见及的西方国家发展的经验中借鉴某些东西，形成自己的改革方案；有的从历史回忆中拾取某些智慧，形成某种民族复兴的设想；有的则力图把西方的和中国所固有的一些东西加以调和或结合，形成某种救亡图强的主张。这些方案、设想、主张，从世界上"最先进的"，到"最落后的"，几乎样样都有。就提出这些方案、设想、主张者的初衷而言，绝大多数都含着几分救国的意愿。其先进与落后，是否可行，能否成功，尽可充分讨论，但可不必过为诛心之论。显而易见，既然救国的问题最为紧迫，人们所心营目注者自然是种种与救国的方案直接相关的思想学说，而作为产生这些学说的更基础性的理论，及其他各种知识、思想，则关注者少。

围绕着救国、强国的大议题，知识精英们参考世界上种种思想学说，加以研究、选择，认为其中比较适用的思想学说，拿来向国人宣传，并赢得一部分人的认可。于是互相推引，互相激励，更加发挥，演而成潮。在近代中国，曾经得到比较广泛的传播的思想学说，或者够得上思潮的，主要有以下几种：

（一）进化论。近代西方思想较早被引介到中国，而又发生绝大影响的，要属进化论。中国人逐渐相信，进化是宇宙之铁则，不进化就必遭淘汰。以此思想警醒国人，颇曾有助于振作民族精神。但随后不久，社会达尔文主义伴随而来，不免发生一些负面的影响。人们对进化的了解，也存在某些片面性，有时把进化理解为一条简单的直线。辩证法思想帮助人们形成内容更丰富和更加符合实际的发展观念，减少或避免片面性的进化观念的某些负面影响。

（二）民族主义。中国古代的民族主义思想，其核心是"非我族类，其心必异"，所以最重"华夷之辨"。鸦片战争前后一段时期，中国人的民族思想，大体仍是如此。后来渐渐认识到"今之夷狄，非古之夷狄"，"西人治国有法度，不得以古旧之夷狄视之"。但当时中国正遭受西方列强的侵略和掠夺，追求民族独立是民族主义之第一义。20世纪初，中国知识精英开始有了"中华民族"的概念。于是，渐渐形成以建立近代民族国家为核心的近代民族主义。结束清朝君主专制，创立中华民国，是这一思想的初步实现。第一次世界大战爆发，中国加入"协约国"，第一次以主动的姿态参与世界事务，接着俄国十月革命爆发，这两件事对近代中国的发展历程造成绝大影响。同时也将中国人的民族主义提升到一个新的层次，即与国际主义（或世界主义）发生紧密联系。也可以说，中国人更加自觉地用世界的眼光来观察中国的问题。新生的中国共产党和改组后的国民党都是如此。民族主义成为中国的知识精英用来应对近代中国所面临的种种危机和种种挑战的一个重要的思想武器。

（三）社会主义。社会主义作为一种模糊的理想是早在古代就有的，而且不论东方和西方都曾有过。但作为近代思潮，它是于19世纪在批判近代资本主义的基础上产生的。起初仍带有空想的性质，直到马克思和恩格斯才创立起科学社会主义。20世纪初期，社会主义开始传入中国。当时的传播者不太了解科学社会主义与以往的社会主义学说的本质区别。有一部分人，明显地受到无政府主义的强烈影响，更远离科学社会主义。直到五四新文化运动兴起之后，中国人始较严格地引介、宣传科学社会主义。但有一段时间，无政府主义仍是一股很大的思想潮流。中国共产党的成立，从思想上说，是战胜无政府主义的结果。中国共产党把在中国实现社会主义乃至共产主义作为自己的奋斗目标。此后，社会主义者，多次同各种非科学社会主义思想的信仰者进行论争并不断克服种种非科学社会主义思想的影响。

（四）自由主义。自由主义也是从清末就被介绍到中国来，只是信从者一直寥寥。直到五四新文化运动兴起，具有欧美教育背景的知识精英的数量渐渐多起来，自由主义始渐渐形成一股思想潮流。自由主义强调个性解放、意志自由和自己承担责任，在政治上反对一切专制主义。在中国的社会条件下，自由主义缺乏社会基础。在政治激烈动荡的时候，自由主义者很难凝聚成一股有组织的力量；在稍稍平和的时候，他们往往更多沉浸在自己的专业中。所以，在中国近代史上，自由主义不曾有，也不可能有大的作为。

（五）激进主义与保守主义。处于转型期的社会，旧的东西尚未完全退出舞台，新的东西也还未能巩固地树立起来，新旧冲突往往要持续很长的时间，有时甚至达到很激烈的程度。凡助推新东西成长的，人们便视为进步的；凡帮助旧东西排斥新东西的，人们便视为保守的。其实，与保守主义对应的，应是进步主义；与顽固主义相对的则应是激进主义。不过在通常话语环境中人们不太严格加以区分。中国历史悠久，特别是君主专制制度持续两千余年，旧东西积累异常丰富，社会转型极其不易。而世界的发展却进步甚速。中国的一部分精英分子往往特别急切地想改造中国社会，总想找出最厉害的手段，选一条最捷近的路，以最快的速度实现全盘改造。这类思想、主张及其采取的行动，皆属激进主义。在中共党史上，它表现为"左"倾或极左的机会主义。从极端的激进主义到极端的顽固主义，中间有着各种程度的进步与保守的流派。社会的稳定，或社会和平改革的成功，都依赖有一个实力雄厚的中间力量。但因种种原因，中国社会的中间力量一直未能成长到足够的程度。进步主义与保守主义，以及激进主义与顽固主义，不断进行斗争，而实际所获进步不大。

（六）革命与和平改革。中国近代史上，革命运动与和平改革运动交替进行，有时又是平行发展。两者的宗旨都是为改变原有的君主专制制度而代之以某种形式的近代民主制度。有很长一个时期，有两种错误的观念，一是把革命理解为仅仅是指以暴力取得政权的行动，二是与此相关联，把暴力革命与和平改革对立起来，认为革命是推动历史进步的，而改革是维护旧有统治秩序的。这两种论调既无理论根据，也不合历史实际。凡是有助于改变君主专制制度的探索，无论暴力的或和平的改革都是应予肯定的。

中国近代揭幕之时，西方列强正在疯狂地侵略与掠夺殖民地和半殖民地，中国是它们互相争夺的最后一块、也是最大的资源地。而这时的中国，沿袭了两千年的君主专制制度已到了奄奄一息的末日，统治当局腐朽无能，对外不足以御侮，对内不足以言治，其统治的合法性和统治的能力均招致怀疑。革命运动与改革的呼声，以及自发的民变接连不断。国家、民族的命运真的到了千钧一发之际，危机极端紧迫。先觉分子救国之心切，每遇稍具新意义的思想学说便急不可待地学习引介。于是西方思想学说纷纷涌进中国，各阶层、各领域，凡能读书读报者，受其影响，各依其家庭、职业、教育之不同背景而选择自以为不错的一种，接受之，信仰之，传播之。于是西方几百年里相继风行的思想学说，在短时期内纷纷涌进中国。在清末最后的十几年里是这样，五四时期在较高的水准上重复出现这种情况。

这种情况直接造成两个重要的历史现象：一个是中国社会的实际代谢过程（亦即社会转型过程）相对迟缓，而思想的代谢过程却来得格外神速。另一个是在西方原是差不多三百年的历史中渐次出现的各种思想学说，集中在几年或十几年的时间里狂泻而来，人们不及深入研究、审慎抉择，便匆忙引介、传播，引介者、传播者、听闻者，都难免有些消化不良。其实，这种情况在清末，在五四时期，都已有人觉察。我们现在指出这些问题并非苛求前人，而是要引为教训。

同时我们也看到，中国近代思想无比的多样性与复杂性呈现出绚丽多彩的姿态，各种思想持续不断地展开论争，这又构成中国近代思想史的一个突出特点。有些论争为我们留下了非常丰富的思想资料。如兴洋务与反洋务之争，变法与反变法之争，革命与改良之争，共和与立宪之争，东西文化之争，文言与白话之争，新旧伦理之争，科学与人生观之争，中国社会性质的论争，社会史的论争，人权与约法之争，全盘西化与本位文化之争，民主与独裁之争，等等。这些争论都不同程度地关联着一直影响甚至困扰着中国人的几个核心问题，即所谓中西问题、古今问题与心物关系问题。

中国近代思想的光谱虽比较齐全，但各种思想的存在状态及其影响力是很不平衡的。有些思想信从者多，言论著作亦多，且略成系统；有些可能只有很少的人做过介绍或略加研究；有的还可能因种种原因，只存在私人载记中，当时未及面世。然这些思想，其中有很多并不因时间久远而失去其价值。因为就总的情况说，我们还没有完成社会的近代转型，所以先贤们对某些问题的思考，在今天对我们仍有参考借鉴的价值。我们编辑这套《中国近代思想家文库》，希望尽可能全面地、系统地整理出近代中国思想家的思想成果，一则借以保存这份珍贵遗产，再则为研究思想史提供方便，三则为有心于中国思想文化建设者提供参考借鉴的便利。

考虑到中国近代思想的上述诸特点，我们编辑本《文库》时，对于思想家不取太严格的界定，凡在某一学科、某一领域，有其独立思考、提出特别见解和主张者，都尽量收入。虽然其中有些主张与表述有时代和个人的局限，但为反映近代思想发展的轨迹，以供今人参考，我们亦保留其原貌。所以本《文库》实为"中国近代思想集成"。

本《文库》入选的思想家，主要是活跃在 1840 年至 1949 年之间的思想人物。但中共领袖人物，因有较为丰富的研究著述，本《文库》则未收入。

编辑如此规模的《文库》，对象范围的确定，材料的搜集，版本的比勘，体例的斟酌，在在皆非易事。限于我们的水平，容有瑕隙，敬请方家指正。

《中国近代思想家文库》编纂委员会

目 录

导　言

　　熊十力（1885—1968），原名继智、升恒、定中，号子真、漆园、逸翁，湖北黄冈人。熊十力早年投身于辛亥革命和护法运动，中年慨然脱离政界，潜心研究哲学，曾从欧阳竟无研习法相唯识之学，继被蔡元培礼聘为北京大学讲席，后不满于佛法，自创《新唯识论》，重建儒学，成为"后五四时期"我国哲学界奇特的、颇具独创精神的思想家。熊十力历任北京大学教授、中国人民政治协商会议特邀代表及第二、三、四届全国委员会委员。他一生著述宏富、神解卓特，发皇中国文化和中国哲学的基本精神和基本价值，融会中、印、西思想，建树了以"仁心"为本体，以"体用不二"、"翕辟成变"、"生生不息"和"冥悟证会"为宗纲，冶本体论、宇宙论、人生论、价值论、认识论、方法论于一炉的博大哲学体系。熊十力哲学具有自身的特色：重人文，尊生命；反空无，箴寂灭；主健动，阐变易；严思辨，倡体悟；一理欲，明道德；合天人，扬主体。熊十力在佛学、因明学、中国文化思想史的研究方面，特别在重建新儒学上创获颇多。他的哲学思想日益被海内外学者所重视。张岱年曾经指出，熊先生"著作丰富，内容宏博渊奥，确有甚深义蕴，以他的哲学著作和现代西方一些著名哲学家的著作相比，实无逊色"①。汉米敦（C. H. Hamilton）老博士为《大英百科全书》1968 年版写的熊先生小传，肯定熊先生是中国最杰出的哲学家，认为他的哲学是"佛学、儒家与西方三方面要义之独创性的综合"。

　　与学院派的哲学家不同，熊十力是来自民间，来自社会最下层，亲

---

　　①　张岱年：《卓然成一家之言的哲学家》，见《回忆熊十力》，32 页，武汉，湖北人民出版社，1989。

身体验了民间疾苦，并把这种体验、感受融进其哲学创作中去的直感型的哲人。

熊十力于乙酉（清光绪十一年，即 1885 年）正月初四出生在湖北黄冈县上巴河以北张家湾的一个贫苦农民的家庭。家世穷困，其父以上三世皆单丁，都无立锥之地。他的祖父敏容先生为乡间木匠，父亲其相先生则掌教于乡塾。熊先生幼时为邻家放牛，只是在父亲和长兄仲甫的教育下才粗通文墨。熊十力十二岁时，其父贫病交加，又遭乡间恶霸陷害，含恨而殁，不久其母辞世，家境更加穷困。熊十力随兄耕读，三日牧牛方得一日读书，备尝生活艰辛。其后，父亲的朋友何圣木先生喜其聪颖，免费让他上乡塾读书。熊氏却难受约束，仅仅读了半年就出走了。

熊十力很早就养成了勤奋自学和独立思考的习惯。十六七岁，游学乡间，捧读陈白沙书，对"禽兽说"感受很深。他领悟到，人生的使命和价值不在饥食渴饮、争权夺利，而在超脱物欲，自识至大无匹之真我，如此才能做到与天地万物合德，威武不能屈，贫贱不能移，富贵不能淫。此时，邻县有某孝廉上公车，每每购置新书回里，十力常去借阅。读到"格致启蒙"之类，大开眼界，遂视六经诸子为土苴，睹前儒疏记，且掷地而詈。又读到当时维新派论文和奏章，知世变日剧，即以范仲淹"先天下之忧而忧"一语书置座右。清末政治腐败，民族危机深重。十力捧读严译《天演论》，深为"物竞天择""自强保种"的召唤所感染；同时，"读船山、亭林诸老先生书，已有革命之志，遂不事科举，而投武昌凯字营当一小兵，谋运动军队"①。

1900 至 1901 年，熊十力与同县何自新、浠水王汉共游江汉，欲物色四方豪杰，共图天下事。三位青年身居社会下层，同情劳苦大众，养成叛逆性格。何自新主张运动军队，熊氏力表赞成并以身先之，投第三十一标（即上说凯字营）当兵。十力白天上操练武，夜间读书看报，撰写文章，向报馆投稿，主张变革现实，救亡图存。

1904 年 7 月，张难先、何自新等在武昌创立革命党团——科学补习所。1905 年春，王汉刺杀清阅兵大臣铁良于彰德火车站，未果，壮烈牺牲。是冬，熊十力由行伍考入湖北新军特别小学堂仁字斋为学兵。由于操课在校，就寝在营，各营士兵接触频繁，熊十力利用这一机会宣

---

① 熊十力：《十力语要》卷三，见《熊十力全集》第四卷，425 页，武汉，湖北教育出版社，2001。

传革命，联络同人，揭露清吏。他曾在学堂揭示处张贴了揭露鄂军提督、第八镇统制张彪罪恶的短文。

1906年2月，刘静庵、何自新等在武昌成立日知会，得到东京同盟会的支持。是春，熊十力加入同盟会，并发起组织"黄冈军学界讲习社"，该社即成为日知会的外围组织，社员不限于黄冈籍同志，以订兰谱的方式，联络军学界志士。熊十力主持了该社的活动。每星期日，社员集会，熊十力等以孟子、王船山、黄宗羲思想阐发民族主义和民权主义，借讲《春秋》辩论种族关系，借讲《周礼》提倡地方自治。熊氏领导社员在军学界宣传《民报》、《警世钟》、《猛回头》、《革命军》和黄冈籍同人改写的《孔孟心肝》等。当时有人认为武昌不易发动革命，熊十力与何自新力辟其谬。

是夏，熊十力肄业于陆军特别小学堂。他提出，暗地联结荆、襄、巴、蜀及河南秘密会党与洪门哥老会等，使之发难于各地，清廷必遣军队去围剿，而军中同志即可乘机举事，中原不难光复。熊氏为此奔走军中甚为得力，响应者众多，风声渐大。不久事泄，熊十力被鄂军通缉，张彪等悬赏五百金购熊氏头颅，幸有友人事先暗通消息，秘密掩护，熊十力得以出逃，潜往鄂西恩施诸山。

事稍缓，十力归乡授徒。辛亥武昌起义爆发，十力参加了光复黄州的活动，后来省城任湖北督军府参谋。民国元年，熊十力参加了编辑日知会志的工作。次年，二次革命失败，熊十力回到江西德安（自1906年始，熊氏家族迁居德安），垦荒耕田，攻读先秦诸子和商务印书馆翻译的西方哲学书，亦教过一段时间的私塾。

熊十力衷心拥护孙中山先生的民族主义、民权主义和民生主义，向往民主政治，反对袁世凯篡国，反对北洋军阀政府。1917—1918年，孙先生领导的护法运动爆发，熊氏由江西入湖南参预民军，支持桂军北伐，抗击段祺瑞的进攻，不久即赴粤，佐孙中山幕，奔走于两广、西南。熊氏目睹"党人竞权争利，革命终无善果"，痛惜鼎革以还，世风日下，道德沦丧，官方败坏，军阀官僚贪污、淫侈、残忍、猜妒、浮夸、诈骗、卑鄙、苟且，党祸至烈，士习偷靡，民生凋敝，人道灭绝，慨叹"党人绝无在身心上做工夫者，如何拨乱反正"，"由这样一群无心肝的人革命，到底革到什么地方去呢"？熊先生"以为祸乱起于众昏无知，欲专力于学术，导人群以正见"，深感"革政不如革心"，遂慨然弃政向学，研读儒佛，以探讨人生的本质、增进国民的道德为己任。这是熊十力一生中重要的转折，先生自称"决志学术一途，时年已三十五矣。此为余一生之大转变，直是再生时期"①。

十力由广州返回德安，流寓匡庐西麓，题壁有："数荆湖过客，濂溪而后我重来。"是年（1918 年），熊氏汇集两年多来的笔札二十五则，编成《熊子真心书》，自印行世。在这部处女作中，有为日知会战友立的小传，有研究王船山、孟子、老庄和佛学的心得。蔡元培发现了其中的一些闪光的思想，奖掖提携，亲为之序。序中说："今观熊子之学，贯通百家，融合儒释。其究也，乃欲以老氏清静寡欲之旨，养其至大至刚之气。富哉言乎！遵斯道也以行，本淡泊明志之操，收宁静致远之效，庶几横流可挽，而大道亦可无事乎他求矣。"② 蔡、熊二人当时都有道德救国的思想。先一年，蔡先生创进德会于北大，熊氏"由远道贻书赞助，极声应气求之雅"③。此后蔡先生经常关心熊氏，给予他许多帮助。

1919 年前后，熊先生任教于天津南开中学，教国文。此时他才看到梁漱溟 1916 年在《东方杂志》上发表的《究元决疑论》。该文评议古今中外诸子百家，独推崇佛法，并指名批评熊升恒（即十力）1913 年在《庸言》上发表的指斥"佛家谈空，使人流荡失守"的文章。笔墨官司促成了二人于 1919 年暑假在北平广济寺相会，并开始了近半个世纪的友谊。由于梁的介绍，1920 年秋至 1922 年秋，熊十力在南京内学院（当时是金陵刻经处研究部）从欧阳竟无大师学习佛学，打下了坚实的唯识学和因明学的基础，接受了理性思辨的严格训练。1922 年，梁漱溟打算抽身自己办学，征得蔡元培同意，去南京请欧阳门下高足来北大顶替自己讲授佛教唯识学。借此机缘，熊十力得以受聘为北京大学特约讲师。这为他锻造自己的哲学体系提供了最好的条件。只有在北大这样的学术环境中，只有在蔡校长"思想自由"、"兼容并包"的开放政策下，熊十力才得到了与学术界精英砥砺学问的机会。

熊先生的中年时代是沉潜冥思、自立权衡的时代。他决不随波逐流，亦不囿于陈说，从 1918 年到 1922 年，他经历了由儒转佛，直从大乘有宗入手，后舍有宗而深研大乘空宗的学术历程。1923 年到 1932 年，则是熊十力酝酿、营造自己的哲学体系的关键年代。熊十力在北大

---

① 熊十力：《十力语要》卷三，见《熊十力全集》第四卷，425 页。
②③ 蔡元培：《熊子真心书序》，见《熊十力全集》第一卷，3 页。

讲授法相唯识之学的过程中，逐步形成了自己的一套观点，一步一步背弃师说，由佛归儒。1923 年，北大印制熊先生《唯识学概论》讲义，分"唯识、诸识、能变、四分、功能、四缘、境识、转识"八章，约九万余言，基本上依据于世亲、护法之本义，忠实于内院所学。是年，忽盛疑旧学，于所宗信，极不自安，毁弃前稿，开始草创《新唯识论》。1926 年，北大印制了熊先生第二种《唯识学概论》讲义，含"唯识、转变、功能、境色"四章。这一稿以功能说为本体，与旧义绝异。这一年，为讲授因明学之需，熊十力删注窥基《因明大疏》，由北大和上海商务分别印行，是书为治因明之津梁。1930 年，公孚印刷所印制的《唯识论》，分"辩术、唯识、转变、功能、色法"等章（末章有目无文），标志熊十力由主张"众生多元"改变为主张"众生同源"，由赞同轮回说改变为批判轮回说，扬弃佛学的"非人生"倾向，确认"儒家的人本主义"才是"大中至正"的。此稿与 1923 年稿相比则主张根本变异，与 1926 年稿相比也改变了十之三四。是年还将 1924 至 1928 年与高赞非论学语录和一些信札，经张立民整理删削并序，编为《尊闻录》印行。

　　大约在 1925 年前后，熊先生为自己更名为"十力"。（此前，大家都叫他"子真"。）"十力"是佛典《大智度论》中赞扬佛祖"如来"即释迦牟尼的话，比喻他具有超群的智慧、广大的神通和无边的力量。沈约《内典序》也有"六度之业既深，十力之功自远"之说。1932 年 10 月，体大思精的《新唯识论》文言文本终于在杭州出版，由浙江省立图书馆发行。这是熊十力哲学成熟的标志。在此之前，由于殚精竭虑，熊十力患下了神经衰弱、遗精和胃下垂等疾病，曾于 1927 年以后到杭州休养。养病期间的生活来源，由蔡元培和教育部关照北大发给薪金。在酝酿、建构、确立其哲学体系的十年间，熊十力得以与友人林宰平、马一浮、梁漱溟、张东荪、汤用彤、钱穆、蒙文通、张申府等先生反复切磋、辩难。是书九万余言，分"明宗、唯识、转变、功能、成色上下、明心上下"诸章。以后的《新论》语体文本大体沿此架构。对于这样一部传世之作，学术界毁誉参半，争议颇大。

　　熊先生陶铸百家，贯通中外，形成了他的创造性的哲学系统。马一浮和蔡元培给予了高度评价。蔡序指出："当此之时，完全脱离宗教家窠臼，而以哲学家之立场提出新见解者，实为熊十力先生之《新唯识论》。"蔡元培说，佛典中有高深的哲理，"惜二千年来为教界所限，未有以哲学家方法，分析推求，直言其所疑，而试为补正者。有之，则自熊十力先生之《新唯识论》始"①。蔡元培对于熊氏之出入于佛学的哲学家气魄和贡献，许之甚高。

《新论》文言本出版之后，佛学界人士几乎群起而攻之。论战持续了几十年。论战的第一个回合即于《新论》文言本出版的当年（1932年）开始，刘定权（衡如）作《破新唯识论》，欧阳先生亲为之序，猛烈批评《新论》。熊十力于次年年初出版《破〈破新唯识论〉》加以反驳。熊十力治学的特点是不依经傍传，不拘家派，于古今中外一切思想资料都有所取、有所破，意在建立自己的哲学体系。直到晚年，熊先生一直保持了他自立权衡、径行独往、无所依傍的学术品格。他对于中国传统哲学和中国化了的佛学有着敏锐的直觉、深切的理会和强烈的共鸣。熊十力晚年的著作，常常自署"黄冈熊十力造"。这个"造"字，在印度是被尊为菩萨的人才能用的。

熊十力哲学体系虽于20世纪30年代初期建立起来，然充实、发展、完善这一体系并使之在国内哲学界具有一定影响，还是抗战前后的事。抗战期间，熊十力颠沛流离、生活穷困，凭着他对国家、民族、人民和传统文化执著的爱，发愤忘食，乐以忘忧，勉力著述、讲学。

1937年七七事变发生的第二天，熊先生装扮成商人由学生刘公纯陪同，从北平城南出逃，乘运煤的货车，历尽艰辛回到武汉。1938年春，熊先生入川，在颠沛流离之际不废讲学，与学生邓子琴等讲民族精神、种原及通史，砥砺气节，确信"日本人决不能亡我国家，亡我民族，亡我文化"。因作《中国历史讲话》，力图为各民族团结抗战提供历史依据。熊先生的忧患意识、乐观精神，他全部的真挚的情感都倾注在中国文化的存亡继绝之上。熊先生以大无畏力，平章华梵，融会佛儒，自创新论，于西化之风狂飙突进之年代，为改造东方旧学，开辟新途，可谓孤往直勇，用心良苦。一个民族要有自己的哲学，这就是他创制体系的出发点。他对于五四运动之后菲薄固有、"全盘西化"的倾向和所谓"本位文化"的主张均持否定的态度，认为这两派其实都不懂得"西方之真"和"何者为国之粹"，指出必须深切了解西洋人所以成功现代文化之根本精神和中国传统文化的精华，不讳短，不掩长，相互融和，自觉创新。他说，"此土著述，向无系统，而浅见者流，不承认此土之

---

① 蔡元培：《新唯识论序》，见《蔡元培哲学论著》，石家庄，河北人民出版社，1985；又见《熊十力全集》第二卷，4、5页。

哲学或形上学得成为一种学"，因此，创造一种融和了西方科学思想和知识论，又继承了东方哲学的骨髓与形貌，对于宇宙人生诸大问题无不网罗融合，具有系统严谨之体制的哲学，就是非常之必要的了。作为有识的哲人，熊十力不满足于转手稗贩，在贞下起元、民族复兴的抗战年代，矻矻孜孜，熔铸百家，发展了三十年代初的思想，完善了昂扬进取、思辨细密、中国化了的、成体系的哲学，既为辛亥革命作出理论上的补课，又为弘扬中国传统哲学，使之具有世界价值和现代意义，作出了难能可贵的贡献。面对西方、印度或我国的先圣先贤、哲学大家，熊先生没有丝毫的奴颜媚骨。

他一生"求真"、"忌俗"，甘贫贱，忍淡泊，去浮华，务潜修。他赞扬船山所说的"恶莫大于俗，俗莫偷于肤浅"。他说："凡人心思，若为世俗浮浅知识及肤滥论调所笼罩，其思路必无从启发，眼光必无由高尚，胸襟必无得开拓，生活必无有根据，气魄必不得宏壮，人格必不得扩大。""君子于其所不知，盖阙如也。至其所笃信，则必其所真知者矣。不知而信之，惊于其声誉，震于其权威，炫于社会上千百无知之徒之辗转传说，遂从而醉心焉，此愚贱污鄙之尤。少年志学，宁当尔哉？天下唯浮慕之人最无力量，决不肯求真知。"因此，他反对"好名"、"好胜"，强调学者必须耐得住寂寞，有一种"孤冷"、"孤往"精神和毅力。"盖欲有造于学也，则凡世间一切之富贵荣誉皆不能顾。甘贫贱，忍澹泊，是非至苦之事欤。虽然，所谓功名富贵者，世人以之为乐也。世人之乐，志学者不以为乐也。"他批评李恕谷等结纳官僚、名士"以广声气为宏学者"，"忍不住寂寞，往来京邑，扬誉公卿名流间，自荒所业。外托于宏学，其中实伏有驰骛声气之邪欲而不自觉"。"乐名者逐于名，则徘徊周旋于人心风会迎合之中，而毁誉之情俱。虽得名，亦无自得之意矣。""凡有志根本学术者，当有孤往精神。""人谓我孤冷，吾以为不孤冷到极度，不堪与世谐和。"① 这种堂堂巍巍做人，独立不苟为学的自立之道，今天对于我们学术界仍有现实意义。因为如果没有独立的学人，就不可能有独立的学术。

为了锻造我们民族的哲学体系，熊十力自甘孤独，自甘寂寞，伏案数十年如一日。他在给徐复观的信中说："知识之败，慕浮名而不务潜修也；品节之败，慕虚荣而不甘枯淡也。"他长期不与家眷住在一起，

---

① 熊十力：《尊闻录》，见《熊十力全集》第一卷，577～581、641页。

为的是集中精力研究学问。他每天清晨四时左右起床读书写作，中午亦只闭目坐上片刻。入蜀之前，在北平相继出版了《十力论学语辑略》和《佛家名相通释》。入蜀之后，除在马一浮主办的复性书院、梁漱溟主办的勉仁书院和迁至乐山的武汉大学短期讲学外，主要的工作是将《新唯识论》文言文本改写成语体文本。这是对自己哲学体系的补充、修正、扩大与发展，工作量很大。熊先生当时"孤羁穷乡破寺中，老来颠沛，加复贫困，乃强自援笔"①。1939 年 8 月 19 日，日寇飞机轰炸乐山，熊十力左膝受伤，寓舍全毁于火，频年积稿尽毁，幸有部分笔札为学生陈仲陆录有副本，遂将此辑为《十力语要》卷二。《语要》卷二和《新论》语体本卷上、卷中，都是靠朋友和学生的资助才得以印制。直到1944 年春，语体本全书三卷 32 万字，才由以冯友兰、贺麟、金岳霖为常务理事的中国哲学会作为中国哲学丛书甲集的第一部书稿交重庆商务印书馆出版发行。抗战期间熊十力虽未到昆明西南联大，但仍被北京大学续聘为文学院教授。

　　熊先生学无常师，堂庑甚广，才气过人，自视很高。读书之过目不忘就令其弟子瞠目。他说："吾平生著述与笔札之属，字字从胸中流出。稍有识者，当能知之。吾所为文字，向不肯引古书。有时对流俗须征引旧文，但此等处亦不多。……陆象山云：六经皆我注脚，未可如言取义。（如言，即执著言说之谓。）"② 他写作的速度是惊人的。《新论》的姊妹篇、熊十力政治哲学和思想史专著《读经示要》一书 30 万字，"肇始于六十揽揆之辰，毕事于寇迫桂黔之日"，即 1944 年虚岁六十寿辰（正月初四）起草，迄秋冬之际而毕。据说，《读经示要》自序就是在北碚镇长卢子英刚刚捐给熊十力办哲学研究所的一座空荡荡的房屋中写的。当时，所用的毛笔秃而掉毛，没有砚台，用两只粗饭碗代替，一盛墨汁，一盛朱红。写作条件之简陋，可见一斑。鉴于此书极有价值，1945 年，中国哲学会将它作为中国哲学丛书甲集之三交重庆南方印书馆印行。

　　《读经示要》在研究先秦、汉宋和明清学术思想史方面颇有见地。尤其值得注意的是，是书推《周官》、《礼运》、《周易》和《春秋》为我国自由、民主和社会主义的经典。在当年政府讳言民主的高压之下，熊

---

① 熊十力：《新唯识论·初印上中卷序言》，见《熊十力全集》第三卷，5 页。
② 熊十力：《新唯识论》语体本，卷下之二，见上书，538～539 页。

先生倡言民主政治是挽救危亡、振兴科学和实现社会主义的前提，殊属难能可贵。熊先生 1956 年出版的《原儒》实是《读经示要》的必然发展。正如徐复观所说，熊先生的政治哲学镶入历史之中，在历史中求根据，并以此转而批评历史，形成了他独特的"史观"。熊先生特别彰显庶民在穷苦中的志气与品德，并以这种"庶民史观"赋予历史以新的解释。他的政治思想是民主政治与社会主义的结合。他向往一种革命、民主、公平的社会主义。由于他的政治哲学、历史哲学不是以纯思想的形式表达出来的，而是一定要镶在历史中去讲，镶在思想史中去讲，便不能不引出若干纠葛。[①] 在这一方面，他不是一位严谨的史学家，而是以微言大义阐明自己的政治理想和庶民史观的思想家。

抗战胜利以后直至新中国成立之前，熊先生仍然处在拮据、窘迫的境地，为谋生和求一安身之地，四处奔波。1946 年春返汉口，夏初重入川，应化学实业家孙颖川之邀，在乐山五通桥主持黄海化学社附设哲学研究部，发表《中国哲学与西洋科学》的讲词，编辑《十力语要》卷三、卷四。后因资金发生困难，哲学研究部办不下去，遂于 1947 年春末返回北大，次年春赴杭，应浙江大学文学院张其昀、谢幼伟之聘讲学。夏秋赴粤，闲居广州郊外化龙乡黄艮庸家。

抗战时期及抗战胜利之后，熊先生在学术刊物上发表了很多论文，学术界对《新唯识论》和《读经示要》的评议也渐渐多了起来，尽管褒贬不一，然说明熊先生在学术界的影响越来越大。1947 年，湖北省和武汉市政府出资印行"十力丛书"，印制《新唯识论》语体本和《十力语要》各一千部。1949 年，《读经示要》由上海正中书局重印，《十力语要初续》和《韩非子评论》在香港出版。

总之，特殊的时代孕育了特殊的人物。熊十力由辛亥革命的失败痛切地认识到，没有文化精神的陶养和道德理想的追求，放任于本根良知的泊没和功名利禄的追逐，只可能出现"革命成功，走狗当道"的结局。军阀混战，百事日非，使他愤然退出政界，专攻学术，旨在为苦难的人民寻找正见与正道。不管他走的这条道德救国、学术救国的道路是否正确或有效，他的出发点总是"与天下庶民同忧患"，他的悲苦来自中国最广大最穷困的农民。因此，我们可以说，熊先生的"忧

---

① 参见徐复观：《熊十力大师未完成的最后著作——〈先世述要〉》，载香港《明报月刊》，1980 年 8 月号。

患意识"，首先是对最下层、最普通的人民生活、人民地位、人民权利的忧患，正是这种忧患，促使他走上了学界，企图为辛亥革命作出理论补课。

中西文化的冲突，民族自尊的丧失，使他一走上学界就对那种崇洋媚外的殖民地心态深恶痛绝。浮浅贫乏的所谓"学人"，在他看来不过是"海上逐臭之夫"，抛却自我，失去了依归。这就激起他以强烈的民族自尊意识、自主自立的信念，拯救民族自信心的衰亡，首先要救活这浮浅芜杂、自贱自戕、毫无生气、随波逐流的所谓"思想界"。面对"菲薄固有"、"一意袭外人肤表"、"追随外人时下浅薄风会"的西化倾向，熊先生提倡"自本自根、自信自足、自发自辟"。他由对"民生之艰"的忧患上升到对"民族文化兴衰"的忧患！日寇侵华的大变局，更加强化了熊先生的忧患意识。

从忧患意识出发，熊先生挺立了、接续了民族文化的生命，这是他所有著述的终极目的。他说："清季迄今，学人尽弃固有宝藏，不屑探究。而于西学，亦不穷其根柢。徒以涉猎所得若干肤泛知解，妄自矜炫。凭其浅衷，而逞臆想，何关理道？集其浮词，而名著作，有甚意义？以此率天下，而同为无本之学。思想失自主，精神失独立，生心害政，而欲国之不依于人，种之不奴于人，奚可得哉？天积众刚以自强，世界积无量强有力分子，以成至治。有依人者，始有宰制此依者；有奴于人者，始有鞭笞此奴者。至治恶可得乎？吾国人今日所急需要者，思想独立，学术独立，精神独立，一切依自不依他，高视阔步，而游乎广天博地之间，空诸倚傍，自诚，自明。以此自树，将为世界文化开发新生命。岂惟自救而已哉！"

1949 年 10 月，广州解放以后第十天，董必武、郭沫若联名电邀熊先生北上，共商建国大计。1950 年初，熊先生抵达北京。政府给他安排了住房，并按他的要求让他仍回北大任教。但他实际上仍过着独居、思考、著述的生活，不到学校去。1950—1953 年，在北京印行了《摧惑显宗记》、《与友人论张江陵》、《论六经》和《新唯识论》删节本四部著作。《新论》删改工作是 1951—1952 年完成的，内容更为精炼，从总体上来说，仍申"体用不二、心物不二、能质不二、吾人生命与宇宙大生命本来不二"等义，强调推衍《易》理，归本《大易》。"七十年来所悟、所见、所信、所守在兹。"

从 1954 年 10 月开始，熊先生依子世菩定居上海。先生在京时已写成《原儒》上卷，回沪起草下卷。1956 年，北京大学评熊先生为一级教授，《原儒》上下卷在上海出版。1956 年 2 月，熊先生作为特邀代表出席全国政协知识分子会议，以后被增选为第二届全国政协委员。后来，他继任第三、四届全国政协委员。1958—1959 年出版的《体用论》和《明心篇》是先生晚年之《新论》。1961 年印行的《乾坤衍》为熊氏之新易学思想，基本精神仍属《新论》。熊先生 1963 年还写了最后一部著作《存斋随笔》，释十二缘生。这部著作虽未刊行，但誊正稿犹存。

黄钟毁弃，瓦釜雷鸣。这旷代奇哲和千千万万的文化人一样消逝在一个残酷践踏文化的所谓"文化大革命"的浊流之中了。熊先生遭到抄家、被斗的厄运，大字报贴到他的家门口。他时常双泪长流，跌跌撞撞地走出门外，口中喃喃自语："中国文化亡了，中国文化亡了！" 1968 年 5 月 23 日，熊先生因患肺炎，心力衰竭，与世长辞，享年八十四岁。

有关熊先生的思想与著述，以上我们按时间随文作了介绍。这里我们再稍微集中地说说他的哲学体系《新唯识论》。这是以"仁心"、"本心"为本体的"体用不二"论。他的哲学形上学的路数，大体上是孟子——陆王的路数，同时综合了佛学的变化观、《周易》哲学的生生不已之论和王船山的体用思想。《新唯识论》严辨哲学与科学之区别、性智与量智的区别，认为科学（量智）只是穷探分门别类的知识，而哲学（性智）却是体悟整全浑一的本体。本体论是阐明万化根源的，是一切智慧之智慧。本体论在这里亦是绝对的本心论。在作者看来，"本心"为绝对待，不仅是自身的主宰，而且遍为万物之主，遍为万物实体。本心即心体即性体，是宇宙人生创化不已、生生不息之内在动力。本心不仅仅是理智之心（"识"），不仅仅是道德之心（"意"），而且是一绝对的本体（"心"），是宇宙大生命，是万化之原、万有之基，同时又内在于万物与吾人心中。这里表达了关于人与世界的真实性及潜在的完满性的信仰，确立了一切存在的根据、宇宙生化的根据和人们道德实践的根据。作者界定了"本体"，认为宇宙万有的本体是无形相的、无质碍的、绝对的、永恒的、全的、圆满的、清净的、刚健的。作者区分了"本心"与"习心"，认为绝对永恒之本体（本心、本性）与习心不可同日而语。"本心"是永恒绝对之本体；"习心"与物为对，是心理学研究的对象，是思虑营为、情感意欲等等。

《新唯识论》的"体用不二"之论肯定本心仁体的绝对性、唯一性、能动性和变易性。此体又是流衍变化、化生万物的过程。所谓心物万象、文化建制，都是仁心本体的展示、显现、流行、过程。本心创生、创发为大化流行之用，显现为宇宙万物和人文世界。本心不在万象之外，而在生生化化的事物之中。

作者自认这一理论克服了西洋哲学、印度佛教哲学视本体超脱于现象界之上或隐于现象界之背后的迷谬，纠正了多重本体或体用割裂的毛病。这种即体即用、即流行即主宰、即现象即真实、即变易即不易的本体论和宇宙论，突出了吾人与天地万物所同具的本体——良知、本心作为一元实体的包容性与真实性，因此愈加肯定它的生灭变化的创造性功能。作者指出，本体或实体是万理之源、万德之端、万化之始，其显现为无穷无尽之大用，应说是变易的，然大用流行，毕竟不改易其本体固有的生生、健动等种种德性，应说是不变易。刚健的本体（本心）之显现，有其摄聚而成形相的动势，名曰翕；有其刚健而不物化的势用，名曰辟。所谓心物即是翕辟的两种势用或过程，而翕辟相反相成，并非两个不同的历程。因此心物亦非二物，而是一个整体的相反相成的两个方面或辩证过程。

熊先生之终极关怀，即在为人类寻找回失落了的道德自我或生命理性。科技理性的膨胀，人文价值的丧失，道德意识的危机，生命本性的困惑，促使他以探寻宇宙人生的大本大源为己任。他的《新唯识论》凸显了现实、能动、刚健、充满活力的人类生命本体。它即是本体，即是主体，即是现象，即是功能。"仁心本体"、"体用不二"模型将宇宙人生打成一片，合天地万物于一体，强调了人之生命与宇宙大生命的有机、动态的整合，进而认定生生不息、翕辟开阖的宇宙本原，即是吾人之真性，是人之所以为人之真宰。

熊十力发挥王阳明、王船山的体用观，反复论述"无体即无用，离用原无体"，认为"离用言体"，即于"性体无生而生之真机不曾领会"。工夫要在即用显体，从用中悟出本体。宇宙一切原是大用流行，大用流行即是体之显现。我们既不能执著此流行者为真实，谓其别无有体，亦不能离弃这流行者，而外流行以求体。他借鉴天台宗"圆融三谛"和华严宗"一即一切、一切即一"的思辨模式，甚至袭用其"水波"之喻，说明本体不是宇宙万有的总计、总和或总相，而是宇宙万有的法性，每一物（现象或众沤）都以一元（本体或大海）之全体为其所自有，而不仅仅占有本体之一分。所有这些，都是他对积极能动的人生论、治化论和道德论所作的本体论的论证。他以"体用不二"、"心物不二"、"能质不二"、"吾人生命与宇宙大生命本来不二"、"翕辟成变"、"反求自识"、"性修不二"、"思修交尽"、"性智统摄量智"、"生生乾元性海"、"良知呈现"诸论诸说，高扬了生意盎然、生机洋溢、刚健进取的生命本体；肯定吾人一切以自力创造，自强不息，新新不竭；强调人生有无上的崇高的价值和无限的丰富的意义。熊先生通过"举体成用"、"称体起用"、"立体开用"、"由用显体"的论证，突出了生命本体的实有性、能动性、创造性、流衍性，使之成为一切文化活动、一切文化成果、一切文化价值的真实的根源。

熊十力凸显天地万物一体之仁，以生意盎然、生机洋溢、生命充实言本体，赋予此本体以生命创造的特质。由此看来，仁心本体亦是一切文化现象和道德行为的根源和根据，是开发创新、社会进步、人格完美的原动力。此体是天赋的，就在我们心中，我们每人都自足圆满地拥有这一个大宝藏。熊十力以这一理路建构了道德理想主义的形而上体系，为现代新儒学奠定了基础。

著名哲学家、美籍华裔学者陈荣捷教授比较了在当代重建传统哲学的冯友兰、熊十力二先生，认为"熊冯二氏，而以熊氏为先，盖以其哲学皆从中国哲学内部开展，非将西方思想与经学苟合也"。他认为，熊十力"给予唯心主义新儒学以一种更稳固的形而上学基础和更能动的特性"。陈荣捷先生在给武汉大学寄来的祝贺"纪念熊十力先生诞辰一百周年学术讨论会"的贺函中又指出，熊十力的思路"以易经为基，阐发内圣外王之道，实为我国哲学主流，不为佛染，不被西风，非旧囊新酒之可比"。"其影响之于中外，未可限量也。"[1]

为便于读者把握熊十力哲学思想，本卷主要选录了熊十力的《新唯识论》的文言文本与语体文本，并选录了《十力语要》、《读经示要》等书的相关内容。以上均为熊先生的代表作，系1949年以前出版。本卷在编排上，不以时间为序。除以原哲学体系的结构出现外，又以类编的方式，把熊先生的主要哲学范畴与命题、中西文化观与儒学观以及关于治学与做人的论述凸显了出来。我们把熊先生代表作的最经典、最重要内容选编于兹，一卷在手，了然于心，相信读者细读本书可以更好地走近熊十力。

---

[1]　详见郭齐勇：《熊十力与中国传统文化》，211～212 页，台北，远流出版公司，1990；中国人民政治协商会议湖北省黄冈县委员会编：《回忆熊十力》，188 页，1989。

哲学体系

《新唯识论》(语体文本) "明宗"章

今造此论,为欲悟诸究玄学者,令知一切物的本体,非是离自心外在境界,及非知识所行境界,唯是反求实证相应故。

[译者按:本体非是离我的心而外在者。因为大全(大全即谓本体,此中大字不与小对)不碍显现为一切分。而每一分,又各各都是大全的。如张人,本来具有大全。故张人不可离自心而向外去求索大全的。又如李人,亦具有大全。故李人亦不可离自心而向外去求索大全的。各人的宇宙,都是大全的整体的直接的显现。不可说大全是超脱于各人的宇宙之上而独在的。譬如大海水(喻本体)显现为众沤。(喻众人或各种物。)即每一沤,都是大海水的全整的直接显现。试就甲沤来说罢。他(甲沤)是以大海水为体,即具有大海水的全量的。又就乙沤来说罢。他(乙沤)也是以大海水为体,亦即具有大海水的全量的。丙沤,丁沤,乃至无量的沤,均可类推。据此说来,我们若站在大海水的观点上。大海水,是全整的现为一个一个的沤。不是超脱于无量的沤之上而独在的。又若站在沤的观点上。即每一沤,都是揽大海水为体。我们不要当他(每一沤)是各个微细的沤。实际上每一沤都是大海水的全整的直接的显现着。奇哉奇哉。由这个譬喻,可以悟到大全不碍显现为一切分。而每一分又各各都是大全的。这真是玄之又玄啊。

又按本体非是理智所行的境界者。熊先生本欲于量论广明此义。但量论既未能作,恐读者不察其旨。兹本熊先生之意而略明之。学问,当分二途。曰科学。曰哲学(即玄学)。科学,根本从实用出发。易言之,即从日常生活的经验里出发。科学所凭藉以发展的工具,便是理智。这个理智,只从日常经验里面历练出来。所以要把一切物事,看做是离我的心而独立存在的,非是依于吾心之认识他而始存在的。因此,理智只是向外去看，而认为有客观独存的物事。科学，无论发展到何种程度，他的根本意义，总是如此的。哲学，自从科学发展以后，他（哲学）的范围，日益缩小。究极言之，只有本体论，是哲学的范围。除此以外，皆是科学的领域。哲学所穷究的，即是本体。我们要知道，本体的自身，是无形相的。而却显现为一切的物事。但我们不可执定一切的物事，以为本体即如是。譬如假说水为冰的本体，但不可执定冰的相状，以为水即如冰相之凝固者然。本体是不可当做外界的物事去推求的。这个道理，要待本论全部讲完了才会明白的。然而吾人的理智作用，总是认为有离我的心而独立存在的物质宇宙。若将这种看法来推求本体，势必发生不可避免的过失。不是把本体当做外界的东西来胡乱猜疑一顿，就要出于否认本体之一途。所以说，本体，不是理智所行的境界。我们以为科学、哲学，原自分途。科学所凭藉的工具（即理智）拿在哲学的范围内，便得不着本体。这是本论坚决的主张。]

是实证相应者，名为性智。（性智亦省称智。）这个智是与量智不同的。云何分别性智和量智。性智者，即是真的自己的觉悟。（此中真的自己一词，即谓本体。在宇宙论中，赅万有而言其本原，则云本体。在人生论中，克就吾人当躬而言其本原，则名真的自己。即此真己，在量论中，说名觉悟，即所谓性智。此中觉悟义深，本无惑乱故云觉，本非倒妄故云悟。）易言之，这个觉悟，就是真的自己。离了这个觉悟，更无所谓真的自己。此具足圆满的明净的觉悟的真的自己。本来是独立无匹的。以故，这种觉悟，虽不离感官经验，要是不滞于感官经验而恒自在离系的。他元是自明，自觉，虚灵无碍，圆满无缺。虽寂寞无形，而秩然众理已毕具。能为一切知识底根源的。

量智，是思量和推度，或明辨事物之理则，及于所行所历，简择得失等等的作用故。故说名量智。亦名理智。此智，元是性智的发用，而卒别于性智者。因为性智作用依官能而发现，即官能得假之以自用。（此中得者，言其可得，而非恒然。若官能恒假性智以自用，即性智毕竟不得自显。如谓奴恒夺主，无有主人得自行威命者，此岂应理之谈。）易言之，官能可假性智作用以成为官能之作用，迷以逐物，而妄见有外。（性智作用，以下省云性用。见有外者，以物为外故。）由此成习。（习者，官能的作用，迷逐外物，此作用虽当念迁谢，而必有余势续流不绝也。即此不绝之余势名为习。）而习之既成，则且潜伏不测之渊。（不测之渊，形容其藏之深也。）常乘机现起，益以障碍性用而使其成为官能作用。则习与官能作用恒叶合为一，以追逐境物。极虚妄分别之能事，外驰而不反，是则谓之量智。（以上意思，俟下卷明心章当加详。）故量智者，虽原本性智，而终自成为一种势用，迥异其本。（量智即习心。亦说为识。宗门所谓情见或情识与知见等者，皆属量智。）吾尝言，量智是缘一切日常经验而发展。其行相恒是外驰。（此中行相一词，行谓起解。相者相状。行解之相曰行相。外驰者，唯妄计有外在的物事而追求不已故。）夫唯外驰，即妄现有一切物。因此，而明辨事物之理则，及于所行所历，简择得失而远于狂驰者，（狂驰犹俗云任感情盲动者也）此固量智之悬解。（悬解借用庄子语。量智有时离妄习缠缚而神解昭著者，斯云悬解。悬者形容其无所系也。解者超脱义，离系故云超脱。）然以为真解则未也。（非真离系，即非真解。必妄习断尽，性智全显，量智乃纯为性智之发用，而不失其本然。始名真解。此岂易言哉。上云悬解者，特习根潜伏未甚现起耳。且习有粗细。粗者可暂伏。细者恒潜运而不易察也。）量智唯不易得真解故，恒妄计有外在世界，攀援构画。以此，常与真的自己分离，（真己无外。今妄计有外，故离真己。）并常障蔽了真的自己。（攀援构画。皆妄想也。所以障其真己而不得反证。）故量智毕竟不即是性智。此二之辨，当详诸量论。今在此论，唯欲略显体故。（本体亦省言体。后凡言体者仿此。）

哲学家谈本体者，大抵把本体当做是离我的心而外在的物事。因凭理智作用，向外界去寻求。由此之故，哲学家各用思考去构画一种境界，而建立为本体。纷纷不一其说。不论是唯心唯物，非心非物，种种之论，要皆以向外找东西的态度来猜度。各自虚妄安立一种本体。这个，固然错误。更有否认本体，而专讲知识论者。这种主张，可谓脱离了哲学的立场。因为哲学所以站得住脚者，只以本体论是科学所夺不去的，我们正以未得证体，才研究知识论。今乃立意不承有本体。而只在知识论上钻来钻去，终无结果。如何不是脱离哲学的立场。凡此种种妄见，如前哲所谓道在迩而求诸远，事在易而求诸难。此其谬误，实由不务反识本心。易言之，即不了万物本原，与吾人真性，本非有二。（此中真性即谓本心。以其为吾人所以生之理则云真性。以其主乎吾身则曰本心。）遂至妄臆宇宙本体为离自心而外在。故乃凭量智以向外求索。及其求索不可得，犹复不已于求索，则且以意想而有所安立。学者各凭意想，聚讼不休，则又相戒勿谈本体。于是盘旋知识窠臼，而正智之途塞，人顾自迷其所以生之理。古德有骑驴觅驴之喻，（言其不悟自所本有而妄向外求也）慨斯人之颠倒，可奈何哉。

前面已说，本体不是离我的心而外在的。这句话的意思，是指示他们把本体当做外界独存的东西来推度，是极大的错误。设有问言。既体非外在，当于何求。应答彼言。求诸己而已矣。求诸己者，反之于心而即是。岂远乎哉。不过，提到一心字，应知有本心习心之分。唯吾人的本心，才是吾身与天地万物所同具的本体。不可认习心作真宰也。（真宰者本心之异名。以其主乎吾身，而视听言动一皆远于非礼，物欲不得而干。故说为真宰。）习心和本心的分别，至后当详。（下卷明心章）今略说本心义相，一，此心是虚寂的。（无形无象故说为虚。性离扰乱故说为寂。）寂故，其化也神。（不寂则乱，恶乎神，恶乎化。）虚故，其生也不测。（不虚则碍，奚其生，奚其不测。）二，此心是明觉的。（离暗之谓明。无惑之谓觉。）明觉者，无知而无不知。（无虚妄分别故云无知。照体独立，为一切知之源故云无不知。）备万理而无妄。具众德而恒如。是故万化以之行，百物以之成。群有不起于惑，反之明觉，不亦默然深喻哉。（哲学家谈宇宙缘起，有以为由盲目追求的意志者。此与数论言万法之生亦由于暗，伏曼容说万事起于惑，同一谬误。盖皆以习心测化理，而不曾识得本心，故铸此大错。易曰乾知大始。乾谓本心，亦即本体。知者明觉义，非知识之知。乾以其知而为万物所资始，孰谓物以惑始耶。万物同资始于乾元，而各正性命，以其本无惑性故。证真之言莫如易，斯其至矣。）是故此心（谓本心）即是吾人的真性，亦即是一切物的本体。或复难曰。黄蘖有言。深信含生同一真性。心性不异，即性即心云云。此与孟子所言尽心则知性知天，遥相契应。（宋明理学家，有以为心未即是性者。此未了本心义。本心即是性，但随义异名耳。以其主乎身曰心，以其为吾人所以生之理曰性，以其为万有之大原曰天。故尽心则知性知天，以三名所表，实是一事。但取义不一而名有三耳。尽心之尽，谓吾人修为功夫，当对治习染或私欲，而使本心得显发其德用无有一毫亏欠也。故尽心，即是性天全显。故曰知性知天。知者证知，本心之炳然内证也，非知识之知。由孟子之言。则哲学家谈本体者，以为是量智或知识所行之境，而未知其必待修为之功笃实深纯，乃至克尽其心，始获证见。则终与此理背驰也。黄蘖言即心即性，是有当于孟子。）然在我之心（本心亦省云心，他处准知）云何即是万物之本体。此犹难喻。答曰，汝所不喻者，徒以习心虚妄分别，迷执小己而不见性故也。（性字注见前）夫执小己，则歧物我，判内外。（内我而外物两相隔截）故疑我心云何体物。（体物犹云为万物之本体）若乃廓然忘己，而澈悟寂然非空，生而不有，至诚无息之实理，是为吾与万物所共禀之以有生，即是吾与万物所同具之真性。此真性之存乎吾身恒是虚灵不昧即为吾身之主，则亦谓之本心。故此言心，实非吾身之所得私也，乃吾与万物浑然同体之真性也。然则反之吾心，而即已得万物之本体。（本体乃真性之异语。以其为吾与万物所以生之实理则曰真性。即此真性，是吾与万物本然的实相，亦曰本体。此中实相犹言实体。本然者，本来如此。德性无变易故，非后起故，恒自尔故。）吾心与万物本体，无二无别。其又奚疑。孟子云，夫道，一而已矣。此之谓也。

或复难言。说心，便与物对。（心待物而彰名，无物则心之名不立。）如何可言吾心，即是吾与万物所同具的本体。答曰，汝所谓与物对待的心，却是吾所谓习心。习心者，形气之灵（本心之发用，不能不凭官能以显。而官能即得假借之，以成为官能之灵明。故云形气之灵。非谓形气为本原而灵明是其发现也。）成乎习。习成，而复与形气之灵叶合为一，以追逐境物。是谓习心。故习心，物化者也。与凡物皆相待相需，非能超物而为御物之主也。此后起之妄也。本心无对。先形气而自存。（先者，谓其超越乎形气也，非时间义。自存者，非依他而存故，本绝待故。）其至无而妙有也，则常遍现为一切物，而遂凭物以显。（本无形相，说为至无。其成用也，即遍现为一切物，而遂凭之以显。是谓至无而妙有。）故本心乃廓然无待。体物而不物于物者也。（体物者，谓其为一切物之实体，而无有一物得遗之以成其为物者也。不物于物者，此心能御物而不役于物也。）真实理体，无方无相。虽成物而用之以自表现。然毕竟恒如其性，不可物化也。此心即吾人与万物之真极，其复何疑。（真极即本体之异语）

如前已说，本体唯是实证相应，不是用量智可以推求得到的。因为量智起时，总是要当做外在的物事去推度。如此，便已离异了本体，而无可冥然自证矣。然则如何去实证耶。记得从前有一西人，曾问实证当用什么方法。吾曰，此难作简单的答复。只合不谈。因为此人尚不承认有所谓本心，如何向他谈实证。须知，克就实证的意义上说。此是无所谓方法的。实证者何，就是这个本心的自知自识。换句话说，就是他（本心）自己知道自己。不过，这里所谓知或识的相状很深微。是极不显著的，没有法子来形容他的。这种自知自识的时候，是绝没有能所和内外及同异等等分别的相状的。而却是昭昭明明，内自识的。不是浑沌无知的。我们只有在这样的境界中才叫做实证。而所谓性智，也就是在这样的境界中才显现的。这才是得到本体。前面说是实证相应者，名为性智，就是这个道理。据此说来，实证是无所谓方法的。但如何获得实证，有没有方法呢。应知，获得实证，就是要本心不受障碍才行。如何使本心不受障碍，这不是无方法可以做到的。这种方法，恐怕只有求之于中国的儒家，和老庄，以及印度佛家的。我在这里不及谈。当别为量论。

今世之为玄学者，全不于性智上着涵养功夫。唯凭量智来猜度本体。以为本体，是思义所行的境界，是离我的心而外在的境界。他们的态度只是向外去推求。因为专任量智的缘故。所谓量智者，本是从向外看物而发展的。因为吾人在日常生活的宇宙里，把官能所感摄的，都看做自心以外的实在境物，从而辨识他，处理他。量智就是如此而发展来。所以量智，只是一种向外求理的工具。这个工具，若仅用在日常生活的宇宙即物理的世界之内，当然不能谓之不当。但若不慎用之，而欲解决形而上的问题时，也用他作工具，而把本体当做外在的境物以推求之，那就大错而特错了。我们须知道，真理，唯在反求。我们只要保任着固有的性智。（保者保持。任者任持。保任即常存持之，而无以惑染或私意障碍之也。）即由他（性智）的自明自识，而发见吾人生活的源泉。这个在我底生活的源泉，至广无际，至大无外，至深不测所底，至寂而无昏扰，含藏万有，无所亏欠。也就是生天生地和发生无量事物的根源。因为我人的生命，与宇宙的大生命原来不二。所以，我们凭着性智的自明自识才能实证本体，才自信真理不待外求，才自觉生活有无穷无尽的宝藏。若是不求诸自家本有的自明自识的性智。而只任量智，把本体当做外在的物事去猜度。或则凭臆想，建立某种本体。或则任妄见，否认了本体。这都是自绝于真理的。所以我们主张量智的效用是有限的。他（量智）只能行于物质的宇宙，而不可以实证本体。本体是要反求自得的。他（本体）就是吾人固有的性智。吾人必须内部生活净化和发展时，这个智才显发的。到了性智显发的时候，自然内外浑融（即是无所谓内我和外物的分界），冥冥自证，无对待相。（此智的自识，是能所不分的。所以是绝对的。）即依靠着这个智的作用去察别事物，也觉得现前一切物莫非至真至善。换句话说，即是与一切物，不复起滞碍想，谓此物，便是一一的呆板的物。而只见为随在都是真理显见。到此境界，现前相对的宇宙，即是绝对的真实。不更欣求所谓寂灭的境地。

(寂灭二字即印度佛家所谓涅槃的意思后仿此) 现前千变万动的，即是大寂灭的。大寂灭的，即是现前千变万动的。不要厌离现前千变万动的宇宙而别求寂灭，也不要沦溺在现前千变万动的宇宙而失掉了寂灭境地。本论的宗极，只是如此的。现在要阐明吾人生命，与宇宙元来不二的道理。所以接着说唯识。

（原载《新唯识论》语体文本，1947 年湖北印本）

《新唯识论》（文言文本）
"转变"章

　　盖闻诸行阒其无物，（行者，幻相迁流义，此作名词用。色法心法，总称诸行。）滞迹者则见以为有实，（以为有实物也。）达理者姑且假说转变。（转变一词，见《成唯识论述记》。言转变者，取复词便称耳，实则但举一变字可也。然吾谈变义，本不据前师，学者勿执旧说相会。）夫动而不可御，诡而不可测者，其唯变乎！（此言动者，非俗所谓动。俗以物之移转为动，此则以忽然幻现为动，非有实物由此转至彼处。）谁为能变？（故设初问。）如何是变？（故设次问。）变不从恒常起，恒常非是能变故。（观夫万变不穷，知非离此而别有恒常之体。古代梵天神我诸计，要皆为戏论。）变不从空无生，空无莫为能变故。（无始时来，已刹那刹那变而未有休歇。过去之变无留迹也，故假说空无，岂复离此变而别有空无之一境为变之所从出哉？）爰有大物，其名恒转。（大物者，非果有物，假名耳。如《中庸》所谓"其为物不贰"之物，亦假名也。恒言非断，转表非常。非断非常，即刹那刹那舍其故而创新不已。此生理之至秘也。）渊兮无待，（无有因故。）湛兮无先，（非本无而后有，故云无先。有先则是本无。）处卑而不宰，（卑者，状其幽隐而无形相，非高卑之卑。不宰者，以遍为万物实体，非超物而存，故不同神我梵天等邪计。）守静而弗衰。（静者湛寂义。弗衰者，非顽空故。）此则为能变者哉！（能变者，状词，即克指转变不息之实体而强形容之以为能耳，故未有所变与之为对。宇宙元来只此新新无竭之变，何曾有所变物可得哉？答初问讫。）变复云何？（牒前次问。）一翕一辟之谓变。（两"一"字，显动力之殊势耳，非谓翕辟各有自体，亦不可说先之以翕而后之以辟也。）原夫恒转之动也，相续不已。（此言动者，变之别名耳。前一动方灭，后一动即生，如电之一闪一闪无有断绝，是名相续，非以前动延至后时名相续也。）动而不已者，元非浮游无据，故恒摄聚。（恒字吃紧。）惟恒摄聚，乃不期而幻成无量动点，势若凝固，名之为翕。（俗不了动点，故执有实极微或原子、电子耳。凝固者，言其趋势有如此，而非果成凝固之质也。）翕则疑于动而乖其本也。（恒转者，虽有而非物。翕则势若凝固而将成乎物矣。故知翕者，恒转动而将失其自性也。）然俱时由翕故，（俱时者，谓与翕同时。）常有力焉，健以自胜，而不肯化于翕。以恒转毕竟常如其性故。唯然，故知其有似主宰用，（本无作意，因置似言。）乃以运乎翕之中而显其至健，有战胜之象焉。即此运乎翕之中而显其至健者，名之为辟。一翕一辟，若将故反之而以成乎变也。（答次问讫。）夫翕凝而近质，依此假说色法。夫辟健而至神，依此假说心法。以故色无实事，心无实事，只有此变。（事者体义，色法心法都无实自体故。）

[附识] 翕辟理趣，深远难言。兹更出笔札四则，系之左方。

所谓恒转，从他翕的势上看却似不守自性了。易言之，即似物质化了。唯物论者所以错认实体是物质的。同时，从他辟的势上看，他确是顺着他底自性流行，毕竟不曾物质化。那翕的势，好似他要故意如此，以便显出他唯一底辟的势。不如此，便散漫无从表现了。（说辟为心，说翕为色。色者，即身躯与所接属之万物是也。若无这身和物，从何见得心来？由此便可理会翕辟之故。）

汉儒谈《易》曰："阳动而进，阴动而退。"夫阳为神、为心，阴为质、为色。详彼所云，则动而进者，心也；动而退者，色也。宋明诸师，言升降、上下、屈伸等者，义亦同符。今云翕辟，与进退义复相印证。翕则若将不守自性而至于物化，此退义也。辟则恒不失其健行之自性，化无留迹而恒创，德以常新而可贞，故能转物而不化于物，此进义也。

说翕为色，说辟为心。心主乎身，交乎物感而不至为形役以徇物，所谓辟以运翕而不化于翕也。是则翕唯从辟，色唯从心。翕辟毕竟无异势，即色心毕竟非二法。

造化之几不摄聚则不至于翕，不翕亦无以见辟。故摄聚者坤道也。坤道以顺为正，终以顺其健行之本性也。夫本体上不容着纤毫之力，然而学者必有收摄保聚一段工夫，方得亲体承当，否则无由见体。故学者工夫，亦法坤也。

大哉变乎，顿起顿灭，曾无少法可容暂住。（言无些少实法可暂住也。无少云者，显其全无。）《阿含经》言："佛语诸比丘，诸行如幻，是坏灭法，是暂时法，（此言暂时者，对执常住者而言之耳。实则亦无暂时可说，以不容于此起时分想故。）刹那不住。"（此云刹那不住，故知上言暂时法者，非果许有暂时法也。今人罗素以暂时的为真实，犹是计执耳。）此义确尔不虚，俗情顾莫之省。寻检义据，聊与征明。

一者。诸行相续流名起，若非才生无间即灭者，应无诸行相续流。（相续流者，前灭后生而无断绝之谓。相续流故，名之为起。起者，生义。才生即灭，不容稍住，故说无间。前不灭则后不生，故诸行若非才生即灭者，便无相续流。）若汝言："物有暂时住，次时则先者灭后者起，故可名相续者。"此亦不然。由暂住时，后起无故。（自下数义，依据《庄严经论》而引申之。）

二者。若汝言："诸行起已，得有住者。"为诸行自住，为因他住？若诸行自住，何故不能恒住？（若许诸行得自住者，则彼应常住不坏也。）若因他住，非离诸行别有作者可说为他，谁为住因？二俱不尔，（自住，因他，二说俱不然也。）故才生即灭义成。（既不容住，故知才生即灭。）

三者。若汝执："住因虽无，坏因未至，是故得住。坏因若至，后时即灭，有如火变黑铁者。"（后时者，对其先之暂住未灭时而言耳。此言变者，变坏义。喻意云火为铁上黑相坏灭之因。此坏因未至，则黑相暂住，坏因若至，黑相便灭。世俗谓凡法之灭，必待于因，若未逢灭因，即得暂住也。）此复不然，坏因毕竟无有体故。（坏因无体者，易言之，即无坏因之谓耳。灭不待因，吾于前章谈增上缘中已言之矣。）火变铁譬，我无此理。铁与火合，（黑相似灭，赤相似起，黑相灭时，即是赤相起时。）能牵赤相似起，是火功用，实非以火坏铁黑相。（俗以火为黑相之坏因，实乃大误。黑相之灭只是法尔自灭，非待火坏灭之也。唯火之起也，则赤相与之俱起。由此说火有牵起赤相之功用可也，说火为黑相之坏因则不可也。）又如煎水至极少位，后水不生，亦非火合，水方无体。（水相之灭也，只自灭耳，岂由火相灭之哉。）由此才生即灭，义极决定，以灭不待因故。

四者。若汝言："若物才生即灭，即是刹那刹那灭，便已堕边见者。"（边者偏执，偏执灭故。）不然。应知刹那刹那灭，实即刹那刹那生。一方说为灭灭不停，一方说为生生不息。理实如是，难可穷诘。

五者。若汝言："若物刹那刹那新生者，云何于中作旧物解？"应说由相似随转，（如前刹那法，才生即灭。次刹那有似前法生起，亦即此刹那便灭。第三刹那以下，皆应准知。故刹那刹那，生灭不已，名为相似随转。）得作是知。（由后起似前故，得起旧物之知。）譬如灯焰，相似起故，起旧焰知，而实差别，（实则前焰后焰有差别也。）前体无故。（后焰起时，前焰之体已灭无故。）若汝言："纵许灯焰念念灭，岂不现见灯炷如是住耶？"应知汝见非见。（汝所谓现见灯炷如是住者，实是意识颠倒分别，固非现见也。）由炷相续，刹那刹那，有坏有起，汝不如实知故。（忽其刹那生灭相续之实，乃见为住而不灭，即不如实而知也。）若汝言："诸行刹那如灯焰者，世人何故不知？"应说诸行是颠倒物故。（本无实色及实心法，而世人于此横生计执，故说诸行是颠倒物也。）相续刹那随转，此不可知，（此理本不可以凡情推度而知。）而实别别起。世人谓是前物，生颠倒知。

六者。若汝言："物之初起，非即变异者。"不然。内外法体，后边不可得故。（内法者，心法之异名。外法者，色法之异名。本无内外，但随俗假说之耳。凡法若得住而不灭者，应有后边可得。今我此心念念生灭，既无初端可寻，亦无后边可得。色法亦然。析物至极微，更析之则无所有。唯是相续不断之变而已，何有后边？）由初起即变，渐至明了。譬如乳至酪位，酪相方显，而变相微细，难可了知，相似随转，谓是前物。以故才生即灭义得成。（由乳位至酪位，非可一蹴而至也，中间经过无量刹那生灭相似随转。唯是相似之程度，则刹那刹那随其俱起相依之诸法，如热、如空气等，逐渐微异。盖凡后一刹那与其前一刹那，无有全肖者。至于酪位，则由多刹那微异之递积，而其异相乃特著矣。世俗于此不察，以为乳之初起便住不灭，后时成酪，乳相方灭，不知酪位以前之乳，已经无量生灭，原非一物。特由相似程度未骤形其悬殊，故犹谓是前物耳。）

七者。若汝言："诸行往余处名去，故知得住者。"（此言去者，犹俗所谓动也。凡物由此处转至彼处，是名为去。以有去故，知非才生即灭。若生已不住，依谁说去？世俗皆为此计。）不然。汝执诸行为实物，能由此处转至彼处，故名为去。（此言转者，搬移义，非转变之转。）此则以日常习用械器之见，推论法尔道理，迷离颠倒，抑何足谈？如我所说，诸行唯是刹那刹那，生灭灭生，幻相宛然，无间相续。（恒无间断而相续也。）假说名去，而实无去。（由生灭无间相续故，假说名去，非有实物住而不灭，历先后时从此处转至彼处也。故实无去。）故汝言住，取证不成。

[附识] 此言无去者，即无动之谓，然不可以傅于世间哲学家积动成静之说。彼执有实物，亦执有实时方，（时者时间。方者空间。）以为物先时静住于甲方，后时由甲转至乙方，即静住于乙方。积先后之动，而实皆静住，便不得谓之为动，故飞箭虽行，其实不行也。此则辗转坚执，（执时、执方、执有静住之物，谬执一团，不可救药。）难以语于无方无体之变矣。（方者方所。体者形体。无方无体。犹言无实物也。）吾宗方量既空，（本无实方，俟详《量论》。）时量亦幻，（吾宗所言刹那，非世俗时间义，亦详《量论》。）念念生灭，（此云念者，非常途所谓之念，乃依生灭不断，而假说每一生灭为一念顷。实则生灭灭生，不可划分间隙，即念念之间，无有间隙，不可以世俗时间观念应用于此处也。）何物动移？何物静住？（才生即灭，未有物也。依谁说动？依谁说住？凡计有动、有住者，皆由妄执有时方及有实物故耳。）此所以迥异世间一切之见。学者必会吾说之全，超然神解，方莫逆于斯耳。

八者。诸行必渐大圆满。（如心力由劣而胜，官品由简而繁，皆渐大圆满之象。）若初起即住不灭者，则一受其成形而无变，如何得有渐大圆满？若汝言："不舍故而足创新，故积累以到今，今拓展而趋来，如转雪球，益转益大者。"（来者未来。）此复不然。汝计有积留，即已执物，岂足窥变。变者运而无所积，（此言运者，迁流义、幻现义。）有积则是死物，死物便无渐大圆满。是故应如我说，诸行不住，刹那刹那，脱故创新，变化密移，驯至殊胜！（殊胜者，即渐大圆满之谓。）

九者。若汝计执："诸行为常为断。"（世俗之见，恒出入常断二边。如一木也，今昔恒见，则计为常；忽焉睹其烬灭，遂又计为断。）皆有大过。应知诸行才生即灭，念念尽故非常，（尽者，灭尽。）新新生故非断。一刹那顷，大地平沉，即此刹那，山河尽异。此理平常，非同语怪。（庄子《大宗师》云："夫藏舟于壑，藏山于泽，人谓之固矣。然而夜半有力者负之而走，昧者不知也。"郭子玄释之曰："夫无力之力，莫大于变化者也。故乃揭天地以趋新，负山岳以舍故。故不暂停，忽已涉新，则天地万物无时而不移也。世皆新矣，而目以为故。舟日易矣，而视之若旧。山日更矣，而视之若前。今交一臂而失之，皆在冥中去矣。故向者之我，非复今我也。我与今俱往，岂常守故哉？而世莫之觉，谓今之所遇，可系而在，岂不昧哉！"子玄斯解，渺达神旨，故不暂停一语，正吾宗所谓才生即灭也。大法东来，玄学先导，信非偶然已。）

综前所说，则知诸行倏忽生灭，等若空华，不可把捉。世俗执有实色、实心，兹成戏论。（远西唯心论者执有实心，唯物论者执有实色。）原夫色心诸行都无自体，谈其实性乃云恒转。色法者，恒转之动而翕也；心法者，恒转之动而辟也。翕辟本动势之殊诡，盖即变之不测，故乃生灭宛然，虽尔如幻而实不空。奇哉奇哉，如是如是变。（翕辟，皆动势也。不一之谓殊诡。宛然者，幻现貌。）

吾旧著论，尝以三义明变。略曰：一者，非动义。（此俗所谓之动，与吾所云变动之动异训。）世俗之言变也以动。动者，物由此方通过余方，良由俗谛，起是妄执。变未始有物，即无方分可以斠画。犹如吾手，转趣前方，（转者转移，趣者趣往，皆俗动义。）实则只有刹那刹那别别顿转无间似续。（恒无间断，相似相续。）假说手转而无实手由此趣前，（本无有实在之手，由此方以趣往前方也。）云何神变，辄作动解。（变本至神不测，何可作动想？《中庸》曰："不动而变。"可谓深达奥窔。此当是晚周诸儒语，非汉人所能傅益。又近人柏格森之言动也，以为是乃浑一而不可分。世俗于动所经过方分，可以划割，遂计此动亦可划割，是其谬也云云。柏氏此论，不许亲划割方分之想以言动，几近于吾宗之谈变，而异乎世俗之所谓动矣。然但言动为浑一不可分，而不言刹那刹那生灭相续，则是动体能由前刹那转至后刹那，此犹未免执物与计常之见耳，岂可附于吾说哉！此非只毫厘之差也。）

二者，活义。活之为言，但遮顽空，不表有物，说是一物即不中。盖略言之，无作者义是活义。（作者犹云造物主。外道有计大梵天为作者，有计神我为作者，吾宗皆不许有。）若有作者，当分染净。若是其净，不可作染；若是其染，不可作净。染净不俱，云何世间有二法可说？又有作者，为常无常。若是无常，不名作者；若是其常，常即无作。又若立作者成就诸法，即此作者还待成就，辗转相待，过便无穷。又凡作者，更须作具，倘有常模，便无妙用。反复推征，作者义不得成。由此，变无适主，故活义成。幻有义是活义。虽无作者，而有功能。功能者，体是虚伪，犹如云气，（功能者，无有实物可得，故以虚伪形容之耳。若自其清净绝待，遍为万物实体而言，又当说为真实。从言异路，义匪一端。）阒然流动，亦若风轮。（此言流动者，幻现义，迁流不息义，然非实物，故云阒然。阒然者，无物之貌。）云峰幻似，刹那移形，唯活能尔，顿起顿灭。风力广大，荡海排山，唯活能尔，有大势力。（此中幻有，非与实有为对待之词。不固定故，不可把捉故，说

之为幻。此幻字不含胜义,亦不含劣义,学者切须如分而解。)真实义
是活义。大哉功能,遍为万物实体!极言其灿著,一华一法界,一叶一
如来。(法界,实体之异名。如来,本佛号之一,此则以目实体。)帝网
重重,无非清净本然,即觌目而皆真实。非天下之至活,孰能与于此?
(帝网重重,以喻世界森罗万象。)圆满义是活义。洪变唯能,(能者功
能。)圆神不滞。秋毫待之成体,以莫不各足。(无有一物得遗功能以成
体者,虽秋毫且然,况其他乎?秋毫举体即功能,则秋毫非不足,他物
可知已。盖泯一切物相而克指其体,则同即一大功能而无不足也。)宇
宙无偏而不全之化理,(王船山云:"大化周流,如药丸然。随抛一丸,
味味具足。"此已有窥于圆满之义。验之生物,有截其一部,其肢体仍
得长育完具者,良有以尔。)吾人思想所及,又无往不呈全体,(吾人于
一刹那顷,思想及于某种事理,在表面上若仅有某种意义而不及全宇
宙,实则此刹那之思想中已是全宇宙呈显,特于某种意义较明切耳。)
故乃于一字中持一切义,(如一人字,必含一切人及一切非人,否则此
字不立。故言人字时,即已摄持全宇宙而表之。不能析为断片,谓此唯
是此而无有彼也。若真可析,则非圆满。以不可析故,圆满义成。)于
一名中表一切义。(准上可解。)短复摄亿劫于刹那,(劫者时也。)涵无
量于微点,都无亏欠,焉可沟分?了此活机,善息分别。交遍义是活
义。神变莫测,物万不齐。不齐而齐,以各如其所如。因说万法皆如,
彼此俱得,封畛奚施?(太山与毫毛,厉与西施,其顺变化之途而各适
己事,自得均也。区小大,别好丑,皆情计之妄耳,岂可与测变化之广
大哉?)极物之繁,同处各遍,非如多马,一处不容,乃若众灯,交光
相网。(张人之宇宙,李人之宇宙,同在一处,各各遍满而不相碍。)故
我汝不一而非异,(不一者,我之宇宙汝不得入,汝之宇宙我亦不得入。
如我与汝群盗同在北京,实则我也,汝群盗也,乃人人各一北京。我之
北京寂旷虚寥,群盗不可入也。群盗之北京喧恼逼热,我亦不可入也。
非异者,我之北京,群盗之北京,乃同处各遍而不相障也。)高下遗踪
而咸适,唯活则然。(世说大鹏高止乎天池,小鸟下抢榆枋之间,此徒
自踪迹以判高下耳。苟遗踪而得理,则无高无下,固均于自适也。)无
尽义是活义。大用不匮,法尔万殊。(众生无量,世界无量。)一切不突
尔而有,一切不突尔而无。是故诸有生物,终古任运,不知其尽。(此
就一切物之实体而言。斯非突有,亦不突无,故说无尽。)如上略说活
义粗罄。

三者，不可思议义。此云不可，本遮遣之语。既非不能，又异不必。将明不可之由，必先了知思议相。思者，心行相。议者，言说相。（心行者，心之所游履曰行。言说者，谓心之取像，如计此是青非非青等，斯即言说相。）此是染慧，即意识取物之见。（染慧谓俗智有杂染故，略当于世所谓理智。取物之取，犹执也。意识发起思议，必有构画，若分析物件然，是谓执物。盖在居常生养之需，意识思议所及，无往而不执物，所以为染慧也。）夫以取物之见，遂而推论无方之变，（无方者，变未始有物，即无方所。）则恣为戏论，颠倒滋甚。故不可思议之云，直以理之极至，非思议所可相应。易言之，即须超出染慧范围，唯由明解可以理会云尔。（明解即无痴也。详心所中。）诸有不了变义是不可思议者，或计运转若机械，或规大用有鹄的，此则邀变之轮廓而执为物。（邀者，有意期之也。变本无物，即无轮廓，然以生灭相似随转，故幻似轮廓焉。愚者邀而执之以为有物也。）故回溯曾物，（过去名曾。）宛如机械重叠；逆臆来物，（来者未来。）俨若鹄的预定。（自宇宙化理言之，固无所谓鹄的，法尔任运，无作意故。若就人生或生物以言，则其奋进于不测之长途中，仍隐寓有要求美满之趋向，可说为鹄的。盖鹄的者即其奋进所由耳。）斯乃以物观变而变死，皆逞思议之过也。（于所不可用处而用之，故曰逞。）

[附识] 此章为全篇主脑。前后诸章，皆发明之，而吾与护法立说根本歧异，亦于此毕见。学者于护法学或未疏讨，即不足以知吾说所由异者，故粗陈护公义旨，以资参校。护公建立八识，（识亦名心也。彼以为心者，盖即许多独立体之组合耳。易言之，宇宙者，即许多分子之积聚耳。又各分心所，心所者，心上所有之法。八识各各有相应之心所。此诸心所，亦各成独立之体。）而于每一心、每一心所，皆析以三分。（护法谈量，虽立四分，然其谈变，仍用陈那三分义，故此但说三分。三分者，一相分、二见分、三自证分。试取耳识为例。声，相分也。了声之了，见分也。相见必有所依之体，是为自证分。每一心，由相等三分合成。每一心所，亦由相等三分合成。）唯是一切心、心所，通名现行。（现行者，略释之则以相状显现故名。此得为分名，亦得为总名。分名者，随一心、心所得名现行是也。总名者，通一切心、心所各各相等三分，森罗万象，得总说为现行界，略当于俗所谓现象界也。）现行不无因而生，故复建立种子为其因。每一现行心法，有自种子为因。每一现行心所法，亦有自种子为因。现行既有差别，（现行八聚心

心所，体相各别故。）种子足征万殊。轻意菩萨意业论云，"无量诸种子，其数如雨滴"（见《瑜伽伦记》卷五十一第七页。）是也。种现既分，（彼计种现各有自体。）故其谈变也，亦析为二种，即以种子为因能变，（由种子为因，生起现行故。）现体为果能变。（现体者，通目一切心、心所之自证分，此对因法种子而得果名也。果能变者，谓诸自证分各各能变现相、见二分故。）此其大略也。（《成唯识论述记》卷十二第十至十五页说因果二种能变，其卷二第十八至廿二页说识体变二分，同卷十二之果能变。）迹护公立因果变，乃若剖析静物，实于变义无所窥见。（彼于因变中则以种为能变，现为所变；于果变中则以现体为能变，相、见二分为所变。总之，能所各别，犹若取已成之物从而析为断片者然，是何足以明变也哉？）彼唯用分析之术，乃不能不陷于有所谓已成之断片相状，而无以明无方之变。其操术固然。当谓护公持论条理繁密，人鬔鱼网犹不足方物。审其分析排比，（分析者，如八识也、五十一心所也、三分也，皆析为各各独立之体。此一例也。余义亦皆析如牛毛。排比者，如三分说本为量论上之问题，而护法则以主张一切心、心所各各独立之故，势不得不排比整齐，于是谓八识、五十一心所各各为相、见、自证三分。此一例也。自余法数，亦务为穿凿排比。）勾心斗角，可谓极思议之能事。治其说者，非茫无头绪，即玩弄于纷繁之名相而莫控维纲，纵深入其阻，又不易破阵而游。斯学东来，未久遂坠，有以也夫。

（原载《新唯识论》文言文本，1932 年杭州印本）

在本章之末，还须与有宗简别一番者。本论从用显体，即说本体亦名功能。（功能亦名胜能，胜能的意义，说见上章初几节中。）但是，有宗建立种子，亦名功能，自无著创说时，即以功能为现界或一切行的本体。（一切行，谓心和物。）无奈他们有宗把能和现分成二界，不可融而为一，（功能，亦省称能。现界，则亦省云现。）易言之，即是体用截成两片。这个谬误在前面驳辨甚详，本可不赘，然而就名词上看，我所谓功能是斥体而目之，无著等所谓功能，也是一切行的本原。（本原一词，即是本体的别名。）诚恐有人误会，竟以此同彼。（此者，本论所谓功能。彼者，无著等所谓功能。）今略举数义，以相简别。

一曰，本论功能即是真如，无二重本体过。有宗功能是潜在于现界之背后，为现界的因素。若仅如此，尚为一般哲学家所同有的过误，（体用说成二片，哲学家多犯此过。）不幸有宗又本佛家传统的思想，别立无起无作的真如法界，（无起，犹言无生。无作，犹言不动。真如法界，系复词。）过又甚焉。本论摄用归体，（用即是体之显现，非别异于体而自为实在的物事，故用应摄入体，不可将体用析成二片。）故说功能即是真如；会性入相，（性者，体之异名。相，谓用，义旨同上，但更端言之。）故说真如亦名功能。以故，谈体无二重过。

二曰，本论依功能假立诸行，（行字，见上卷《转变章》。诸行，谓心和物诸现象，俗所谓宇宙万象是也。）无体用分成二界过。据有宗义，功能是体，以其为现行之因故；（现行，即诸行之别名。诸者，心物诸行繁然不一，故言诸也。现者，诸行相状，现前显著，故言现也。）现行是用，以其从功能生起故。然彼现行生已，便有自体，乃与功能对立而成二界，如前已驳。本论依功能翕辟假说心和物，故非实有诸行界与功能并峙。（故非二字，一气贯下。诸行界，犹俗云现象界。）以故，无体用析成二界过。

```
        ┌ 功能   亦名种子。种子复分两类，曰相分种、见分种。
        │ 因
        │ │
有宗 ┤ 果
        │         ┌ 相分   相当俗所谓物。
        └ 现行 ┤
                  └ 见分   相当俗所谓心。
```

［附说］功能为因，现行为果。能现各有自体，互相对待，成为二界。又现行是相分与见分之都称，易言之，即相分与见分合名现行。

```
本论  功能 ┌ 翕假说为物。
          └ 辟假说为心。
```

［附说］离翕辟外，无所谓功能；离功能外，亦无所谓翕辟。此须善会。翕辟，只是同一功能的两方面，（这两方面的势用，是相反相成的。）不可看做是两种实有的物事。（此处吃紧。）故夫于翕辟而悟其生而不有，即本无生；于翕辟而悟其动而不滞，（未始有物，故无滞积。）即本无动。（详玩上卷《转变章》。）然则生动之极，兀然空寂，（即用见体。）空寂之至，油然生动，（举体成用。）其斯为诚之不可掩，神之不可测也夫。（非离功能别有真如，于此宜悟。）

三曰，本论功能是浑一的全体，但非一合相的，亦非如众粒然。（一合相一词，系借用，不必符其原义。假如有一件呆板的物事，纯是一味合同，其间绝无分化可言，便名一合相。众粒，谓如世间稻等种子，为各各独立的粒子，不得互相涵摄为浑一之全体。）有宗功能说为粒子性，是各各独立的，是多至无量数的。这些众粒，必须有储藏的地方，所以建立阿赖耶识。（赖耶含藏种子，说见前文。）这种说法，也可谓之多元论。殊不知，一切物的本体，元是绝对的，元是全的，既曰多元，便是相对的物事，如何可以多元来谈本体？此固不待深论，而得失易见。本论功能，亦称大用或功用，又曰生生化化流行不息真几。（流行一词，见前。）这个元是浑一的全体，（浑者，浑全。一者，绝待。）是遍一切时及一切处，恒自充周圆满，都无亏欠的。（此中时和处，乃设言之以形容其圆满之极。实则谈到圆满的全体，本来是绝待的，是超时空的，哪有时处可说？）不过，这个全体并不是一合相，不妨说是无穷无尽的部分互相涵摄、互相融贯而成为浑一的全体。（此中部分一词，须善会。常途言部分，是有实物可剖成部分的，此则不可当做实物来想。又每一部分可强说为一单位，易言之，即强说为一个功能。但切忌误会，以为功能果真是个别的东西。须谨防此种谬想。大凡谈理至玄微之境，便觉语言文字都是死的工具，不堪适用。此意难言。）譬如大海水，（喻浑一的全体。）实则只是无量的众沤，（众沤，喻各部分。）互相融摄而成浑全的大海水。（曾航海者，方见到大海水只是众沤。）我们说功能是浑一的全体，而仍于全中见分，于分中见全，并不道是一合相。此处最关紧要。

问曰："全中见分，喻如大海水元是一一的沤，此义易了。分中见全，义复云何？"答曰：如于众沤中，随举一沤，便涵摄无量无边的沤。易言之，即此一沤便涵摄全大海水。汝于此事，犹置疑否？若无疑者，应知于浑全的功能中假说众分，（犹言一个一个的或许许多多的功能。）于众分中随一功能皆涵摄无量无边的功能。易言之，任举每一功能，都见是全体的，所谓一微尘即遍全法界，（此中全法界，亦可云全宇宙。）理实如是。

复次每一功能都具有内在的矛盾而成其发展。这个矛盾，可以说为互相反的两极，一极假说为翕，一极假说为辟。翕则疑于物化而实为辟作工具，辟则守其不可物化的本性，而为运翕随转之神。（随转者，谓翕亦随辟转也。唯辟能运翕，故矛盾终归消融，而复其本性矣。）翕辟两极，以其互相反而恰互相成，这也奇怪。由此应知，变化不是如机械的动作的，其间宛然有一种自由的主宰力，就是辟极。这个辟，是运行乎翕极而为之主。此辟是具有明智的力用，（明智者，无染污故，故说为明，虚灵无碍故，故说为智。）不过此种明智，是至微妙而不可知，（说为不可知，已是可知了，只为众生锢于情识，故对众生说不可知。）但决不能说他是没有明智的。如谓其非明智，便把这辟只看做是迷暗的力用，那就根本不识得造化之真了。我们要知，大用流行（或云变化。）是没有预定的计划的，因为本无作者的缘故；（作者，谓宗教家所云创造世界的上帝。）也不可道是没有计划的，因为有主乎翕中之辟，此辟底本身就是湛然明智，能随在作主的，绝不是乱冲的，故可以说是有计划。但无所谓预定，即不是有个能计划者。（如有预定的计划，即是有个能计划者。须知，翕辟成变，即于辟上说名计划，不是离翕辟之变外，别有个能计划者，此处宜虚怀体究。）总之，每一功能都具翕辟两极，没有一个功能只是纯翕而无辟，或只是纯辟而无翕的。（没有二字，一气贯下。）说至此，还要补充一段话，就是两极一词，须申说其意义。极者，极端。我说翕和辟是两极端，只形容其相反的意思，非谓其如一物体之有二端，其二端不可同处也。物体可分为上下或南北等二端，其二端是有方所之异而互相隔远的。今此云两极端，则是两种绝不同的势用。（或云动势。）一是收凝，而有物化的倾向的；一是刚健和开发，而为虚灵无碍之神，恒向上而不肯物化的，故说为两极端。（亦省云两极。）实则此两极只是同一功能之故反的动势，（故反者，谓若故意为此相反之动也，非谓其果有意，盖言似之耳。功能之表现其自身，盖不得不如此，所谓法尔如是。）这种不同的动势（翕和辟）是互相融合在一起，决不是可以分开的。须知，功能的本身，就是这两种动势。离此两种动势外，无所谓功能。势用虽殊，（殊者，谓有翕和辟之不同。）元非异体。（只是一个功能。）所以翕辟两极，不可当做物体之有上下或南北两极来想。上下等是各异其方所的，而此则没有方所之异，（根本不可当做实物来想，哪有方所可说？）所以两极一词的意义，绝不容误会。

复次无量功能互相涵摄而成为浑一的全体。（此通就一切功能言之，是全体。）又复每一功能都涵摄无量无边功能。易言之，任举一个功能，他便涵摄一切功能，即是全体。（此克就每一功能言之，各各都是全体的。）是等义趣，如前说讫。今次应说一切功能互为主属。（属者，从属，从属于主故。）如甲能（功能，省称能，下准知。）对乙能乃至无量能而为主，乙能等等则对甲能而为其属。同时，乙能亦对甲能乃至无量能而为主，甲能等等则亦对乙能而为其属。于甲能乙能互为主属如是，余一切能，均可类推。由一切能互相为主属故，所以说一切能不是一合相，而又是浑一的全体。主和属元来各各有别故，故不是一合相。主和属互相涵摄故，故为浑一的全体。又由一一能都为主故，即都是自由的，或自在的。由一一能都为属故，即非是散漫而不互相涵摄的。总之，一切功能既非一合相，而仍是浑一的全体，是即于相对见绝对。既是浑一的全体，而毕竟非一合相，是即于绝对见相对。体用不二的意思，即此可见。综前所说，本论功能虽不是一合相，而绝非具有粒子性。易言之，决不可当做各各独立的粒子来设想，尤不可妄臆其有贮藏的处所，此是本论与有宗天壤悬隔处。

[附说] 功能非一合相，不妨说为一个一个的。但所谓一个一个的，又决不可看做是如众粒然。易言之，即此无量功能确是浑一的全体。或有问言："所谓浑一的全体，是否即一个一个的相加之和？"答曰：于全

体中不妨说有许多部分，（部分，谓一个一个的功能。）但全体决不是各部分相加之和。如果各部分元来是各各独立的，今若聚合在一起，则必如一盘散沙然，何可成为全体？然则，全体何故不即是各部分相加之和，毕竟未易索解。为释此难，复将体用义一作分疏。本体是一，而其显为用也，则不能不万殊，所谓各部分者，即克就用相上言之耳。（相者，相状。）用相虽有各部分之殊，但其本体元无差别，故克就各部分言，此各部分毕竟是互相融摄而为浑一的全体。何以故？由即用即体故，非用离体别有物故。所以用相虽殊，（殊者，谓不是一合相，而是许多部分。）要非不相融摄，非不为全体。因为摄用归体，即一一用相都无差别故。此义深微，只有大海水与众沤喻，最便形容。一、大海水可以喻体。二、大海水全显为众沤，可以喻体全显为万殊的用，即所谓一个一个的功能。三、众沤可以喻无量功能。（即各部分。）四、众沤互相融摄而为全体，可以喻一一功能互相融摄而为浑一的全体。综上所说，可见大海水与众沤喻，善形容体用。于此透悟，则全体何故不即是各部分相加之和，其义豁然无疑矣。此处正文，融体归用，所以只就用相上立言，故只说到部分互相融摄而为全体，便随宜而止。至全体何故不即是各部分相加之和，则恐泥执用相者不能摄用归体，必横生滞碍，故复将体用分疏一番，期善学者深思而自得之。总之，本论谈体用，有时须分疏，（如说体无方无相，用则诈现有相，体无差别，用则万殊。又如说体显为用。如是等等，皆见体用二词的意义，不可混淆。）有时须融会，（或融体归用，或摄用归体，皆融会之谓。）此在读者随文会义。至理不可方物，（不可以形物比方之也。）说得死煞，便不是。

复次功能是浑一的全体，但非一合相。即于全中见分，而可以说为一个一个的。又每一功能都具翕辟两极，皆如前说讫。复有难言："所谓每一功能都具翕辟两极者，此意每一功能，就是翕辟二势和合在一起的一个单位。据此，则甲单位与乙单位，以及无量的单位，都是各各厘然分立的。他们各个单位难得互相融通，互相感摄，而说为全体，但是在另一方面，似乎已把他们各个单位说成各自独立的，终令人见分易，而见全难。"答曰：来难意思，未免滞碍。至理玄微，不容夹杂日常分析物事的观念，以相拟议。如应者言，（借用佛典语，应谓契应正理。）功能本自浑全而又不可计为一合相，功能不妨说分而又非如众多粒子然。（有宗甚谬误。）此处不容以情见猜测。至汝所云每一单位，若就其翕之一方面言，则收凝而有物化之倾向，似成一极小的圈子，（注意似字。这种圈子初不必显著，后来渐著，及其著也，或即被人叫做极微，或亦云电子等。）故谓之翕。同时，此翕中即有虚灵无碍之神，或刚健的力运行其间而为之主，便谓之辟。每一个翕既似形成一极小圈子，若有粒子性者然。（注意似字，及若有等字，非实成粒子故。）因此，则运于翕中之辟的势用，也就和此翕同一小圈子，而这个圈子其实也只是一个动圈。如此一翕一辟之和合而成一圈者，假说为一个功能，亦得谓之一单位。无量的功能，每个都是如上所说。我们应知，功能所以非一合相者，其妙就存乎翕。有翕便有分化，才不是一合相。假使没有所谓翕就无从显出对待，无有万殊可言。据此，则翕是分化的，每一个翕，是自成一极小圈子。今试克就辟言，此辟是否真个随翕而分成各个的圈呢？应知，辟的势用虽运于一切翕之中，恒随各个的翕而分成各圈，但辟的本身确是浑一的。可分与不可分，于此都不妨说。（辟的势用，既不同实物，不妨说不可分。他是随一切翕，而皆运乎其间的，亦不妨说可分。）有难："如此说来，辟似成二。一、随各个翕而成为各圈的；二、统一的。"此难大误。统一的辟即是随各个翕而成为各圈的辟；各圈的辟，也即是统一的辟。岂其有二？然则，翕何故有？应知，翕并不是别有来源。此翕和辟，是同一本体。可以说，翕的本身即是辟，不过为显发辟的力用之故，不得不有资具。所以，本体之动自然会有许许多多的收凝的势用，（许多字，吃紧。不是只翕成一团也。）才收凝便有成形的倾向，即此谓之翕。所以，翕是一种反动，故与辟异。我们可以数来表示翕辟的意义。

　　--翕
　　一辟
　　--是偶数，是有对的意思。因为翕便近于物化，故成有对。一是奇数，是无对的意思。因为，体显为用，虽用之为言，不外一翕一辟，而翕则近于物化，便不守其体之自性，（此之谓反。）几乎不成为用。唯辟则不舍其体之自性，可以说辟即体之如其自性而呈显；只有辟才是大用流行，也可以说辟即是体。因此，说辟是无对。又复须知，翕辟二势毕竟相反相成。辟能转翕从己，（己者，设为辟之自谓。）翕终顺辟，于此可识浑全。综上所说，于全体中，不碍分化，于分化中，可见全体。法尔如是，何庸疑难？

　　四曰，本论功能、习气，不容混同。有宗立义最谬者，莫如混习气为功能。他们有宗计一切功能，综度由来，可为二别。一者，本有功能，谓无始法尔而有故。无始，犹云泰初，或泰始。佛氏云无始者，因凡情皆计有初始，而实不可知其始期，故曰无始。法尔，犹言自然。自然者，无待而然。二者，新熏功能，谓前七识一向熏生习气故。前七识者，大乘说每人都有八个识，一眼识、二耳识、三鼻识、四舌识、五身识、六意识、七末那识、八阿赖耶识。此八识，俟下卷当详。一向者，佛家承认每人的生命是恒存的，推其前则无始，究其后则无终，故此言一向者，乃约无始以来而说。习谓惯习，气谓气势。习气者，谓惯习所成势力。熏者，熏发，如香熏物，便有香气发生。前七云云者，谓前七识起时，各各能发生习气，以潜入第八阿赖耶识中，令其受持勿失，而复为新功能也。有宗说前七识是能熏，第八阿赖耶识是所熏。前七中，如眼等五识取外境故，故能熏发习气。第六意识攀援一切境故，能独起思构故，故能熏发习气。第七末那识，恒内自计执有我故，故能熏发习气。唯第八阿赖耶识，则受持前七所熏发之习气，故名所熏。习气藏赖耶中，即成一种新的势力，能生未来之一切心物诸行，故名新熏功能。有宗中谈功能由来者，自世亲以后，或主唯本有，或主唯新熏，至护法折中众义，主张本新并建。中国玄奘及其弟子窥基并宗之，遂成定论。参考基师《成唯识论述记》。吾著《佛家名相通释》，征述尤详。这种说法，甚不应理。须知，功能原唯本有，无别新熏。所以者何？功能为浑一的全体，具足万德，无始时来法尔全体流行，曾无亏欠，岂待新生递相增益？设本不足，还待随增，何成功能？故知本新并建，徒为戏论。尚考有宗根本谬误，则在混习为能，故说本外有新。（习气，亦省云习。功能，亦省云能。后皆仿此。由不辨能习之殊故，故说习气为新熏功能，以别于本有功能。若了习气非可混同功能者，则知功能唯是本有，而无所谓新熏也。）其实，有宗所谓习气，我亦极成。不过，习气是如何才有的，有宗于此似欠说明。他们有宗只说习气是由前七识各别熏生，（据有宗说，眼识可析为相、见二分。相分即色境，见分即了别色境的作用。此二分合名眼识。此眼识起时决不是空空过去，却能熏生一种习气，投入赖耶中，是为新功能。由此为因，得生后念眼识相、见二分。故与本有功能无异。眼识如是，耳识乃至第七识，皆可例知。）而于所以熏生之故，则犹未详，此亦是其粗疏处。

我固承认习气是有的，但我之言心，不许剖成八个。因此，无所谓前七各熏。我以为，凡人意念乍动之微，与发动身语或事为之著者，通名造作，亦名为业。（发动身语者，谓意念乍动，曰意业。即由意业转强，而发为口语，曰语业。发为身体上之动作，曰身业。后二业，即已见之行事。）一切造作，不唐捐故，（犹云不虚费。）必皆有余势续起而成为潜存的势力，（注意一切字，及皆字。）是名习气。这千条万绪的习气，所以各各等流不绝者，（注意各各字。等流，谓各各习气的自身均非固定的，都是刹那刹那、生灭灭生、相续流去，故云等流。等者，似义，后起似前曰等。）就因为人生有储留过去一切作业，以利将来之欲。（业曰作业，取复词便称。）这个欲虽不显著，而确是凡有情识的生类所同有的。如其无此欲，则一切作业才起即灭，都无续起的余势。以彼造作或业起时，无储留此作业之希欲故，故业一灭便无余势。人生常依据过去，以奔趋茫茫不测之当来，（当来，犹言未来。）必不甘过去都消逝无余，以致绝无依据。所以，凡业起时，必恒有保留之希欲与俱。因此，所作业虽方生方灭，而此业灭时即有余势续生，名为习气。（业方灭时，即其余势续生，而生灭之间，亦无间隙。）此习气恒自潜伏等流，而成为吾人生活的潜力。申言之，一切习气恒互相倚伏，成为吾人生活的内在的深渊，可以说为习海。习海是我人所取资的，亦能沦没吾人的。吾人本来的生命，（此中生命一词，直就吾人所以生之理而言，换句话说，即是吾人与万物同体的大生命。盖吾人的生命，与宇宙的大生命，实非有二也。故此言生命是就绝对的真实而言。世俗用此词，其涵义自别，切勿误会。后凡言生命者，皆准知。）必藉好的习气，（后云净习。）为其显发之资具，如儒者所谓操存涵养，或居敬思诚种种工夫，皆是净习。生命之显发，必由乎是。然亦以有坏的习气，（后云染习。）遂至侵蚀生命，且直取而代之。（谓染习为主，是直取生命而代之也。）不幸人生恒与坏习为缘，常陷入可悲之境。故哲学对于人生的贡献，要在诏人以慎其所习。（孔门的克己，印度佛家的断惑或破执，都是去坏习。东方哲学的精神，只在教人去坏习。坏习去，然后真性显。）要之，习气自为后起，本不可混同功能。尝以为能习二者，表以此土名言，盖有天人之辨。天者，非如宗教家所谓造物主，乃即人物之所以生之理而言也。易言之，即一切物的本体，说名为天。人者，谓众生自无始有生以来，凡所自成其能而储留之，以自造而成其为一己之生命者，于此言之，则谓之人耳。功能者，天事。习气者，人能也。以人混天，即以后起同所本有，而吾侪始将人类从无始来，拘执形气，乃沦溺现实生活中，凡所遗留的一切坏习，认为天性。（此中形气一词，谓众生之身，及其身所接之天地万物，总名形气。众生拘执形气，其生命便完全物化了。）因此，无从自识性真，而人乃无复性之可能，（人生役于形，囿于染习，便失其性。诚能复还其性真，即自得于性分内，而无盲以逐物之患。）此真人道之大患也。有宗能习不分，是诚千古巨谬。本论特严能习之辨，略举三义如左：

一曰，功能即活力，习气但为资具。功能是宇宙的本体，（功能本大用之称，然即用即体故，故说功能是体。）亦即是吾人的本性。（性字义，训释不一。然董子曰，性者生之质，其义为妥。质，实也，程子所谓实理是也。吾人之生，本于一个真实的道理，即名此生的实理曰性。此性是法尔本有的，曰本性。）人之生也，形气限之。这句老话表示人生有物化的危险，很难超脱，固非全属无稽之谈。殊不知，从人生的本性来说，（此中本性即谓功能。以其在人而言，谓之本性，后仿此。）毕竟是不堕于形气的，是夐然超脱的。（夐然，绝待也。）因为本性上毫无障染，（譬如太阳，虽有云雾起为障染，而其赫然光明之体，恒自若也。云雾何曾障碍得他、染污得他。本性无障染，义亦犹是。）毫无滞碍，（流行不息，而无所住着。）毫无亏欠，（德用圆满。）所以可形容之，而说为吾人固有的活力。这种活力是精刚勇悍能主宰形气，而不拘于形气的。（精者，纯洁无染。刚者，至健不挠。勇者，锐利而极神。悍者，坚固而无不胜。此四德者，在一般人的尘凡生活中，本难发现，但四德乃本性固有，元无损灭。吾人才提醒，便呈露。）吾人具大有的无尽藏，而无待求足于外者，就是这种活力。（大有，见《周易》。有者，富有。大者，至极之称。）可惜人每役于形，而迷失其实藏。吾人试反验之胸次，若有些子挂碍在，（挂碍，即是物化了。）便失掉元有的活力。（活力如何可失掉，只吾人自甘物化，以致本性不得显发，故云失掉。）只有将此活力涵养得充盛，才于此见自本性。易言之，即于此识得功能妙体。（功能，即是一切物的本体。此体具众妙故，故云妙体。）

［附说］明儒王船山诗有云："拔地雷声惊笋梦，弥天雨色养花神。"笋之生机在根，潜藏于地，若梦梦然。春雷震而笋梦惊，则生机勃然不可御。人生固有活力，锢而不显，犹笋梦也。必其能自警觉，而本有活力始条达不可遏。雷声，喻提醒警觉之功。春气生养万物，雨泽甚厚，常有密云流布，故云弥天雨色，此喻学者涵养工夫深厚。警觉为入道初几，此则功行圆熟。花之神即活力是也。二句尽有次第，此咏涵养活力的意思，深可玩。

习气无论为好为坏，都是自形生神发而始起的。（形生神发者，形谓身、神谓心。此身既生，即有心作用发现，于是有一切作业。即凡作业，皆有余势等流，名为习气。故习气非本有。）此习气既起，便和吾人的生命紧相系属。（生命即功能，亦即前云活力。活力只是形容词。以功能既赋予于吾人，而为吾人之本性，即说为吾人所固有的充盛的活力，即此活力，亦名为生命。）生命元是法尔无为的，（法尔，见前。此中言无为者，生命的运行是自然的，是默运未尝息而毕竟无作意的，故曰无为。非谓其兀然坚住，始名无为也。）必需资具，才得显发，譬如电子必赖有传电和发光的资具，才得呈现出来。（资具，谓如电线和电灯泡子等。）如果无有资具，电力虽未尝不在，却不会显发了。（因明学谓凡喻只取少分相似，若泥执此喻，以求与所喻之理全相印合，则谬误不堪，学者宜知。）习气是人为的，此习气却是生命所仗的资具。如果没有习气，生命也无以显发他自己。我们要知道，习气无论好坏，却有一种通性，即每一习气之潜存者，皆有起而左右将来生活之一种倾向。这种倾向正是一切习气的通性，（一切者，习有好坏，今赅好坏而言，故云一切。）如操存涵养等工夫，（操存、涵养，并本孟子。操者操持，存者存主。吾人的生命，即此本心是已，常持守此心，而不令放失，即日用万端都任本心作主，不令私意或私欲起而蔽之，此便是操存工夫。涵养，亦云存养，识得本心以诚敬存之。于物感未交时，中恒有主，不昏不昧。物感纷至时，中恒有主，常感常寂。非涵养工夫深纯，不克臻此。涵养与操存，义亦相近。其微异处，当别详。）此类作业所成习气，（操存涵养等工夫，即是吾人自己努力向上的一种作业，其萌于意，与发于身语者，无非清净。这种作业的余势潜存者，是为净习。）无障染性故，（净习之性，非障碍，非垢染。）其潜力恒使吾人生活日益向上故，（唯净习具此倾向。）吾人本来的生命，恒赖有此净习而后得显发。故说习气但为资具。（此中谈净习，举儒家操存涵养等义为例者，取其简要，于人生日用极切。佛家谈修行工夫，其名相过繁，然与儒者操存涵养义，大旨非无融通处，但其归趣究不同耳。）人生如果拘于形体，囿于染习，而净习不起，则生命不得解脱于缠缚之中，而几于完全物化矣。（拘形骸，囿染习，即生命被缠缚。）所以，生命必仗净习为资具，而后得脱然无累。然则，染习不得谓之为资具与？曰：此亦不然。染净之分，其几甚微，而其流则相差极远。染习之所以成乎染者，唯当其作业时，稍徇形骸之私，便与本来的生命相违碍，（吾人的生命，是浑然与天地万物同体的，初非小己之形骸所得私也。今吾人乃拘执小己之形

骸而自私焉，故违碍本来的生命。）此等作业之余势潜存，（余势，名染
习。）恒有使吾人生活日究乎污下的倾向，（染习具此倾向。）此染习之
所以迥异乎净也。然凡习（凡者，通染净言之。）要皆于生命为资具，
染习只是不良的资具而已。但人生的通患，常是把资具当做了本来的生
命，（注意。）不独染习乘权，是取生命而代之的，即净习用事，亦是以
人力来妨碍天机，（人力，谓净习。天机，谓生命。）以后起的东西（谓
净习。）误认为本来面目，（谓生命。）人生之丧其真也久矣。所以前哲
用功，染习固克治务尽，即净习亦终归浑化。程子说："明得尽时，渣
滓便浑化。"此意极深微。净习者，所仗以达于本体呈露之地也，本体
呈露方是明，必使本体毫无蔽障方是明得尽。至此，则净习亦浑融无
迹，即习乃转化而成性也。程子所谓渣滓，即指习言。习虽净，若未浑
化，犹是渣滓也。孟子谈工夫，以勿忘勿助长为极。助长，即是习心未
浑化故。佛家谈修行，其究亦归无所得。至此，则净习浑化无迹也。此
义幽深，非浅智所及。夫如是，乃不至役于资具而丧其真。

[附注]孟子云勿忘勿助长者，谓吾人涵养的工夫，必于本心（即
本体，亦即生命。此心是不物化的，故是吾人的生命。）念念保任之，
勿令放失，故云勿忘。又保任之功，须随顺本心昭灵自在之用，不可着
意把持，而欲助其长盛。如欲助长，则是自家习气用事，斯时本心已被
障碍，而不得显发矣。此中义蕴，深广无边，若于此未曾用功者，亦自
不知所谓。

二曰，功能唯无漏，习气亦有漏。（唯者，此外无有之谓。漏，谓
染法，取喻漏器，顺物下坠故。有漏、无漏，相反得名。亦者，伏无漏
二字。习气不唯是无漏，亦通有漏故。）纯净义，升举义，都是无漏义。
（升举犹云向上。）杂染义，沉坠义，都是有漏义。功能是法尔神用不测
之全体，吾人禀之以有生，故谓之性，亦云性海。（此性至大无外，含
藏万德，故喻如海。）性海元是光明晃曜，无有障染，（自性无滞碍故，
云无障，亦无他法能障自性故，云无障。自性无垢污故，云无染，亦无
他法能染自性故，云无染。）故说功能唯无漏性。（此中性字，是德性之
性。与上文性字不同。上性字即功能之别名，此中性字则功能上所具之
德性也。以后准知。）是以物齐圣而非诬，（微尘芥子，同佛性故。）行
虽迷而可复。（人生无恶根故。）若有宗计功能，通有漏无漏者，（有宗
析功能为个别的，已如前说。彼计一切功能，有是有漏性，有是无漏
性，故概称功能即通此二。）则是鄙夷生类，执有恶根，可谓愚且悖矣。

（有宗功能分本有、新熏二类。其本有功能亦有是有漏性者，即是斯人
天性固具恶根。）故本论所说功能，与有宗截然异旨，学者宜知。

惟夫习气者，从吾人有生以来，经无量劫，一切作业，余势等流。
万绪千条，辗转和集，如恶叉聚。其性不一，有漏无漏，厘然殊类。
（劫者时也。辗转，相互之谓。和集者，一处相近名和，不为一体名集。
无量习气互相附著，成为一团势力，故言和也。然又非混合而无各别，
故言集。恶叉聚者，果类有不可食者名无食子，落在地时多成聚故，梵
名恶叉聚。此喻习气头数众多，互相丛聚。）无漏习气，亦名净习。有
漏习气，亦名染习。夫习所以有染净异性者，揆厥所由，则以吾人一切
作业有染净之殊故。染业者，如自作意，至动发诸业，（作意，谓意业。
此以意欲创发，乃至计虑、审决等心理的过程，通名作意，与心所法中
作意义别。动发，即见之身语而形诸事为，此业便粗。）壹是皆徇形躯
之私而起者。此业不虚作，必皆有余势潜存，名有漏习。（余势二字吃
紧。）凡业虽当念迁灭，然必有余势，续起不绝。如香灭已，余臭续生，
丝竹停奏，余音入耳。又如春日犹寒，严冬之余势也，秋时厉暑，盛夏
之余势也。凡物皆有余势，何况有生之物灵长如人，其所作业余势强
盛，自非物质现象可比。佛家向以人之知虑，迄于行为等等造作，萌于
意者为意业。自意而发诸身体动作者为身业，自意而形诸口语者为语
业。虽复分别说为意业、身业、语业，要之总名造作，亦名为业。凡业
皆有余势，等流不绝。以此余势为过去所惯习故，故名为习。此习遗于
种族，即名种族经验，亦即心理学上所谓本能。其播于社会者，谓之风
气。总之，人生一切造作或业，决非过去便散失，都有余势等流，谓之
习气。而人每忽焉不察，须沈心体之自见。下言净习，亦可准知。又一
切业徇形骸之私而起者，通成染习。此处须深玩。染即是恶。须知，恶
本无根。吾人本性无染，何故流于恶耶？只徇形骸之私，便成乎恶，王
阳明先生所谓"随顺躯壳起念"是也。人之生也，形气限之，有了形
骸，便一切为此身打算，即凡思虑行为，举不越此一身之计。千条万绪
之染业皆由此起，须反身切究，始觉痛切，否则粗心昏气，于此茫然不
省。净业者，如自作意至动发诸业，壹是皆循理而动，未尝拘于形骸之
私者。此业亦不虚作，必皆有余势潜存，名无漏习。一切净业，皆是循
理而动。净即是善。循理者，即凡意身等业，壹皆顺从乎天性本然之
善，而动以不迷者也。《中庸》所谓率性是也。率性即不役于小己形骸
之私。孟子以强恕为近仁。恕者，即能超脱乎一身之外，不在一身利害

得失上打算，唯理是从。不以己身与万物作对，而通物我为一者也，故曰近仁。仁之为德，生而不有，至公无私，即性也。强恕则复性之功犹未即是性，故以近仁言之。强字吃紧。意身等业，皆不外乎强恕之道，即业无不净，而动皆率性。此等净业之余势等流，便名净习。凡习染净由来，大较如此。乃若染习行相，难以殚详。（此中行相谓习气现起而行趣于境，有其相状，故云行相。下言行相者皆准知。染习行相不一，故难详也。）

净习行相，复难穷析。各举其要，染净相翻，都以三本。染习三者，曰贪、曰嗔、曰痴。是三为一切染业本，（三者自身即染业，由此引生其他种种染业，故说为本。）旧称此为三毒。贪者，染着相，谓于自身及一切所追求境，皆深染着，不能荡然无系故。（染着二字，须自省深切始知之。）嗔者，憎恚相，谓于他有情不能容受故，每怀憎恶故。（有情者，众生之异名，以有情识故名。）痴者，迷暗相，谓于真理无证解故，即于宇宙本原或人生真性曾不自识故，于一切事不明析故，于诸所作任倒见故。（见解不正，曰倒。）此三本惑，（三者又通名为惑，是一切惑之根本，故云本惑。）一切染业，依之得起。广说其相，当俟下卷。要之，此三都非本来清净性海中所固有，只因拘于形骸而始有的。易言之，即吾人的生命，缠锢于物质中，而吾人只是顽然一物，所以无端而起种种惑相。（无端二字吃紧，惑无根故。）物交物，故染着生；（吾人拘于形，故自成为一物，以此物与他物交，则有染着，如颜料之于丝然，欲免于染不得也。）物相排拒，故憎恚生；物本拘碍，故迷暗生。总之，吾人受拘形骸，或沦溺物质生活中，（物质生活无可归咎，只沦溺便成大咎。）才有一切惑业，（即染业。）成为惑习。（即染习。）惑习潜存，复乘机现起而为新的业，则惑益增盛。此人生所以陷于物化之惨，无由复其性也。

净习三者，曰无贪、曰无嗔、曰无痴。是三为净业，复为余净业所依。（余者，犹云旁的种种。）无贪者，离染着相，对治贪故。无嗔者，柔和相，（混然与万物同体，故心恒慈柔和悦。）对治嗔故。无痴者，明解相，（随顺性智故，游心虚寂故，常自精察自己知见迷谬处，而自绳正之，因得进于明解。性智，见上卷《明宗章》。）对治痴故。旧说此三，名三善根。（一切净业，依此三者而起，故此三为万善之本。）亦俟下卷，详说其相。儒者强恕于三善根亦是阶梯。三善根者，所以对治三毒。三毒要依身见起，（身见系佛家名词，阳明所云随顺躯壳起念，亦同此旨。）三善根则必破除身见。初惟顺性，而起对治，（顺性顺字，吃紧。三善根皆净业，犹未即是性，只是吾人顺自本性，不为形役，而努力对治三毒。初时用功，正是勉强，不勉强，则将随顺躯壳起念，而无由顺性矣。）终乃一任真性流行。（至此则净业或净习，亦浑化无迹而与性为一矣。此中理趣渊微，非凡夫境界。）故三善根初几，非不由强恕。强恕正所以伏除身见故。（恕则推己及人，未尝囿于一身之私。）对治三毒，从强恕入手最切近故。对治贪，莫妙于恕，能恕则必克治一己染着之私矣。对治嗔，莫妙于恕，能恕则己所不欲，勿施诸人矣。对治痴，莫妙于恕，何以故？恕则能超脱于形累与情计之外，而神智独伸，痴自尽矣。故曰强恕，是三善根阶梯也。我们要知道，一切净业或净习，如强恕与无贪等三善根，乃至种种，都是顺性而起的修为，故说为业或习。此业或习，乃性之所由达也，（此中意义，煞是难言。若非自己曾用功于此，而又切究华梵诸先哲意思能会其通者，无从明了此意。容当别为讲词。）虽复名业或习，而性即行乎其中。一旦功行纯熟，（功行者，即净业或净习之都称耳。纯则无染习之杂，熟则臻于自然，更不待着力也。）则业或习乃浑化而与性为一矣。如舟中扶舵者，即身即舵，此其譬也。（扶舵者之身，喻净业或净习。舵喻性。舵仗扶者之身而动，恒不失其主宰。扶者之身，为舵作运行的工具，而与舵完全叶合如一。故曰即身即舵，非其身与舵可分离也。）是故习有染净，净习顺性，染习则与性违。染净消长，吉凶所由判，（染长则净消，丧其生理，凶道也。净长则染消，全生理之正，吉道也。）然生品劣下者，则唯有漏习一向随增，净习殆不可见。前面已经说过，功能者天事也，习气者人能也。人乘权而天且隐，（吾人所禀之形，与其所造之习，通谓之人。已成乎人矣，则人自有权，而其天性反隐而难显。易言之，即后起的东西来作主，而固有的生命竟被侵蚀了。）故形气上之积累，不易顺其本来。（习与形气俱始，故是形气上之积累。染习则恒与形气相狃，而违拂其固有生理。净习虽与天性相顺，然即在人类欲其舍染趣净亦极难，故云不易尽顺本来。）愚者狃于见迹（见读现，见迹谓染习。）而不究其原，（不悟众生本性皆善。）因众生染习流行，遂以测生理之固有污疵。（有宗立本有有漏功能，与儒生言性恶者同一邪见。）果尔，即吾于众生界将长抱无涯之戚。然尝试征之人类，则通古今文史诗歌之所表著，终以哀黑暗、薪高明，为普遍之意向。足知生性本净，运于无形，未尝或息。悠悠群生，虽迷终复。道之云远，云如之何。险阻不穷，所以征其刚健；（无染习之险，何以见克治之健。）神化无尽，亦以有夫《剥》极。（物之生，不能皆灵而无蠹。人之习，不能尽善而无染。蠹与染皆缺憾也，《易》之所谓《剥》也。然天道无择于长育，圣哲常垂其教思，故神化无尽也。）若有小心，睹宇宙之广大，将恐怖而不可解。《易》道终于《未济》，不为凡愚说也。（《大易》之书为六十四卦，而以《未济》终焉。此义宏远。万物之变，万化之不齐，如欲一切跻于一个极好的境地，而绝无所谓不好者存，则是有绝对而无相对也。将绝对之名，又何待而立乎？须知，真理恒存，正以其有乖反乎真理者，而益见真理之不息而至尊。人生希望，唯存乎常处缺憾而蕲求不已之中。《未济》，诚终古如斯矣，夫何忧何惧。）

三曰，功能不断，习气可断。（可者，仅可而未尽之词也。）功能者，体万物而非物，（体万物者，谓其遍为万物实体。非物者，功能的自身，本无形相，虽为一切物之本体，毕竟不即是一切物，故不可以执物之见而测功能。）本无定在，故乃无所不在。穷其始则无始，穷其终则无终，既无始无终，便是恒常。故说功能永无断绝。（此中所谓恒常，却非凝然坚住之谓。功能自体元是生生化化流行不息的，以其不息，故谓恒常。）

或复计言："如人死已，形销而性即尽，（性即功能，尽者灭尽。）岂是人所具功能得不断耶？"应答彼言：形者，凝为独而有碍；独者，成个体故。性者，本至一而无方。（至一者，绝对义。无方者，无有方所故，不限于某一部分故。）人物之生也，语性则一原，成形则不能不各独。形者质碍物，固非复性之本然已。但此性毕竟不物化，其凝成万有之形，即与众形而为其体。自众形言，形固各别也；自性言，性则体众形而无乎不运，乃至一而不可剖、不可坏。不可剖与坏者，贞也，性之德也。若乃人自有生以后，其形之资始于性者，固息息而资之，（资始者，由形言之，形乃资于性以始也。形之初生，固资于性以始，形既生矣，则犹息息资于性也。）非仅禀于初生之顷，后乃日用其故，更无所创新也。（性者，万物之一原。由甲物言之，则甲物得性体之全，以成为甲也。由乙物言之，则乙物亦得性体之全，以成为乙也。丙物，乃至无量物，皆可类知。要之，性体非限于一物，而凡物之生，实无一不资于性体以有其生也。性体，是无尽的宝藏，凡物皆息息资之以生，非仅于初生时一次资之而已。故吾人的生活，息息创新，以性体为其源泉故也。）易言之，是性之凝为形，而即以宰乎形，运乎形者，实新新而生，无有歇息之一期。然形之既成，乃独而有碍之物，故不能有成而无坏。但不可以形之成乎独且碍，而疑性之唯拘乎形中，遂谓形坏而性与俱尽耳。（吃紧。）性者，备众形而为浑一之全体，流行不息。形虽各独，而性上元无区别。（一己与人人乃至物物，据形则各独，语性惟是一体。）形虽有碍，而性上元无方相。（方相者，形也。性则所以成乎此形者，而性本无形。）以形之必坏，而疑性亦与形俱尽者，是不知性者大化流行，原非有我之所得私，执形以测性，随妄情计度而迷于天理之公。死生之故，所以难明耳。故功能无断，理之诚也，如其有断，乾坤便熄。岂其然哉！

习气者，本非法尔固具，唯是有生以后，种种造作之余势，无间染净，（造染则有染势，造净则有净势。）无分新旧，（旧所造作者，皆有余势潜存。）新所造作者，亦皆有余势潜存。辗转丛聚，成为一团势力，浮虚幻化，流转宛如。（宛如者，流动貌。）虽非实物，而诸势互相依住，恒不散失。（此处吃紧。）储能无尽，（习气不散失，即是储留无尽的势能。）实倖造化之功；（王船山云：习气所成，即为造化。）应机迅速，是通身物之感。（物感乎身，而身应之，即由习气应感迅速。）故知习气虽属后起，而恒辗转随增，力用盛大。吾人生活内容，莫非习气。（吾人存中形外者，几无往而非习，此可反躬自察者。明儒唐一庵云：自生身以来，通髓彻骨，都是习心运用。俗人有俗人之习，学者有学者之习，古今有世习，四方有土习。真与习化，几成天作，每向自己方便中窝顿，凡日用睹记、讨论，只培溉得此习。中间有新得奇悟，阔趋峻立，总不脱此上发基。）吾人日常宇宙，亦莫非习气，（各人的宇宙不同，即由各人宇宙由自己习气形成之故。如吾人认定当前有固定之物名以书案，即由习乎。若舍习而谈，此处有如是案乎，无如是案乎，便有许多疑问在。）则谓习气即生命可也。宗教家说，人有灵魂，虽死后亦不散失。吾谓灵魂即无量习气互相结合的体系而已。儒者说，人死后有知气存，见《礼经》。知气盖即习气的复合体。谓之知者，习气自是一团虚妄分别的势用，潜存而未现者，虽不明了，要非无知，故云知气。总之，众生只任有漏习气作主，故习气便成为生命，而本来的生命反被侵蚀了。然则，习气将如功能，亦不断乎？曰：功能决定不断，如前说讫。习气者，非定不断，亦非定断。所以者何？习气分染净，上来已说。染净相为消长，不容并茂。如两傀登场，此起彼仆。染习深重者，则障净习令不起，净习似断。（非遂断绝也，故置似言。）又若净习创生，渐次强胜。虽复有生以来，染恒与俱，而今以净力胜故，能令染习渐伏乃至灭断。（始伏之，终必断。）断于此者，以有增于彼，（染增则净断，净增则染断。）故概称习，则仅曰可断，而不谓定断也。为己之学，（哲学要在反求诸己，实落落地见得自家生命，与宇宙元来不二处而切实自为，无以习害性。孔子曰：古之学者为己，正就哲学言。）无事于性，（性上不容着纤毫力。）有事于习，（修为便是习。）增养净习，始显性能，极有为乃见无为，（性是无为，习是有为，习之净者，顺性起故，故极习之净，而征性之显。）尽人事乃合天德，（人事以习言，天德以性言，准上可解。）习之为功大矣哉！然人知慎其所习，而趣净舍染者，此上智事。凡夫则鲜能久矣，大抵一向染习随增，而净者则于积染之中偶一发现耳。（如孟子所举乍见孺子入井而恻隐之心，此即依性生者，便是净习偶现。）若乃生品劣下者，则一任染习缚之长躯，更无由断。其犹豕乎！系以铁索，有幸断之日乎？故知染习流行，傥非积净之极，足以对治此染，则染习亦终不断。要之，净习若遇染为之障，便近于断。（近字注意，净习虽无全断之理，然间或乍现，而不得乘权，则其势甚微，故已近于断。）染习若遇净力强胜，以为对治，亦无弗断。故习气毕竟与功能不似也，功能则决不可计为断故。

综前所说，性和习的差别处，较然甚明。（性谓功能，注见前。）有宗乃混而同之，是所谓铸九州铁不足成此大错也。今此不宠习以混性，亦不贱性而贱习。（性是真实，习本虚幻。然虚幻法，毕竟依真实法而起，既起便有势用，如何贱视得？）虽人生限于形气，故所习不能有净而无染，此为险陷可惧。（一流于染，即堕险陷。）然吾人果能反身而诚，则舍暗趣明，当下即是。本分原无亏损，染污终是客尘。（本分谓性。染习虽障碍本性，然本性要不因染障而有改易，故云无亏损。譬如客尘虽障碍明镜，然明镜实不因尘障而有改易，故拂拭尘垢，则鉴照朗然如常也。）坠退固不由人，战胜还凭自己。人生价值，如是如是。使其生而无险陷，则所谓大雄无畏者，又何以称焉？（佛号大雄无畏者。就因为他与众生同在险陷之中，他却能首先战胜险陷，而自拔出来，并且不舍众生，而愿尽拔出之，以一己与众生同体故。孔子"己欲立而立人，己欲达而达人"，与佛同一心事。）

本论所谓功能，和有宗根本异旨，在上面所陈诸义中，已可概见。现在要把根本大义重行提示，以作本章的结束。

一、体用二词，虽相待而立，要是随义异名。（注意。）实非如印度佛家以无为及有为，析成二片，（有为者，以心物诸行，皆有起灭故，有变动故，故名有为。）亦非如西洋哲学家谈实体及现象，为不可融一之二界。（融一者，具云融通为一。）

二、至真至实，无为而无不为者，是谓体。无为者，此体非有形故，非有相故，非有意想造作故。无不为者，此体非空无故，法尔生生化化、流行不息故。

从其生化流行，彰以用名。然用即是体，非用别成一物，与体对待，若亲与子，非一身也。（非字一气贯下。）何以故？生而不有，化而不留，流行而无故之可守，一无形无相无想之本然也。（无故可守者，谓虽发现生化而实无物，焉有故物可守？）即用即体也，谁谓有异体而独存之用耶？

无形者，空寂也。（空者，以无形无染名空，非以空无名空。下准知。）无相者，亦空寂也。无想者，亦空寂也。空寂复空寂，离诸滞碍，含藏万有，具备万德或万理，无可称美而赞之以至神。神故生，神故化，神故流行不息，是故称之以大用也。用也者，言乎其神也。即体即用也，谁谓有异用而独存之体耶？

是故用外无体，体外无用，体用只是随义异名，二之则不是。

三、用也者，一翕一辟之流行而不已也。翕辟势用，刹那刹那，顿起顿灭，本没有实在的东西。然而刹刹势速，宛有迹象，如旋火轮。（刹刹，具云刹那刹那，势速者，前刹那方灭，后刹那即生，新新而起，其势迅速。夫灭故生新，流行不住，虽无实物，而有迹象，如燃香火，猛力旋转，见有火轮，轮虽非实，宛尔不无。）因此，不妨施设宇宙万象。

四、宇宙万象，唯依大用流行而假施设。故一切物但有假名，都非实有。（不独现前桌子、椅子，乃至日星、大地，都是假名而无实物。即元子、电子等等，也都不是有实在的东西，也只是假名。）云何世间执有日用宇宙？（亦云现实世界。）应知由习气故，见有实物坚执不舍。人生从无始来，染习炽然，于彼神化，无证解故，妄执化迹为实事故。（化迹者，犹言大化流行之迹象。实事，犹言实物。）故一切法，随情不妨施设，谬执终成过患。（随顺世间情见，曰随情。邪谬执着，曰谬执。）

五、穷神顺化，即于流行而识主宰，于迹象而见真常，故不待趣寂，（印人厌离世间，趣向寂灭，非吾所许。）而生无非寂也。生生之妙，无有留滞，所谓生而不有，生亦寂也。

上来假设功能，以方便显示实性。今当覆取前章《转变》。谈心物而未及尽其义者，郑重申之，曰《成物》、曰《明心》，以次述焉。

（原载《新唯识论》语体文本，1947 年湖北印本）

《新唯识论》（语体文本）
"成物"章（节录）

　　复次自然为一完整体故，其间各部分，互相通贯，而亦互为依持。（持者能持，谓能任持其自相，即有对其他一切部分而为主的意思。依者，依属于能持之谓。）此一部分，望彼彼部分而为能持，即彼彼皆为此作依属。（彼彼者，不一义。凡此外之一切，通以彼彼言之。）彼彼部分，亦复望此而为能持。即此通为彼彼作依属。彼彼相望，互为能持，互为依属。故一切即一，（随举一部分为能持，其余一切部分皆依属于此一，而不相离异，故一切即一。）一即一切。（如上所说，一切即一。而此一复通与一切互为依持。故此一即是一切，非离一切而独在故。）大中见小，（一切为大，其一则小也。今以一为能持，而一切皆依于一。是以大从属于小，而不名为大矣。故云大中见小。摄无量世界于一微尘，世界不名大此何足诧。）小中见大。（一虽小，而以一切为其依属，则小而大矣。故云小中见大。一微尘摄无量世界，何大如之。夫小失其小，大失其大，是小大相空也。相空，而其真始显。）万物互为依持，莫不为主，亦莫不相属。是以不齐而齐，玄同彼是。（是，犹此也。）纷乎至赜，而实冥然无对也。

　　夫物皆互相依持。人类之在万物中也，浑然与万物同体。而惑者不知，反妄生区别，而离一己于天地万物之外，顾自视渺乎沧海之一粟也。善乎杨慈湖之说曰："自生民以来，未有能识吾之全者，惟睹夫苍苍而清明而在上，始能言者名之曰天；又睹夫颓然而博厚而在下，又名之曰地。清明者吾之清明，博厚者吾之博厚，而人不自知也；人不自知而相与指名曰，彼天也，彼地也，如不自知其为我之手足，而曰彼手也，彼足也，如不自知其为己之耳目鼻口，而曰彼耳目也，彼鼻口也。是何惑乎自生民以来，面墙者比比耶？"又曰："不以天地万物万化万理为己，而惟执耳目鼻口四肢为己，是剖吾之全体而裂取分寸之肤也，是梏于血气而自私也，自小也，非吾之躯止于六尺七尺而已也。坐井而观天，不知天之大也；坐血气而观己，不知己之广也。"详此所云，甚有理致。然复须知，唯人类心灵特著。充其智，扩其量，毕竟足以官天地，府万物。（官天地者，人与天地同体，而复为天地之宰，所谓范围天地之化而不过者是也。）府万物者，孟子所谓"万物皆备于我"是也。其不幸迷惑而至自私自小者，非其本然也。故人类之在天地万物中也，殆犹大脑之在人体内，独为神明之司，感应无穷之总会焉。自然界之发展，至人类而益精粹，心灵于是乎昭现。斯盖真实之显，所不容掩遏者，（真实，谓万物之本体。）其不得谓之偶然也甚明。

复次据印度佛家说，凡无机物，皆谓无情，（情者，情识。无情者，无有情识之谓。）即无生命。而生物中如植物者，亦云无情、无生命。（今俗云生命，大概就生机体具有生活的机能而言。本书生命一词，为本心之别名，则斥指生生不息之本体而名之，与通俗所云者不同。前注略而未详。印人以具有情识者，谓之有生命。但所云情识，并非克就本心言，与吾自不符。然其不以生命为物质的，则与吾之旨相近。）当时外道有主张植物有生命者，颇反对佛家的说法。后来生物学家，亦多谓植物有极暧昧的心理状态，即非无生命。其言出于推测，盖非诬妄。是则外道于义为长。或复问言："无机物亦有心灵否？"应答彼言：无机物非无心灵。何以故？物依翕得名，心依辟得名，此义前已成立，兹不复赘。夫翕辟同体，而显诸用则异者。唯翕无辟，无化可言。（一名为变化，必是有待故。）唯辟无翕，亦无化可言。故翕辟本一体之动，要以反而相成。夫物成形体，则翕之所为也。而其周遍包含一切形体，及潜躯默运乎众形之中者，则辟之所为也。无机物资于翕故，凝为形体。亦资于辟故，含有精英。（此中精英一词，即谓心灵。然不直曰心灵者，盖在无机物中，心灵未得光显发皇，只是可说为一种微妙的力用，姑名以精英而已。）故谓其无心灵者，甚不应理。然无机物之结构未免钝浊，极简单而无精微灵巧之组织，曰钝。粗笨而不足为心灵发抒之具，曰浊。故虽本具心灵，终亦不得显发，而疑于无。（疑之为言，谓虽似无，要非本无。）印度佛徒说器界为无情，无生命，非如理之谈也。（器界者，一切无机物之都称。）

综前所说，心非后于物而有，但物之结构，尚未能发展至有机物或人类的神经系之组织时，则心灵被障碍，而不得显发，要非本无。（或言心，或言心灵，皆随文便。他处准知。）颇复有难："诚如翕辟成变之说，则心非后起固也。然真体之动，几于完全物化，即只见其翕而成物。而彼至神默运，即所谓辟或心者，纵说为无定在而无所不在，然心之能用物而资之以显发其自己也，则唯在有机物或人体之构造臻于精密时，始有可能耳。前乎此者，心唯锢蔽于物，而不得显发。据此，则心之力用甚微，奚以见其能宰物，而于心言唯耶？"答曰：甚哉子之固也。夫一切物之本体，无思也，（思者，犹言意计构画。）无为也，（为者，谓立意造作。）是不可以宗教家所谓神帝者拟之亦明矣。无思无为，即非有预定计划。而其显为大用也，一本于其德盛化神而不容已。（吾先哲于此，证会极深。此义广大渊微，难着言说。唯有智者冥悟焉可也。）如其有预定计划，则是有所为而为之。是以人之私意测大化，而与其不容已之实，大相刺谬矣。夫唯不容已之动，故唯变所适，而亦不能无差忒。盖动，则不能不有所收凝。不有收凝，则浮泛而无据。此义前屡言之。动之至疾，而收凝益甚。收凝则有分化，而成物滋多。（详前。）列子云："天地，空中一细物耳。"无量星球，其广漠至不可思议。自凡情度之，一若本体完全物化，太空只是物质遍布耳。然则极如如，寂兮寥兮，独立不改，周行而不殆之云，奚其然耶。（一极，谓本体。绝待故名一，万物之本始故名极。如者，谓此本体恒如其性也。寂寥者，无形相也。独立，无匹也。不改，犹如如也。周行，谓其显为大用也。不殆，谓不易其性，故无危殆，亦同如如义。今谓本体既物化，故疑上述诸义为不然也。）明儒邓定宇有曰："毕竟天地也多动了一下。"此语甚有义蕴。吾所谓动则不能无差忒者，亦此义也。须知本体是无思无为的，不可说为造物主。故无预定计划，唯一任其不容已之动，则难免差忒者，势也。坎卦，阳锢于阴。（☵之初爻及三爻皆阴。一阳居二，为阴所锢蔽。）阳者，吾所云辟，即本体自性之显也。阴者，吾所云翕，是将成物，即本体之动而反其自性者也。夫动，则不能无反，此未可以差忒言之。反之而或近于物化，乃至以物而障碍自性，是乃差忒也。夫天化广大，（天化，犹云本体流行。）本非有意安排。（即无预定计划之谓。）故自然之运，有若失其贞常。坎卦之所示者，此而已矣。

夫天化不齐，（天化，注见前。不齐者，谓其动而不能无差忒也。）翕而成物，既已滋多。有物则不能无累。谓本体将因此而障碍自性也。然而，本体毕竟不可物化，毕竟不舍自性。（不舍者，不舍失也。犹云不变易。）方其动而翕时，（谈至此，本无时间义。但为言说之便，姑置时字。）即有刚健、升进、纯净、虚寂、灵明及凡万德具备的一种势用，即所谓辟者，与翕俱显。（俱者，不相离异义。谓辟与翕本一体之动而势用有殊，实非可截为二。又两势相俱，非次第起，故置俱词。）于以默运乎翕之中，而包涵无外。（翕则成众物，而皆在辟所包涵之中。故辟乃绝待而无外，以其为本体自性之显也。）《易》于乾元言统天，亦此义也。乾元，阳也，即辟也。此所云天，即苍然之天，实指一切星球而目之也。辟之势用，实乃控御诸天体，故言统天。夫诸天体，则物之最大者，且为辟之所统御，则无有一物不为辟之所运者，盖可知矣。吾人七尺之形，心为其宰，又不待言矣。但辟之动翕，（运即有统御义。）必须经历相当的困难。翕既成物，则其势易以偏胜。何者？物成则浊重，辟之势用，未能骤转此浊重者而控御自如。易言之，即翕或物，足为辟或生命之障碍，而使生命堕于险陷。（生命一词，注见前。）此坎卦之所示也。生命之出乎险陷，有以物物，（上物字，动词，谓能用物及主宰乎物也。）而不物于物者，（犹云不为物所障碍。）必须有最大之努力，经长期之演进，始克奏肤功。《易》曰："阴疑于阳，必战。为其嫌于无阳也。"（见坤卦。）此中阴谓翕，阳谓辟。盖翕或物之势方盛，重浊难反。而辟或生命方被锢于重浊之物质，而不能显其统驭之力。故生命于物，若疑其侵蚀己也，则非奋战以破重浊之势，而控御之以从乎己，其有能自遂者乎。故曰："阴疑于阳必战也。"夫生命一息亡战，则物于物，（犹云被侵蚀于物。）而生命熄矣。故曰："为其嫌于无阳也。"生命以奋战故，始从无机物中，逐渐显发其力用。于是而能改造重浊之物质，以构成有机物，及从有机物渐次创进，至于人类，则其神经系特别发达。而生命乃凭之以益显其物物而不物于物之胜能。坎卦所为必次之以离者，其义于此可征。离☲之为卦，阳则破除阴暗险陷以出。（坎卦阳陷阴中，离乃恰与之反。）辟以运翕也，阴履中道，而不为阳之障。（阴居二爻，名履中道。盖阴以顺从乎阳为中正，故以居中象之。）翕不碍辟也，由坎而离，则知天化终不爽其贞常。而险陷乃生命之所必经，益以见生命固具刚健、升进等等盛德。毕竟能转物而不至物化，毕竟不舍自性，此所以成其贞常也。

或复问言："如公所说，本体流行，则以翕辟故反而成化。故反者，谓若故意出此也。然本无意，盖理之自然耳。翕则成物，疑于本体不守自性，而物化矣。然辟则自性之显也，终以战胜乎物，而消其滞碍。（物本滞碍，然为辟所转化，则滞碍消。）故本体毕竟常如其性。是说诚无可难。然本体流行，无预定计划，此固公所常言者。今谓辟或生命之战胜乎物也，固一步一步的创进，如自无机物，历有机物，以至人类心灵，渐从物质中解放，以至盛大，又似有计划预定者然。而公云无之，何耶?"答曰：天化者，自然耳。老氏所谓自然，犹印度佛家所云法尔道理。法尔亦自然义。盖理之极致，非有所待而然，是谓自然。又此理体，其显现或流行，只是德盛而不容已，非有意造作而然，是谓自然。（故此云自然义，与印度自然外道之旨截然不同。自然外道主张一切物皆自然生，如乌自然黑，鹄自然白云云。此世俗无知之说，无学理上的价值。玄奘等诋老子为自然外道，由其于老子全无所知故也。）岂尝有意造作哉。谓其预定计划，则是以人意测天化也，奚其可。夫自生命创进之迹而通观之，（生命之表现，自无机物而有机物，以至人类，皆其创进之迹也。）由一阶段进而为另一阶段，（如在无机物为一阶段，进而为有机物，便为另一阶段。自植物以往，皆可准知。）若有计划预定者然。抑知迹者幻象，而其所以迹者，固不可执迹以测之也。（所以迹者，谓天化，或生命自身的活动。）生命之创进本非盲目的冲动，可谓之有计划。而不可谓其计划出于预定。使其计划预定，则应为一成不变之型。何以其表现也，自无机物而有机物，乃至人类，有许多阶段的变异，曾无定型。何以至此为句。又在有机物未出现以前，生命犹被物质锢蔽，而难自显，是为险陷之象。如有预定计划，尤不应出此。或疑余为反对目的论者，然余于目的论，亦非完全反对。持目的论者，如果有预定的意义，则吾所不能苟同。如果讲得恰到好处，吾亦何反对之有。王船山解《易》，说"乾知大始"云：今观万物之生，其肢体、筋脉、府脏、官骸，与夫根茎、枝叶、华实，虽极于无痕，而曲尽其妙，皆天之聪明，从未有之先，分疏停匀，以用地之形质而成之。故曰"乾知大始"云云。余按《易传》曰"乾知大始"，乾者阳也，相当吾所谓辟。辟者，本体自性之显也。故于用而显体，则辟可名为体矣。体非迷暗，本自圆明。圆明者，谓其至明，无倒妄也。故以知言。大始者，自本体言之，则此体显现而为万物。自万物言之，则万物皆资此真实之本体而始萌也。大始之大，赞词也。此中意云，本体具有灵明之知，而肇始万物。故云"乾知大始"。船山云用地之形质，实则地即形质，特以地为主词耳。此形质非别有本。盖即本体流行，不能无翕。翕便成形质。而本体或生命之显现，必用此形质以成物也，否则无所凭以显也。船山所说，吾大体赞同。唯其云"天之聪明，从未有之先，分疏停匀，以用地之形质而成之"，此则有计划预定之意，吾所不能印可。夫《易》言"乾知大始"者，（乾，注见上。）谓乾以灵知而肇始万物，（知读智。）不可妄计宇宙由迷暗的势力或盲目的意志而开发故。（此处吃紧。）《易》之义止于此，并不谓乾之始万物也有其预定的计划。而船山乃谓"从未有之先，分疏停匀"云云，是与《易》义既不合。而其义之不可持，则吾前已言之矣。然本体之显现而为万物也，虽无预定计划，而不妨谓其有计划，只非预定耳。但此计划二字，须善会，非如人之有意计度也，其相深微而不可测。唯于其因物付物，而物皆不失其正。即此，知其非盲目的冲动，而谓之有计划也。因物付物者，本体既显现而为万物，即是因物而付与之。如天也，地也，人也，乃至万有，凡一一物，皆本体之显现，即是本体因其所现之各物，而一一皆举其自身以全付之。（详玩上卷《明宗章》，大海水与众沤喻。）夫因物付物，则一任自然之化，未尝有预定之的，立一型以期其必然。譬如大海水，现作众沤，乃自然耳。非以意为之型，而期众沤之必由乎一型也。然物之成也，则莫不得其正。诸天之运行有序，天之正也。山川之流凝，各成其德，（山之德凝，川之德流。）山川之正也。动植物之构造，纤悉毕尽其妙，于以全生而凝命，动植物之正也。人之泛应万感，而中恒有主，不随感迁，（如众色杂陈，而视其所当视，不随众色以眩惑也，是不随感迁。举此一例，可概其余。）人生之正也。夫物之不齐，而莫不各葆其正。故知生命的本身是明智的，而非迷暗的。其创进也，则自其潜运于无机物中，以至表现于有机物，迄人类，其所以控御物质而显其力用者，当然不是一种盲冲乱撞，而确是有幽深的计划的。如船山所说，动植物的机体，分疏停匀，曲尽其妙，（生机体，由简单而趋复杂，故云分疏。然各部分必互相均和调协，故云停匀。）其有计划，显然可见。至其潜运于无机物中，则其计划隐而难知，而固非无也。《大易》随卦，颇著其义，是可玩已。随卦为震兑二卦之合，下三爻，震卦也；上三爻，兑卦也。

☶此卦，震阳在下，以从二阴。兑阳渐长，而犹从一阴，故名《随》。夫阴从阳，化之常也，道之正也。今阳从阴，何耶？盖生命之显发也，不能不构成物，而用之以自显。（此中生命即谓辟。辟者，本体自性之显，故可说为本体。而生命既是斥指辟而名之，则亦即是斥指本体而名之也。故此生命一词，不同俗解。他处言生命者仿此。本体之流行，不能无翕。易言之，即生命不能不构成物也。）物成而重浊，生命不能遽尔控制自如，姑自潜以随乎物。震之一阳在下，以从二阴。（凡阳皆表生命或本体，凡阴皆表翕或物。他处言阴阳者仿此。）兑阳渐长，而犹不能已于随。阳虽长，而阴之重浊，必制之以渐故也。（如植物出现时，阳固稍长，而犹随阴，未能盛显阳之力用。必至动植物分化以后，阳乃以渐而制阴也。）王船山说随卦有曰："阳虽随阴，而初阳资始。（震之一阳，潜而在下名初，为万物所资始。）以司帝之出。（震卦取象于帝，见前谈震卦中。谓震阳潜动，以出生万物，是为帝象。）虽顺阴以升，若不能自主。（顺者随义。生命之显也，必构成物，而始资之以自显。然物既成，则乃自有其权能。故生命始以物为工具，而终感工具之不易制，故必随顺之，而后乃渐转工具为己用。阳之顺阴以升，即此故也。）而阳刚不损其健行，可以无咎。"船山此说，大义粗著。然吾于随，而窃叹生命之运用物质，非无计划。其随也，正其计划也。生命在无机物的阶段中，并非完全被物质障碍。（虽亦受其障碍。）而物方成重浊之势，生命于此不得不姑随之，而徐图转化。其计划亦只合如此耳。

问曰："公固曾言，天化之行也，无预定的计划。而公云天者，乃本体之名，本体亦说为生命。今乃复云，生命创进非无计划，但不预定。夫焉有计划而非预定者乎？计划之为言，所以筹策将来也。如何非预定耶？"答曰：汝不了我所谓计划一词之意义。吾前已说，计划者，非如人之有意计度也。其相深隐而不可测云云，夫未尝有意，未尝计度将来而定其趣。曷为而言计划哉？言计划者，明其非盲目的冲动也，无将也，无迎也。有意规度未来曰将，有意奔趣未来曰迎。此人之所为也。天化本无意，何将迎之有。健动而明，（健以动，而大明内蕴，非迷乱驰流也。）成物而用之，不失其正。夫物者，生命所自成也，非物别有本也。用物则有物化之患。而能保其自性，以免于患，故物成，而终必实现生命的力用，非果物化也，故不失其正。以此征知，虽非有意计度筹虑，而由生命恒能战胜物化之势，以显自力用故。（自者自己，设为生命之自谓。）知其本非盲目的冲动，故谓之有计划也。此计划一词，但显生命创进，绝非迷乱。并不谓为由筹度而始决定其行动，非拟天以人也。人有意，而天无意也。

复次生命是全体的。而必翕而成物以自表现，则于全体之中有分化焉。自其为全体言之，只是德盛而不容已。（注见前。）故唯变所适，并非于变之开端，而预计将如何以构造物，以为其所欲达之鹄。（此中变之开端一语，系顺俗计而言。实则变本无端。）前云无预定计划者，以此。或问："唯变所适，则是前之于后，无所规定；后之于前，不必依准。如此则神变不可测，可谓绝对自由矣。"答曰：变也者，言乎生命之生生而不已也。此生生不已者，前无所预期于后，后起续前，而不用其故。是以变无定准，唯随所之而已。然必要说个自由，亦是以情计去猜卜天化。须知，自由，待不自由而后见。今谈到宇宙的大生命，本无所谓不自由，亦无所谓自由。此处不容以情见拟议。又自其分化而言之，则浑全的生命，凭物以显，（凭者凭藉。）若成为各个体。（若之为言似也。生命毕竟是浑全的，谓成为各个体者，特缘物形而拟似之耳，非实然也。）生命用此个体为工具，以表现自己，必非迷暗的冲动，而有其随缘作主的明智。此可于其不肯物化而征之也，所谓有计划者此也。前云目的论，如讲到恰好处，则无可反对。意亦在此。

　　总之，生命的创进，从其为全体的，可说唯变所适，决没有预计如何去构造物而用之。如船山所说，动植物之机体，其构造极妙，皆天之聪明，从未有之先便已预先计划妥当，此亦是一种目的论，却甚错误。船山此段话，（见《周易稗疏》卷三。）很容易被人误会他的言天，同于宗教家之上帝。其实，船山绝非宗教家。船山所谓天，盖指刚健不息之神而言。（此神的意义，却不是具有人格的。以其灵明微妙，而无所不在，无物非其所发现。故谓之神。）但船山说《易》，颇有二元论的意思。（船山说《大易》乾坤并建，乾表神明，坤表形质。）本论所云体用之旨，盖非船山所及悟，故非真知变者也。夫唯变所适，即其于物也，非有如何构造之预计。易言之，即未尝悬一型，以为其造物之鹄的。然而生命之表现，自不期而成物。（不期者，非有意造作万物故。）其所为不期而成者，盖德盛化神，不容已之几。故非意欲所存也。使其有意，则累于所欲，而生命且熄矣。故唯变所适，无有预立之鹄的以成物，而物无不成者，此自然之符也。（老氏言自然，意正在此。）然物成，而生命用之以自显，则其用物也，必有随缘作主之明智。因此，如船山所云，机体构造精妙，乃使物质不为碍，而终随己转，于以显其生生之盛。（此中己者，设为生命之自谓。）所谓计划或目的者，只合于此言之。以上就生命用物言，则有计划或目的。随缘作主一语，即是有计划或目的之义。如是盲冲瞎撞，则随缘不得作主矣。然曰随缘作主，则又非如船山所谓从未有之先云云。盖随缘，则非预计或预悬一的也。机体构造精妙云云，正是其随缘作主处。是故谈生命者，自其为全体言之。只是唯变所适，决没有如何去构造物的预计。自其为全体而有分化言之，则生命表现于其所不期而成之物质中，即成为各个独立的生物时，乃用物而能随缘作主，因以见其有计划或目的。前面所谓无预定计划，而又未始无计划者。至此，则其义蕴已竭尽无余。《大易》坎离二卦，明示生命跳出物质障锢之险陷，而得自遂。其仗以出险者，非计划或目的之谓欤。

[附识] 或问："公所谓生命，本依辟而名之也，然亦以为本体之名。夫辟与本体，义犹有辨。而生命一词，乃兼目之，何耶？"答曰：寂然无相是谓体。即此寂然无相者而现起有为，是谓用。（全体成用，非体在用外。譬如大海水，全成为众沤，非大海水在沤外。）用则有翕有辟。而翕便现为形物，其运乎翕而为之主者，乃辟也。故严格言用，唯辟是用。辟具刚健、升进、虚寂、清净、灵明或生化不息及诸万德。此本体自性之显也。故于用而识体，即可于辟说为体。（虽翕亦是体之呈现，但此中取义自别。）故生命一词，虽以名辟，亦即为本体之名。体用本不妨分说，而实际上究不可分为二片。达此旨者，则知本论生命一词，或依用受称者，乃即用而显体也。或斥体为目者，举体即摄用也。何尝有歧义乎？夫生命云者，恒创恒新之谓生，（恒者，无间断义。恒时是创造的，恒时是新新而不守其故的。）自本自根之谓命。（自本自根，用庄生语，自为本根，非从他生也。岂若宗教家别觅上帝或灵魂哉。）二义互通，生即是命，命亦即是生故，故生命非一空泛的名词。吾人识得自家生命即是宇宙本体，（举体即摄用，如前已说。此中宇宙一词，乃万物之都称。）故不得内吾身而外宇宙。吾与宇宙，同一大生命故。此一大生命非可剖分，故无内外。内外者，因吾人妄执七尺之形为己为内，而遂以天地万物为外耳。

已说坎离。次谈艮兑二卦。

艮卦合上下两艮卦而成。如下所列：☶。艮上义为止。此卦阴爻并隐伏于阳爻之下。阴有静止之象。（《易》之取象，不拘一格。宜随各卦之情而玩味之。）阳，乾也，取象于天。此中天者，空界之名。（非谓星球。）故可以表本体。（空界清虚，故可以譬喻本体。凡象，犹譬喻也。）此卦即明本体固具许多潜能。（潜能者，潜言潜在，能谓可能性。）以其隐而未现，假说为静止之象，故此卦以艮立名。

兑卦合上下两兑卦而成。如下所列：☱。兑卦爻象，恰恰与艮相反。

☶ 艮

☱ 兑

兑卦阴爻居上，象其发现于外也。阳以象本体，复如前说。此卦明本体所固具的许多可能性，于潜隐中自当乘几而发现于外。几者，自动之几，非外有可乘之几也。由潜而显，化几通畅，故有欣悦之象。兑卦取象于泽，说卦云："说万物者，莫大乎泽。"以泽润生万物，故万物皆说。故《兑卦》象泽者，即表欣说的意义。此兑卦所由立名。(《正义》曰：兑，说也。)

············

综前所说，以八卦表示体用，与翕辟诸大义，靡不包举无遗。物理世界所由成立，于此已悉发其蕴矣。

本章首刊定旧师(印度佛家唯识论师)建立物种以说明物界，实为妄计。(物种旧云相分种子。)次依本体流行有其翕的方面，翕则分化，于是成立小一系群，由此施设物界。夫有物有则，故范畴非纯属主观，而申论及此。终之以八卦，则大义无不毕举。是故穷极物理，本无有如俗所计之物。但依真实流行，则不妨随俗施设物。(真实谓本体。流行则有翕之方面。依此而假说物界。)俗情于此，庶几无怖也欤。(俗情执物，闻无物则起惊怖。)

复次物理世界，或无量星球，虽复幻相宛然，(物理世界实依翕的势用，诈现迹象，而假为之名耳。迹象者，幻相也，本非固定的物事，而现似实物，故云宛然。)要有一期成毁。(一期者，如地球自其初凝，迄至毁时，说为一期。凡物有成必有毁，无有一成而恒住不毁灭者。)昔邵尧夫说天地当坏灭，学者或疑其怪诞。然近世科学家，并不否认现在的星球是在消蚀与放射，则尧夫不为臆说矣。但科学家或计远空某处，得因是处放射，又凝成物质。因此，如是处的宇宙不幸濒于死亡，而别一新天地却正在创造中。此新天地的构成，并非以旧天地的余烬为原料，而是旧天地燃烧时所发的放射，又凝成新天地。这种轮回宇宙说，虽若有可持之理由，而仍有许多科学家，据热力学第二定律，承认宇宙间死热一定继续增加。因判定轮回宇宙的观念，是一种荒谬的思想。上来主张与反对之二方面，吾侪诚难为左右袒。然吾终相信，无量宇宙或一切星球，决定要遇到坏灭之神降临，无法避免。但是，我亦决非持断见论者。(断见者，谓如宇宙灭已，更不复生，是谓断灭见。)我相信宇宙的本体总是至诚无息的，是要现为大用，流行不已的。因此，可以设想宇宙整个坏灭之后，也许要经过相当时期的混沌境界，(混沌，无物貌。)然后又重新形成无量的宇宙。设问："何故须经一混沌时期？"

我的答案是，凡物之极其大者，其成也不能不以渐。（印度佛家把诸星球或天地，总名为大，以其相状极大故。）如前已说，本体流行有其翕的方面。此翕的势用，虽复刹那生灭，而恒相续流故，即此无间的势用，（刹那刹那，都是前前灭尽，后后续生。故云无间。）渐渐转故，现似大物。非可不由积渐，瞥然骤现一新天地也。（瞥然，形容其时之暂。）夫物者，世间相也。（曰天地、曰宇宙或诸星球，皆物之别名耳。世间相者，谓此物相，乃世间情计执著，以为有如是物耳。）其本相，则前所谓翕的势用是也。翕势，前刹那才起即灭，而有余势，相状宛然。（余势者，譬如香灭已，而有余臭宛然。）后刹那似前势续起，虽起已即灭，复有余势，相状宛然。刹那刹那，生灭灭生，递积余势，其相状以渐增盛，是名大物。故物相之成也必以渐。新天地之生，可信为理所必有。但非必当旧天地灭时，即代之以起，若与之紧相接续也。

问曰："天地不能无成毁。虽毁已，当复成。而值其毁时，则人类之一切努力，一切创造，毕竟归空无。然则吾人既知其必毁，而何以为安心立命之地耶？"答曰：有心求安，是心则安，而非其真。有命自天，（命字，有多义。略言之，一、流行谓命，如云本体之流行是也。二、缘会或遭遇谓之命，如俗云命运是也。三、物所受为命。夫人物所以生之理，不由后起。因假说为天之所赋予，而人物受之以为命也。此中命字，属第三义，实即斥指人与万物所同具之本体而名之也。）万仞壁立。（形容其至高无上。）《易》云以至，（《易》曰："穷理尽性以至于命。"理性命三名虽异，而所目则一。绝对真实，物禀之以成形，人禀之以有生，故谓之命。克就其在本而言，则谓之性。以其散著而为万物万事，悉有理则，复说为理。穷者，博通而约守之，即散著以会归大本。尽者，全其在己之性，而无以后起之私染障害之也。至字义深，与命为一，方是至。）老则云复。（老子曰："归根复命。"人自有生以后，囿于形，缚于染污之习，渐以梏亡其本命，故须复也。《大易》复卦即此意。上归根二字，与复命义同。命之在人，即人生之根源。人必归宿乎此，而后人生离于虚妄。）佛亦有言：证大法身。（法身者，佛说万物之本体，名为真如，亦名法身。身者自体义。以是一切法实体故，名法身。诸佛即以法身为自体故。更有余义，此姑不详。证者，证得。诸佛证得此法身故。）夫佛所谓证得法身，与儒老所云复命、至命，无异旨也。盖体合至真，即超越物表矣。诣乎此者，是立人极。离常无常及有无相，（离字一气贯下读之。以为常耶而万变无穷，是离常相。以为无常耶而真净刚健，其德不易，其性不改，是离无常相。以为有耶而寂然无象，是离有相。以为无耶而万物由之以成，是离无相。）离去来今及自他相。（真体超时空，故离去来今相，举时，则空相亦离可知。证悟真体，便无物我可分，故离自他相。）染污不得为碍，（自性清净故。）戏论于兹永熄。（非戏论安足处所故，非思议所行境界故。）是盛德之至也。何以名之？吾将名之曰"无寄真人"，亦名"大自在者"。（自在略有二义。一、离一切缚义。二、神用不可测义。）夫无寄则至矣，何天地成毁之足论。

上来施设物界，今次当详心法。

（原载《新唯识论》语体文本，1947 年湖北印本）

《新唯识论》（文言文本）
"明心"上章

吾前不云乎，心者恒转之动而辟也。见《转变章》。故心之实性即是恒转，而无实自体焉。（心者，非遗恒转有自体故。）今夫有情假者，本依心物幻现得名，（有情，见前注。假者，亦谓有情。以其名从他得，故称假者。物亦色之代语。盖有情只依心物幻现而名之耳，若除去心物两方面，即有情之名无从立也。幻现者，谓心物本非实在法故。设心与物即实在者，便不得更说心物有实体故。）而心物实性强名恒转。（本不可名而为之名，故强。）恒转者，至静而动，（静者，言其有恒性而不可易也，自然有则而不可乱也。动者，言其变化不测生生不息也。）本未始有物也。（无形质，无方所。）然动而不能不摄聚，故乃翕而幻成乎物。此所以现似物质宇宙而疑于不守自性也。实则恒转者，纯一而亡染，（无染著，即无有滞碍。）刚健而不挠，（不可折挠。）岂果化于物而不守自性者乎？其翕而成物也，因以为资具（以物为工具也。）而显其自性力。（此处吃紧。）故行之至健，（真体发现，故行健。俗言冲动者，非实有见于真体，只认取浮动者为生机，不亦谬乎？学者于《功能章》末段，虚心体之始得。）常物物而不物于物也。（物物一词，上物字主宰义及转化义，谓主宰乎物而转化之也。物于物一词，上物字蔽锢义。不物于物，即不蔽于物。）夫是行健以物物而不物于物之自性力，对翕而言则谓之辟，对物而言，则谓之心。（物以翕成，故翕与物异名而同实也。心依辟立，故心与辟异名而同实也。实同名异，词有分剂。）恒转幻现翕辟，而形成心物相待，其妙如此。故夫一名为心，即已与物对，（已属后天。）而非恒转本体矣。（恒转即是本体，而首置恒转言者，用为主词故。）故但曰心之实性即是恒转，而未可斥指心以为实性也。然以此心不落于物而为恒转自性力之显发也，（心即恒转自性力，故吾人须自察识，确有个浑然充实炯然虚明的体段在。阳明末流，至谓离感无心，真迷妄见也，幸有双江、念庵起而矫之。）则又不妨曰心即实性。易言之，心即恒转本体也。自本自根，无可依他而穷索。（向外觅体，即是依他。）自明自了，便已亲体于现前。真理只在当躬，世固有求之愈离愈远者何耶？

综前所说，恒转翕而成物，乃即利用物之一部分即所谓身体者以为凭借，而显发其自性力，即此恒转自性力名之以心。是知心者实为身体之主宰，以身于心但为资具故。惟此心虽主宰乎一身，而其体则不可为之限量，（限者分限，量者定量。）是乃横遍虚空，竖尽永劫，无有不运，无所不包。无不包者，至大无外故。（此言大者，是绝对义，非与小对之词。）无不运者，至诚无息故。焉有分限可求，焉有定量可测？昔者罗念庵盖尝体认及此矣，其言曰："当极静时，恍然觉吾此心中虚无物旁通无穷，有如长空云气流行，无有止极，有如大海鱼龙变化，无有间隔，无内外可指，无动静可分。上下四方，往古来今，浑成一片，所谓无在而无不在。吾之一身，乃其发窍，固非形质所能限也。是故纵吾之目，而天地不满于吾视；倾吾之耳，而天地不出于吾听；冥吾之心，而天地不逃于吾思。（此上言天地万物皆非吾心外物也。）古人往矣，其精神所极即吾之精神未尝往也，否则闻其行事而能慨然愤然矣乎！（此言心体无有古今分段。）四海远矣，其疾痛相关即吾之疾痛未尝远也，否则闻其患难而能侧然尽然矣乎！（此言心体无有方所间隔。）是故感于亲而为亲焉，吾无分于亲也，有分于吾与亲，斯不亲矣！感于民而为仁焉，吾无分于民也，有分于吾与民，斯不仁矣！感于物而为爱焉，吾无分于物也，有分于吾与物，斯不爱矣！（此言心体无有彼我分别。）是乃得之于天者固然如是。（谓为先天所固具也。）故曰，仁者浑然与物同体。同体也者，谓在我者亦即在物，合吾与物而同为一体，则前所谓虚寂而能贯通，浑上下四方往古来今、内外动静而一之者也。"念庵所言，质验之伦理实践上纯粹精诚、超脱小己利害计较之心作用，如向往古哲与夫四海疾痛相连，以及亲亲仁民爱物之切至，凡此皆足以证明此心不有彼我，不限时空，浑然无二无别、无穷无尽。斯所谓内自证知、不虚不妄者乎！（一人一物之心即是天地万物之心，非形质所能隔别，故恒互相贯通。此理也，自甲言之固如是，自乙言之亦如是。《华严》"一多相即，重重无尽"，理趣深玄。学者所宜切究。）中土学者，大抵皆从伦理实践上纯粹精诚、超脱小己利害计较之心作用，以认识心体。（如孟子举乍见孺子入井而恻隐之心，亦最著之例。盖此种作用，绝不杂以小己之私，不受形气之蔽，是所谓无所为而为的。乃依于真实的心体发现，所以于此可认识心体。自孔孟迄宋明诸师，都只于此着工夫。）穷神知化而不为诬诞，体玄极妙而不蹈空虚。盖生物进化，至人类而为最高。其能直接通合宇宙大生命而为一，以实显本体世界无上价值者，厥为人类。故人类有伦理实践上纯粹精诚、超脱小己利害计较之心作用，破形物之锢缚，顺性真而创新。其以心转物，以辟运翕者在是，而动物则无此能事。诚以人类中心观念得进化论而一新其壁垒，势不能以求之人者而概之于物也。心理学家言心，举人与动物而一视。彼所研究之范围原不涉及本体，其操术以分析测验，亦不待反观自识、操存涵养之功。故其所谓心与吾玄学上所言心，截然不为同物。（此中反观自识，其涵义至为精深，至为严格，与心理学上所谓内观法者绝不相侔，切戒误会。操存涵养，亦中土哲学上特殊名词，涵义精深严格，又不待言。凡此，欲俟《量论》详之。）吾每遇人持心理学之见地，致疑于吾所言心为无根据者，此不知类之过也。（玄学、科学，各有范围，义类别矣，何可不知！世固有主张科学万能者，如斯偏执，谅愧鸿通。）伦理实践敦笃勿懈，反躬而炯然有物，（此物字，非事物之物，乃形容此心之词。心恒为身之主，所谓主人翁是也。故以有物言之。）灼然自识。（庄子《骈拇》："吾所谓明者，非谓其见彼也，自见而已矣。"此即认识自己之谓。自己者何，此心是已。）其感捷而应之也不爽，既动起万端，却恒自寂静；既恒自寂静，却动起万端。绵绵若存之际，而天地根焉；冥冥独知之地，而万有基焉。（阳明咏良知诗："无声无臭独知时，此是乾坤万有基。"）现前具足，历历不昧，而何为其无根据耶，而岂可以物推观，向外穷索耶？

人情之蔽也，固恒昧其神明宝藏（宝藏者，形容此心备具众妙故。）而自视为一物矣。耳目口鼻内脏百骸固皆物也。耳所取声，目所取色，口鼻所取臭味，乃至百骸所触，又无往而非物交物也。使宇宙人生而果如是浑成一大块物质，则有何生命可言耶？然而事实正不如此。耳则能听，以听于声也而显其聪焉；目则能视，以视于色也而显其明焉；乃至百骸则能触，以于一切所触而显其觉了焉。（几言乃至者，皆隐含中间事例而不具列之词。）今故应问，此聪明觉了为发自耳目等物乎？彼既是物，如何能发生聪明觉了？抑为发自声色等物乎？彼亦是物，又如何能发生聪明觉了？且物若能发生聪明觉了者，则物即神矣，何可名物？

故知聪明觉了者，心也。此心乃体物而不遗，（心非即本体也。然以此心毕竟不化于物故，故亦可说心即本体耳。体物云者，言此心即是一切物底实体，而无有一物得遗之以成其为物者也。）是以主乎耳目等物而运乎声色等物。语其著则充周而不穷，（感而遂通，无间远近幽深而莫不运。）语其隐则藏密而无阒，（本无形也，疑若无焉。然万有于是乎资始，谁得而无之。是其藏之绵密，乃以不形而形，终无闭阒也。）浑然全体，即流行即主宰，是乃所谓生命也。（或问生命一词定义云何？余曰：此等名词，其所表诠是全体的，势不能为之下定义。然吾人若能认识自家固有的心，即是识得自家底生命，除了此心便无生命可说也。至世俗言生命者，是否认识自心，则吾不之知也。）宇宙只此生命发现，人生只此生命活动。其发现，其活动，一本诸盛大真实而行乎其不得不然，初非有所为而然。德盛化神，其至矣乎！彼执物者，视宇宙如机械，等人生若尘埃，如之何其不自反耶？

生命力之显发也，不期而现为物以神其用。（无物则生命力疑于泛泛而无所摄持以自表现也。）既现为物，故分化而成个体，（生命底本体是不可剖分的，而其变现为形物也，则分化而成个体。此生物界所以繁衍。）凭此个体互相资藉，乃见其力用之大。（互相资藉有二义：一者，生命力藉个体以显发，个体亦藉生命力以成故。二者，个体与个体相待，亦即互相资藉以增进夫生命力之显发故。）虽然，生命力以凭物而显故，亦常沦于物质之中，胶固而不得解脱。此征之植物与动物而可见者。植物徒具形干，其生命力几完全物质化。动物则官能渐备，然其生命力受物质缠锢，竟未有以远过植物也。生物界经累级演进，迄至人类，神经系统始益发达，则由生命力潜滋默运，有以改造物质而收利用之效。故心灵焕发，特有主宰之权能，乃足以用物而不为物用，转物而不为物转。虽人之中，除极少数出类拔萃者外，自余总总芸芸，其心亦常放而易坠于物，然使勇决提撕，当下即是，《大易》所谓"不远复"也。人道之尊在此耳。

夫斯人性具生命力，（性具者，谓先天之禀。）圆成而实，（圆者圆满，无所亏欠。成谓现成，不由造作。实者真实，明非虚妄。）本无衰减。虽云形气渺焉小哉，而其生命力固包宇宙，挟万有，而息息周流，不以形气隔也。（此言个人生命力即是宇宙之大生命力，岂形气可以隔之乎？世俗以为吾人生命力当初生之顷从宇宙大生命力分化而来，既生以后，因拘于形气便与宇宙隔绝。殊不知所谓宇宙大生命力乃浑然全体而不可剖分，凡有形气皆其所凝成者，而何隔之有乎？故吾人初生之顷资生于宇宙之大生命力，既生以后，迄于未尽之期，犹息息资生于宇宙之大生命力，吾生与宇宙始终非二体。故吾之生也，息息与宇宙同其新新，而无故故之可守。命之不穷，化之不息也如是。斯理也，船山王子，盖先我发之矣。）

然而人之有生，不能无惑。盖当其成形禀气之始，而忽然执形气而昧其本来，是之谓惑。① （本来面目是不落形气的，是无私的，是无所染执的。）此惑既与形气俱始，则辗转滋盛，益以私其形气而小之，终乃执形气愈坚，日与物化而莫之御。举耳目心思沦溺于物欲而无节，成聋盲爽发狂之患。脑际无清旷之隙，则颓然一物，既自隔于宇宙统体之大生命力，而莫相容摄通贯矣。虽形气本不足为隔，而今以执之弥坚，私而不公，小而自封，则举其本不隔者而成乎隔绝，是以生理剥极，而卒为颓然之一物也。纵其残余之形气不即委散，而既为无生命力之物，何如速朽之愈乎。漆园叹"哀莫大于心死"，此之谓也。故夫人生虽本具无尽之宝藏，（宝藏喻心，亦即喻生命力。）而亦有不虞之险阻。险阻者何？即其惑与形气俱始，而渐以加深，遂至完全物化，剥其生理而终不自觉也。夫惑，阴象也。（柔而莫振，闭而不通，重浊下坠，此谓阴象。）其来无根，忽然而起，成乎习气，遂至不拔。吾人本具光明宝藏，奈何不克自持而为无根者所夺乎？吾《易》于剥卦著其戒曰："柔变刚也。"（阴盛而剥消阳，谓之变刚。吾人生命力本至刚健，今殉物而为惑所乘，则失其刚也。）而于《乾》则诏之以自强而昭其大明，乃以战阴暗而胜之。"其血玄黄"，重阴破也。吾人生命力正于此开发创新，而显其灿烂之光辉，"时乘六龙以御天"也。（六龙，为纯阳纯健，所以形容生命力之至健也。御天则显其向上而无坠失，至神而不可方物。）斯乃翕随辟运，物从心转，于是还复其本体而无所亏欠，终由剥而复矣。故复卦曰："复其见天地之心乎？"心者本体，（心非即本体，而可以本体言之，其义见前。）在《易》则谓之乾，剥者剥此，（本体非有剥也。然人自障蔽其本体而化于物，即于人而名为剥也。）复者复此而已。（不复，即无由见心体。）要而言之，人生限于形气，便有无因而至之惑魔，使之自迷其本来。迷故不自在，不自在故，不得不与惑魔斗。由奋斗故，乃得于形气锢蔽重阴积暗之中，乘孤阳以扩充，（孤阳喻生理之不

---

① 整理者按：作者在自存本上加有眉批云："忽然起念，名曰无明。"

绝也。虽剥极之会，其生生不息真机何尝遽绝。人乃不克绍之而逐乎物，以速其亡。可伤也！苟能一旦反求其本心焉，则生机油然充之矣。遂有所开发创新，开发非无依据，创新亦匪凭空，即秉孤阳以为开创不竭、新新不已之基焉耳。故开发创新乃是由微肇著，舍故趋新却非从无生有之谓也。）而不为物化。（生理畅而日新，德盛之至矣。则用物而不必绝物。自然物皆顺其天则，而莫非生理流行，所谓"形色即天性"也。）由此还复本来面目，则大明继盛而反于自在已。陶令之诗曰："久在樊笼里，（喻人役于物之苦也。）复得返自然。"喻人既洞见本来而得自在也。其斯之谓与。

[附识] 或问："审如公说，吾人生命力之创新，只是复初而已，（复初一词，见朱子《四书集注》。初者，犹云本来面目也。）二者如之何其反而相成也。"（创新则不名为复初，复初则无所谓创新，故言反也。）曰初者，法尔本有。（法尔本有，隐目本体。）人常不能全其本有者，而以后起害之。（后起谓一切徇物之惑，是与形气俱始者，非本有故。）以后起害所本有，是自戕贼其生命也。（惟本有者乃是生命。害所本有，即戕贼生命矣。）生命既受戕贼，或仅萌蘖之存焉。倘非依此萌蘖而精进以创之，涵养以新之，则亦惟有戕贼以尽而颓然物化已耳，岂复克绍其初乎？故创新者，乃于戕贼之余，反求其本有生命力萌蘖仅存者，即本心微露处，如孟氏所谓"夜气之存"。（夜气之存，只是昏扰乍平，本心虚明体段忽然微露，此正生命力不容遽泯耳。）斯善端之著，在《易》为复卦初爻一阳尚微之象。体认乎此而扩充之，保任之，由此精进而不息，则浸长而充实矣。涵养而常新，则日盛而光辉矣。就其充实谓之创，就其光辉谓之新。（从初念尚微迄于充实光辉，却是刹那刹那，生灭灭生，不是初念凝住不灭，延展至后。若初念延展至后，则心法便是一受其成型而不可变，何得有后念之浸长日盛而为创为新耶？文中且一往横说去，学者宜知。）斯所以引本有之绪而伸之，使戕贼者无自而起焉。故有生之日，皆创新之日，不容一息休歇而无创，守故而无新。使有一息而无创无新，即此一息已不生矣。然虽极其创新之能事，亦只发挥其所本有，完成其所本有，要非可于本有者有所增也。夫本有不待增，此乃自明理，无可疑者。（此理不待感官经验亦不待推论而知故，故云自明。）故谓之复初耳。人之生也，宜成人能，以显其所本有。（显著显发。）人而无所成能者，则其本有者不能以自显，将梏于形气之私，而昂然七尺只是一团死物质耳，何以复其初乎？故此言创新者，乃

就人能言也；而人能原依本有以显发，不能更有所增于本有，斯不得不言复初也。

　　如前所说，总略结旨。首以本体言心，简异知觉运动非即心故。（禅宗与儒家同斥以知觉运动为心之非，其所云知觉运动涵义甚宽，略当于心理学上全部心作用。盖知觉运动虽亦依心故有，然四体之动，物感之交，此等形气上之作用为最有权，而顺其本心之发者鲜矣。故知觉运动非即是心，须简异之也。但吾人如不放失本心，而保任本心恒为主于中，则知觉运动又莫非心之发也。达磨故言"作用见性"，义匪一端，切须善会。）又以生命言心，显示殉物缠惑难征心故。（殉物者，没于物也。缠惑者，惑结不解也。人皆殉物缠惑以丧其心矣，故难令自征此心也。）夫心即本体，云何剖析？（若可剖析，便非本体。）心即生命，便非积聚。（生命本依心而得名。设以心为多数分子积聚者，则是生命如散沙聚也。惟物质乃是积聚性，而生命则浑然全体流行无息，未可以积聚言之也。）若之何唯识旧师乃说一人有八识哉？今将略征而论之于后。①

　　昔在小乘，惟说六识。及大乘与，乃承前六，而益以末那、赖耶，是为八识。六识者，随根立名。曰眼识，依眼根故。曰耳识，依耳根故。曰鼻识，依鼻根故。曰舌识，依舌根故。曰身识，依身根故。曰意识，依意根故。（眼等五识所依根，称清净色根，固不谓肉眼等为根也。所谓清净色者，在大乘似说得神秘，闽侯林志钧宰平尝以为无征而不足信也，桂林梁漱溟则谓即今云神经系者是。吾谓净色是否即神经，今难质定，姑存而不论可耳。至于意根，则小乘如上座部等亦立色根，所谓胸中色物即俗云心脏者是，固犹不知心意作用之依借于脑也。而余部更不许立色根，乃以六识前念已灭识为意根。及至大乘建立八识，始说第七末那识为意根云。）或许从境立名，即眼识亦名色识，唯了别色故。（唯者，止此而不及其他之谓，后准知。色有多义，或通目质碍法，则为物质之异名；今专言眼识所了，则为颜色之色，如青黄赤白等是也。）耳识亦名声识，唯了别声故。鼻识亦名香识，唯了别香故。香与臭，通

---

　　① 整理者按：作者在自存本上加有眉批云："以本体言心，此心即性，亦即天，亦即命，亦即理，亦即《新论》所谓生命力。流行之谓命，于流行中有主宰谓之天，在人则为其所以生之理，故谓之性，亦说为生命力。又以其主宰乎一身而言，则谓之心。其应物发现，而条理万端，莫非固具，故谓之理。以作用言心，先儒所谓知觉运动之心，今心理学上所谓知、情、意种种心作用是也。以生理言心，俗所谓心脏，佛书谓之肉团心，实则今心理学上所谓神经系统与大脑，亦即生理的心。"

名香。舌识亦名味识，唯了别味故。身识亦名触识，唯了别触故。（于前四识所了，直举色声香味四境，而于身识所了，乃虚言触而不直举何等境者，则以身识所了境最为宽广，列举不尽，故以触言之。）意识亦名法识，了别一切法故。（有形无形的一切事物，一切义理，通名之为法。）如上六识，大小乘师，共所建立。①

然大乘于前六外，又建立第七、第八识者。彼计五识（眼识乃至身识。）唯外门转，（转者起义。五识皆以向外追取境界故起。）必有依故；第六意识内外门转，（意识一方面追取外境，一方面内自缘虑。虽无外境，亦自起故。）行相粗动，（行相者，心于境起解之相。）此非根本，（意识粗动，故非根本。）亦必有依故；（意识自身既非根本，故必有其所依，例同五识。）由斯建立第八阿赖耶识，含藏万有，为根本依。（依字注意。彼计前七识各自有种子，不从赖耶亲生，只是依托赖耶而生，故说赖耶为根本依。）赖耶深细，藏密而不显。前六（眼识乃至意识。）则粗显极矣。疑于表里隔绝，（赖耶是里，前六是表。）故应建立第七末那，以介于其间。（第七介于第八与前六识之间。）《大论》五十一说，"由有本识，（赖耶亦名本识。）故有末那"，其义可玩已。寻彼所立八识，约分三重。初重为六识，（眼识乃至意识。）通缘内外，粗动而有为作。次重为末那识，（第七。）恒内缘赖耶，执为自我，（恒字吃紧，无间断故。第七本缘第八见分为我，此中浑言缘赖耶者，不及详四分故。）似静而不静。（一类内缘而不外驰，故似静也。然恒思量我相，此乃嚣动之极，实不静也。）三重为赖耶，（第八。）受熏持种，（持种者，赖耶自家底本有及新熏种子，并前七识底本有及新熏种子，均由赖耶摄持，所以为万有基。受熏者，谓前七识各有习气熏发，以投入赖耶自体，而赖耶则一切受而藏之，遂成新熏种子也。设赖耶不受熏，则前七识熏发习气，不将飘散矣乎。）动而无为。（恒转如流，是动也。惟受惟持，何

---

① 整理者按：作者在自存本上加有眉批云："根、境、识。近世心理学谓外物刺乎神经达于大脑，而大脑即起反应作用，即此反应作用说名心作用。如此则根本无所谓心。易言之，即心无有自体，只是物质的作用而已。佛家说心有自体（此谓五识），只依净色五根而发生。依字须注意，依者依藉，如树芽本有自体，须依水土而发生，否则不生。西洋心理学，从前学者亦多主张心意作用是有自体的，不是脑筋副产物，但近世学者则不然。宋明诸师言心，皆视心为浑然流行的全体，无可剖分。而佛者剖析为各个独立，小乘剖为六个（即所谓六识），大乘剖为八个（于第六识外加第七、第八），此须辨清（能藏、所藏、执藏）。'浩浩三藏不可穷，渊深七浪境为风，受熏持种根身器，去后来先作主公（染净二分）。'玄奘《八识规矩颂》。"

为乎?）大乘建立八识，（大乘建立八个识，而不止于六。）大旨如此。

又复应知，大乘以一心而分之为八，（此心本是浑一之全体，故曰一心，而大乘乃分之为八个。）即此八识，将为各各独立之体欤！然每一识，又非单纯，乃为心、心所组合而成。（心亦名王，是主故。心所者，具云心所有法，以其为心上所有之法故。心所亦名助伴，是心之眷属故。心则唯一，而心所乃多云。）如眼识似独立也，实则为心与多数心所之复合体，绝不单纯，特对耳识等等说为独立而已。眼识如是，乃至第八赖耶，复莫不然。（每一识皆为心与多数心所之复合体故。）故知八识云者，但据八聚而谈，（聚者类聚。）非谓八识便是八个单纯体故。尚考大乘建立种子为识因缘，（种子为能生识之因缘，识即是种子所生之果。）无著造《摄论》授世亲，明种子有六义。第四曰决定，第六曰引自果。世亲释云："言决定者，谓此种子各别决定，不从一切。一切得生，（意云，非一切种子各各能遍生一切法也。）从此物种，还生此物。（此物种子还生此物而不生彼物，所以成决定。）引自果者，谓自种子但引自果，（引者引生。）如阿赖耶识种子唯能引生阿赖耶识"（余识种子，均可类推。又凡言识，亦摄心所，学者宜知。）云云。据此，则八聚心、心所，各各从自种而生。（种子亦省言种。）如眼识一聚，其心从自种生，其多数心所亦各从自种生。眼识如是，耳识乃至赖耶，亦复如是。故知八聚心、心所为各各独立之体，（各各二字注意。如眼识一聚中，其心自有种故，故是独立之体。其多数心所亦各自有种故，即各是独立之体。眼识一聚如是，耳识乃至赖耶，均可类推。）而实非以八个单纯体说为八识。此自无著世亲迄于护法奘基诸师，皆同此主张，而莫之或易者。是诚为极端多元论，抑可谓集聚论或机械论。（多数独立的分子互相组合，故可谓集聚而亦即是机械。）较以印土外道，殆与胜论思想类近者欤。

迹旧师树义，盖本诸分析之术。故其分析心识，备极零碎，以归之众多种子，一如分析物质为极微或分子、原子以至电子者然。此其为术，以心拟物，谓之戏论，良不为过。夫分析术者，科学固恃为利器，即在玄学，其所为明伦察物，亦何尝不有资于是。（物则之幽隐繁颐，人伦之常理变故，精以察之，明以辨之，亦是分析。）然玄学务得其总持①，（万有统体曰总持，实体之代语。）期于易简而理得，则分析毕竟

---

① 整理者按：作者在自存本上加有眉批云："万理之所会归曰总持。"

非玄学所首务。何则？凡为学者操术而无谬，必其本是术以往，而果足以得其所穷究之事实而无差失也。否者，其术不可依据，差以毫厘，谬以千里矣。今玄学所穷究之事实，即所谓宇宙实体是已。夫宇宙实体一词，特从俗而称之耳。实则只将自家本分事推出言之，而名以宇宙实体。（禅家语及本心，每云本分事。此心即实体，义已见前。）此本分事，放之则弥六合，卷之则退藏于密。①（放者，遍现义。卷者，收敛义。收敛，即刚健在中而不靡散之谓也。随处遍现，其大无外，故曰弥纶六合。恒时收敛，其应恒寂，故曰退藏于密。退藏者，沉隐而迹象俱无，渊深而力用不测，此密之至也。）虽本来至无（无者无形，无形故藏密而非睹闻所涉也。）而不属于无；（此言无者，空无之无，谓本无形而实不是空无。）虽肇始群有（弥六合者，谓遍为万物实体也。）而不属于有。（凡已成乎有者，则非复如其实体之本然矣。执有之相以求实体，而体不可见。以此体毕竟不落于有，故云不属有。）故乃有无双遣，绝名相于常寂之津；（证体归寂，名相俱亡。）卷放自如，息诠辨于筌蹄之外。（得其卷放之体矣，则诠辨自息。譬之鱼兔已获，自忘筌蹄，非真有得于筌蹄之外者而能尔乎？）要惟鞭辟近里切己体认，始得相应耳。

分析者，起于辨物，将欲以辨物之术而求得先物之理，（名实体者，言所以凝成万物者也，故云先物。夫先物者，非物也，奈何以辨物之术求之乎？）是犹戴著色眼镜而求睹大明之白光也，至愚亦知其不可。故必由体认以得其理之一，（此言理者，谓实体。一者，绝待义。）方乃凭分析以得其分之殊。（分者分理，兼合法则等义。吾人日用宇宙中所谓物理人事，盖莫不有其分理法则，所谓至赜而不可乱也。俗每言混乱无理，此缘境事变更，违其情智所素习故耳。实则腐草委地，未无秩序，狂风拔木，亦有由渐。至于处士横议、妇姑勃谿，各有是非，又不待言矣。）盖法有总别，（本《华严经》。）学有统类。（本《荀子》书。）统者务于总持，道在一贯，故会归有极，统之事也。类者观其偏曲，义在散殊，故辨物知方，类之事也。分析之能事，虽或有见于散殊，然致曲之过，其弊为计。挨量卜度谓之计。体认之极功，乃能冥契于一贯，此思诚之效，其得为证。实地亲切谓之证。彼体认不及，（不及者，谓其不曾用过体认工夫耳，非谓曾去体认而不及证体也。遂计体无，哲学家不

---

① 整理者按：作者在自存本上加有眉批云："密，深密而不发散，阳明云，发散是不得已。"

知有体认之功，故终不能得着本体，而或反谓之无。）宇宙人生，奚其泡幻，（治哲学者或计体不可得，退而研讨知识，此亦好转机也。但终不知跳出知识窠臼而别寻体认之路，乃遂止于研讨知识而竟以求体为戒，纵其辨析精微，著书立说足成系统，终是王阳明所呵为"无头的学问"。旧戒诸生语，附注于此。）或乃任意构画，戏论狂驰，（哲学家谈体者，大抵逞其意想，构画万端。虽条理茂密足以成说，而其去真理也则愈远。徒以戏论度其生涯，而中藏贫乏，无可救药。绍兴马浮一浮曰："哲学家不自证体，而揣摩想像，滞著名言，有如《淮南》所谓遗腹子上垄，以礼哭泣，而无所归心。"此言深中其病。）① 若斯之伦，亦可哀已。夫体认者，栖神虚静，（神亦谓心也。邪欲不干，故虚静。）深心反观，赫斯在中，充实光明。（当反观时，便自见得有个充实而光明的体段在。充实者，至真无亏。光明者，纯净无染。赫斯者，盛大貌。在中者，形容其存在之谓耳，而非以对外名中。此体无内外可分，无方所可指故。只可言其存在而非空无，但不能指定其在身体中之何部，更不能谓身体已外即心之所不在也。然而人之梏亡其本心者，则又无从自见此充实光明的体段。此所以不自信而不克承当也。）是为实体显发，自了自证。（自了自证者，即自己认识自己之谓，而无能所可分。）于时无意言分别，（意中起想，即是言说。名为意言，不必出口方为言故。分别者，意言即是分别也，当自了自证时，便无有此。）直是物我双亡，离一切相。（我相、物相、时相、空相、名相、义相，乃至一切相，无不尽离云。）古之所谓"悬解"者，其谓是耶。（"悬解"用庄语，犹云大解脱也。体认至此。向后更有涵养日新及在事上磨练的工夫，此姑不详。）② 上来因举唯识旧师分析心识之过，而论及分析术于玄学不为首务，终乃归功体认。其词似蔓，而实非蔓也。乃若其详，当俟《量论》矣。

　　夫佛家量论，要归内证。所谓证量。吾言体认，岂其有异？然唯识旧师如护法等，乃唯分析是务者何哉？须知学术演变，理论愈进而加密，真意累传而渐乖，此不独佛家为然也。唯识论之兴也，导源无著而成自世亲，迄护法乃益盛，至此土基师又定护法为一尊，此其传授大略也。原夫八识之谈，大乘初兴便已首唱，本不始于无著。但其为说，以

---

① 整理者按：作者在自存本上加有眉批云："其学问与生活不相干，故中藏贫乏。"
② 整理者按：作者在自存本上加有眉批云："心中融会见道，乃根本智的意思。事上磨练，即后得智。"

识与诸法平列，（如说五蕴，则识蕴与色蕴等平列。说十八界，则六识界与六根六尘诸界平列。）语幻相即均不无，语自性毕竟皆空。（识与诸法虽复条然幻现其相，然都无实自性，故云皆空。）是其立言善巧，随说随扫，本无建立，斯所以远离戏论。虽复说有八识，要是依妄识相貌，假析以八，（依向外追取及内自构画相貌，假说前六识。依我执坚固相貌，假说第七识。依无始来染污习气深藏不断相貌，假说第八识。）藉便对治，故名善巧。逮于无著，始成第八识，引世亲舍小入大。此为接引初机，固犹未堪深议。及世亲造《百法》等论，并《三十颂》，遂乃建立识唯，（由建立识以统摄诸法故，即识名唯，乃云识唯。）而以一切法皆不离识为宗。唯之为言，显其殊特。是既成立识法非空，（世亲以前诸大乘师，将识与诸法一例认为无自性，即是看做皆空。到世亲成立唯识，始以识统摄诸法，则将识之一法看得较实。且据彼种子义而推之，识既从种生，则识为有自性之实法矣。）而析为八聚则如故，当非前师本旨也。前师无建立，故因对治妄识而假析乃无过。世亲既有建立，尊为能变，缘起宇宙，（彼尊识为能变，以明宇宙缘起。）析成各聚，（析为八聚。）宛如机械。以此言宇宙，实不应理。（机械论者，妄计宇宙为由许多分子集聚而构成，此乃世俗执物之见，岂窥宇宙之真乎？）矧复言之，义通染净，神固无方，析则有过。（以机械观言宇宙既已不可，况复以之言心乎？且彼之析识为八聚也，若但据染位妄识假析固亦无妨，然彼实通净位而言之矣。夫净位则本心呈露，是所谓至神而无方相者也。今亦析成断断片片，则根本不曾识得此心，过莫大于斯矣。）爰至护法谈种子义，并建本新，（护法立本有种及新熏种。其本有种与吾所谓功能截然异义，其新熏种即是习气，亦不当名为功能。参考《功能章》。）则由其本有种义而推之，似直认妄识以为本心，（本心即谓本体。彼本有种现起之识，应即是本心。何以故？是本有故。岂可谓本有者非本心耶？岂本有之外更有夫本有以为之体耶？护法本谈染位妄识，今乃于妄识中立本有种，故是认妄识为本心矣。）而说为染净混，（彼说本有种，有是染性，有是净性云。）其邪谬不堪究诘。若乃析识为八聚，仍承世亲而蹈其过。故由护法立论考之，知其素乏证解，（证解即吾所谓体认。）未曾自识本心，而惟恃分析法在妄识中作活计，遂迷罔至此。千数百年来无辨之者，不亦异乎？

如实义者，心乃浑然不可分之全体，然不妨从各方面以形容之，则将随其分殊取义，（方面不同，即是分殊。）而名亦滋多矣。夫心即性也。（性者，本体之代语耳。）以其为吾一身之主宰，则对身而名心焉。（《大学》言正心者，以心受蔽障而不得为身之主，是谓不正。故正心者，所以去心之障而反之于正也。）然心体万物而无不在，（体万物者，犹言遍为万物实体。）本不限于一身也。不限于一身者，谓在我者亦即在天地万物也。今反求其在我者，乃渊然恒有定向，于此言之，则谓之意矣。（渊然者，深隐貌，有实貌。恒字吃紧。这个定向是恒时如此，而无有一时或不如此的。）定向云何，谓恒顺其生生不息之本性以发展，而不肯物化者是也。（生生不息之本性者，约言之，纯健纯净是其本性也。健则不坠退，净则无滞碍。物化者，人若殉物而失其性，即绝其生理，乃名物化。）故此有定向者，即生命也，即独体也。（刘蕺山所谓"独体"，只是这个有定向的意。《大学》言"慎独"者，必慎乎此而勿瞒昧之耳。）依此而立自我，（我者主宰义，此非妄情所执之我也。）虽万变而贞于一，有主宰之谓也。（此云意者，即《大学》诚意之意。阳明以心之所发释意，此大误也。已发之意，求诚何及？或又以志言之，亦非也。这个有定向的意，即是实体，正是志之根据处。然《大学》于意言诚何耶？则以无始染污习气，常足以蒙蔽此意而另有所向。吾人恒乐于习气之顺其私，则常听役于习心，而对固具定向之意为诡辩，以便移其所向。此即自欺之谓也。自欺即违反其意之实，故言诚意。诚者实也，盖谓求其意之实而已。）若其感而遂通，资乎官能以趣境者，是名感识。（亦可依官能而分别名之以眼识、耳识乃至身识云。）动而愈出，（愈出者不穷貌。）不倚官能，独起筹度者，是名意识。（眼所不见，耳所不闻，乃至身所不触，而意识得独起思维筹度。即云思维筹度，亦依据过去感识经验的材料。然过去感识既已灭，而意识所再现起者，便非过去材料之旧，只是似前而续起，故名再现耳。当再现时，意识固不必有藉于官能也。且不止再现而已，意识固常有广远幽深玄妙之创发，如逻辑之精严，及凡科学上之发明，哲学上之创见等等。虽未始不有资于感识所贻之材料，然其所创发者，较之感识底材料，其广狭相去，岂算数譬喻所能及耶。故意识有独起之能，诚不可知之秘也。）故心、意、识三名，（感识、意识同名为识，与前所云意及心，共有三名也。）各有取义。心之一名，统体义胜。（言心者，以其为吾与万有所共同的实体，故曰统体义胜。然非谓后二名不具此义，特心之一名，乃偏约此义而立，故说为胜。）意之一名，各具义胜。（言意者，就此心之在乎个人者而言也，故曰各具义胜。然非识上无此义，特意名偏约此义而立，故独胜。)识之一名,了境故立。(感、意二识,同以了别境相而得识名。感识唯了外境,意识了内外境。内境者,思构所成境。)本无异体,而名差别,(差别者,不一义。)则以此心之蕴奥难穷,无可执一隅以究其义也。如彼旧师,析为各体,心其如散沙聚耶,是亦戏论极矣。

[附识] 心、意二名,皆斥体而名之也。必分别表之,而后其义不紊。识之一名,(识,赅感识、意识而言。)则作用之异语。设复问言:"何谓作用?"应答彼言:作用者,乃以言乎体之流行,状夫体之发现,而假说作用。故谈作用即所以显体矣。若谓体上另起一种势用,其既起即别于体而为实有,如此始名作用者,是将体用看做两片,斯倒见也。又此中心、意、识三名,各有涵义,自是一种特殊规定。若在常途,则三名可以互代,(如心亦得云识或意。)或复合成词,(如意识亦得云心意或心识也。)而无所谓异义。(《二十唯识论》曰:"心意识了,名之差别。"此中了者,具云了别。差别即不一之谓。盖言心亦名意,亦名识,亦名了别,只是名字的不一,却非此等名字各不同义也。)是在随文领取。

感识缘境,缘者缘虑。唯是现量。亲得境相,名现量故。(能缘识亲得所缘境之体相,名亲得境相。)如眼识缘青色时,识于青色确尔证知如是境相,绝不蒙昧,但虽证知而无分别。无分别者,以不同意识作解,谓此是青非青等故,(非青等三字作名词用,即谓红白等。)但冥冥证故。(知而无分别故。)此时能缘入所缘,毫无间隔,即是能所不分,浑然一体而转,是名亲得境相。眼识缘色如是,耳识缘声,乃至身识缘所触,皆应准知。现量亲证,离诸虚妄。凡夫虽有,不自任持。(感识现量,凡夫所有,但恒为散乱意识所眩,而于现量不能保任持守也。)僧肇有言:"夫人情之惑也久矣,目对真而莫觉。"

感识缘实境不缘假法,(如青色,是为实境。至于色上有长短等相,则名假法。)如眼识缘色时,其色上长短等相,则由意识分别安立,(长短等相,对待方显。意识分别力胜,而遍缘一切法,故乃观其对待,而分别此是长或短。)本非眼识所缘。但意识继起迅疾,又习相应故,不待计度,如眼识缘。(意识继眼识起,本甚迅疾。又过去曾缘长短等相,有习气故,乃复现起,而与现在意识相应,故现在意识于现所缘长短等相,不待计度而知之。有如眼识一览便了也。)

意识缘一切法,《摄论》所谓"无边行相而转"是也。然意识发展,由应境故,恒假感识以为资具,直趣前境。(前境者,以境界现前显现故名。）观境共相，明辨而审处之，此其胜用也。然意识亦以恒应境故，遂有不守自性，即识起时便带境相故。如缘外色等境时，识上必现似外色等影像，虽复所缘本非外境，而识上亦现似所缘影像。此等影像亦如外境，同作所缘缘故。（所缘缘，参考《唯识章》。）即于无法而起无解，识亦现似无之影像，是法本无而在识成境矣。故知意识常带境相，刚陷乎险中之象也。（心本至刚，然发而为意识，则有物化之惧，故云陷险之象。）然意识作用，不唯外缘，而亦返缘。外缘者，缘外境界或筹度一切义理故。（筹度义理时，识上变似所缘影像，此影像亦如外境。）返缘略说以二：一者于外缘时，自知知故，如方缘色而识自知知色之知故。（缘者，缘知。知色之知，是识上外缘之用。同时又知此知色之知，则此知乃识上返缘之用。）二者全泯外缘，亲冥自性故。（自性谓体。冥者冥证。亲冥者，返观自体而自了自见，所谓内证离言是也。盖此能证即是所证，而实无有能所可分。）或谓察识，或言观照，皆此返缘作用。以返缘力深故，了境唯心，斯不逐于境；会物为己，斯不累于物。于是照体独立，迥脱诸尘，虽在险而能出矣。根本既得，则差别无碍。知一切法而不留二法，泯一切相而不拒诸相。如是慧者名为正慧，以全体即智，妙用流行，（智、慧分别，见《明宗章》。）识虽现起而不为患。盖有取则妄，离取则真，所缘既遣，能缘亦空。能缘空故，空相亦空；境相不生，洒落自在。斯名意识转化，亦名意识解脱也。①

识起缘境，作用繁复。但以疾转之势，摄多念于一念，浑沦锐往，莫测其几。略说五心，粗征厥状。五心者，初率尔心，次寻求心，三决定心，四染净心，五等流心。率尔心者，初堕于境，故名率尔，（识初接境，名之为堕。）此唯一刹那顷。（次刹那即起寻求故。）寻求心者，率尔初缘，未知何境，为了知故，次起寻求，欲与念俱。（欲者希望，希望于境得决定故。念者记忆，忆念曾经，比度现境。）犹复难知，寻求更起，故寻求心，经通多念。（通多念者，前念是一寻求心，后念似前心而起，却另是一寻求心也，非谓多念总是前心。）次起决定，印解

---

① 整理者按：作者在自存本上加有眉批云："佛家说根本智及后得智。根本智缘真如（缘者知义，真如即本体），后得智缘事（事者事物）。根本智即证体之智。智虽假说为能缘、如（真）虽假说为所缘，而实则智即是如，无有能所可分。就体（如）上自知之用，假说为智。由根本智起已，方乃起后得智，缘虑一切事物。此后得智，虽行乎事之中，而随顺世间故，元无迷妄执着，所谓'知一切法不留一切法，泯一切相而不拒诸相'是也。此后得智亦是根本智之发用是也。故曰全体即智，妙用无穷。儒者所谓'德性之知'即根本智，所谓'见闻之知'即后得智。"

境故。（决定心，次寻求而起。）染净心者，决定既已，了知境界差别，或生乐受，或生苦受，是成染净。（乐受无嗔即净，苦受起嗔便染。）等流心者，成染净已，次念似前而起，故名等流。（等流者，谓相似而流。）即此等流，容多念起。（多念起义，见寻求注。容者不定，盖有次念不起等流而另有创缘者，故置容言。）

上述五心，试以例明。如闻"诸行无常"四声。（四字各为一声。）意、耳二识，于"诸"声至而适创缘，是名率尔。率尔心已，必有寻求，续初心起。寻求未了，数数寻求，未决定知"诸"所目故。（不知"诸"字所指目者为何。）缘"诸"字至寻求已，忽"行"声至。于"行"字上，复起率尔，以及寻求，爰至决定。决定知"诸"目一切"行"故。当缘"行"字时，"诸"字已灭，然有熏习连带解生。（熏习者，习气之异语。缘"诸"字底心虽灭，而有余势续起不绝，是名习气或熏习。故后心因前心缘"诸"字底熏习与现所缘"行"字，连带而得生解。）缘"行"字至决定已，忽"无"声至。于"无"字上，更起率尔，亦起寻求，寻求诸行所"无"为何。（为言无我，为言无常。）虽缘"无"字时，"诸"字"行"字并灭，而有熏习连带，复如前说。缘"无"字至寻求已，忽"常"声至。于"常"字上，复起率尔、寻求、决定，乃至等流。创起缘"常"，是为率尔。方在缘"常"，其前"诸"字、"行"字、"无"字，虽复并灭，以皆有熏习故，逮此缘"常"心起，由忆念力，即过去多字熏习，（多字，谓诸、行、无等字。）连带现在字，（现缘常字，为现在字。）于一刹那，集聚显现。故率尔后，即起寻求，诸行所无，果为无其常耶？旋起决定，印是无常。决定起已，染净、等流，方以次转。是故缘"常"字时，五心具完。即所缘四声，从"诸"至"常"，经历多念，事绪究竟，总成一念。前所谓摄多念于一念者，事实如此。夫始自缘"诸"，终至缘"常"，率尔等心，于一一字上，新新而起。其所历刹那之多，若纪以干支，奚止历亿兆京垓年岁？然心以疾转神速，长劫摄入一念。即在工绘事者，以万里悠长缩为方寸之图，可谓摄极长于极短，而犹不足以喻此心之妙也。

或疑心力冲进，于一一字不待析观。例如读文，实非字字而拟之，只任浑沦一气读去，便自成诵无讹。不知读出诸口，实根于心。声气之发若机栝，似未字字经心，实则尔时意、眼二识，于所缘文字，必一一字经率尔等心，（等者，谓寻求、决定乃至等流。他仿此。）多念缘虑，绝无有一字可以疏略而得之者。但识转时，势用迅疾，不可思议。又因熏习与后念所缘连带，集聚起解。虽作用复杂，而行所无事，故若不曾字字经心也。斯已奇耳！或复难言："审如此说，不亦专以动言心欤？"曰：此中且假诠动相，理实此心即动即静，即发即敛，即变即常，即行即止。行而不驰（此心流行，当下全真，而无杂妄纷驰。）故止，变而有则故常，发而不散（不散漫也。）故敛，动而不乱故静。夫唯滞于名言，则疑动而无静，若使会其玄极，斯悟静非屏动。

上来所说，心要略尽。（此中心字，不作心、意、识三种分别，而但浑沦言之。意识、感识亦均名心。他处皆准知。）然言心而不及心所，则犹未究其变也。夫心所法者，本旧师所已成。（见前。）所之为言，（心所亦省云所。）非即是心。而心所有，（心所法者，不即是心，而是心上所有之法。）系属心故，（恒时系属于心而不相离。）得心所名。（此叙得名之由。）惟所于心，助成、相应，具斯二义，势用殊胜。云何助成？心不孤起，必得所助，方成事故。（成事者，谓心现起，了别境相。如事成就，此必待所为之助也。旧说心所亦名助伴者，以此。）云何相应？所依心起，叶合如一，俱缘一境故。然所与心，行相有别。（行相者，心心所于境起解之相。）《三十论》言："心于所缘，唯取总相。心所于彼，（所缘。）亦取别相。"（置亦言者，伏取总故。）《瑜伽》等论，为说皆同。唯取总者，如缘青时，即唯了青，（青即总相。）不于青上更起差别解故。（差别解者，即下所谓顺违等相是也。）亦取别者，不唯了青，而于青上更着顺违等相故。（如了青时，有可意相生，名之为顺。有不可意相生，是之谓违。此顺违相，即受心所之相也。顺即乐受，违即苦受故。等者，谓其他心所。如了青时，或生爱染相，即是贪心所之相也；或生警觉相，即是作意心所之相也；或生希求相，即是欲心所之相也。自余心所，皆应准知。）旧说心唯取总，如画师作模，所取总别，犹弟子于模填彩，（如缘青时，心则唯了青的总相，是为模。而心所则于青的总相上更着顺违等相，便是于模填彩。）可谓"能近取譬"已。然二法（心及心所。）根本区别云何？此在旧师，未尝是究。虽云种别，（彼计心及心所，各有自种。）种义齐故。（如彼所计，心有自种，心所亦有自种，种虽不共而种义自相齐，即无根本区别可得。）矧复析心至种，如析色至微，是谓戏论，如前破讫。据实言之，心既即性，义亦详前，（性者体义。心即本体，前已说故。）故知此心发用壹本固有，感通莫匪天明。若心所者，则乃习气现行，（现者显现，行者流行。）斯属后起人伪。（心所即是习气。而习气者，则形生神发而后有，故云后起。

人伪者，以此习气为吾人有生以来一切经验之所积累，本非天性固有。唯是一团幻妄势力，厚结而不散失，故言人伪。）覆征前例：了青总相，不敢顺违，纯白不杂，故是天明。虽复了青而更着顺违等相，串习所成故，足征人伪。据实而谈，心乃即性，所唯是习，根本区别，斠然若兹。心即性故，隐而唯微。（人之生也，形气限之。其天性常难表现，故曰隐而微。）所即习故，粗而乘势。（习与形气俱始，故粗显，习成为机栝，故云乘势。）心得所助而同行有力，（心本微也，得所助同行而微者显矣。）所应其心而毋或夺主，（心本是主，所本是伴，但伴易夺主，不可不慎也。）则心固即性而所亦莫非性也。反是而一任染数纵横，以役于形溺于物，（染数者，即诸烦恼心所，详见下章。数者心所之别名。心所头数多故，亦以数名。）而心乃受其障蔽而不得显发，是即习之伐其性也。习伐其性，即心不可见而唯以心所为心，所谓妄心者此也。（妄心亦云妄识。）

夫习气千条万绪，储积而不散，繁赜而不乱。其现起则名之心所，其潜藏亦可谓之种子。旧以种子为功能之异名，吾所弗许。（详《功能章》。）然习气潜伏而为吾人所恒不自觉者，则亦不妨假说为种子也。即此无量种子各有恒性，（不遇对治即不断绝，故有恒性。）各有缘用，（缘者思量义。种子就是个有思量的东西，不同无思虑的物质，但思量的相貌极微细耳。）又各以气类相从，（如染净异类故。）以功用相需，而形成许多不同之联系。即此许多不同之联系更互相依持，自不期而具有统一之形式。（既具有统一之形式，便知是全体的。）古大乘师所谓赖耶末那，或即缘此假立。小乘有所谓细识者，（细者深细。）亦与此相当。今心理学有所谓下意识者，傥亦略窥种子之深渊而遂以云尔耶。习气潜伏，是名种子，及其现起，便为心所。潜之与现，只分位殊，无能所异。（旧说心所从种子生，即是潜伏之种子为能生因，而现起之心所为所生果。因果二法条然别异，如谷粒生禾。真倒见也。）故知种子非无缘虑，但行相暧昧耳。（前所谓各有缘用者是也。旧说种子为赖耶相分即无缘虑，必其所生识方有缘虑，此大谬误。然欲明其谬误之故，则非取其学说之全系统而论列之不可。此不暇详。）然种子现起而为心所之部分，与其未现起而仍潜伏为种之部分，只有隐显之殊，自无层级之隔。或计种子潜伏，宜若与彼现起为心所者，当有上下层级之分，此甚误也。无量习心行相，（此云习心者，习气之代语。）恒自平铺，（一切行相互无隔碍，故云平铺。）其现起之部分，心所。则因实际生活需要与偏于或种趋向之故，而此部分特别增盛，与识俱转。（俱转谓与意识及感识相应故。）自余部分种子，则沉隐而不显发。故非察识精严，罕有能自知其生活内容果为何等也。（若染污种子增长，则本心日以梏亡，即生活内容日以枯竭，剥其固有之生理以殉物而终不自觉故也。）

（原载《新唯识论》文言文本，1932 年杭州印本）

略谈《新论》要旨
（答牟宗三）

《新论》（《新唯识论》之省称。）一书，不得已而作，未堪忽略。中国自秦政夷六国而为郡县、定帝制之局，思想界自是始凝滞。（参考《读经示要》第二讲。）典午胡祸至惨，印度佛教乘机侵入，中国人失其固有也久矣。两宋诸大师奋起，始提出尧舜至孔孟之道统，令人自求心性之地。于是始知有数千年道统之传，而不惑于出世之教；又皆知中夏之贵于夷狄，人道之远于禽兽。此两宋诸大师之功也。然其道嫌不广，敬慎于人伦日用之际甚是，而过于拘束便非。其流则模拟前贤行迹，循途守辙，甚少开拓气象。

逮有明阳明先生兴，始揭出良知，令人掘发其内在无尽宝藏，一直扩充去，自本自根，自信自肯，自发自辟，大洒脱、大自由，可谓理性大解放时期。（理性即是良知之发用。）程朱未竟之功，至阳明而始著。此阳明之伟大也。然阳明说《大学》"格物"，力反朱子，其工夫毕竟偏重向里，而外扩终嫌不足。晚明王顾颜黄诸子兴，始有补救之绩，值国亡而遽斩其绪。

今当衰危之运，欧化侵凌，吾固有精神荡然泯绝。人习于自卑、自暴、自弃，一切向外剽窃，而无以自树。《新论》故不得不出。是书广大悉备。略言其要：

一、归本性智，仍申阳明之旨。但阳明究是二氏之成分过多，故其后学走入狂禅去。《新论》谈本体，则于空寂而识生化之神，于虚静而见刚健之德。此其融二氏于《大易》而抉造化之藏，立斯人之极也。若只言生化与刚健，恐如西洋生命论者，其言生之冲动，与佛家唯识宗说赖耶生相恒转如暴流，直认取习气为生源者，同一错误。（赖耶生相，参考《佛家名相通释》。）若如东方释与道之只证寂静，却不悟本体元是寂而生生，静而健动，（却不悟，至此为句。）则将溺寂滞静而有反人生之倾向，（如佛。）至少亦流于颓靡。（如老庄之下流。）《新论》所资至博，（非拘于某一家派之见。）所证会独探远。其视阳明不免杂二氏者，根柢迥异。夫寂者，无昏扰义，（非枯寂之寂。）故寂而生生也；静者，无嚣乱义，（非如物体静止之谓。）故静而健动也。是故达天德而立人极者，莫如《新论》。（天者，本体之目，非谓神帝。德者，德性及德用。天德，谓本体具无量德，而寂静与生化或刚健等德，则举要言之耳。佛老只见为寂静，而未证生生不息之健，则非深达天德之全也。宋明儒以主静立人极，犹近二氏。）人道继天（继天，谓实现本体之德用），在继其生生不息之健、富有日新而不已也。若止于守静趣寂，人道其将穷乎？

二、《新论》归于超知，而实非反知。《明宗章》曰，"今造此论，为欲悟诸究玄学者，令知一切物的本体，非是离自心外在境界，及非知识所行境界，唯是反求实证相应故"云云。《新论》本为发明体用而作。理智思辨，不可亲得本体，故云非知识所行境界。证者，即本体之炯然自识。惟本体呈露，方得有此；故云唯反求实证相应。此但约证量之范围，而言其非知识所及，（证量者，证得本体故名。此义详谈，当在"量论"。）实非一往反知。而读者每不察，辄疑《新论》为反知主义。此则不审《新论》立言自有分际，而误起猜疑。或由"量论"尚未作，读者不深悉吾思想之完整体系，其猜疑无足怪。《新论·明心下章》卷下之二，第九章，丛书本 14 页右云："性智全泯外缘，（性智即目本体。）亲冥自性。亲冥者，谓性智反观自体而自了自见，所谓内证离言是也。盖此能证即是所证，而实无能所可分。故是照体独立，迥超物表。"此中所言，即证量境界，亦即超知之诣。斯时智不外缘，独立无匹。易言之，即是真体呈露，夐然绝待。佛氏所谓非寻思境界，即非智识安足处所，正谓此也。又曰："明解缘虑事物，（明解即性智之发用。此发用现起时，即以所缘虑之事物为外境，所谓外缘是也。事物一词，不唯有形之事物，即如思量义理时，此时心上现似所思之相，亦得名事物。）明征定保，必止于符；（言其解析众理，必举征验而有符应。）先难后获，必戒于偷；知周万物，而未尝逐物。世疑圣人但务内照而遗物弃知，是乃妄测。设谓圣人之知，亦犹夫未见性人之凿以为知也，则夏虫不可与语冰矣。（凿者穿凿，刻意求人而不顺物之理，又乃矜其私智，求通乎物，而未免殉于物也。圣人之知不如此。）"此明性智之发用，缘虑事物而成知识，是乃妙用自然，不容遏绝者也。《语要》卷三谈《大学》"格物"有云："若老庄之反知主义，将守其孤明而不与天地万物相流通，是障遏良知之大用，不可以为道也。（良知，即《新论》所云性智。）故经言'致知在格物'，正显良知体万物而流通无阂之妙。格者，量度义。良知之明，周运乎事事物物而量度之，以悉得其有则而不可乱者，此是良知推扩不容已，而未可遏绝者也。"余于《大学》"格物"，不取阳明而取朱子，此即不主反知之明证。《语要》卷二《答任继愈》有云："向来以'尊德性、道问学'为朱陆异同。（中略）佛家有宗与教之分。教则以'道问学'为入手工夫；宗则以'尊德性'为入手工夫。西洋哲学家有任理智思辨，即注重知识者，亦有反知而尚直觉者。其致力处，虽与陆王不可比附，要之，哲学家之路向常不一致，而尚直觉者，虽未能反诸德性上之自诚自明，要其稍有向里的意思，则与陆子若相近也。（注意若相近三字。）重知识者，比吾前儒'道问学'之方法更精密。然朱子在其即物穷理之一种意义上，亦若与西洋哲学遥契。人类思想大致不甚相远。所贵察其异，而能会其通也。"哲学家路向，略分反知与否之二种，殆为中外古今所同。《新论》本主融通，非偏于一路向者。学问之功，始终不可废思辨，是未尝反知也。学必归于证量，游于无待，（证量即真体呈露，故无待。）则不待反知，而毕竟超知矣。夫学至于超知，则智体湛寂，而大用繁兴，所谓无知而无不知是也。《新论》附录《与张君》有曰："吾平生主张哲学须归于证，求证必由修养，此东圣血脉也。然学者当未至证的境地时，其于宇宙人生根本问题，有触而求解决，必不能不极用思辨。思辨之极，而终感与道为二也。则乃反求诸己，而慎修以体之，涵养以发之，始知万化根源，无须外觅。宋人小词云，'众里寻他千百度，回头蓦见，那人正在灯火阑珊处'，正谓此也。"又曰："玄学者，始乎理智思辨，终于超理智思辨，而归乎返己内证。及乎证矣，仍不废思辨。但证以后之思，（思辨，省云思。后仿此。）与未证以前之思自不同。孟子曰：'如智者若禹之行水也，行其所无事也'，为证后之思言也。"又曰："玄学亦名哲学，是固始于思，极于证，证而仍不废思；亦可说资于理智思辨而必本之修养，以达于智体呈露，即超过理智思辨境界，而终亦不遗理智思辨；亦可云，此学为思辨与修养交尽之学。"又曰："若其只务修养者，喜超悟，厌支离，即在上贤脱然大彻，向下更有事在。其本之一原，而显为万事万物者，律则井然，岂得谓一彻其源，便无事于斯乎。征事辨物之知，要有致曲一段功夫，（致曲，即分析与推求等方法。）非可凭一彻而尽悉也。（彻，只是洞识万化之源，灼然证得自家与天地万物同体之真际。）譬如高飞绝顶，其下千径万壑，未曾周历，终不能无迷惘之感。证而仍不废思，是义宜知。总之，哲学应为思修交尽之学。余当俟'量论'畅发此旨。《新论》归于超知而未尝反知。"此于前所说二种路向中（即知识的与反知的，亦云理智的与反理智，在吾国朱陆二派，"道问学"即是知识的，"尊德性"则近于反知。）无所偏倚，此亦与阳明作用大异处。

三、从来谈本体真常者，好似本体自身就是一个恒常的物事。此种想法，即以为宇宙有不变者为万变不居者之所依。如此，则体用自成二片。佛家显有此失。西洋哲学家谈本体与现象，纵不似佛家分截太甚，而终有不得圆融之感。因为于体上唯说恒常不变，则此不变者，自与万变不居之现象，对峙而成二界。此实中外穷玄者从来不可解之谜。《新论》言本体真常者乃克就本体之德言，此是洞彻化源处。须知，本体自身即此显为变动不居者是。（譬如，大海水之自身，即此显为众沤者是。）非离变动不居之现象而别有真常之境可名本体。（譬如，非离众沤而别有澄湛之境可名大海水。）然则本体既非离变动不居者而别有物在，奚以云真常耶？《新论》则曰：真常者，言其德也。德有二义：德性、德用。曰寂静、曰生生、曰变化、曰刚健、曰纯善、曰灵明，皆言其德也。德本无量，难以悉命之名。凡德通名真实，无虚妄故。通字恒常，无改易故。真常者，万德之都称。谈本体者，从其德而称之，则曰真常；非以其为兀然凝固之物，别异于变动不居之现象而独在，始谓之真常也。（非以其三字，至此为句。）凡读《新论》者，若不会此根本义，虽读之至熟，犹如不读。《新论》卷中"后记"有"释体用""释体常义""释理"三则，提示全书纲要。（见三十六年所印丛书本。）学者所宜尽心。又复应知，本体真常系就德言，则玄学之所致力者，不仅在理智思辨方面，而于人生日用践履之中，涵养功夫，尤为重要。前言哲学为思修交尽之学，其义与此相关。科学于宇宙万象虽有发明，要其所窥，止涉化迹，（化迹二字，宜深玩。）非能了其所以化也。（备万德故，化化不穷。）苟非体天德者，恶可了其所以化哉？（天德谓本体之德，非谓神帝。体天德之体，是体现义，谓实现之也。）此则哲学之所有事，而非几于尽性至命之君子，不足与闻斯义。渊乎微乎！（尽性至命，解见《读经示要》第二卷。）东土儒释道诸宗，于天德各有所明。世无超悟之资，置而弗究，岂不惜哉？

四、西哲谈变，总似有个外在世界肇起变化者。《新论》却不如此。

略明其概：（一）以本体之流行，现似一翕一辟，相反而成化，此谓之变，亦谓之用。（二）本体无内外，不可妄计为离自心而外在。吾人如自识本体，便见得自己兀是官天地、府万物、更无内外二界对峙。斯理也，自吾人言之如是，自一微尘言之亦然。一切物皆从其本体而言，都无内外。（三）本体不可当作一物事去猜拟。至神而非有意也，（非如人有意想分别或图谋造作也。）实有而无方所与形象也。故老云："玄之又玄，众妙之门"。

五、《新论》之义，圆融无碍。若拘一端，难窥冲旨。

浑然全体流行，是云本体。依此流行，现似一翕一辟，假说心物，（说翕为物，说辟为心。）都无实物可容暂住，是称大用。

右①体用别说，用上又假分心物。

自体上言，浑然全体流行，备万理，含万德，（德即是理。天则秩然，名之以理。是为本体之所以得成为本体者，故亦名德。德者得也。）肇万化。说之为物，岂是物？说之为心，亦不应名心。心对物而彰名，此无对故。

右体用分观，心物俱不立。

如大海水现作众沤，（众沤喻用，大海水喻体。）故不妨隐大海水而直谈沤相。全体显为大用，不妨隐体而直谈用相，义亦犹是。

用不孤行，必有翕辟二势，反以相成。翕者，大用之凝摄之方面。凝摄则幻似成物，依此假立物名。辟者，大用之开发之方面。开发则刚健不挠，清净离染，恒运于翕之中而转翕以从己，（己者，设为辟之自谓。）是为不失其本体之自性者，（譬如沤相依大海水起而不失大海水之湿润等自性。辟依本体起而不失其本体之刚健清净等自性，义亦犹是。）依此假立心名。

右摄体归用，心物俱成。

体用可分而究不二，故于用识体，则可于心之方面（即辟之方面。）而径说为体。以心即辟，确与其翕之方面不同。翕有物化之虞，而心却不失其本体之自性。故严格谈用，心才是用。即用而识体，不妨直指心而名体。譬如，于众沤而知其体即大海水，便于沤相而径名之曰大海水。

又复应知，翕虽物化，而不可偏执一义以言之。所以者何？翕非异

---

① 按，原文竖排，所说"右"即横排所说"上"文是也。下同不赘。

辟而别有本事，毕竟随辟转故，则翕亦辟也，同为本体之显也。是故形色即天性，儒言不妄也；道在屎尿，庄谈不虚也；一华一法界，一叶一如来，禅师家证真而有此乐也。

右即用识体，心物同是真体呈露。

如上诸义，异而知其类，暌而知其通。庄生所谓恢诡谲怪，道通为一，其斯之谓也。

六、西哲总将宇宙人生割裂。谈宇宙，实是要给物理世界以一个说明。而其为说，鲜有从人生真性上反己体认得来，终本其析物之知，以构画而成一套理论。其于真理，不谓之戏论不得也。《新论》贯通东方先哲之旨，会万物而归一己，不割裂宇宙于人生之外，故乃通物我而观其大原，会天人而穷其真际，合内外而冥证一如，融动静而浑成一片，即上即下，无始无终，于流行识主宰，于现象睹真实。是故迷人自陷于相对，悟者乃即于相对而证绝对。体斯道者，小己之见亡，贪嗔痴诸惑自泯，而天地万物一体之仁，发于不容已。

七、本体虽人人俱足，然人之生也，形气限之，又每缚于染习，（参看《新论》中卷。）故本体不易发现。人生如不务扩充其固有之德用，是失其本体也。《新论》归于创净习与成能，最有冲旨。《语要》卷三《答宗三难〈示要〉释〈大学〉》一书，是承《新论》而作之一篇重要文字。宋明学误于二氏，当以此救之。

以上所言，皆关《新论》之根本旨趣，（旨者主旨，趣者归趣。）与其精神所在。凡所以鉴观西洋，（西洋哲学家谈本体，大概任理智思辨而向外穷索，即看做为外界独存的物事而推求之。）平章华梵，括囊大宇，折衷众圣，不得已而有言者。其所蕴难以殚论。兹之所及，粗举大意而已。若夫理论之条贯与其中甚多要义，或为读者所不必察者，是在勿以粗心逸智临之而已。

（原载《学原》二卷一期，1948 年 5 月；又载《十力语要初续》，1949 年香港印本）

哲学范畴与命题

论心体、性体和生命创造

一、心性本体的特质——生化健动

本来，性体不能不说是寂静的。然至寂即是神化，化而不造，故说为寂，（凡有造作，则不寂。因为化之本体，是虚寂而不起意的，故无造作，而万化皆寂也。）岂舍神化而别有寂耶？至静即是谲变，（谲者，奇诡不测。）变而非动，故说为静，（因为变之本体，是虚静无形的，故不可以物之动转而测变。世俗见物动则不静，此变不尔，实万变而皆静也。）岂离谲变而别有静耶？夫至静而变，至寂而化者，唯其寂非枯寂而健德与之俱也，静非枯静而仁德与之俱也。健，生德也。仁，亦生德也。（即生即德，曰生德。）曰健曰仁，异名同实。生生之盛大而不容已，曰健。（盛大，犹云至大至刚。盛者，刚强义。）生生之和畅而无所间，曰仁。（和者，生意融融貌。畅者，生机条达貌。间者，阻隔义。）《大易》之书，其言天德曰健，（此云天者，乃性或本体之别名。天德，犹上文所云性德。）亦名为元。（《易》之《乾卦篇》，乾即健义，即以健德，显示性体。乾亦名元，非于健德之外别有元德可说也。此释与旧来易家多异，当别为论。）元者，仁也，为万德之首，（《易》云众善之长。）万德皆不离乎仁也。性地肇始万化，（地者依持义，假说性体为万化所依持，故云性地。）畅达无亏，是名亨德，仁之通也。性地肇始万化，含藏众宜，（众宜者，不拘一端，不守一定之宜故。）是名利德，仁之制也。（制者，裁制得宜。）性地肇始万化，永正而固，（正者，离迷暗故，不颠倒故。固者，离动摇故，毋改移故。）是名贞德，仁之恒也。（恒无惑障故。）《易》之言天或性，则以元、亨、利、贞四德显示之。

四德，唯元居首。亨、利、贞乃至众德，皆依元德发现，成差别故。老子云："元德，深矣、远矣。"（王辅嗣以元训玄，实误。）又曰："生而不有，（元德，生德也。其生也，本真实不容已，而非有心故生也。非有心故生，即生而无生者可得。生者，犹言生起的物事，根本没有生起的物事，则生即无生，故曰生而不有。）为而不恃，（生生化化，德用无穷，未始无为也。生而不有，化无留滞，又何尝有为乎？为而无为，故云不恃。）长而不宰，（含藏众德，故说为长。无形无意，不可说同宗教上之造物主，故云不宰。王辅嗣云，有德而不知其主也，亦言无所谓主耳。）是谓元德。"（老子之学出于《易》。其书实发明《易》义，当别论之。）夫元德者，生德也。生生不息，本来真故、如故。生而无染，本圆明故。生而不有，本寂静故。是则曰真、曰如、言乎生之实也。（实，谓无有虚妄。）曰圆明，言乎生之直也。（直，谓无有迷惑。宇宙人生，不是由盲目的意志发展的。）曰寂静，言乎生之几也。（至寂至静之中，生几萌动，而滞寂者，则遏其几焉。）是故观我生，（观我生一词，借用《易·观卦》语。夫吾与天地万物生生之理，岂可向外推求哉？亦返之我躬而自观焉，乃自喻耳。）因以会通空宗与《大易》之旨。吾知生焉，吾见元德焉，此本论所由作也。（自观，自喻，而后参证各家之旨，得其会通。未有不由自喻，而杂拾诸人，可以通斯道也。程子曰："吾学虽有所受授，而天理二字，确是自家体认出来。"学者宜知。）

[附识] 古德有云："月到上方诸品静。"（诸品，犹言万类。月到上方，乃极澄静圆明之象。万类俱静，寂然不动也。）此只形容心体寂静的方面。（心体，即性体之异名。以其为宇宙万有之原，则说为性体。以其主乎吾身，则说为心体。）陶诗云："日暮天无云，春风扇微和。"以此形容心体，差得其实，而无偏于滞寂之病。"日暮天无云"，是寂静也。"春风扇微和"，生生真机也，元德流行也。

谈至此，空宗是否领会性德之全，总觉不能无疑问。空宗于寂静的方面，领会得很深切，这是无疑义的。但如稍有滞寂溺静的意思，便把生生不息真机遏绝了。其结果，必至陷于恶取空，（空者，空无。取，谓取著。恶者，毁责词，谓妄计著一切皆空，成不正见，故呵为恶取。）至少亦有此倾向。我虽极力赞扬空宗大扫荡的手势，但是，这种手势也须用得恰到好处，若用之太过，恐于本原上不免有差失在。（于本原差失者，即谓其不见性德之全。）空宗说涅槃亦复如幻，又说胜义空、（义最殊胜，名为胜义。空者空无。）无为空。（无有造作，故名无为。空义

同上。）夫胜义、无为，皆性体之别名也。涅槃，亦性体别名也。此可
说为空，可说为如幻乎？虽则空宗密意，恐人于寂静的性体上，而计着
为实在的物事然者，故说空，说如幻，以破其执，非谓性体果是空，果
是如幻。然如此破斥，毕竟成过。说性体虚寂，不应执为实物有可也，
（虚者，无形名虚，非以无有名虚。寂者，离扰乱相故。实物有者，谓
意想中，如有实在的物事然。）直说为空、为如幻，则几于空尽生生性
种矣。（性种者，性即种故，名性种。性者，生生不息真机。俗以物种
为能生，故假说性体名种。）后来清辨菩萨（空宗后出之大师也。菩萨，
犹言大智人。）作《掌珍论》，便立量云。（量者，三支论式。三支者，
宗、因、喻，详在因明。）

无为，无有实。（宗）

不起故。（因）

似空华。（喻）

此量直以无为性体，（复辞。）等若空华，极为有宗所不满。如护法
菩萨，及我国窥基大师，皆抨击清辨甚力。（详基师《成唯识论述记》。）
平情论之，清辨谈空，固未免恶取，然其见地，实本之《大般若经》。
《般若》破法相，可也，（亦可不毁法相而谈实性。）乃并法性亦破，空
荡何归？清辨承其宗绪，宜无责焉。吾尝言，空宗见到性体是寂静的，
不可谓之不知性。性体上不容起一毫执著，空宗种种破斥，无非此个意
思。我于此，亦何容乖异？然而，寂静之中即是生机流行，生机流行毕
竟寂静。此乃真宗微妙，迥绝言诠。（真宗，犹云真宰，乃性体之别
名。）若见此者，方乃识性德之大全。空宗只见性体是寂静的，却不知
性体亦是流行的。吾疑其不识性德之全者，以此。夫以情见测度性体，
而计执为实物者，此诚不可不空。但不可于性体而言空。若于性体而言
空，纵其本意并不谓真无，但亦决不许说性体是流行的，是生生不息
的。空宗的经论俱在，其谈到性体或真如处，曾有可容许着流行或生生
不息等词否？若谈性体，而著此等词，则必被呵斥为极谬大错，无稍宽
假。不独空宗，凡印度佛家各宗派，罔不如是。但空宗说涅槃亦复如
幻，设更有法胜涅槃者，我说亦复如幻，何况涅槃。如此谈空，虽用意
切于破执，而终有趣入空见之嫌疑。（门人栖霞牟宗三，颇疑空宗谈本
体，不免沦空之病，亦非无见。）吾尝言，谈到真理，须是如实相应，
不贵为激宕之词。真理不是要说得好听，他是如此，我们就以很平易的
话，来形容他是如此。（注意形容二字，真理不是一件物事可直下道

出。）若措辞稍涉激宕，必其中有所偏，非应真之谈也。印度佛家，毕竟是出世的人生观。（世者，迁流义，又隐覆义。堕世中故，隐覆真理，故有隐覆义也。出者出离，谓众生以惑染故。堕在世间，生死轮转，当修道断惑，出离生死，是名出世。）所以，于性体无生而生之真机，不曾领会，乃但见为空寂而已。谓空宗不识性德之全，非过言也。我常以我之所体认，参之孔氏的话头，甚觉其可相印证。孔子尝曰："仁者静。仁者寿。"又曰："仁者乐山。"孔子所谓仁，即斥指心体而目之也。（心体，即性体之别名。见前附识中。）仁者，即谓证得仁体的人。（证者证知。仁体呈露时，即此仁体炯然自明，谓之证。得者，保任义。即此仁体，恒时为主于中，毋有放失，谓之得。）静者，远离昏沉、嚣动等相。寿者，恒久义。（此言恒久，即真常义，不与暂对。）山者，澄然定止貌。是则性体寂静，孔子非不同证。然而，孔子不止说个寂静，亦尝曰："天何言哉？四时行焉，百物生焉，天何言哉？"夫孔氏所言天者，乃性体之别名。无言者，形容其寂也。至寂而时行物生，时行物生而复至寂，是天之所以为天也。谈无为空者，何其异是耶？《中庸》一书，孔氏之遗言也。其赞性德云："《诗》曰：'德𨍭如毛，毛犹有伦，上天之载，无声无臭'，至矣！"𨍭者，微义。毛，轻微义。伦，迹也。上者，绝对义。上天，谓性体。载者，存义。此引《诗》言，以明性体冲微无形。若拟其轻微如毛乎，毛则犹有伦迹也，无可相拟。理实，性体不可观其存，而实恒存。惟其存也无形，乃至声臭俱泯焉，其可执之以为有物乎？夫无声无臭，空寂极矣，而有存焉。则空者，空其有相之执耳，非果空无也。涅槃如幻之云，何与此甚异耶？

　　总之，在认识论的方面，空宗涤除知见，不得不破法相。唯破相，乃所以去知见，而得悟入法性。这点意思，我和空宗很有契合处。不过，我不妨假施设法相。在上卷里，依大用流行的一翕一辟，而假说为心和物。这是我与空宗不同的地方。这个不同处，所关不小。在本体论的方面，空宗唯恐人于性体上妄起执着，例如印度外道以及西洋的哲学家，大都是把本体当做外在的物事来猜度。这样一来，诚无法见真理。像空宗那般大扫荡的手势，直使你横猜不得、竖想不得。任你作何猜想，他都一一呵破，总归无所有、不可得。（"无所有、不可得"六字，《般若经》中恒见，读者勿浮泛作解。）直使你杜绝知见，才有透悟性体之机。这点意思，我又何曾不赞许？不过，空宗应该克就知见上施破，不应把涅槃性体直说为空、为如幻。如此一往破尽，则破亦成执。这是我不能和空宗同意的。昔有某禅师，从马祖闻即心即佛之说。（此中佛谓性体。心谓本心，非妄识也。本心即是性体，故云。）后别马祖，居闽之梅岭十余年。马祖门下有参访至其地者，某因问马大师近来有何言教。参者曰："大师初说即心即佛，近来却说非心非佛。"（恐人闻其初说，而执取有实心相，或实佛相，故说双非，以遣之。）某呵云："这老汉又误煞天下人。尽管他非心非佛，吾唯知即心即佛。"其后，马祖闻之曰："梅子熟了也。"（某禅师居梅岭，故以梅子呼之。）这个公案很可玩味。我们不要闻空宗之说，以为一切都空，却要于生生化化流行不息之机，认识性体。我们不要以为性体但是寂静的，却须于流行识寂静，方是见体。本论上卷第三章，已申明即用显体的主张。这是我和空宗根本不同的所在。

或有难言："空寂是体，生生化化不息之机是用。印度佛家之学，（空宗在内，不须别举。）以见体为根极，中土儒宗之学，只是谈用。今公之学，出入华梵，欲治儒佛而一之。其不可强通处，则将以己意而进退之。公之议佛，得毋未足为定谳欤？"曰：恶是何言？诚如汝计，则体自体，而用自用，截然为两片物事。用是生化之几，不由体显，如何凭空起用？体唯空寂，不可说生化，非独是死物，亦是间物矣。须知，体用可分，而不可分。可分者，体无差别，用乃万殊。于万殊中，而指出其无差别之体，故洪建皇极，而万化皆由真宰，万理皆有统宗。本无差别之体，而显现为万殊之用。虚而不屈者，仁之藏也。（仁谓体，下同。藏者，含藏。体本至虚，而其现为生生化化，不可穷屈，由其至仁含藏万德故也。）动而愈出者，仁之显也。（动而不暂留，新新而起，故云愈出。此正是仁体显现。）是故繁然妙有，而毕竟不可得者，假说名用。（万有不齐，故云繁然。妙有者，万有之本体，法尔虚寂，至虚至寂，而现为万有。此理非思议所及，故谓之妙。但克就万有而言，即此万有，都无自体，故云毕竟不可得。何以故？万有，非离异其本体而别有万有之自体故，又皆是刹那刹那诈现，无物暂住故。）寂然至无，无为而无不为者，则是用之本体。（寂然者，虚静貌。至无者，无形相、无方所、无作意、无迷乱等相，故云至无。无为者，非有意造作故。无不为者，谓虽不起意造作，而法尔含藏万德，现起大用故，成妙有故。）用依体现，（喻如无量众沤，每一沤，都是大海水的显现。）体待用存。（喻如大海水，非超越无量众沤而独在。）所以，体用不得不分疏。然而，一言乎用，则是其本体全成为用，而不可于用外觅体。一言乎体，则是无穷妙用，法尔皆备，岂其顽空死物，而可忽然成用？（顽空者，谓其全无所有，故以顽钝形容之。顽钝一词的意义，即无用之谓。）如说空华成实，终无是理。王阳明先生有言："即体而言，用在体。即用而言，体在用。"这话确是见道语。非是自家体认到此，则亦无法了解阳明的话。所以，体用可分，而又不可分。这个意义只能向解人说得，真难为不知者言也。

上来所举难者的说法，正是印度佛家的意思。他们印度佛家浩浩三藏，（佛家典籍，分经、论、律三藏。）壹是皆以引归证见诸法实相为主旨。（实相，即本体之异名。）《法华玄义》引《释论》云："大乘但有一法印，谓诸法实相。"《胜鬘》等经说"澈法源底"，犹云澈了一切法之实相。源底，亦实相之形容词也。此不独大乘为然，《阿含》已说真如，小乘无一不归趣《涅槃》。难者所谓见体为根极是也。我国玄奘法师，于印度大乘有宗，最为显学。其《上唐太宗皇帝表》于孔学颇示不满。表中有云："盖闻六爻深赜，拘于生灭之场；（孔子之哲学思想在《易传》。《易》每卦六爻所以明变动不居之义，幽深繁赜极矣。但其所明只拘于生灭的范围。易言之，即只谈法相，而未能悟入一切法之本体。生灭，即克就法相而言之也。奘师之意如此。）百物正名，未涉真如之境。"（此就孔子之《春秋》而言也。《春秋》推物理人事之变，始于正名，而不容淆乱，万世之大典也。然未涉及真如，其失与《易》同。奘师总以孔子为不见体也。）难者谓儒家只谈用，其说实本之奘师。夫奘师所以薄孔氏为不见体，而独以证见真如归高释宗者，此非故意维持门户。奘师本承印度佛家之学。印度佛家所谓真如性体，本是空寂的。虽其所云空寂并非空无，而是由远离妄情染执，所显得之寂静理体，说名空寂，然亦只能说到如是空寂而止，万不可说空空寂寂的即是生生化化的，生生化化的即是空空寂寂的。（万不可说，至此为句。）更申言之，只可以孔德言体，（孔德一词，借用老子。王辅嗣云：孔，空也。以空为德，曰孔德。）而不可以生德言体。（生德详前。）只可以艮背来形容体，（《易》《艮卦》曰：艮其背。艮，止也。背，不动之地也。止于不动之地，曰艮背。佛书谈体，曰如如不动是也。）而不可以雷雨之动满盈来形容体。（《易》《震卦》之象曰雷雨之动满盈。儒家以此语，形容本体之流行，盛大难思，可谓善于取譬。但在印度佛家，则不可以流行言体。）因为他们印度佛家只见体是空寂的，绝不容有异论。他们内部虽有分歧的宗派，而关于这种根本见地，大概从同。玄奘依据自宗的观点，当然以为孔子不曾见体。因为孔子谈体，显然与印度佛家有极不同处故耳。

孔子系《易》，曰"易有太极"。（太者，至高无上之称。赞叹词也。极者，至义，谓理之极致。）六十四卦之义，（《大易》全书，分为六十四卦。）皆此一极之散著，（一极即太极。一者，绝待义，下同。）又无不会归此一极，谓《易》不见体可乎？《春秋》本元以明化，董子《繁露重政》云："元，犹原也。"此则与《易》义相会。《易》曰："大哉乾元，万物资始。"《春秋》建元，即本斯旨。一家之学，宗要无殊。（宗要者，宗谓主旨，要谓理要。）《春秋》正人心之隐慝，（慝，谓邪恶或迷妄。隐，谓恶习潜存也。《春秋》别白是非，明正善恶，其辨甚严。）顺群化以推移，（春秋明三世义，谓人类由据乱世而进升平世，尚有国界，由升平世而进太平世，则世界大同，而经济制度与文化等等，皆随世殊异。）其义据则一本于元，（由元言之，则万物一体。故世界终归大同，元者，万物之本真，纯粹至善者也。其在于人，则为本心，而抉择是非或善恶者，即此本心为内在的权度。）谓《春秋》不见体，可乎？玄奘所以说《易》、《春秋》不明体者，因为孔氏只是于用识体，只是于流行识体。故善学《易》、《春秋》者，宜心知其意。若印度佛家，则言体必遗用，必不涉及流行。玄奘不悟自宗之失，反以孔氏为不见体，所谓守一家之言而蔽焉者也。吾尝言，大用流行，虽复变动不居，其中自有个常生常寂的真实物事在。我们克就大用流行的相状上说，这个确是刹那刹那诈现，都无自性。然而，由此可以悟入大用流行底本体。因为用上虽无自性，而所以成此用者，即是用之实性，此乃绝对真实的、常生常寂的。用之流行，（实则流行即用之别名，但立词须有主语，故云用之流行。）虽是千变万化，无有故常，而所以成此流行者，即是流行之主宰。流行是有矛盾的，（详玩上卷《转变章》。）于流行而识主宰，便是太和的。（克就流行的方面而言，如物与心是矛盾的，然心毕竟能不物化，而使物随心转。就因为心的势用，是不曾失掉他底本体的德性，所以能主宰乎物。因此，可以说心即是本体。由心即是体，故能宰物而不随物转，所以消释矛盾，而复其太和之本然。太和者，和之至也。太者，赞词，无可形容，而赞之曰太也。孔子所谓仁，即太和是也。此非灼见本体不能道，但此意深远，难与俗学言。玄奘之智，不足及此，况其他乎？西哲如黑格尔之徒，只识得矛盾的意义，而终无由窥此仁体。）流行是变化密移的，于流行而识主宰，便是恒常的。流行是万殊的，于流行而识主宰，便是无差别的。流行是虚幻的，于流行而识主宰，便是真真实实的。流行是无有所谓自在的，于流行而识主宰，便是一切自在的。我们应知，用固不即是体，而不可离用觅体。因为本体全成为万殊的用，即一一用上，都具全体。故即用显体，是为推见至隐。（见读现。用现而体隐。现者，即隐之现，非有二也。）离用言体，未免索隐行怪。（隐谓体，专以空寂言体，而不涉及生生化化之大用，是谓索隐。见趣一偏，出世之行，未免于怪。）印度佛家之学根本处，终成差谬。

难者曰："公谓印度佛家离用言体，恐非彼之本意。"答曰：汝若欲为彼解免者，吾且问汝，吾前已云"寂然至无、无为而无不为者，则是用之本体"，此句中吃紧在"无为而无不为"六字，而与印度佛家天壤悬隔处，尤在"无不为"三字。我于体上说个"无不为"，这里便与王阳明所云"即体而言，用在体"，同其意义。所以，我们不是离用言体。汝试熟思，印度佛家三藏十二部经，他们谈到真如性体，可着"无不为"三字否？他们只许于体上说名无为，断不许说"无为而无不为"。因为自小乘以来，本以出离生死为终鹄，所以，他们所趣入的本体，（此中趣入二字：趣者，投合义，投入而与之合也。入者，冥然内自证知也。）只是一个至寂至静、无造无生的境界。及大乘空宗肇兴，以不舍众生为本愿，（大乘本愿，在度脱一切众生，然众生不可度尽，则彼之愿力，亦与众生常俱无尽，故终不舍众生也。）以生死涅槃两无住着为大行，（小乘怖生死，则趣涅槃，而不住生死，是谓自了主义。儒者议佛家自私自利，小乘诚然，大乘则不住生死，而亦不住涅槃。惑染已尽故，不住生死，随机化物，不独趣寂故，不住涅槃。此大乘之行，所以为大。）虽复极广极大、超出劣机，（劣机谓小乘。）然终以度尽一切众生，令离生死为蕲向，但不忍独趣涅槃耳。（就大乘不舍众生及涅槃亦不住之意义上说，似有接近儒家的人主观之可能。然毕竟未离出世思想的根荄，终与儒家异辙。）空宗远是出世思想，所以，他们空宗所证得于本体者，亦只是无相无为，无造无作，寂静最寂静，甚深最甚深，（无相至此，并出《般若经》。）而于其生生化化、流行不息真几，终以其有所偏主，而不曾领会到。（偏主，谓出世思想。）所以，只说无为，而不许说无为无不为；所以，有离用言体之失。夫言无为者，谓其非如作者起意造作故，故说无为。（作者，谓具有人格的神，宗教家所谓造物主是也。）言无不为者，谓其具有无量无边妙德，（德而曰妙，无可形容故。）所谓生生化化流行不息真几，德盛之谓也。由具无穷盛德故，所以显现为万殊的大用，所以至无而妙有。因此，说无为而无不为。我们言体，却不离用，刚刚是与印度佛家相反的。

或复难言："佛家小乘，专主趣寂，诚哉有体无用。但大乘修行，（修者，修为。行者，行持或行履。此行，作依持故，能远有所到，得至佛位，即名行持。此行，是其所切实践履，无虚妄故，即名行履。修行者，所修之行，曰修行，或修即是行，故名修行。）则有六度、万行，（行而曰万，言其行不一端也。六度者：一曰布施，以己所有施诸人，而不存施与想，对治悭贪故。二曰净戒，护持正戒，恒不放逸故。三曰安忍，忍受一切困辱，堪能任重道远故。四曰精进，发起净行，勇悍无退故。五曰静虑，远离昏沉散乱曰静，明察一切法曰虑，恒处定故。六曰般若，智义是般若义，于一切法，无横计故，无妄执故，证见一切法实性故，是名般若。以此六法，离生死岸，而到彼岸，即所谓涅槃，是名为度。）乃至法云地，胜用无边，（大乘修行，徒见道以往，几有十地。第十地，曰法云地，谓证得真如实性故，名得法身。如是具足自在，如云含水，能起胜用，故此地名法云。）如何说彼大乘有体而无用耶？"这个疑难，也须解答。今当申明我所说义，方好绳正他们的支离。（他们，谓大乘。）须知，吾所云用，原依本体之流行而说，如澈悟真性流行，（真性，即本体之异名。）是为即体成用，（谓即此体，全成为用，非体在用之外故。）即用呈体，（体本无相，而成为用，则有相诈现，故说即此用，可呈现其体也。）则体用，虽不妨分说，而实际上毕竟不可分。此理非由猜度，试即俗所谓宇宙而言，我们落实见得万象森罗，皆是大用灿然，亦皆是真理澄然，（澄然者，虚寂貌，以于用见体故。）云何体用可分？又就人生行履言，全性成行，（性即体。全者，言其无亏欠也。吾人一切纯真、纯善、纯美的行，皆是性体呈露，故云全性成行。）全行是性，（如此心，随时随事，总能收敛。不昏沉、不散乱，这便是行，也就于此行处，认识本来清净性体，故云全行是性。）亦见体用不可分。（行，即用之异名耳，既全性成行，全行是性，则体用不可分，甚明。）我们体认所及，却是如此。今观大乘谈体处，只是无为、无造，无有生生，无有神化。（神化一词，谓变化微妙不可测，故说为神。）佛家于体上不言神化，无有流行，甚且说，譬如阳焰，乃至如梦。《大般若经·法涌菩萨品》言："诸法真如，离数量故，非有性故，譬如阳焰，乃至如梦"云云。夫真如，为诸法本体之别名。此本无相、无对，更无数量，但说为非有性，如焰、如梦，究不应理。真如虽无相，而实不空，云何非有性？焰梦并是空幻，都无所有，岂可以拟真如？《经》意虽主破执，而矫枉过直如此，终是见地有未谛处。审其言，则体为空寂而无可成用之体，是其由修行所起胜用，只欲别于小乘自了生死，故不得不修此大行。（大行，即胜用。）但彼大乘所谓自在胜用，终不许说即是真性流行，彼于真性上，不容置流行两字故。如果说真性是流行的，则可以说自在胜用，即是真性的发现，易言之，就是即用即体。今彼说真性，唯是无为无作，唯字注意。则应许自在胜用，但依真性起，而不即是真性呈露。（则应至此为句。）由斯，体用不得不二。据此说来，大乘自空宗时，其在谈行履的方面，于所谓大行胜用，大行胜，用作复词。与真如性体，并不曾融成一片。吾前云，全性成行，全行是性，正明体用不二。审空宗所说，已不如此。这种支离，直到后来有宗无著世亲一派，愈演愈不堪。此意且俟后文再谈。总之，大乘所自别于小宗者，其根本意思，只是无住涅槃，（生死、涅槃两无住着，是名无住涅槃。此义冲远，学者宜叹怀深玩。）无如其出世思想，不曾改变，故其证会于真如性体者，只见得是空寂无为的境界。关于这种根本意义，大小乘是没有多大区别的。

或复问言：“如公所说，印度佛家离用谈体，然则其所证见为空寂或寂静等德者，皆非性体之本然，（然谓如此，本来如此曰本然。）而为其情见所妄构欤？”答曰：汝所计，亦非是。佛家断除惑染，止息攀援，（心有所思时，必构画一种境相，如所谓概念或共相等者，正是心上构画的境相，即此构画，说为攀援。）泯绝外缘，入于无待。（攀援息，即不见有外在之境，故云泯绝外缘。夫俗所谓知识者，必心有所缘，而始生其知。此所缘相，即对待相，即现似外境相，故此知，非真知也。真知者，浑然内自证知，无能所，无对待，无内外，远离一切分别相故。故泯外缘，即入无待，当下即是，非由意想安立。）默默之中，独知炯然，（此知之体，独立无匹，恒默恒知，无所待故。）明明之地，一寂澄然。（明明云云，蹑上独知而言也。恒知恒寂，无作动相，独体之妙如是。）佛家于此，亲证为空寂真常。离一切相故，名空。离诸惑染故，名寂。本非虚妄故，名真。本无变易故，名常。佛家亲证如是，故说如是。我们体认所至，亦自信得如是。更参稽儒家的说法，曰无声无臭也是空寂的意思。曰诚、曰恒性，（恒有三义：曰不易义，性恒是善，不可改易故。曰不增减义，一味平等故。曰不息义，无间断故。）也是真常的意思。我常说，儒佛所证会于本体者，实有共相同而无所异，约大概来说，并不为附会的。可是一层，如将儒佛两家的学说，仔细推勘，他们儒佛两家又有天壤悬隔的地方。佛家证到本体是空寂的，他似乎是特别着重在这种空寂的意义上。（着重二字，吃紧。）易言之，不免有耽空滞寂之病。善学者如其有超脱的眼光，能将佛家重要的经典，（言经，即包括论籍在内。）一一理会，而通其全，综其要，当然承认佛家观空虽妙，而不免耽空；归寂虽是，而不免滞寂。（此中观空一词：观者，如理照察义。观空者，谓照了一切法，都无自性故，皆是空故，因得澈悟一切法之本体。又复应知，本体，无相无为，复不可执着为实物有。此体纯净，空诸执故，亦名空理。如是种种观察诸法空义，是名观空。归寂者，佛家各派皆归趣涅槃寂静，离诸扰乱相故。）夫滞寂则不悟生生之盛，耽空则不识化化之妙。此佛家者流，所以谈体而遗用也。儒者便不如是。夫空者无碍义，（不独无质，并无些微相状可得，故云无碍。）无碍故神，神者言乎化之不测也。（非思想所及，曰不测。）寂者无滞义，（滞者，昏浊沉坠，而不得周遍，不获自在。无滞反此。）无滞故仁，仁者言乎生之不竭也。（无穷无尽曰不竭。）故善观空者，于空而知化，以其不耽空故。妙悟寂者，于寂而识仁，以其不滞寂故。我们于儒家所宗主的《大易》一书，便知他们儒家特别在生生化化不息真几处发挥。他们确实见到空寂，如曰"神无方，易无体"、（神者，形容变化之妙。易者，生生不息之谓。无方，谓无有方所。无体，谓无有形体。）曰"寂然不动"。（不动，谓无有浮嚣动扰等相。寂然，冲虚貌。）寂义，既有明文，无方、无体，正彰空相。（非以无有名空，乃以无方无体名空。此与《般若》之旨全符。）我们须知，不空则有碍，而何化之有？不寂则成滞，而何生之有？惟空寂始具生化，而生化仍自空寂。（此语吃紧。虽复生化无穷，而未始有物为累也。）《大易》只从生化处显空寂，此其妙也。佛家不免耽空滞寂，故乃违逆生化，而不自知。总缘佛氏自始发心求道，便是出世思想，所以有耽空滞寂、不悟生化之失。然若疑佛家证见本体为空寂真常，亦非真见，且疑其为情见妄构者，此则甚误。本体是真、是常，绝待故曰真，德恒故曰常。（德恒者，谓其德真恒，不可变易。）空寂者，言其离一切相，（亦云无碍。）离一切染，（亦云无滞。）清净微妙，（清净谓寂，微妙谓空。）其德至盛而难名，姑强字之曰空寂也。（空与寂，并是强名，直须忘言默契始得。）本体法尔恒然，（恒然者，言其亘古亘今，恒是一味空寂故。）但凡夫纯任情见作主，所以不能证体。佛家唯静虑之功，造乎其极，（静虑者，禅定之异名。远离昏沉嚣动，而恒在定，故名为静。远离虚妄计度，于一切法，如理观照，故名为虑。）故于空寂本体，得以实证。他这种证会，确不是情见妄构，而是冥然如理，无可置疑的。（冥然，谓无虚妄分别。如理谓与真理相应。）

或复难言："本体唯其是空寂的，所以亦是生化的。如果不悟生化，恐其所见之空寂终是情见妄构，而不得空寂之本相。若真见空寂，何竟不了生化？岂有无生化之空寂体耶？如只见为空寂而不悟生化，这种空寂必是情见所妄构，决定不得空寂本相，可知已。这种疑难殊不应理。情见妄构时，便极不空寂。如何可许情见得构成空寂相？"须知，此等问题不是凭量智推求可以下评判的。（此中量智，谓理智作用，或知识，亦即是情见。）我们至少须得有一种清明在躬、志气如神的生活。纵不易常如此，也须不失掉此种生活的时候很多，常令此心，廓然离系，破除种种见网，（一切依情见所起的推求或知识与见解等等，总名为见，亦云见网。网者，网罗，不得开解。几一切见，皆即是网，故名见网。）方是空寂的真体呈露。到此，则本体之明却会自知自证，易言之，即他自己认识自己空寂的面目。（此中两用自己词语，皆指本体而言，亦即是本心，亦即上卷《明宗章》所云性智。）我们如果至此境界，才算有了根据，庶几可以评判佛家证见空寂的本体，是确然证到，抑是情见妄构之一大问题。（"我们"至此为句。）若是自家没有根据，而徒任情见来评判此等问题，直是说废话，有甚相干？总之，我们体认所及，确信得性体（亦云本体。）元自是空的，诸法一相，本无相故；（诸法云云，用《大般若经》语。克就诸法言，则幻现千差万别之相，若克就诸法之本体言，则唯是一相而已。一者，无差别义。此中一相，实即无相。无者，非无有之谓，乃法尔实有，而无相状可得也。无相即是空，空诸相故，非以无有名空。）性体元自是寂的，本来清净，不容增减故。（几法可增益、可损减者，即不自在而失其寂。性体恒是圆满自在的，无可增减，所以恒寂。）我们玩味佛家经典所说，便觉得佛家于性体之空寂方面，确是有所证会，但因有耽空滞寂的意思，所以不悟生化。或者，他们佛家，并非不悟生化，而只是欲逆生化，以实现其出世的理想。推迹他们的本意，元来是要断除由生化而有的附赘物。（附赘物，谓众生从无始来所有迷执的习气。）这种附赘物，本是无根的，而确足以障碍性体。他们要断除这种附赘物，乃不期然而然的至于逆遏生化了。有人说，小乘确是逆遏性体之流行，（流行，即谓生化。）大乘似不然。此说非是。大乘之异于小者，只是不取自了主义，其愿力宏大，将欲度脱一切众生，而众生不可度尽，则彼亦长劫不舍世间、不舍众生。大乘之大也在是。吾昔常据《华严》等经，谓其不必是出世意思。其实，大乘本不舍世间，但终以出世为蕲向。我们如取融通的讲法，虽于理无悖，然要不是佛家本旨，则又不可不知也。

有问："佛家何故偏有出世思想？"吾语之曰：古代印度民族大概富于出世思想者多。（其原因，非此中所及论。）玄奘法师言："九十六道，（印度外道的学派，有九十六种。）并欲超生。（谓超脱生死。）师承有滞，致沦诸有。"（有者，三有，即三界之异名。佛家说有欲界、色界、无色界。欲界，即人类与诸动物之世界。色界者，有微妙色故。无色界者，并微妙色亦不可得。然色界、无色界，均有诸天云。凡属三界众生，皆不得出离生死。奘师意谓，外道拘守自宗，不闻正法，故虽欲超生，而终沦没于三界中也。）据此，则古代印度人多怀出世思想，盖不独佛家而已。有人说，佛家欲逆遏本体之流行，归于不生不化。这种理想，果能做到，宇宙间便一无所有，只合强名为不可思议的寂灭界。这样清宁之极，岂不比有人有物的世界好得多。有人说，佛家并不是要人物灭无，他只是要断除由生化而有的附赘物，如种种迷执习气。如果众生都成佛，都已把种种迷执断除了，性体便解脱障碍。他之所求，不过如此。如上二说，各是一种看法。我在本书中不欲深论。但有可明白断言者，按之佛家经典，（包括各宗派而言。）他们佛家语性体，绝不涉及生化。这是很可注意的，也不是由我们任意曲解的。有人说，佛家的说法，每是四处不着脚的，难执一定之义以论定他。然而，会通其义旨之全盘体系来说，他们总归趣出世，是无容置疑的。他们语性体不涉及生化，也是很分明确定的。

说到此，我又要回复到前面的话。佛家证见性体空寂，其为确然亲证，自不容疑。或且不妨说，因为他们佛家耽空滞寂之故，足见其于空寂，证会独深，但于生化德用，则不免忽略，或虽有证解，而其出世思想，终以逆遏生化为道。如此，毕竟是有所偏蔽在。吾于前文里，颇疑空宗不曾领会性德之全者，意亦在此。夫性体广大，（此中广不与狭对，大不与小对，乃至广至大而无有匹也。）具足万德，冥冥证故，迥绝言诠，斯无得而名焉。（冥冥者，无分别义。证者，亲证。亲证者，即性体上有昭然自明自了之用，所谓本心之明是也。然正亲证时，无一毫分别相，言诠所由绝也。既言诠不及，即性德无可为之名。凡名，必于众德之中，特别有所注重处，始为之目。既未起分别，便无特别注重处可目故。）若乃随顺证量，而起知虑，（证量者，现量之别名，上所云亲证是也。证量无分别相，及起知虑，则分别著矣。）则将离其浑全，而致察其所特别注重处。由不可名，而至可名。（性德之浑全，不可名者也。于万德浑全中，而标其特别注重处，始有可名。）故语性德者，曰空、曰寂，实就所注重处而名之耳，不可谓性体无生无化也。如其无生无化，则性体亦死物矣！故谈空寂而不悟生化，要非识性德之全。然有不可不知者，凡谈生化者必须真正见到空寂，乃为深知生化。性体离一切相故说为空，离一切染故说为寂。于其寂而可识神化之真也，于其空而可识生生之妙也。从来哲学家谈生化者，大概在生化已形处推测，而不知生化之真须于生化未形处体认。所谓在生化已形处推测者，这种看法似是把生化看做是一种绵延或持续的生力之流。其实，这是从生化已形处看，便似如此。殊不知，生化的本体元自空寂。（此处吃紧。）其生也，本无生，其化也，本无化。因为生化的力用才起时，即便谢灭，不是起和灭的中间有个留住的时分，更不是一种持续和扩张的生力之流，如柏格森氏所谓如滚雪球越滚越大。（"更不"至此为句。）依据滚雪球的譬喻来讲，虽时时刻刻创加新的雪片，却总有故的雪片不灭。生化果是如此，则其生也便非生而不有，其化也便非化而不留。实则，生化之妙，好像电光的一闪一闪，是刹那刹那、新新而起，也就是刹那刹那，毕竟空，无所有。所以说，生本无生，化本不化。然而，无生之生，不化之化，却是刹那刹那、新新而起，宛然相续流。（吃紧。）又好似电光的一闪一闪，虽本无实物，而诈现有相。因此，或误计度为有一种绵延或持续的生力之流，如此误会，便是从生化已形处推测，不可得生化之真了。更有很粗笨的思想，以为只有物质才是生生化化的，不悟物质只是由生化诈现的迹象，实际上并无所谓物质。唯物论者，其神智囿于现实世界或自然界，因妄计有物质才生化。殊不知，如有物质便成滞碍，何能生化？唯虚故，不穷于生，（空诸相故，亦云虚。）唯寂故，不穷于化。此理确然易知，而人情狃于所习，遂不能悟及。此诚无如何者。复有妄计宇宙是由一种迷暗的势力，为生化之原者。如古代印度的数论，虽建立自性为本原，然必由三德合故，始成生化。三德者：曰勇、（相当能力的意义。）曰尘、（相当物质的意义。）曰暗。（即是一种迷惑，佛家亦谓之无明。）他们数论以为生化必依勇和尘，固与唯物论者同其错误，然而，他们似更看重暗德。此暗的势用，于三德中实居最要。据数论师的说法，宇宙所以生生化化而不已，元来不是有何意义，有何目的，其实就由于一种暗，才会如此的。后来西洋的学者如叔本华，也说有盲目的意志，与数论所谓暗者略同。这一派的思想，谓其无所见欤，他确也见到人生后起的狂惑追求的习气。人生也就把这种习气，当做了他的本来面目。人生从无始来，便丧其真，这是难得避免的一种失陷的悲剧。不过，他们数论师等误以这种经验，（谓狂惑追求的习气。）来推测宇宙生生化化不息真几。如此，极是倒见。所谓铸九州铁，不足成此大错也。

生化，只是空寂真常的本体中，有此不容已之几。（此语吃紧。）真故，万德具足，不得不生化。常故，万德贞恒，不得不生化。（恒故无息。无息故生化不穷。此理宜深心理会。）空故，上德不德，其生化本无心也。（上德者，德至盛而难名，故曰上。不德者，不自有其德也。德盛自生化，非有心于为生化也，只是理合如此，非如人之有心去造作。）寂故，静德圆遍，其生化不可穷也。我们知道性体是空寂真常的，也就知道性体是生生化化的。生化只是个德盛不容已，（此语吃紧，亦无可多置词。）不是有所为的，（人情妄有追求，才是有所为。生化，只是真理合如此，不是有心去追求甚么，故不可以吾人妄情去猜测。）不是盲暗乱冲的。（有所为，才盲暗乱冲。无所为者，反是。）德盛不容已，自是明智的，（只是有心去造作，而确不是乱冲的，所以说为明智。）是自然有则而不可乱的，（验之物理人事，任何繁赜，任何诡变，都不是无规则可寻的。）是虽起灭万端，变动不居，而毕竟不失其恒性的，（恒性者：恒谓恒常，性者德性。此理不可滞物而索解，须脱然神悟始得。宇宙本体虽是生化无穷的，而自具有真实、刚健、空寂、清净、昭明等等不可变易的德性，名为恒性。譬如水，其生化元无固定，如或凝冰、或化汽，但水具湿润的恒性，则始终不变易。由此譬况，可悟生化无穷中自有恒性的道理，是故斥言生化则是诈现无实的。若即生化而会其恒性，则是彻体真常的。唯其有恒性而生化，所以不是顽空。唯其生化而有恒性，所以不是一味散动，却是即动即静的。近人柏格森《创化论》的说法，不曾窥到恒性，只妄臆为一种盲动，却未了生化之真也。）是其流行成物，而界物各正的，（生化之妙，约每刹那言，是才起即灭的。通多刹那言，则后起续前。故假说流行，流行故成万物，而界万物各得其正。如天成其广大，地成其博厚，人有其良知良能，都是真实的显现，都无不正。因为流行的本体，是万物各各全具的，故乃务正。参看上卷《明宗章》第一节按语，大海水与众沤喻。）是于流行中有主宰的。（如吾心，是流行不息的，而其应万感，则恒有主而不乱。于此，可识生化流行中，自有主宰在。）所以，宇宙生生化化不息真几，决不是迷暗的而确是明智的。我们如果依据自家迷惑的习气来推测生化，便已堕入邪见坑里，与实际的道理谓生化，全不相应。这是学者所应虚怀涤虑，进而深究的。总之，如印度佛家见到性体空寂，便乃耽空滞寂，至于逆遏生化，这个固不免智者之过。但是，谈生化者若非真正见到空寂的本体，剥尽染习，则其于无生之生、生而不有，不化之化、化而不留，如斯其神者终乃无缘窥见。亦将依据有生以来逐物之染习，以为推测、僻执戏论而已矣。夫以有取之心而妄臆生化之原，其不相应也何疑。（有取之心，谓习心也。习心常有所追求，常有所执著，故云。）故知，为学未穷至空寂处，（空，非空无之谓，乃以无形无相名空。寂，非枯寂之谓，乃以无染污无嚣乱名寂。前文可覆按。）则惑习潜存，（必证得空寂本体，保任涵养而勿失之，惑习便自伏除。否则惑根蕴积于中，反障其空寂本体矣。）任情卜度，都无智炬，逞臆寻求，难探道要，障真理之门，绝生民之慧。人生悖于至道，安于堕没，甚可悲也。（堕没者，谓其堕落沦溺，几于丧失其生命也。）然而，见到空寂，必求免于耽空滞寂之弊。然后知空者不容已于生，但生而不有仍不失其空之本然耳；寂者不容已于化，但化而不留仍不失其寂之本然耳。是故上智尽其所以生之理而无所亏，体其所以化之理而无所挂。（挂者，挂碍。）无所亏、无所挂者，其德日新而不已也。体其所以化，尽其所以生者，则直与法界为一，而未始有极也。（法界即本体之异名。）学至于此，方是究竟。

本论原本公世时，读者已有问言："是书《转变》一章，实为全部纲领旨趣所在。即于大用流行而显其本体，是谓真如，亦云恒转或功能等。（尚有许多别名，故置等言。）即于本体生生化化不息真几，显为大用，要由相反相成，故说翕辟。（本体不是僵死的物事，却是总在生生化化的一个物事。即此生化，说为大用，而此大用，实由相反相成，故说为一翕一辟。详在上卷《转变章》。）即于翕辟顿变、刹那不住，故说生灭。（亦详《转变章》。）真如本体，（四字，系复词。）法尔恒存，（法尔，犹言自然。）不是依他故有的，不是本无今有的。此体本常，常故说无生，（恒自存故，云无生。）常故说不化，（不化者，谓其德贞恒，不可易故。）然而此体底自身，却是生生化化的一个物事，决不是僵固的物事。所以，显现为万殊的大用。由此说无生而生、不化而化。虽复生化无穷，而其显为翕辟都无实物，刹那生灭无物暂住。故知生而不有，化而不留。毕竟本来空寂也。《新论》之旨，其谈生化，明明含摄《大易》，而究竟空寂则宛转归诸《般若》矣。世谓公之学，糅杂儒佛。不知公亦自承否？"余应之曰：自《新论》初版问世以来，世之以糅杂儒佛议吾者，吾闻之熟矣。世之所执者，儒佛二家门户之见也。吾之所究明者，真理也。真理是至易至简的，亦是无穷无尽的，是无穷无尽的，亦是至易至简的。易简者，言其无差别相，是万法本体故。无穷无尽者，言其为用万殊故。哲学要在于万殊证会本体，所以为众理之总会，群学之归宿也。此体，非戏论安足处所，只要各哲学家都得涤除情见净尽，他们到这里（本体。）自有相同的证会。佛经所谓诸佛同证，我们在理论上是应该承认的。（事实上哲人难得尽除情见。）有人否认同证之说，以为各哲学家总不免有或蔽或通，或见似或见真，或见浅或见深，或见偏或见全，决不会有同证的。因此，哲学上只好听其各说各的道理，而无可观其会通。这种理论，是吾所尝闻的。哲学界如此的现象，也是无可讳言的。其实，哲学界如此的现象，就因为各哲学家每为情见所封，故于真理不得同证。如一群患目盲的人，无由共睹天日。大凡真能涤除情见者，必须上智始能之。古今上智极少，而中材为多。中材于此理（谓本体。）为蔽为通，及其见似见真，见浅见深，见偏见全之别，则一视其有无涤除情见工夫，及其用功纯一与否以为断。（纯一者，不间曰一，不杂曰纯。）可是一层，人生梏于形气，（形气，谓身体及环境。）缚于习染，欲其涤除情见，此极难能，矧欲涤除尽净，谈何容易哉？（情见，即缘形气与习染而始有。）所以在哲学家中欲觅几个堪认为彼此完全同一证得真理，而无一毫互不相应处的，恐终不可得。这个情形并不是真理太诡怪，或故意隐伏令人不可同证，而只是人各为其情见所蔽，才不获同证。然而此理，毕竟是人人本来同具的。其在人，便名焉性智，（参看上卷《明宗章》。）他性智。总会发露的，即此发露，假名智光。哲学家如果能保任这种智光，以对治情见，自然会与真理相应，易言之，即此智光会自照也。（智光之体，即是真理。非离智光别有物名真理。）假若哲学家都能恒时保任这种智光，（恒字注意。）则彼此同证决无问题。惟其不恒保任，所以不获同证。然虽不恒保任，却不能道他们绝无智光发露时。因此，他们于真理，容有所见，（容字注意。）只其介然之明不胜情见之蔽，终自组成一套戏论，而其一点明处反晦而不彰。此所以陷于蔽而不通，或见似而不真，或见浅而不深，或见偏而不全，总缘其乍露之明，不胜其重锢之蔽，故成差谬。所以说，哲学家只是各说各的道理，纷纷无有定论。戏论既多，如何可得公是处耶？大凡人之情见虽甚复杂，而衡量见趣，亦可粗别为几种。（是趣者：趣谓趣向。凡人所持之见，或如彼，或如此，即是有所向也。如唯物唯心诸论，其见不同，即其趣向异故。即见即向，说名见趣。）哲学上有多少派别，即是见趣有多少种类。试取一部哲学史或哲学概论而披阅之，便可略知其概，毋庸详述。凡治哲学的人，于其见趣较接近者，则党同而益张之，（各人的情见，决不会全同，只有较接近的。）于其见趣互异者，则攻伐不遗余力。于是而门户之见始成。下流的哲学家，就缚于门户见，竟忘却了哲学之本务是在求真理。（竟忘二字，一气贯下。）哲学所以没进步，此是一大原因。

据此说来，哲学上只是家自为说，各执情见，各逞戏论，无可观其会通，达于真理之域乎？这种看法也是错误。吾前已云，性智是人人本来同具的。虽情见锢蔽，要不无智光微露时。因此，我们应相信任何哲学家纵未免戏论，也不会全无是处。而且古今来，于真理确有所见的哲学家，何曾绝无？我们只不要封执门户见，更不要忽视东方哲学的修养方法，（如中国儒家、道家，及印度佛家等。）努力克治情见，常令胸间廓然无滞碍，此语吃紧。久之，神解超脱，自然洞达性真。（性真者：此理生来本具曰性，无有虚妄曰真，即谓吾人与万物同具之本体。）自家既有正见，而复参稽各哲学家之说，其有的然证真者，则吾因得同证，而益无疑无谬。其或蔽欤，则遮其蔽，而诱之以通。其所见失之似欤，则绳其似，而引之趣真。（似之害，乃过于蔽。）其所见失之浅欤，则就其浅，而导之入深。（浅与似微异。似之失乱，浅之失肤，其障真则同。）其所见失之偏欤，则融其偏，而扩之得全。（偏之一字最害事，见地稍偏一点，便步步入歧途，至与真理完全相背。所谓差毫厘、谬千里是也。）如此治学，方乃观其会通，庶几不迷谬于真理。会通者，必其脱然超悟之余，将推阐其旨，犹不肯守一家言或一己之见，而以旁通博采为务。固已自有权衡，于众家知所抉择，旁蹊曲径，令人通途，非漫然牵合，纷然杂集之谓也。（纷然，乱貌。）哲学家所患者，自家没有克治情见一段工夫，即根本没有正见，如是而言哲学，入主出奴，固是不可，即或涉猎百家，益成杂毒攻心，肤乱成说，横通持论，其误已误人尤甚。故哲学所贵在会通，要必为是学者，能自伏除情见，而得正见，然后可出入百家，观其会通。须知，会通一词，是异常严格的。会通的境地，是超出一切情见和戏论的。只有会通，才可发明真理。若稍存门户见，便陷于某一家派的情见之中，而每为真理之障了。

时人识得学问的意义者已甚少，其于《新论》妄以糅杂儒佛相攻诋，固无足怪。实则《新论》不唯含摄儒家《大易》，其于西洋哲学，亦有借鉴。西洋谈形而上学者，要皆凭量智或知识去构画。明儒以向外求理，为朱子后学根本迷谬处。其实，朱派不尽如此。独西洋谈本体者，确犯此病。《新论》划分本体论的领域，明此理是无对的，非外在的，不可以量智推求而得，（量智仅行于物理世界，不能证得本体。）此正救西洋哲学之失。印度佛家除有宗唯识论师外，余皆扫荡法相，似无宇宙论可言，（后详。）颇嫌其不为科学知识留地位。（如果根本不谈宇宙论，即无由施设物理世界或外在世界，科学便无立足处。）《新论》则明大用流行，如所谓翕辟之妙。生灭之几，依此施设宇宙万象，（但不可执为定实。）即仍有宇宙论可说。其于所谓宇宙之解释虽与西洋哲学异旨，而非不谈宇宙论，则有精神相通处。《新论》于西洋学术上根底意思颇有借鉴，要自不敢轻于持论。若乃儒佛二家号为互异，但究其玄极无碍观同。本体是空寂真常的，佛家证见如是，儒家亦自见得。（参看前文。）但佛家于空寂的意义特别着重，儒家于此只是引而不发。（如曰"寂然不动"，曰"无声无臭，至矣"。只是一语，轻描淡写过去。佛家则千言万语，反复申明，总是令人观空趣寂。）本体是生生化化流行不息的。儒家《大易》特别在此处发挥。佛家于体上只说无为，绝口不道生化。（有问，儒家既言生化，如何又道"寂然不动"？答曰：无形故寂然。无有散乱昏扰等相，故云不动。此正显其空寂。空寂，故至神至妙，故生化不测。谁谓空寂是死体耶？此何疑？）两家在本体论上底说法，明明有不同处，究以谁为是耶？吾以为二家所说皆本其所实证，都无不是。此在前文已经说过。但是二家各有偏重处，就生出极大的差异来。儒家本无有所谓出世的观念，故其谈本体特别着重在生化的方面，虽复谈到空寂，却不愿在此处多发挥，或者是预防耽空滞寂的流弊，亦未可知。佛家起自印度，印人多半是有出世思想的。（覆按前文。）佛家经论处处表现其不甘沦溺生死海的精神。他们佛家本有出世的希求，所以勤修万行，断尽诸惑，要不外观空趣寂，（大乘诚重悲愿，然为众生不悟空寂始起悲愿，否则亦无悲愿可言。）故其谈本体，特别着重空寂，而不涉及生化，抑或欲逆遏生化，故不言之耳。吾尝云，佛家原期断尽一切情见，然彼于无意中始终有一情见存在，即出世的观念是也。我这个说法，每为治佛学者所反对。若辈可以在大乘经籍中，举出义证，证明佛家并没有所谓出世的意思。其实，大乘是从小宗中演变出来的。他们大乘的说法，都是对治小宗的思想。（对治者，如医用药，对症而治之也。）小宗只求自了生死，大乘则誓愿不舍众生。（覆按前文。）小宗贪著涅槃希求速证，益于世间生厌舍想，大乘故示不舍世间，用破小执，如《华严》、《维摩》诸经，皆有深意。我们却不可寻章摘句来讲，失掉大乘期愿度脱一切众生的本意，（不可二字，一气贯下。）须会通佛家各派的重要经论，即综贯其整个的意思来说，佛家毕竟是出世的思想。（但是大乘对治小宗的意思，确是一个大转变。由此，也可渐渐放弃出世思想，与此土儒家接近。）所以，佛家谈本体，不涉及生化。这个态度并非偶然，当与其出世思想有关。窃意此亦是佛家之一偏。

然而儒佛二家所说的，皆本其所实证，而不为戏论，只是各说向一方面去。会而通之，便识全体。佛家说空寂，本不谓空是空无，寂是枯寂，故知此体空寂，元是生生化化不息真几。不空不寂，只是滞碍物，何有生化？儒家言生化亦非不窥到空寂，只不肯深说。故二家所见，元本一理，法尔贯通，非以意为糅杂也。尝谓儒佛二家，通之则两全，离之则各病。儒家立说虽精审，然若不通之以佛，则其末流恐即在动转或流行中认取。如后来程朱学派有向外求理之嫌，阳明学派有就发用上说良知而陷于猖狂妄行者。乃至西洋哲学中谈变或谈生命者，多认取盲目的冲动为生化之本然，未识空寂妙体，终无立本之道。在佛法未入中土以前，老子治《易》而崇无，盖已有见于此。佛家立说虽甚深微妙，然若不通之以儒，则唯荡然出世，耽空滞寂，走入非人生的路向，似不应理。（此约佛家本义而谈。若近世学佛者，自是习于虚伪，尚说不到出世。）故证空而观生，则生而不有之妙油然自得也；归寂而知化，则化而不留之神畅乎无极也。斯义也深远哉，吾谁与言之耶？或曰："若是，则与昔者三家合一之论，奚若？"（三家谓儒、释、道。）曰：似不可乱真，吾前已言之矣。言三家合一者自己无有根据无有统类，比附杂糅而谈合一，是混乱也。会通之旨则异是。体真极而辨众义，辨众义而会真极，根据强而统类明，是故谓之会通。混乱者，寻摘文句而求其似，此不知学者所为耳。会通则必自有正见，乃可以综众家而辨其各是处，即由其各是处以会其通。夫穷理之事，析异难矣，而会通尤难。析异，在周以察物，小知可能也。会通，必其神智不滞于物，非小知可能也。私门户而薄会通，大道所由塞也，学术所由废也。时俗固可与言学乎？或曰："公之学，已异于佛家矣。其犹可以佛家名之否？"答曰：吾始治佛家唯识论，尝有撰述矣。后来忽不以旧师持义为然也，自毁前稿。久之，始造《新论》。吾惟以真理为归，本不拘家派，但《新论》实从佛家演变出来，如谓吾为新的佛家，亦无所不可耳。然吾毕竟游乎佛与儒之间，亦佛亦儒，非佛非儒，吾亦只是吾而已矣。

综前所说，吾与印度佛家，尤其大乘空宗，颇有异同，已可概见。至若有宗具云大乘有宗。持论，本欲矫空宗流弊，而乃失去空宗精要意思。此亦可谓不善变已。今当略论之如后。

有宗之学原本空宗，而后乃更张有教，以与之反。（言更张有教者，盖小乘多持有教，见下注。大乘有宗虽亦谈有，而与小乘异旨，故云更张。）考有宗所依据之《解深密》等经中，判释迦说教有三时，（参考《解深密经·无自性相品》。但此下述经，颇省易其辞，而义则无变。）谓初时为小乘说有教。小乘教中大概明人空，易言之，即谓没有如俗所执为实在的人或实在的我，只是依五蕴即色心诸法，而妄计为人或我已耳。然犹未能显法空道理，如于五蕴诸法，即犹执为实有的，而不知法相本自空无，故此未证法空但名有教。第二时为发趣大乘者说空教。谓大乘空宗所依据之《般若经》，说一切法都无自性，即法相本空，故名空教。然是有上、有容。未为了义，谓更有胜教在其上故，故云有上。此当容纳他胜教故，故云有容。他胜教者，谓下第三。第三时为发趣一切乘者即大乘有宗说非有非空中道教。妄识所执实我实法本皆空无，应说非有；然诸法相如心法、色法，皆有相状显现，众缘生故，不可说无。又此诸法相皆有真如实性，更不可说是空。由此应说妄识所执是诚非有，但法性法相毕竟非空。此与《般若》一往谈空者不同，故名非有非空中道教。详此所云三时教，本有宗假托佛说，随机感不同，教亦差别，（"本有"至此为句。）以示自宗有所依据，便于钳反对者之口尔。（判教之说，吾素不取。释迦殁后，佛家分成许多宗派。此是学术思想自然演变之不能免者，而必一一归之释迦，谓其于某时说某教，又为之抑扬于其间，其假托之情，自不可掩。然当时结集经文者，原为对付异派计，后人乃信为诚然，便大误。）但于此极可注意者，则有宗判定空宗为不了义教，固已明明白白反对空宗的说法。这是不容忽视的。不过，有宗以其所谓非有非空的说法，来对治空宗末流之弊，用意未尝不是，而他们有宗自己所推演的一套理论却又堕于情见窠臼，如何可折伏空宗。我们现在欲评判有宗的得失，姑从两方面来看他。一从本体论的观点来看，二从宇宙论的观点来看。把他们的得失判定，才好显示本论的意思。但在叙说有宗的义旨时，为求读者容易了解起见，只得力避太专门的名相，而于义旨则决无漏失。这个是可以负责申明的。（旧著《佛家名相通释》部乙叙述有宗义极详明，可与本论参看。）

先从本体论方面的观点来审核有宗的说法。他们有宗确有和空宗不同处。这个不同处，我们可就《宝性论》中找出证据。（《宝性论》，系原魏天竺三藏勒那摩提译。）该论本为《何义说品》第七，"问曰：余修多罗中，（按修多罗谓经籍。）皆说一切空。（按指空宗所宗经而言。）此中何故说，有真如佛性。（按《宝性论》即属有宗。佛性亦是真如之别名。）偈言：处处经中说，内外一切空。（按内空、外空等，可覆看前文。）有为法如云，及如梦幻等。（按以上谓空宗。）此中何故说，一切诸众生，皆有真如性，而不说空寂。（按以上谓有宗。）答曰：偈言，以有怯弱心，（按此第一种过。因空宗说一切空，众生闻之便起怖畏。既一切空，无所归趣，故有怯弱心也。轻慢诸众生，按此第二种过。如一切空之言，即众生都无真如佛性，本自下劣，故是轻慢众生。执著虚妄法，按此第三种过。既不信有真如，则唯执著一切法皆是虚妄则已。又可云若谈一切空，而无真实可以示人，故外道等皆执著虚妄法，无可导之入正理也。）谤真如实性，（按此第四种过。凡执著虚妄法者皆不知有真如性，故妄肆谤毁。）计身有神我。（按此第五种过。如外道等由不见真如故，故妄计身中有神我也。）为令如是等，远离五种过，故说有佛性"。

据《宝性论》所言，足见从前空宗所传授的一切经典处处说空寂，及至有宗崛起，其所宗主的经典便都说真如实相，（实相，犹云诸法实体，与真如连用，为复词。）不似以前盛宣空寂的意味了。《宝性论》特别提出这个异点来说，很值得注意，简直把有宗一切经论中谈本体的着重点和空宗谈本体的着重点之互相不同处宣布出来。

《大般若》说七空，（详第二分，即二十空之省略。）乃至二十空，（详《大般若》初分。）于一切法皆以空观，除遣其相。后来有宗广解真如，（参考《大论》七十七。）如其所宗之《解深密》及《瑜伽》、《中边》等论皆说有七真如，乃至十真实。真实，亦真如之别名。言七真如者，非真如体可差别为七种，（非字，一气贯下。）但随义诠别故，说之为七。如第一云流转真如，谓真如是流转法之实性故，非即流转名真如。（流转法者，谓色心法是刹那生灭，相续流故，故云流转。）乃至第七云正行真如。（正行谓圣者修道，发起正行。此中经文有道谛一词，今不引用，恐解说太繁。）谓真如是正行所依实性，或正智所行境，即智所依实性故，亦非即正行名真如。十真实者，随义诠别，复说以十，用意同前，毋须繁述。总之空宗一往遣相，即真如实相亦在所遣。有宗自谓矫空之偏，故说一切法相皆有真如为其所依实性，摄相从性，一切真实。空有二宗，其异显然。

或有难言："《大般若》经便已处处说真如，何曾是到有宗才拈出真如来说。"答曰：善学者穷究各家之学，须各通其大旨，（注意各字。）不可寻章摘句而失其整个的意思。（不可二字，一气贯下。）《大般若》非不说真如，要其用意所在，完全注重破相。若执真如为实物有者，（实物有谓人情于经验界的物事执为很实在的，以此成为心习，将闻说有真如，亦当做实物来想。如或计为外界独在的，或计为很实在的东西，可以想像得到的。）亦是取相，便成极大迷妄。故《般若经》的大旨只是空一切相，而欲人于言外，透悟真如。（言外二字，注意。）所谓离相寂然，才是真实理地。空宗的着重点，（着重二字，吃紧。下言着重者，仿此。）毕竟在显空寂。这个着重点就是空宗整个的意思所由出发，及其所汇集处。我们于此领取，方不陷于寻章摘句之失。否则，将谓《般若》已说真如，有宗亦何所异。殊不知，空宗有其着重点，确是他独具的面目。

再说有宗。他们虽盛显真实，亦何尝不道空寂。如《解深密经》及《瑜伽》（卷七十七。）皆说有十七空，《显扬论》卷十五，说十六空，《中边》亦尔。（中边述记卷一可参考。）此外，真谛译有十八空论。（以上诸空义，皆见于有宗经论中，实则有宗都根据空宗《般若》的二十空义而采撮之。学者但识其大意可也，至其一一名相，兹不及详。）可见有宗亦谈空寂，但其着重点毕竟在显真实，遂乃别具一种面目。学者将有宗重要的经论，任取一部来玩索，便见得有宗立说之旨与空宗正是两般。我们要知，本体是真常的，故名真如；（绝对的真实，故名真。常如其性，故名如。）是无相的，是离染的，亦说为空寂。不见空寂而谈真如，恐堕取相，而非证真。重显空寂，（重者，偏重。）又惧末流将有耽空滞寂之患。空宗首出，故以破相而显空寂。有宗继起，乃不毁法相而说真实。（真实，即谓真如，他处仿此。）其着重点，各有不同，亦自各有其故。（故者，所以义。）

综前所说，空有二宗谈体各有着重点，此其不同处固也。然复须知，佛家自小乘以来，于体上只说是无为，决不许说是无为而无不为。所以，他们佛家是离用谈体。这个意思前面已经说过。他们有一共同点，即是不许说本体显现为大用。（如本论所谓翕辟和生灭的流行不息，即大用之谓。）易言之，即不许说真如显现为宇宙万象。须知，所谓宇宙只是大用上之增语，非离大用别有物界，可名宇宙故。（非字，一气贯下。）增语者，语即名言。夫名言所以定形，如白之名言即以规定白之形相，与青等异也。而形本无实，故名言者只由立意造形。如所谓白者，求其实质本不可得，纵说为光子或电子，毕竟亦无实，故知白者只是意中起想，造作形相。想者，取像义，然非全无所依。要依大用流行，方乃起想，施设名言，但无有与此名言相应之实物，只是于大用流行中，亦即于本来无物之地，无端增益许多名言叫做宇宙万象，故云增语。要之，由本体显现为大用，始可施设宇宙万象。易言之，由真如体全成用故，即依用相差别（用则诈现众相故。）而有种种增语。（如说宇宙万象。）如果不许说真如显现为用，即无有宇宙论可讲。印度佛家，从小乘各部至大乘空有二宗，于体上都只说是无为，不肯说是无为而无不为。易言之，都不曾说此本体是生生化化的物事，即不能说此本体是显现为大用的。（生化流行便是体的显现，便名大用。若于体上只说无为，不许说无不为，只说恒常不变，不许说生化流行，此体便无有显现，只是顽空的，便无大用可说。）所以，他们印度佛家在本体论上的见地，最好是对宇宙论纯取遮拨的态度。从小乘以来，都是根据释迦说五蕴等法，此即用一种剖解术或破碎术，把物的现象和心的现象，一切拆散了，便无所谓宇宙。如剥蕉叶，一片一片剥完，自无芭蕉可得。但是，小乘虽用剖解术，犹未谈到毕竟空、无所有。及至大乘空宗，便说得澈底了。他们所以遮拨宇宙万象，虽是用意在破除相缚以显真如，（相缚二字，宜深玩。相即是缚，故名相缚。如执着宇宙万象为实在的，此即相缚。由此便不能于万象而透悟其本体即真如。）然亦由其不许说本体是生生化化的物事，而只许说是无为的、无起作的。所以，只好把宇宙万象极力遮拨。不过，他们一往破相，在理论上都无过患。

大乘有宗矫异空宗，颇谈宇宙论。但是，他们有宗将宇宙之体原与真如本体（真如本体，系复词，他处仿此。）却打成两片。此其根本迷谬处，容后详谈。有宗所以陷于这种迷谬不能自拔者，就因为有宗谈本体虽盛宣真实，以矫空宗末流之失，然亦以为本体不可说是生生化化的物事，只可说是无为的、无起作的。因此，他们有宗所谓宇宙，便另有根源。（如所谓种子。）

有人说，《涅槃经》以常、乐、我、净，四德显体。无变易故名常，断一切苦故名乐，是内在的主宰故名我，离一切染故名净。《涅槃经》以此四德来显体。很分明的是与空宗偏彰空寂的意义不同了。余以为，《涅槃》自是有宗的经典。但是，四德只明真如是不变的，是自在的，是离垢染的，（常即不变义，我即自在义。乐与净，即离垢染义。）亦不曾说真如本体是生生化化的。这里很值得注意。

综前所说，有宗在本体论上始终恪守小乘以来一贯相承之根本义，即本体不可说是生生化化的是也。有宗虽自标异空宗，而这种根本的理念仍与空宗不异。所以本论和有宗在本体论上的见地，也是不能相同的。本体是绝对的真实，有宗云然，本论亦云然。但在本论，所谓真实者并不是凝然坚住的物事，而是个恒在生生化化的物事。唯其至真至实，所以生生化化自不容已。亦唯生生化化不容已，才是至真至实。生化之妙难以形容，强为取譬，正似电光的一闪一闪，刹那不住，可以说生化是常有而常空的。然而电光的一闪一闪，新新而起，（唯其刹那不住，故是刹那刹那、新新而起。）又应说他是常空而常有的。常有常空，毕竟非有。常空常有，毕竟非无，非有非无，是犹此土老聃所谓"惚兮恍兮其中有象，恍兮惚兮其中有物，窈兮冥兮其中有精，其精甚真其中有信"者耶？（"是犹此土"至此为句。惚恍，形容本体无相也。有象、有物，形容其生生化化而非空也，非谓有实物或实象也。窈冥，深远之叹，言本体无相深远不可得而见也。精者，言乎生化的力用，至神而不竭，至妙而无疵也。曰真、曰信，真极之理于生化而验之也。信，验也。）我们不能舍生化而言体。若无生化，即无有起作，无有显现，便是顽空。何以验知此体真极而非无哉？

或曰："生化是用，不当于体上说，体无生化故。"答曰：信如斯言，体用截然分离，此正是印度佛家差谬处。汝犹不悟，何耶？体者，对用得名。要是用之体，非体用可互相离异故。若所谓用者非即是体之自身底显现，则体本不为用之体，只是离异于用而别为一空洞之境。如此，则体义不成。（本来空洞，不起用故，依何名体？）佛家常以真如本体，喻如虚空。如佛《地经论》云："清净法界者，（按即真如本体之别名。）譬如虚空，虽遍诸色种种相中，而不可说有种种相，体唯一味"

云云。详佛家自小乘以来谈本体，都只说是无为、无起作，即无有生化的物事。这样的本体，自同虚空一般。虚空是无起作的，是无生化的，而所谓宇宙万象或诸色种种相，虽依虚空故有，毕竟不即是虚空自身底显现，以虚空无生化故。真如本体亦如虚空，所以真如只是遍诸色种种相中，（遍字注意，谓其随处皆遍，无有空缺，似是宇宙万象所依托的一个世界。）不能说真如现作诸色种种相也。这样一来，形上的本体界与形下的现行界，似成对立，不可融而为一。（现行界犹云现象界，即所谓宇宙万象或诸色种种相。形上形下两词，本之《易系传》。理之极致，说名上。形者，昭著义。真极之理，昭著不无，故云形上。形下者，万有纷纶，迹象昭著，故亦言形。又即克就迹象目之为下。然迹象非别于真极而为实有，只是真极之流行而已。故在《大易》，形上形下，约义分言，本非二界。而世之言哲学者，每与《易》义相违。）

（摘自《新唯识论》语体文本"功能"上章，
1947 年湖北印本，标题系编者所加）

二、工夫即本体

夫见闻觉知等等作用，常途即名之为心。其实，此等作用，元不即是本心。（后文本心亦省云心。）只是根门假借心之力用，而幻现一种灵明，以趣境云尔。（根门者，门以出入为义。万感来入乎根，而根出其灵明以立应之，故名根以门。幻现者，由根假心之力用，而现起灵明。此灵明，非根之本身所固有，故云幻现。趣境者，凡来感之物，皆境也。根则藉心之力用，而有灵明现起焉。足以发趣乎境，而应之不爽。故云趣境。）夫心之在人，本无时或息。然其流行于一身之中，（此克就一人身上而言之耳。实则一人之心，即是宇宙之心，元是无所不在的，非限于一身也。）随感而应，要不能不藉乎根。若无有根为此心发现作机栝者，又何从见得心。夫根者，只是生命力健以进，所形成的一种资具而已。如在无机物中，生命力犹未显发，即所谓根者，尚未形成。这时便难见心了。但克就根言，则根自有其权能。而心之力用之发乎根也，根即假之，以自成其灵明。（譬如笛，假人之声气，以自成为笛声。）这种灵明，恒与其无待之本然，不必相似。（无待，谓心也。此心即吾人之真性，万物之本体，故无待。本然者，形容词，谓此心固有的德性，本来是如此的。今根假心之力用，以逞其灵明，而趣境。则此灵明，每与心之德性不必相似也。不必二字吃紧。非决定不相似，但易至不相似。故云不必。）而每习与物化，盖根之灵明，恒逐物，以殉没于物，故云物化。习者，犹云常常如此为之，谓其惯习于物化而不知反也。由此，遂有习气等流。言等流者，根之灵明，现起趣境，以习与物化时，即此刹那顷，便造成了一种惯性。此云惯性，并不是泛泛的说法，而是谓此刹那顷之习便成功一种势力叫做习气。这个习气，不会无端消灭，但也不是恒常坚住的支持下去，却是习气的自身刹那刹那前灭后生，相续流转下去。因此说为等流。等者，相似义，谓后起续前决定似前。相似而流，故名等流。即此习气随逐根身，（根身见上文。习气恒随逐根身而不相舍离。）还复乘机跃现。故根趣境时，虽假心之力用，而自逞其灵明，以追攀前境。（追者追求，攀者攀援。前境者，具云常前之境。凡言境者，不限于有形质的物事，只为心之所追攀者，通得境名。他处仿此。）然于其时必有染习突跃，以与根之灵明相挟同流，叶合若一。（习分染净，参看中卷《功能章》下。挟者逼附义。）染习依根明起，（根明，具云根之灵明。后仿此。）是根明之类故。于是而心之力用不得显，乃孟子所谓放心之候也。夫根明，实假心之力用而现起，虽可以不似其本，本谓心。而此明之所假藉者即心之力用，此心毕竟不改其性。盖所谓根明者，从根之一方面而言，是根假于心之力用，而自成其明。但如从心之一方面而言，却是心之力用，发现于根门。此心之力用行乎根门，虽缘根之假藉以成其明，驯至物化，但此心之力用，毕竟不缘根之假以成明，而改其性。譬如明镜，为客尘所锢，而镜本性即所谓鉴照者，终不随客尘迁改。故释迦教诸学者，唯以守护根门为要。（参考《杂阿含》等经。）守护根门者，即是恒持正智、正念。此中正智、正念，即是心之力用，发现于根门者。必须敬以持之，而不令丝毫走作。走作系谚语，谓如不能持之，将使心作用为根所假藉之，以成为根之明。即动念乃失其正，是谓走作。昔朱子持心之功甚密，尝以走作为耻。吾人必保任此心，使其恒为主于中，不使根得假之以成为根之明。如是，则根者只为心力所凭以发现之资具，而不得役心从己以殉物。（己者，设为根之自谓。）天君恒时炯然在中，（心力，具云心之力用。天君，犹宗门云主人公，谓心也。）所谓照体独立是也。（照体者，谓此心自体是即寂即照，即照即寂的。《易》谓之大明。大者，形容其圆满而无亏欠也。虽只言明或照，而湛寂义自在其中。独立者，无对义。)

综前所说，约有四个要点，须加提示。

一、作用者，即克就见闻觉知等等而名之也。（详前。）

二、此见闻觉知等等作用，实即心之力用，发现于根门者。故此（作用。）不即是心体。（心体是独立无对的，冲寂无朕的，故不可说见闻觉知即是心体。）但心体亦非离见闻觉知而独在。（心体亦是流行不息的。若于其力用发现者如见闻觉知之外，而欲别觅心体，则心体又安在耶。）

三、见闻觉知等等，通名作用，固如上说。但如严格言之，则见闻觉知等等，固有不得名为作用者。夫作用之云，乃言夫本体之流行也。故心之力用（心即本体。）依根门而发现，为见为闻为觉为知，而非根所障，非习所锢者，即此见闻觉知，名为作用。须知，心之力用，流行乎根门。而根假之以自逞其灵明，即根乃乘权。而心之力用始受障碍，且根乘权，则染污习气与之俱行，益以锢蔽此心。唯有守护根门而不放逸者，方不为根所障、习所锢耳。若乃根假心力以自逞，而挟习俱行，由此而发为见闻觉知，虽在通途亦名作用，实则此等见闻觉知，已不是本体流行，但是根与习用事故，即不成为作用也。故谈作用，应当简别。

四、作用义，既经刊定如上，则作用见性义，亦不待深谈而可知已。夫作用者，即本体之流行而言之也。流行则未即是体之固然。何者？流行是用，体者用之体。夫体无差别，而用有分殊。故自用言之，不即是体之固然也。然体要不离流行而独在，以举体成用故，不可离用觅体故。是故于流行识体。

如前举马祖答慧海一公案，即就慧海见闻觉知处指点，缘慧海与马祖酬对时，他内部发生了一组见闻觉知。据常途的说法，慧海这时内发的见闻觉知，就叫做心。不过，此所谓心，是以作用名心，非就本体而目之也。有难："风闻似非内发。"答曰：凡引生见闻的，如人和语言，或其他物事，则属外缘。而见和闻，却是内发的，非见闻在外也。见闻不只是感摄，而是具有明解的，此不可不知。马祖答慧海，只令他反躬体认，当下虚明纯净，不杂一毫倒妄的见闻觉知。就在这里认识他固有性体，即所谓自家宝藏。可谓易简真切之极。盖见闻觉知，固是当下发生的作用。而此作用不是没有内在的根源，可以凭空发现的。（不是二字，一气贯下。譬如众沤，他有内在的根源，即大海水是。）须知，此作用，即是性体之流行，故于作用而见性也。（犹之于众沤而见大海水。）马祖挡怀海鼻孔一公案，则可与答慧海者反以相明。怀海于野鸭子飞过时，而起野鸭子的见。这个见，正是逐物生解。此解只是根与习用事，而不是本体之流行，即不成为作用。故于此不可见性。吾举这一公案，却从反面说来，以显正义。

总之，性体浑然至真，寂然无相。不可说见闻觉知等等作用，即是性体。（不可，至此为句。）故但曰作用见性，（非谓作用即是性。）然非离作用外，别有性体。故必于作用见性。犹之非离众沤外，别有大海水。故必于众沤而识大海水。明代阳明派下，多有只在发用处说良知者，是直以作用为性体。其谬误不待言。及聂双江罗念庵救之以归寂，而于作用见性意思，似亦不无稍阔。夫归寂，诚是也。而寂然真体，毕竟不离发用。如或屏用而求寂，其不为沦空之学者鲜矣，尚得谓之见性乎？

问曰："如上所说，心之一名，通体及用。有克就本体而名之为心者，有克就作用而名之为心者。是则心之名虽同，而其所目则异实，不可以无辨也。"答曰：同名异实之云，似将体用截成两片，却成过误。夫义理自有分际，辨析不可不精。而察其分际，尤贵观其会通。夫说作用名心者，当知用不离体。才说作用，便于作用见性。（性谓本体。）如说众沤，便于沤见大海水。说本体名心者，当知即体而言，用在体。如说大海水，便知大海水不离众沤独在。体用毕竟不可截成二片，是义宜知。（在宇宙论上与心理学上，均不可将体用分成二片。）

问曰："所谓作用者，将纯为本心之流行，而无习与俱乎？"答曰：心之力用，流行于根门，而不为根所障，习所锢者，方名作用。此前所已言也。夫习与根，恒相随逐。习之得以锢其心者，以其为染习，而与根相俱以乘权故也。（锢者锢蔽，如云蔽日。习分染净，见中卷《功能章》下。此明锢心者，只是染习。相俱者，同行义，叶合义。）若乃保任此心，使其不至见役于根，即根乃不为心之障，而染习亦不得起以乘权，即心不被锢。然复须知，染习必须伏除，（伏者，抑之使不现起。除则断灭之也。）净习毕竟不可断。不断故，恒与根同行，与心相应。（相应者，叶合如一也。）故未有心得孤起而无习与俱者也。（参看下章谈心所处。）夫净习依本心而起，即心之类，其相应于心也，固已和同而化，浑然无应合之迹。而习亦莫非真几之动矣。（真几之动，犹云本心之流行。此言净习随心转化，故不异本心也。）马祖云："只如行住坐卧，应机接物，尽是道。（吾国儒道诸家，皆以宇宙真源、人生本性说名为道。道者由义。以其为人之所共由，故名。体道之人，其日用云为，皆从本性上发出，而不杂以一毫后起之私，故云尽是道。）道即是法界，（法界，犹云宇宙本体。但以其在人而言，则谓之心。马祖以此土先哲所云道，与印度佛家所云法界，同为本体之目。）乃至河沙妙用，不出法界。"（河沙，喻数量无穷尽也。吾人日常生活中，一切皆从真体流行。）孟子曰："君子深造之以道，（言深造之功，将以至于道，非如俗学只务知识而已。）欲其自得之也。（自得者，实有诸己之谓，非徒尚解悟也。解悟则以心测道，其去道也远矣。自得则心即是道，道即是心，而已与道为一。）自得之，则居之安。（居其所自得，处乎至足，夐然无待，如何不安。）居之安，则资之深。（所资者即其所居。故唯内资。而非有资于外也。夫外资者，无源而易竭。内资者不竭。存乎内者，源深而无极故也。）资之深，则取之左右逢其原。"孟子此言，深得理要。夫资乎内者，深远不可竭。故随其取给，或左或右，靡不逢原。原者，万有之本，万德之基，万行之宗。资者，资此者也。居者，居此者也。自得者，得此者也。深造者，造此者也。是乃所谓道也。日用之间，随所取给，左之右之，莫不逢此真实本原。起想动念，举足下足，随在皆是道体发现，焉往而不逢之哉。马祖所云恒沙妙用，不出法界，与孟子左右逢原之旨，盖有互相发明处也。

夫佛家之学，无论小宗、大乘，要皆归趣证体，（证见本体曰证体。证见者，谓本体呈露时，炯然自见耳，非别有一心来见此体也。）略小谈大。空宗形容本体空寂，（无相故名空，离昏扰故名寂。）甚深微妙，穷于赞叹。有宗形容本体真净，（离倒妄故名真实。离诸戏论相故名清净。）甚深微妙，穷尽赞叹。（有宗将体用分截，故成谬误。然其形容真净德相，亦自有契应处。）然诸大乘师谈本体，（通空有二宗，故置诸言。）颇表现一种超越感。即对于至高无上的至善的真理，（此中真理，即本体之别名，下仿此。举善，即摄真与美。）而有无限的庄严之感。同时起一种极恳重的欣求。如是故谓超越感。这种感固极可贵，吾人所以破现实生活之桎梏者，全赖乎此。然复须知，若学者由诸大乘师之所启示而发生此种超越感，便谓已至究竟，此则大谬。夫诸大乘师，以言说方便，引令学者发生超越感，固非以此为究竟。而在学者当发生超越感时，其自身犹未能与真理为一，盖未免心外有境。（超越的本体世界，却是其心外之境。）庄子所为呵列御寇犹有所待者也，必自居超越，而漠然亡感，（漠然者，浑然无对貌。）始立乎无待。是故禅家兴，而直指本心。心即是理，（真理省云理。）理即是心，于是心外无境。吾人自身虽复随俗说为在现实世界中，而实乃夐然超越。以在己之心，与遍为万法实体的理，既是一而非二，（万法，犹云万物或万有。）则称真而谈，（真谓真理，弥者契应。）当体超越。（当体，谓吾人自身，才识真理在己，即自身便是超越的也。）岂于自身外，别有一超越之境为所感者哉。夫超越在己，即超越不是感。宗门直指本心，其视大乘空有二轮，又进而益亲切者也。《华严》为有宗六经之一，其"三界唯心，万法唯识"之旨，宗门实与之密契。空宗《般若》，荡然破一切执，而其智始显也。智，本心也。宗门通空有二轮，但其入处乃较亲切，学者宜知。

夫神明冲寂，（神明，谓本心。）而惑染每为之障。（惑染本无根，而足以障碍本心。如浮云无根，而能障日。）真宰无为，（真宰，谓本心。）而显发恒资保任。严矣哉保任也。真宰不为惑染所障而得以显发者，则以吾人自有保任一段工夫故耳。保者保持，任者任持。保任约有三义：一、保任此本心，而不使惑染得障之也。二、保任的工夫，只是随顺本心而存养之。即日常生活，一切任本心作主，却非别用一心来保任此本心也。三、保任的工夫，既是随顺本心，即任此心自然之运，不可更起意来把捉此心。程子所谓未尝致丝毫之力是也。若起意，则是妄念或习心窃发，而本心已放失矣。善夫阳明学派之言曰："即工夫即本体。"一言而抉天人之蕴。东土诸哲，（如儒与佛及老聃派。）传心之要皆不外此旨也。工夫则万行之都称。行者，修行，亦云进修。吾人日常生活中，不论闲静时，或动作万端时，总期念念之间，恒由本心为主，毋任惑染起而间之。然欲致此者，要当有不断的努力，非废然纵任而可至也。此云不断的努力者，即修行或进修之谓。行而曰万者，修行非一端而已。人各因其所偏失而期以自克焉。故修行不泥于一轨也。如佛家有六度，乃至十地等无量行。儒者于人伦日用之地，或以居敬为要，或以主忠信为先，乃至种种，亦非孤尚一行以为法程也。工夫诚至，即本体呈显。若日用间工夫全不得力，则染习炽，邪妄作，斯以障碍本体而丧其真矣。（真谓本体。）故曰"即工夫即本体"，此尽人合天之极则也。工夫只是保任，（无量的工夫。）无非保任此本心而已。原非于本体有所增益。但勿为染习所缚，勿顺躯壳起念，（人只为染习所缚，即顺躯壳起念，而本心乃梏亡矣。王阳明教学者，每于此处提醒。）而使本心恒为主于中，（恒字吃紧。有不恒时，即本心放失，便无主人公也。）则大明朗乎无极，（本心不倚于物，故非知识的。而炯然至明，为一切知识之原，故非无知。无穷尽故云无极。）性海渊兮绝待。（本心即是吾人与万物同具的本体，故说为性海。性者，生生义。海则喻其至大无外也。）斯以静涵万理，（静谓泯绝外感时。）动应万变。（动谓事物纷然交感时。）动应则神不可测，静涵则虚而不屈。（不屈谓无穷竭。）是为动静一原。（吾人日用间，不论静时动时，通是本体浑然流行。故静涵万理者，静时是本体实现故。动应万变者，动时是本体实现故。此缘一向工夫没有松懈，所以本体呈露，有动静一原之妙。若工夫不得力，即染习乘机而起，静时便昏沉，无从发现涵万理的本体；动时便浮乱，无从发现应万变的本体。王学末流，或高谈本体，而忽略工夫，却成巨谬。）

明儒有杨天游者，于工夫即本体之旨，颇不契。其言曰："本体光明，犹镜也。工夫，刮磨此镜者也。若工夫即本体，是谓刮磨之物即镜也，可乎？"黄梨洲驳之曰："此言似是而非。夫镜也，刮磨之物也，二物也。故不可说刮磨之物即镜。若工夫本体同是一心非有二物，如欲歧而二之，则是有二心矣。其说之不通也"云云。余尝考杨氏说，盖谓工夫有积累之渐，本体无积累之渐。工夫有纯驳偏全不同，本体无偏全，无纯驳。以此，不许工夫即本体，实倒见也。夫保任此本体，方名工夫。但保任实由本体之自明自觉，易言之，即工夫实自本体出。非是离本体别有一心来用工夫。杨氏于此盖未省也。工夫既非离本体别有物，只是本体之发现而已。在工夫上说积累，说纯驳，说偏全，此是从发现之迹上比拟。今说工夫即本体者，是将一一工夫，会归本体，自是探原之论，未可以常途滞迹之见相衡量也。杨氏歧本体与工夫为二，故以积累等之有无两相比较。梨洲虽知其误，而驳词未足以解其蔽也。

无工夫而言本体，只是想像卜度而已，非可实证本体也。唯真切下过工夫者，方实证得本体即自本心，无待外索。无工夫，则于此终不自见，不自承当，唯以一向逐物的知见去猜测本体，是直以本体为外在的物事，如何得实证。实证乃本体之自明自了。故本体如被障而不显，即无实证可言。若知工夫切要，而未知工夫即本体，是工夫皆外铄，而昧其真性，此之谓冥行。又且如无源之水，求免于涸也不得矣。

夫求识本心，在佛家盖自宗门兴起，而后盛趣此一路向，固夫人而知之也。儒家则远自孔子已揭求仁之旨。仁者本心也，即吾人与天地万物所同具之本体也。至孟子提出四端，（恻隐之心，仁之端也。羞恶之心，义之端也。辞让之心，礼之端也。是非之心，智之端也。）只就本心发用处而分说之耳。实则四端统是一个仁体。（仁体即本心之别名。儒家仁智等名，须随文取义。如仁之一名，有时克目本体，则非与义礼智信等德对待立名也。有时与义礼智信等德相对为言者，则此仁字，系就发用处说。如随事而发之为恻隐则名仁，随事而发之为羞恶则名义是也。余可类推。智之一名亦然，有时为本体之目，有时就发用处说。准上谈仁可知。）后来程伯子识仁篇云："仁者浑然与物同体。（此言仁，只是吾人与万物统同的本体。）义礼智信，皆仁也。"此则直演孔子《大易》"元者善之长也"意思。《易》以乾元为万物之本体，坤元仍是乾元，非坤别有元也。杨慈湖深得此旨。元在人而名为仁，即是本心。万善自此发现，故曰"善之长"。逮王阳明作《大学问》，直令人反诸其内在的渊然而寂，恻然而感之仁，而天地万物一体之实，灼然可见。罗念庵又申师门之旨，盖自孔孟以迄宋明诸师，无不直指本心之仁，（实则，仁即本心。而曰本心之仁者，为措词方便故。）以为万化之原，万有之基，即此仁体。无可以知解向外求索也。明儒徐鲁源（鲁源师事钱绪山，阳明再传也。）曰："惟仁者性之灵。而心之真（力按仁即本心，亦即是性。）凝于冲漠无朕，而生意盎然，洋溢宇宙。（力按冲漠无朕者，空寂也。佛家只体会到空寂，而不知空寂之中，正是生意凝聚，盎然不容已也。本体元是如此。以此言性，非枯寂断灭之性也。力按佛家小乘颇近枯灭。大乘不住生死，亦不住涅槃，视小乘已一变，然仍以度尽一切众生为薪向，终与儒家人生观不同。由儒者之道，以衡大乘，则彼犹未离乎枯灭也。）达于人伦庶物，而真体湛然，迥出尘累。以此言心，非知觉运动之心也。（力按知觉运动之心，习心也。仁则本心也。然仁体作得主时，则知觉运动之心，亦成为仁体之发用。此义宜知。）故孔子专言仁，传之无弊。"鲁源此说，可谓得儒家之旨。

或有难言："孔门之学，教人即实事上致力，曷尝谈本心、说仁体耶？《论语》一书，可考见也。"答曰：《论语》载门下问仁者甚多，汝乃不考，何哉？孔子寿至七十以上，门下三千，通六艺与闻至道者七十二人。其平生讲说极繁富可知。《论语》仅一小册耳，其所不载者何限。然即此小册，所载问仁诸条，已于全书中，甚占地位。夫门下径直问仁，则必孔子平生专以求仁为学，可知也。后儒如王阳明，以致良知为学，亦与孔子言仁相类。夫良知即本心，凡为阳明之学者皆知之。仁即本心。而治《论语》者顾不悟，何耶？孔子答门下问仁者，只令在实事上致力。易言之，即唯与之谈工夫，令其由工夫而自悟仁体，（即本心或本体。）却不曾克就仁体上形容是如何如何。一则此非言说所及，二则强形容之，亦恐人作光景玩弄。孔子苦心处，后人固不识也。昔有一友，亦尝谓《论语》言仁，非即本心。吾语之曰：《论语》云，"君子无终食之间达仁，造次必于是，颠沛必于是"。此所谓仁，非本心耶，非本体耶，岂可将此仁体说向外去，而只作为行事上之一种规范或德目看耶？（岂可，至此为句。）其友闻之，悚然有省。印度泰戈尔氏来吾华时，自云："曾读《论语》，只觉是一部法典然。"孔子果如此，则学无本源，何足云圣。泰氏读《论语》而未通，亦足惜也。夫孔子岂未达本源者耶。彼自云"十五志学"，学者觉义，（见《白虎通》。）于觉而识仁体焉。学之究竟在是也。（究竟一词，简异一切知识的学问。）不仁谓之麻木。麻木者，不觉也。不觉即仁体梏亡。（上蔡以觉言仁，甚是。朱子非之，误矣。）志于仁，乃为志学。"三十而立"，此志已立定也。"四十不惑"，自识仁体也。"五十知天命"，既自识仁体，涵养益深，至此乃实证仁体即天命也。夫天命者，以其无声无臭，而为吾人与万物所同具之本体，则谓之天。以其流行不息，则谓之命。故天命非超脱吾人而外在者也。（王船山不了孔子意思，其《读四书大全说》，直以天道为超脱吾人而外在者，迷谬殊甚。墨翟之言天，盖视为外界独存，以此矫异于儒，而适成其惑。船山反阳明，而卒陷于墨。）唯自识仁体，寂然无相之谓天，渊然不已之谓命，（流行不息，古诗所谓"于穆不已"是也。于穆者，深远义。）无可舍自本心以索之于外。是故其志学之始，内有存主，而非外铄。（志者，存主义。存主即不违仁之谓。）由是而立，而不惑，终乃灼然知天命之非外。知者证知，非知解之知。《阿含经》云："身作证，是此知义。"此理于吾身实现之故也。到此境地，只是仁体流行，绝无阂蔽，故曰"六十耳顺"。耳顺者，形容其无阂蔽也。又进则"七十而从心所欲不逾矩"。（此义甚深微妙，学者切忌粗心作解。）至此，则神用不测，乃仁体自然之妙。孔子"十五志学"一章，须融会《论语》全部意思，及《易春秋》大旨，而潜心玩索，切忌断章截句作解。夫《易》之乾元，即是仁体，万物所资始也。《春秋》以元统天，与《易》同旨。（成形之大者为诸天，皆乾元仁体之凝成也，举天则赅万有可知。《易》《春秋》并言乾元统天，以皆孔氏之传故。）证之《论语》，弟子纷纷问仁。则孔子平生之学，不外反求本心，洞识仁体。书己性而即尽物性，本无内外可分也。《论语》曰："天何言哉？四时行焉，百物生焉。天何言哉？"时行物生，形容仁体，活泼泼地，世之谈哲学者，唯任知见去逐物起解，如何得领悟这般境界。认得此意，则知《论语》所记孔子言行，一一皆从仁体流出。唯其中有主故，渊然而恒寂，灵然而恒感，故发无不当。（无不当，即是不逾矩。）夫岂不见本源，而规规然于应事接物之间，拟立规范，若遵行法典之为耶。以世俗之智而测圣人，其陷于巨谬也宜矣。

《论语》记子所罕言仁居一焉，（仁即本体。）然则夫子并非绝口不言仁体，只罕言耳。非上根利器，不可与言仁体。只随机感所触，而示以求仁的工夫。《论语》所记，皆谈工夫，无启示仁体处，诚哉其罕言也。孔子盖谓真理当由人伦日用中实践而证得。（此中真理即谓仁体。证得者，前引《阿含》云身作证是也。）实践不力，而逞解悟。其解悟必不实。终与真理为二也。此等精神，实为治哲学者所不容忽视。容当别论。明儒吕泾野，为学壹意践履。（践履亦云实践，谓人伦日用中实修的工夫。）其教学者有曰："诸君求仁，须要见得天地万物皆与我同体。一草一木，不得其所，此心亦不安始得。须看伊尹谓'一夫不获，（不获，犹云不得其所。）若已推而纳之沟中'，是甚么样心。（力按：于此识本心，于此见仁体。）王言曰：此气象亦难。今日于父母兄弟间，或能尽得。若见外人，如何得有是心。曰：只是此心用不熟，工夫只在积累。如今在旅次，处得主人停当，唯恐伤了主人。接朋友，务尽恭敬，唯恐伤了朋友。处家不消说，随事皆存此心。（此语吃紧。）数年后自觉得有天地万物为一体气象。"（力按：人人能如此为学，则世界可大同，人道成至治矣。）泾野此段话极老实，极切近。学者求识仁体，却须如此下工夫；工夫做到一分，即是仁体呈露一分。工夫做到十分，即是仁体呈露十分。若全不下工夫，则将一任迷妄狂驰，（迷妄者，染习也，计执形骸之私也。）而仁体乃梏亡殆尽矣。（尽者，灭尽。仁体本无亡灭，然自吾人生活上言之，既完全违逆仁体，令其不得显发，则等于亡灭之也。）

还有史玉池（明东林派之学者。）谈求仁的工夫，亦极真切。其言曰："今时讲学者，率以当下指点学人，（力按：当下一词，本之禅宗。如前引马祖答慧海一则公案，即是就慧海当下的心，而指点他令悟本体。宋儒中已多用禅机，明儒尤然。）此是最亲切语。及叩其所以，却说饥来吃饭困来眠，都是很自然的，全不费工夫。（力按：饥来吃饭困来眠，本禅师语。只是形容不昏沉及不起若何贪著的意思。当初随机指点，本无病。从来不悟者，妄附此语，遂成狂惑。）见学者用工夫，便说本体原不如此，却一味任其自然，纵情纵欲去了。是当下反是陷人的深坑。（力按：阳明学派末流，确有至此者。）不知本体、工夫是分不开的。（力按：此语的当。）有本体，自有工夫。无工夫即无本体。（力按：本体，儒者亦名仁体。）试看樊迟问仁，是未识自家仁体而兴问。夫子却教他做工夫，曰'居处恭，执事敬，与人忠'。（参考《论语》。）凡是人，于日用间总不外居处、执事、与人这些生活情况。居处时便恭，执事时便敬，与人时便忠。此本体即工夫。（力按：恭与敬及忠的心，是本体发用，故云本体即工夫。）学者求仁，居处而恭，仁就在居处。执事而敬，仁就在执事。与人而忠，仁就在与人。此工夫即本体。仁体与恭、敬、忠，分析不开。（力按：恭也敬也忠也，皆工夫之名。实则此工夫即仁体，如何分得开。）此方是真当下，方是真自然。若饥食、困眠，禽兽都是这等的，以此为当下，便同于禽兽，岂不是陷人的深坑。（力按：禅家末流之弊，须得有此简别。）且当下全要在关头上得力。今人当居常处顺时，也能恭敬自持，也能推诚相与。及到利害的关头，荣辱的关头，毁誉的关头，生死的关头，便都差了。则平常恭、敬、忠，都不是真工夫。不用真工夫，却没有真本体。故夫子指点不处不去的仁体，却从富贵贫贱关头。（力按：贫贱如去之不以正道，则终不去也。富贵如处之不以正道，则终不处也。此不去不处之心，即是仁体。详见《论语》。）孟子指点不受不屑的本心，却从得生失死关头。（力按：如乞者遇食，得之则生，失之则死。但如与之者极无礼，则宁死不受而不屑偷生。此不受不屑之心即是本心，亦即仁体。参考《孟子》。）故富贵不淫，贫贱不移，威武不屈，造次颠沛必于是，舍生取义，杀身成仁，都是关头时的当下。此时能不走作，才是真工夫，（力按：此云不走作者，即本心不放失之谓。如本心认为当死时，忽私意起而间之，遂苟且偷生，此即走作。不走作者反是。）才是真本体，才是真自然，（力按：违逆本心而殉私欲者，为染习所驱使，确是不自然，非自省密者不知也。）才是真当下。"（力按：以上须参考《论语》、《孟子》。如极贫贱乃至生死等关头时，一毫不走作，此其念念的当下，都是真的。易言之，纯是仁体显发。）玉池这段话，确极真切，当与前所引泾野语参看，皆不失孔孟精神也。玉池谓有本体自有工夫，（工夫毕竟是本体发用，非别有一心夹用工夫，故云有本体自有工夫。）无工夫即无本体，（黄梨洲《明儒学案》序云："心无本体也，工夫所至，即其本体。"此其晚年注重工夫，可谓进境。而世或以为梨洲不承认有本体，则误解也。其首曰心无本体者，盖为纵夺之词。极言之，以起下文工夫即本体耳。若不用工夫，则本体已梏亡矣。）此是的然见道语。

禅家作用见性，儒者即工夫即本体，于此可见二家旨意有相通处。（如前所举居处恭云云，这时恭的心是工夫，而实即本心之发用，是名作用。禅于此见性，儒则于此识本体。故云相通。）然儒者于人伦日用、万物酬酢处致力。虽云随处体认天理，（此中天理，谓本心发用，自然有则也。如居处恭，执事敬，与人忠。何故不恭、不敬、不忠便不可？此只是本心自然之则，必顺此乃安，否则不安，无可更诘理由。所以说为天理。居处必恭，执事必敬，与人必忠，就是随处体认天理，而不敢违之。儒者用工夫只如此。）而精神发散易，收摄较难，如非上等根器，又深于涵养者，则日用践履处，幸免差忒。而大本透脱殊不易。（大本谓本体。）透脱者，谓吾人证得本体，恒保任之而无或违失。如是，即心即真宰，便超越万物之表，独立无匹，故云透脱。颜子三月不违仁，仁，本体也，三月，久词也。虽能保任仁体，久而不违，然未能恒常不违，则本体犹未能卓尔呈露，非真透脱也。颜子且然，况其凡乎。佛家遗伦物，独处清闲，（《阿含经》语。）壹意收摄精神，趣入本真，（本真谓本体。）反求自性。（此承上语，重复言之耳。自性即本真，以其为吾人所以生之理故曰自性。）高材故易证真，（证得本体曰证真。）纯根犹难朝彻。（庄子云："朝彻而后能见独。"见独，证见本体也，朝旦也，明也。朝彻，谓洞然明彻也。）其道出世，而反人生，不可为常。（非恒常不易之道也。）孔子曰："道不远人。"人之为道而远人，不可以为道。此是儒家法印，不可易也。佛家于本体生生不已之德，却要逆遏住，（中卷《功能章》亦言及此。）是乃人类思想之最畸异者，要非常道。自释迦没后，小乘支分流别，而趣寂本旨，犹所共承。（趣寂者，趣向寂灭，出离生死海也。）小乘无余涅槃是也。独至大乘出，特标无住涅槃，（不住生死，亦不住涅槃，是名无住涅槃。）于是不染世间，（犹云不沦溺于世间，即不住生死之指。）亦不舍世间，（不舍离世间，即不住涅槃之旨。）尤复勤求世智。（世智，谓世间一切知识的学问。如大乘菩萨勤学五明，谓因明、声明等等。）此已渐近儒家。然所为主无住涅槃者，则以众生不可度尽故，乃誓愿不舍众生。《经》云："由有众生故有大悲是也。"大乘于佛家一贯相承趣寂本旨，固未根本改易。故大乘的人生观，毕竟与儒家不类。只可从其不舍世间，而谓为有接近儒家的倾向耳。（覆看中卷《功能章》。）然此接近之点，关系极大。本论析儒佛之违，而会其通，以契应至理为归，而于佛家别传之旨，（禅宗为佛家教外别传。）尤觉其与儒者直彻心源处特有吻合。（心源，谓本心或本体。）是故会寂与仁，而后见天德之全。（天者，本体之代词，非谓神帝也。）佛家谈本体，毕竟于寂静的方面，提揭独重。此各宗皆然，禅师亦尔。儒家自孔孟，其谈本体，毕竟于仁或生化的方面提揭独重。《大易》《论语》，可以参证。会通佛之寂与孔之仁，而后本体之全德可见。（中卷《功能章》上可参看。）夫寂者，真实之极也，清净之极也，幽深之极也，微妙之极也。无形无相，无杂染，无滞碍，非戏论安足处所。默然无可形容，而强命之曰寂。仁者，生生不容已也，神化不可测也，太和而无所违逆也，至柔而无不包通也。本体具备万德，难以称举。唯仁与寂，可赅万德。偏言寂，则有耽空之患。偏言仁，却恐末流之弊只见到生机，而不知生生无息之真体，本自冲寂也。夫真实、清净，生生所以不容已也；幽深、微妙，神化所以不可测也。无方相乃至无滞碍，而实不空无者，唯其仁也。故寂与仁，皆以言乎本体之德。寂故仁，仁亦无不寂。则本体不可执一德以言之也明矣。大本立定，（前云透脱，方是立定。）而征之人伦日用之际，其斯为体用不二之学。（伊川说体用一原，似欠妥。以体与用对举，而更云一原，岂别有为体用之原者耶？实则体即用之原，但体不在用外。如大海水与众沤喻，可玩。本论意思，只是体用不二。）

（摘自《新唯识论》语体文本"明心"上章，1947年湖北印本，标题系编者所加）

论本心与习心

本论融通佛道二家意思，分别本心与习心。（本心，具云本来的心。习心，则习气之现起者也。其潜伏而不现起时，但名习气。）本心亦云性智，（从人生论与心理学的观点而言，则名以本心。从量论的观点而言，则名为性智。）是吾人与万物所同具之本性。（本性犹云本体。以其为人物所以生之理，故说为性。性者，生生义。）所谓真净圆觉，虚彻灵通，卓然而独存者也。非虚妄曰真，无惑染曰净，统众德而大备、烁群昏而独照曰圆觉，至实而无相曰虚，至健而无不遍曰彻，神妙不测曰灵，应感无穷曰通，绝待曰独存。道家之道心，佛氏之法性心，乃至王阳明之良知，皆本心之异名耳。习心亦云量智，此心虽依本心的力用故有，（习心非本心，而依本心之作用故有，譬如浮云非太空，要依太空故有。）而不即是本心，毕竟自成为一种东西。原夫此心虽以固有的灵明为自动因，（固有的灵明，犹言本心的力用。参考上卷《唯识章》谈因缘处。）但因依根取境，而易乖其本。根者，即佛家所谓眼等五根是也。此根乃心所凭以发现之具，而不即是心，亦不即是顽钝的物质。今推演其旨，盖即有机物所特有之最微妙的生活机能。其发现于眼处，谓之眼根；发现于耳处，谓之耳根；乃至发现于身处，谓之身根。身处，略当今云神经系。故根者，非即是眼等官体或神经系，但为运于眼等官体或神经系中最微妙的机能而已。此种机能，科学家无可质测。然以理推之，应说为有。此心必凭藉乎根而始发现，故云依根。取者，追求与构画等义。境者，具云境界。凡为心之所追求与所思构，通名为境。原夫本心之发现，既不能不依藉乎根，则根便自有其权能，即假心之力用，而自逞以迷逐于物。故本心之流行乎根门，每失其本然之明。是心藉根为资具，乃反为资具所用也。而吾人亦因此不易反识自心，或且以心灵为物理的作用而已。心理学家每从生理的基础如神经系等来说明心，或径以心理作物理观，亦自有故。夫根既假本心力用为己有，而迷以逐物。（此中己者，设为根之自谓。）即此逐物之心，习久日深，已成为根之用，确与其固有灵明不相似。而人顾皆认此为心，实则此非本心，乃已物化者也。此心既成为一物，而其所交接之一切境，又莫非物也。故孟子有物交物之言，是其反观深澈至极，非大乘菩萨不堪了此。夫心已物化，而失其本。孟子既名之以物，而不谓之心。然是物也，势用特殊。虽才起即灭，而有余势流转，如暴流然，不常亦不断。不常不断者，谓其为物，是个生灭灭生相续不绝的。如前刹那方灭，后刹那即紧相接续而生。刹那刹那，前前灭尽故不常，后后相续生故不断。此不常不断的物事，实为潜在于吾人生活的内部之千条万绪互相结合之丛聚体，是故喻如暴流。此纷纭，复杂，各不相乱，而又交相涉入，以形成浩大势用的暴流，当其潜伏于吾人内在的深渊里，如千波万涛鼓涌冥壑者，则谓之习气。（复看中卷《功能章》下谈习气处。）即此无量习气有乘机现起者，乃名习心。前谓其自成为一种东西者以此。道家所谓人心，实即习心。佛家依他心，亦指习心而言。其说为依他者，正欲显其不实在及非本有故耳。（唯本心是本有的，是实在的。）习心既异本心，因此其在生活方面，常有追逐外物而不得餍足之苦。其在缘虑方面，（缘虑一词，赅认识及思维等等作用而言。）则辨物析理，有其所长。然即物而究其本性，（犹云本体。）穷理而要归一极，（一者，绝待义。犹易云太极也。）则荡然无相，寂然离系。（谈至此，本来无一物，何系之有。）不可分内外，（无物我故，无对待故。）不可说有无，（谓之有，则无相。谓之无，而实不空。）寻思路绝，（寻者寻求，思者思考，皆杂以习心，所谓量智是也。今此无相之地，则寻思之路，至此而绝。此处非寻思所及故。）语言道断，（语言之道，至此而断。非口说或理论所可表示得到故。）此唯是神明昭彻，冥冥内证之极诣。而从来哲学家，游意幽玄，辄以向外推度之智，恣其戏论。则以习心未及廓清，无缘自识真性故也。故习心与本心之异，不可以不辨。习心行相，（此中行相者，谓习心行于所取境之相状。）如后另详。（第九章《明心》下。）本章所注意者，则将于本心益加提示而已。

或有问言："《新论》本以恒转之动而辟，说明为心。此所谓心，即是本心，非习心也。然心既只是恒转之动，应不即是恒转。（本心，亦省云心，后皆仿此。）易言之，心不即是本体。（恒转者，本体之名。既云心不即是恒转，换言之，心不即是本体。）而《新论》却又说心即本体，其义云何？"答曰：言心即本体者，即用而显其体也。夫曰恒转之动而辟者，此动即是举体成用，（举字吃紧。直是本体将他自身完全现作大用了。问曰："动而辟者固是用，若其动而翕也，则疑于物化，而不成为用矣。"答曰：翕随辟转，非果物化也。翕辟毕竟不二，只是大用昭然。）非体在用外也。离用不可觅体，（体者用之体。若离用而觅体，岂别有一兀然枯寂的世界耶？）故乃即用而识体。（譬如，于沤相而知其是大海水。）夫于本体之动，而名为用。（此中动字，义至深妙，非与静反之谓。动者，言体之显现也。即此显现是至神极妙的功用，故名为用。）用之成也，恒如其本体，而无改于固有之德性。易言之，即体既成用，而恒不变易其真实、刚健、清净、空寂之本然也。（恒字吃紧。真实乃至空寂，皆本体之德也。空非空无，以不受障碍故名。寂非枯寂，以无昏扰故名。）故曰：即体即用，（举体成用故。）即用即体，（全用即体故。）不可析而二之也。夫心者，以宰物为功，（心者，神明义。以其主乎吾人之一身，而控御万物，不爽其则，故谓之心。）此固是用。（用者，言乎本体之动也。说见上。夫所谓心者，只是依本体之动而得名。所以云心即是用。）而即于用识体，以离用不可得体故，是故克就吾人而显示其浑然与宇宙万有同具之本体，则确然直指本心。人人可以反求自识，而无事乎向外追索矣。

夫本心即性，（性者，即吾人与万物所同具之本体。）识则是习。性乃本有之真，习属后起之妄。从妄，即自为缚锢。（如蚕作茧自缚。）证真，便立地超脱。难言哉超脱也！必识自本心，即证得真性，便破缚锢，而获超脱，得大自在矣。学者或谓动物只靠本能生活，故受锢甚重，唯人则理智发达，足以解缚，而生命始获超脱。夫本能者，吾所谓染习也。动物以此自锢不待言，理智是否不杂染习，却是难说。吾人若自识本心，而涵养得力，使本心恒为主于中，则日用感通之际，一切明理辨物的作用，固名理智，而实即本心之发用也。是则即理智即本心。自然无缚，不待说解缚。本来超脱，何须更说超脱。若乃未识本心，则所谓理智者，虽非不依本心而起，但一向从日常实用中熏染太深，恒与习心相俱。即此理智亦成乎习心，而不得说为本心之发用矣。夫理智作用，既成为习心作用，纵有时超越乎维护小己的一切问题之范围以外，而有遐思或旷观之余裕，但以其本心未呈露故，即未能转习心，而终为习心转。所以理智总是向外索解，而无由返识自性也。如是，则何解缚之有，又何超脱之有。（颇欲于《量论》中详论理智，老来精力乏，未知能否执笔耳。）上达下达，皆由自致。《易》曰："君子惧以终始。"人生无一息而可自放逸也。（此云惧者，即《中庸》所谓戒惧，戒惧即是本心。）

本心是绝待的全体。然依其发现，有差别义故，（差别者，不一之谓。）不得不多为之名。一名为心。心者主宰义，谓其遍为万物实体，而不即是物。虽复凝成众物，要为表现其自己之资具，却非舍其自性而遂物化也。不物化故，谓之恒如其性。以恒如其性故，对物而名主宰。（恒如其性，即不至堕没而为颓然之物，故乃对物而名主宰。）二曰意。意者有定向义。夫心之一名，通万物而言其统体，（万物统共的实体，曰统体。）非只就其主乎吾身而目之也。（主宰省言主，后仿此。）然吾身固万物中之一部分，而遍为万物之主者，即主乎吾身者也。物相分殊，而主之者一也。今反求其主乎吾身者，则渊然恒有定向。（渊然，深隐貌。恒字吃紧。这个定向，是恒常如此，而无有改易的。）于此言之，斯谓之意矣。定向云何？谓恒顺其生生不息之本性以发展，而不肯物化者是也。（生生者，至寂至净也。不寂不净即成滞碍，而恶得生。不息者，至刚至健也。刚健故，恒新新而生，无有已止。以此见生命之永恒性。）故此有定向者，即生命也，即独体也。（刘蕺山所谓独体，只是这个有定向的意。）依此而立自我，（此非妄情所执之我。）虽万变而贞于一，有主宰之谓也。（文言本以《大学》诚意之意释此中意字，实误。明儒王栋刘蕺山解诚意，并反阳明，亦好异之过。今此中意字，非常途所谓意识，乃与心字同为主宰义。但心约统体而言，意则就个人分上言之耳。）三曰识。（谓感识及意识。）夫心、意二名，皆即体而目之。复言识者，则言乎体之发用也。（此中识字意义，与佛教中所谈识，绝不相同。彼所云识，实吾所谓习也。此则以本体之发用说为识。）渊寂之体，感而遂通，资乎官能以了境者，是名感识。（亦可依官能而分别名之以眼识、耳识乃至身识云。）动而愈出，（愈出者，无穷竭义。）不倚官能，独起筹度者，是名意识。眼所不见，耳所不闻，乃至身所不触，而意识得独起思维筹度。即云思维筹度，亦依据过去感识经验的材料，然过去感识既已灭，而意识所再现起者，便非过去材料之旧，只是似前而续起，故名再现耳。且意识固常有极广远、幽深、玄妙之创发，如逻辑之精严，及凡科学上之发明，哲学之超悟等等。其为自明而不必有待于经验者，可胜道耶。故心、意、识三名，各有取义。心之一名，统体义胜。（言心者，以其为吾与万物所共同的实体故。然非谓后二名，不具此义。特心之一名，乃偏约此义而立，故说为胜。）意之一名，各具义胜。（言意者，就此心之在乎个人者而言也。然非识之一名上无此义。特意名偏约此义而立，故独胜。）识之一名，了境故立。（感识、意识，同以了别境相而得识名。感识唯了外境，意识了内外境。）内境者，思构所成境。本无异体，而名差别，随义异故，学者宜知。此心、意、识三名，各有涵义，自是一种特殊规定。实则，三名亦可以互代。如心亦得云识或意，而识亦得云心或意也。又可复合成词，如意识，亦得云心意或心识也。

　　如上所说，感识、意识，通名为识，亦得泛说为心。即依此心之上，而说有其相应心所。（谓有与此心相叶合之心所故。）夫心所法者，本佛家教中谈识者所共许有。所之为言，（心所亦省云所，下准知。）非即是心。而心所有，（心所法者，不即是心，而是心上所有之法。）系属心故，（恒时系属于心，而不相离。）得心所名。（叙得名之由。）惟所于心助成、相应，具斯二义，势用殊胜。云何助成？心不孤起，必得所助，方成事故。（成事者，谓心起而了境，如事成就。此必待所为之助也。旧说心所亦名助伴者以此。）云何相应？所依心起，叶合如一，俱缘一境故。然所与心，行相有别。（行相者，心于境起解之相，名行相。心所于境起解之相，亦名行相。）《三十论》言："心于所缘，唯取总相。心所于彼，所缘亦取别相。"（亦者，隐示亦取总相。）《瑜伽》等论，为说皆同。唯取总者，如缘青时，即唯了青。（青是总相。）不于青上更起差别解故。（差别解者，即下所谓顺违等相是也。）亦取别者，不唯了青，而于青上更著顺违等相故。（如了青时，有可意相生，名之为顺。有不可意相生，是之谓违。此顺违相，即受心所之相也。顺即乐受，违即苦受故。等者，谓其他心所。如了青时，或生爱染相，即是贪心所之相也。或生警觉相，即是作意心所之相也。或生希求相，即是欲心所之相也。自余心所，皆应准知。）旧说心唯取总，如画师作模，所取总别，犹弟子于模填彩。如缘青时，心则唯了青的总相是为模，而心所则于了青的总相上，更著顺违等相，便是于模填彩。可谓能近取譬已。然二法（心及心所。）根本区别云何，此在印度佛家未尝是究。大乘师说，心心所各有自种。虽不共一种而生，然种则同类，（心种与心所种，虽非一体，要是同类。）即无根本区别可得，如我所说心乃即性。（此中心者，即前所云意识及感识，以其为本心或本体之发用，故云即性。可覆玩前文。若佛教中谈识，则谓每一识中有一心，乃对心所而名为心王。实则彼所谓心及心所，只是依习心而妄作分析耳，与吾所言心，绝不同义。）心所则是习气现起，（此中习气通染净，非单言染习。）所唯习故，（唯字注意。）纯属后起人伪。（伪者为义。习气无论染净，皆属人为。）心即性故，其发现壹本固有。其感通莫匪天明，覆征前例。了青总相，不取顺违，纯白不杂，故是天明，唯心则然。若乃了青，而更着顺违等相，熏习所成，足征人伪，是则心所。（顺违之情，自是熏习，深体之自见。）故以性、习判心、心所，根本区别斠然不紊。心即性故，隐而唯微。（人之生也，形气限之，其天性常受障而难显。）所即习故，粗而乘势。（习与形气俱始，故粗。其发也如机栝，故云乘势。）心得所助，而同行有力。（心本微也，得所之助而同行，则微者显。）所应其心，而毋或夺生。则心固即性，而所亦莫非性也。反是而一任染心所猖狂以逞，（染心所，如下所举无明贪嗔等等。）心乃受其障蔽而不得显发，是即习之伐其性也。习伐其性，即心不可见，而唯以心所为心。所谓妄心者此也。

夫习气千条万绪，储积而不散，繁赜而不乱。其现起则名以心所，其潜藏亦可谓之种子。旧以种子为功能之异名，吾所不许。（详《功能章》。）然习气潜伏而为吾人所恒不自觉者，则亦不妨假说为种子也。即此无量种子，各有恒性，（染种不遇对治，即不断绝。故有恒性。）各有缘用，（缘者，思量义。种子就是个有思量的东西，不同无思虑的物质。但思量的相貌极微细耳。）又各以气类相从，（如染净异类。详《功能章》谈习气处。）以功用相需，而形成许多不同之联系。即此许多不同之联系，更互相依持，自不期而具有统一之形式。（既具有统一之形式，便知是全体的。）古大乘师所谓赖耶、末那，或即缘此假立。小乘有所谓细识者，（细者深细。）亦与此相当。今心理学有所谓下意识者，傥亦略窥种子之深渊而遂以云尔耶。习气潜伏，是名种子。及其现起，便为心所。潜之与现，只分位殊，无能所异。旧说心所从种子生，即是潜伏之种子，为能生因。而现起之心所，为所生果。因果二法，条然别异。如谷粒生禾，真倒见也。故知种子非无缘虑，但行相暧昧耳。前谓种子各有缘用，以种子即习气，元是虚妄分别法等流不绝故。旧说种子为赖耶相分，即无缘虑，必其所生识，方有缘虑。此盖妄分能所，故有此谬说耳。然种子现起而为心所之部分，与其未现起而仍潜伏为种子之部分，只有隐现之殊，自无层级之隔。无量习心行相，（此中习心，为习气之代语。）恒自平铺。（一切习气互无隔碍，故云平铺。）其现起之部分，心所。则因实际生活需要，与偏于或种趋向之故，而此部分特别增盛，与心俱转。（谓与意识及感识相应。）自余部分（种子。）则沉隐而不显发。故非察识精严，罕有能自知其生活内容果为何等也。（察识犹云观照。若返照不力，则染污种子，潜滋暗长，而不自知，丧其固有生理。危哉危哉！）

（摘自《新唯识论》语体文本"明心"上章，
1947 年湖北印本）

论体与用

一、体用不二

体者，对用而得名。但体是举其自身全现为分殊的大用，所以说他是用的本体，绝不是超脱于用之外而独存的东西。因为体就是用底本体，所以不可离用去觅体。

印度佛家，把宇宙万象即所谓色法和心法通名法相，谓色心法虽无定实，而有相状诈现，故名法相；把一切法相底实体，名为法性。（性者，体义。）他们印度佛家所谓法性，即我所云体，其所谓法相，我则直名为用，而不欲以法相名之。但依用之迹象而言，有时也不妨说名法相。（西洋哲学家分别现象与实体亦近似佛家法相、法性之分。）

我为什么把一切法相说名为用呢？这个道理，须虚怀体究便自见得。试就法相上说，如心的现象是刹那刹那、别别顿起，我们可以说他是一种作用或功用，新新不住的诈现，绝没有理由可以说他是实在的东西。旧唯识师说心的自体即是了别。（详基师译《成唯识论》。）他们便从对境了别的这一征象上认取，以为心就是如此的一个东西了。推迹他们的意思，所谓心者，虽非有质，而不能不承认他是实在的，因为明明有对境了别的一个东西故。殊不知，了别的这种相状，绝不可当做是实在的东西。这个只是诈现的一种迹象，我们由此迹象，穷核其本相，只可说为一种健行的作用或功用，也可说为一作用或一功用中之健行的一方面。（每一作用或功用，是具有翕辟两方面的。健行即是辟，此辟可说为一种作用，乃偏举之词，也可说为一作用中之一方面，乃赅其全而显此一分之词。）我们若要随俗施设此心的现象或这种法相，只好依健行的势用上假立。（即依辟上而假立之。）实则健行的势用，元是刹那不住的，根本没有如俗所计为实在的东西。所以心这种法相，我们不可定执为实有如此的法相，只说为称体显现的功用而已。（体，本寂然无形，而显现动势，即名为用。称字吃紧。体成为用，而全不失其体之自性，譬如水成为冰，而不失水性，故曰称也。）

又如物的现象，佛书中名为色法。在常识的方面，当然把一切物看做是很实在的，如桌子、椅子，乃至山河大地，及诸天体，何一非实在的物事？然而，哲学家如印度诸师把物质析至极微，科学家把物质析至元子电子等。这样一来，所谓桌子椅子乃至天体诸大物，都不成为实在的物事了。然则，极微或元子电子等，由现在说来，却是物质宇宙的基本。我们就认定这些细分，是实在的东西，其果然否？（印度胜论师名极微为细分。今所谓元子电子等，亦得名细分也。）这种疑问，也不难解释。我们不妨直下断案曰：电子等等细分，都不是实在的。设将来发见有物比电子等等更为基本的细分者，我亦敢断言不是实在的。试旁征科学家的说法，则或以为我们对于电子等等，与其形容为一种微粒，不如形容为一种波动，比较妥当。实则，微粒说者把电子等等当做有质的小颗粒，如枪弹然。这个解释固然不对，而纯持波动说者，亦不必符合于实际。即复说为亦波亦粒，不过兼取两义，别无所进。总之，微粒说与波动说，只是吾人主观方面对于所谓电子等的本相所图摹之一种情形，谓有得于其本相，是乃大误。我们应知电子等物事，但随俗施设耳，并非实有如是物事。以理推征，电子等等，亦如前所说心法，只是诈现的一种迹象。我们由此迹象而推求其本相，只可说为一种凝摄的作用或功用，也可说为一作用或一功用中之凝摄的一方面。（凝摄即是翕，盖与辟相反相成者。义详上卷《转变章》。）凝摄之势，转益增盛，宛尔幻似吾人所测为微细波浪，而多数波群，或有时幻似吾人所测为微粒。以故，被吾人叫做电子等等。其实，此类微细物事，只是依凝摄作用而有之一种迹象而已。我们如果把物的现象执为定实，以谓诚有如是法相，便大错特错。总之，我们在这里，把物的现象（亦云法相。）和心的现象（亦云法相。）看做是称体显现的大用之两方面。所以，心和物根本没有差别，也都不是实在的东西。

用之一词，其意义似不待训释，说来便很明白的。但如欲加以训释，反觉甚晦而难明。用，亦曰作用，作者动发义；亦曰功用，功者能义。不过，这里所谓动发和能，其意义又是极难宣说的。动发者，谓其变动而无所留滞，（无留滞，即没有东西存在。）发生而不可穷竭也。才生即灭，才灭即生，故无穷竭。动发的本身，只是胜能。胜者殊胜，赞辞也。这种胜能的意义，是极其微妙而难以言语形容的。常途（如物理学家。）所谓能力，是可施以实测的，今此所谓胜能，便不是实测的方法所可及的。这个胜能，只好说为无力之力，无能而无不能。我们说他是刹那刹那变动，而不曾有一毫留滞，刹那刹那发生，而没有穷竭和断绝。这种动发的胜能，实际上竟是确尔没有东西存在，而又炽然起动，炽然发生，不是空无。既炽然起动，炽然发生，不是空无，而又确尔没有东西存在，如此诡怪至极，所以说为无力之力，无能而无不能。这种无力之力，无能而无不能，才是至大至健而不可称量的，至神至妙，含藏万德，具备众理，而不可思议的。这种胜能，是无有所谓空间时间性的，是圆满周遍一切处，而无有一毫亏欠的，（此中一切处言，只是为言语方便而施设之词，理实无有处义。）是显现千差万别，而复无固定形相可求的。这种胜能，我们若要说他是有，他又确是没有实质、没有色相，如何可说为有？若要说他是无，他又确是众妙之门，万善之长，是无所住而恒新新创生的，如何可说为无？所以，这种胜能是俱离有无相的。物理学上所谓能力，却与此中所谓胜能，全不相应。因为他们（物理学家）所谓能力，可以说为实有的事情之一种迹象，而毕竟不即是实有的事情。（此中实有的事情，即斥指所谓功用之翕的方面之动势而目之，只对迹象而说为实有耳，非如俗所计有实物也。他处凡言实有的事情者皆仿此。又此实有的事情，不妨假名为宇宙。舍此，亦非别有物界可名为宇宙故。）因为实有的事情，虽复炽然起动，而实寂然无物曾至，（曾谓过去。凡物刹那灭故，无有由过去至现在者，是但有刹那刹那诈现之动，而实没有动的物，即动而无动。）虽复炽然发生，而实湛然无物现住。（凡物刹那灭故，无有现在得住者。其没有动的物，与动而无动诸义，准上可知。）故知繁然妙有，毕竟泊尔虚无。我们体会到这里所谓胜能的意义，则通常所有运动速度，和放射种种粗笨的概念，都要扫除净尽了。所以，物理学上所谓能力，只是圆模宇宙的迹象，（宇宙见前注。）并非宇宙真个如此。譬如伸一指端，若以非常猛疾的速度，令其不住而周转，则恍若见有动轮，实则这种动轮，并非实有，只是虚假的迹象。物理学家所谓能力，是实测所可及的东西，这个也和上述的动轮一样虚假。我们在玄学上把宇宙万象还原到一大胜能。这种能的意义，本极微妙难言。我们断不可以物理学上能力的意义，来了解此中所说的能。这是千万须得严辨，而不可起一毫误会的。有人说，照这样来讲胜能，未免把一切法相或宇宙万象看做空洞无物了。其实，这并不须惊怖。元来只是大用流行，哪有固定的法相？

本论虽不妨假说法相，而实不立法相，却只谈用，这是与印度大乘根本不同的地方。须知，大乘空有二宗，关于所谓法相的说法，亦复为二。空宗是要空法相，此云空者，即是遮拨的意思。他们空宗欲人自悟空理，（空理，即谓一切法的本体，亦名真如，即是空诸妄想执着之相所显底真理，故名空理，非谓理体空无，切须善会。）因此，不得不遮拨一切法相。如第三章中所举喻，若于绳相执着为实有者，即于绳而但起绳相想，不复能于绳而直见其本唯是麻。今于一切法相执着为实有，则亦于法相而但作法相想，不复能于法相，而直见其本唯是如。（如者，具云真如。）易言之，即不能空法相，而直透澈其本体。（透澈，即证会的意思，非同浮泛的了解。）所以，空宗要遮拨法相，以便悟人实际。（实际，亦真如或本体之别名。）这种意趣，甚深微妙，从来几人会得？

（摘自《新唯识论》语体文本"功能"上章，
1947 年湖北印本，标题系编者所加）

二、即用显体

本论的旨趣是在即用显体，这是上卷（第三章。）已经说过的。为什么可以即用显体呢？许多学者每云体不可说，只好依作用显示之。这句话等于空说白道。我们应先理会体用二词的意义，是可以分作二片的物事呢，抑是毕竟不可分为二片的呢？这个问题真正重要。如果说体用是可分的，那么体自为体，用自为用，如何可云即用而显体？我愿好学深思的人不要忽视此个问题。

说到这里，我还要把体用二字的意义重复训释一番。体字，具称之就是宇宙本体。（或云万法实体。）读者随文取义，宜不致误会。用字，在上章开始的几节文中曾训为胜能等义，并严切申明这种胜能与物理学上能力的意义截然不同，（读者须覆玩上章开始各节。）似不须再说了。然而，吾犹欲哓哓者，因为在西洋哲学或玄学上，大概分别现象与实体，佛家有法相和法性之分，吾国《易》学有形上形下之分。（形上形下，注见前，须覆玩。）他们这些名词的意义，还得刊定一番。

西洋哲学	佛家	易学
现象即宇宙万象或亦云宇宙	法相	形下
实体	法性	形上

据我的意思，西洋哲学上实体一词，与佛家所谓法性，（法性，具云万法实性，犹云一切物的本体。）《易》学所谓"形而上者谓之道"，都是指目宇宙本体之词。尽管他们对于本体的解悟各有不同，因之说法亦异，然而他们所用的名词，如实体、如法性、如形上，都是以为有所谓宇宙本体而为之称。名言虽异，所指目则同，所表示的界域则同，这是不可忽的。譬如杯子一词，其所表示的杯子，常途看做是一件固定的东西，哲学家看做是一聚复杂的事情。解说虽互不同，然而杯子一词所表示的界域，仍是相同。（界域者，即所谓杯子这个东西显然别于其他的东西。）哲学家方其解说杯子时，并不曾离开杯子这个东西来说话，常途亦然。两方（哲学与常途。）对于杯子一词所表示的界域，不能谓之有异。举此譬况，可见实体与法性、形上诸词，名言虽异，所指目同也，所表示之界域同也。我尝遇人言，西洋谈本体者与吾儒佛不同旨，因之以为本体之体字不便通用。吾诘之曰，如君之为人，某甲誉为君子人也，某乙又以为小人而毁之，则君之姓字，在甲乙二人口中，将不可通用乎？吾于此，忽不惮辞费者，有以也。

现象、法相、形下，（《易》曰"形而上者谓之器"。谓之二字无忽，言形下即是器也。器者，犹言法相，亦犹言现象也。）名言异而所指目同，所表示的界域无弗同，此不待繁释者。

本论不尽沿用实体和现象，或法性和法相等词，而特标体和用，这里却有深意。我以为，实体和现象，或形上和形下，或法相和法性，断不可截成二片的。因此，我便不喜用现象、法相、形下等词，虽复时沿用之，要为顺俗故耳。因为，说个现象或法相与形下，就是斥指已成的物象而名之。（已成的物象，以下省云成象。）我人于意想中，计执有个成象的宇宙，即此便障碍了真理。（真理，谓本体。）易言之，乃不能于万象而洞澈其即是真理呈现。因为，他只于万象而计为万象，即不能扫象以证真，这就是理障。障碍真理，故名理障。哲学家常把本体和现象或形上或形下，弄成两界对立的样子，就因为不能除遣成象的宇宙之故。说到这里，我是很赞同空宗的。他们空宗除遣宇宙万象，而直透真理，可谓单刀直入。不过，他们有很大的缺点，就是谈体而遗用，因此偏于扫象，而无法施设宇宙万象。有宗则与世间哲学家同堕情见窠臼，妄构想一个成象的宇宙，而无以透悟空理。（空理，即真理之别名，注见前文。）本论所以特别发挥用义，确是体悟有得而后敢言，（体悟者，屏除情见推度而默与理契也。）自信可以避免诸家的过误。

用之一词，亦云作用，亦云功用，亦云势用，亦云变动，亦云功能或胜能，亦云生生化化流行不息真几。（或省云生化，或省云流行，皆用之目。）他用，可以有很多的别名，是列举不尽的。

设有问言："由何义故，名之为用？"应答彼言：所言用者，略以二义显示。一者，克就一翕一辟的动势名之为用。翕辟只是一个动势的两方面，并不是实在的物事，故名为用。二者，此一翕一辟的动势是才起即灭的，是无物暂住的，是新新而起的，是流行不息的，（刹那刹那，前灭后生，故云流行。）故名为用。综上二义，可知克就用言，应说大用流行是非空非不空的。云何说非空呢？翕辟成变故，刹那顿现故。变动之力，昔未尝留以至今，今亦不可留以往后，刹那刹那，都是顿现，（详上卷《转变章》。）譬如电光一闪一闪，势用盛故，故说非空。云何非不空呢？翕辟非有实物故，刹那刹那都不暂住故。既不暂住，即无实物，譬如电光一闪一闪，赫赫辉烁地，实即寂寂默默地，毕竟无所有故，故说非不空。

体用二词的意义，略如上述。我们要知道，体用二词，只是约义分言之，实则不可析为二片的物事。如果把体看做是一个没有生化的物事，那么这个体便是顽空的，如何可说为真实？（顽空者：无生生不测之神，故曰顽；无万变不穷之德，故曰空。）佛家谈体，绝不许涉及生化，所以我说佛家是离用谈体。（覆看前文。）我们从宇宙论的观点来看空宗，则空宗在这方面，（即宇宙论方面。）却不谈用。（空宗纯然除遣一切法相，故不谈用。）但如何有个无用之体，终是说不通。（空宗只显体是空寂，不言生化，故是无用之体。）有宗谈宇宙论，建立种子和现行。据彼计，种子本身是才生即灭，才灭又即生，恒相续流的。（每一种子，皆是如此。）现行界则每一现从其自种生起时，都不暂住。但继起之现，又各从其自种而生，和过去之现相续。故现界也是恒相续流的。（但现行，有不定恒相续的，此姑不详。）详彼种与现，略当本论所谓用义，（略字吃紧。盖彼之种现由妄想构划，本非真有见于用。但彼自是在用上猜测，惜无真见，故任猜度而衍种现二界之论，彼未尝不自以为发挥用义，而不知其适成戏论也。）但如彼计，种和现是同为生化流行的两重世界，和那本无生化流行的真如了无干涉。这是前面屡经说过的，既体（真如。）用（种和现。）条然，划若鸿沟，欲不谓之戏论，奚其可哉？抑不止有宗犯此过，凡哲学家将实体和现象说成二片，不得融而为一者，皆与有宗同病也。

余尝默然息虑，（虑者，俗云思想或推求等也。）游心无始，（游心者，纵心于虚，故曰游。息虑而后可虚怀以契真。故息虑者，无妄虑耳，冥与理契，亦非无虑。无始者，泰初冥漠，故托言之以形容无物之地耳。）而知体用毕竟不可分为二片。使其可分，则用既别于体而独存，即是用有自体。不应于用之外更觅一物说为本体。又体若离于用而独存，则体为无用之体，不独是死物，亦是闲物。往复推征，体用毕竟不可分，是事无疑。今当以二义明不可分：

一曰，即体而言用在体。夫体至寂而善动也，（寂者，寂静离染，无嚣动相。寂，非与动为对待之词，此体恒寂故。善字，赞词也。此言动者，亦非与寂为对待之词，此体恒寂亦恒动故。）至无而妙有也。（无有方所，无有时分，无有形相，无有作意，故曰至无。动而不已，诈现相状，故曰妙有。动不已者，非谓前之动势延留至后，乃前动才起即灭，后动续生，刹那刹那，皆灭故生新。大化无有休歇，故云不已。动势本无形碍，但由相续不已故，诈现有相。后当别说。）寂无者，是其德恒常而不可易也。动有者，是其化至神而不守故也。非恒德将焉有神化？（德恒，故化神。）无神化，何以显恒德？（以上吃紧。）唯具神化与恒德，故称为体。体者，绝对的真实义。其德恒，其化神，所以为真实之极也。然而，寂无则说为体之本然，（本者，本来。）然谓如此。本来如此，理绝而思，故云本然。动有亦名为体之妙用，本然不可致诘，妙用有可形容，是故显体必于其用。诚知动有，元无留迹，则于动有而知其本自寂无矣。故夫即用而显体者，正以即用即体故也。（两即字吃紧，正显体用不二。）所以说用在体者，在字须活看，（在字如不善会，将以为说用在体者，如云乙物在甲物中。若尔，体用犹为二物，便是大错特错。）意云此用即是体之显现，非有别异于体而独在的用故。

二曰，即用而言体在用。（在字详前注。意云由体显现为万殊的用，亦非有别异于用而独在之体故。）此与前义本一贯，特返覆以尽其蕴耳。前就体言，本唯一真而含万化，（一真之一，是绝待义。）故用不异体。（用非与体为二，云不异。）今就用言，于兹万化皆是一真，（万化，喻如众沤。一真，喻如大海水。万化皆是一真，喻如众沤——皆揽大海水为体。）故体不异用。体非与用为二，云不异。由体不异用故，故能变与恒转及功能等词，是大用之殊称，亦得为本体或真如之异名。以体不异用故，遂从用立名。

综上二义，可知体用虽若不一而实不二。摄动有归寂无，泊然无对；会寂无归动有，宛尔万殊。故若不一。然寂无未尝不动有，全体成大用故；动有未尝不寂无，大用即全体故。故知体用毕竟不二。

误解体用义的人，或以为本体上具有一种作用，即由此作用生起宇宙万有。如此却将体和用及万有析成三片了，此便大误。须知，所谓用者即是体之显现。（所谓体者，虽复本无方所、无形相，然而不是空无，更不是死物。他确是显为翕和辟的种种动势的，故云显现。这些动势，本是刹那刹那，方生方灭，方灭方生，如此流行不已的。即此动势，说名为用。）故体不是离开群动而别有物。（群动具云种种动势。）体是全成为群动的，易言之，体是全成为万殊的用的。若离群动（或万殊的用。）而求有所谓体，便与宗教家臆想有个超越万有的上帝，同其迷妄了。

体既不是离用而别有物，用也不是以体为能生而自为所生。所以体和用，只随义别故，有此二名，决不可截然分能所，如有宗所谓种和现也。有宗元来建立本有种子，为现行或万有的体原，而其种子是有自体的，故对现行而说名能生，至现行从种生已，便是实有的物事。易言之，现行也是有自体的，故对种子而说名所生。他们种现是一能一所，分成二界。本论所云体用，却不是如此的。

如上所说，即体即用，故体用毕竟不二。复有问云："克就用言，唯有翕和辟的动势，宛尔诈现，刹那不住，凭何施设宇宙万有？"应答彼言：翕辟动势都无实物，刹那刹那，生灭灭生，迅疾流驶，幻现迹象，如旋火轮，（如燃香楮，迅转则见火轮，此火轮本非实有，而宛如实物。）即依迹象假说宇宙万有。（以下省云宇宙，或省云万有。）其实，只有新新而起绝不暂住的动势，何曾实有宇宙？应知，万有本来空无，唯依动转迹象，（此中动者，谓翕辟的动势。转，谓前灭后生，相续流转。）假立心物诸名，亦假说宇宙。故真了用义者，不应妄执从用发生万有，以万有本无故，唯依用即动势而假说之故。（注意。）在前面已经谈过，哲学家不应计执有个成象的宇宙，因为宇宙或一切物，只是依不住的动势而施设的增语。（增语，曾见前文。）唯有名言，都无实事。本论不喜用现象或法相等词，而直谈用，（说见前。）此中正有深意。

如实谈用，（称实而谈，无谬误故，故云如实。）此用是非空非不空的，已如前说。我们从非空的一方面来谈，大用流行用而曰大，（赞词也。）虽本无实物而有迹象诈现，依此迹象可以施设物理世界或外在世界，如此便有宇宙论可讲，亦可予科学知识以安足处。（如果完全遮拨物理世界，科学知识便无立足处了。）这是本论和空宗迥不同的地方。有宗虽谈宇宙论，但是他们有宗种现二界的说法，纯是情见妄构，甚至把真如说成与种现二界绝无干涉的另一无为法界，尤不应理。有宗根本不解了即体即用的胜义，只是驰逞戏论。我们要知道，绝对即涵相对，（绝对谓体，相对谓用，相对即是绝对的内涵，非离绝对而别有相对的世界故。）相对即是绝对，（于相对而识绝对，以一切法皆是绝对的显现故，非离相对而别有绝对的世界故。）然不妨克就相对义边，假说宇宙。（克字吃紧，直指相对而说故。翕辟相反而成变化，依此假说宇宙。）盖无生之生，虽复生而不有，（本体不从他生，更不是本来无有而今始生的，故曰无生。本体自身是个生生不息的物事故，无生而有生也。即依生义，而名为用。但才生即灭，没有任何物事存在，是生而不有也。）然自其生生不已言之，宛然流行而有则焉。（方生方灭，方灭方生，故云生生不已。生生之流诈现有形，故云流形。有形即有则，此宜深思。流形一词，本《易·乾卦》。）不动之动，虽复动而不留，（本体是无待的，无方所的，无形相的，非如实物有移转故，故云不动。本体底自身是个变化不可穷竭的物事，故不动而有动也。即依动义，而名为用。但动势是才起即灭，无物暂住，故云不留。）然自其动动相续言之，宛然见象，而成理焉。（前动方灭，后动即起，故恒相续。见读现。由动相续，故现物象。形物皆具有理则，故云成理。）所以，本论从大用之非空的方面来说，可以施设宇宙万象，且科学知识也有安足处了。

我们谈用，又从非不空的方面来看，大用流行，虽复生灭宛然，（生灭不已之迹象，现似形物，故云宛然。）而实泊尔空寂。何以故？如实谈生灭义，极于刹那，才生即灭。（详上卷《转变章》。）夫才生即灭，是本无有生也。既无有生，即亦无灭。若尔，生灭性空，（没有生起一件物事，是生无自性。无生便无灭，是灭无自性，故云生灭性空。此中空字是空无义。）便应于生灭宛然，澈悟本来空寂。（此中空字，非空无之空，乃以无形碍及无障染名空。寂者，清净义，离扰乱相故。此中意云，由了生灭的法相本空无故，即于法相而澈悟本来空寂的真如法性也。）然则，一真常寂，不碍万变繁兴；（一真之一，绝待义，非算数之一。体恒空寂，曰常寂。）万变繁兴，元是一真常寂。良由万变至神无方，并非另生一实有的物事，可以离异一真而独存，（并非二字，一气贯至此。无方者，无方所。本无有物，何方之有？）故乃于万变而悟一真耳。如其执有物界，又从何澈悟一真耶？故知遣相而实相斯存，（遣相，谓不计执有实物界或宇宙万象也。实相，谓本体。）观变而不变可悟，（变，用也。不变，德也。诚知用非实有，则无执物之迷，故乃于用而见本体之恒德矣。）斯乃至人超悟之境，非情见所测也。夫宇宙万有，本自空无。（万有唯依大用流行之迹象而假设，本无所谓万有故。）哲学家如此，犹多不悟，矧乃欲其了知大用无实，是事诚难。（无实二字吃紧。大用流行，刹那刹那，都不暂住，本无形相可求，故非实有。非实有故，即等若空无，故云非不空也。此中理趣深微，读者宜虚怀沉玩。）不了用之无实，即不了神变无方，正是实相无相也。（不了二字，一气贯下。实相，体之异名。此体至真至实，而无形相可得，故云无相。神变即大用之称。无方，具云无方所，与无相义同。此言于无方之变，识得无相之体，以非有实作用，别异于体而独存故，乃即用即体故。）所以，本论从大用之非不空的方面来说，却是即用而见体。因此，在科学上所施设的宇宙万有或外在世界，在玄学上不得不遮拨。同时，玄学也要超过知识而趣归证会。这个意思，俟《量论》再详。

从来佛家学者，莫不盛宣缘起义。实则空宗谈缘起，本以遮拨法相，（或现象界。）易言之，即明万有本空而已。（空者，空无。）此意在前面曾经说过。我们从宇宙论的观点来看空宗，空宗虽不曾谈用，但其遮拨法相的意思，我们在玄学上也与之同契。独至有宗谈缘起，一反空宗遮诠的意思，而变成构造论。他们有宗确是计执法相为实有，易言之，即计执有成象的宇宙。他们并且凭臆想构划宇宙，析以二重，所谓种界和现界是也。他们因为计执有此种现二界，才以缘起义来说明之。如说此缘彼而得生，彼亦缘此而得生。这样说来，总构想有成象的宇宙，不能理会到渊然无象之实际理地，易言之，即不能澈悟生生无住之神。本论所说体用不二的意义，在笃信有宗的学者看来，根本是无法了解的。他们有宗学者每诋我为无知，为邪见，我亦愿受之而无诤。真理本自昭著，但迷者不悟，我们只期能悟者同悟而已。

或有问言："如公所说，本体是冲寂无形的，但寂非枯寂，却是生生不住的。（若生已有住，便成死物。唯其不住，故生生不已也。）即此生生不住，说名为用，亦复依用施设万有；据实而言，万有本自空无，是将使人起空见也，奈何？"答曰：全体大用，圆成而实，（本来圆满，毫无亏欠，故曰圆。本来现成，不依他有，故曰成。绝待故，无妄故，故曰实。）云何言空？凡情迷失本真，无我计我，（证真，则万物同体。本无所谓小己或自我，然人皆于无我而妄计有我。）无物逐物，（证真，即唯大用流行。本无有如俗所计现实界的物事，然人皆于无物而追求种种物。）遂至以本空者，（空字，是空无义，下仿此。计为不空，凡情计有内我和外物，此即以本空者为不空。）本不空者反计为空。（凡情不悟真体，即于本不空，而计为空。）世尊悯群生颠倒者，以此。

（摘自《新唯识论》语体文本"功能"下章，
1947 年湖北印本，标题系编者所加）

三、释体用和体常义

【释体用】《新论》纲要即体用义，读者仍多茫然，今更略为阐述。治哲学者须于根本处有正确了解始得。若根本不清，即使能成一套理论，亦于真理无干，只是戏论。哲学上的根本问题，就是本体与现象，此在《新论》即名之为体用。体者，具云本体。用者，作用或功用之省称。不曰现象而曰用者，现象界即是万有之总名，而所谓万有实即依本体现起之作用而假立种种名。（天地人物等名。）故非离作用，别有实物可名现象界，是以不言现象而言用也。

本体现起作用，（亦云体现为用，或云由体成用。）此语须善会，不可妄计体用为二。哲学家往往误计本体是脱超于现象界之上，或隐于现象界之背后而为现象作根原。此乃根本迷谬。《新论》谈体用，正救此失。

体是无方所无形象，而实备万理含万善，具有无限的可能，是一真无待，故说不易。

用者，言乎本体之流行，状夫本体之发现。因为本体是空寂而刚健，（空寂之空，非空无义，以无方所、无迷暗，故名空。寂者寂静，极虚灵故，无昏扰相故。刚健则力用至大至强至神。）故恒生生不已，（刹那刹那，新新而生，不守其故。）化化不停，（刹那刹那，变化密移。）即此生生化化，说为流行，亦名作用或功用。

克就体言，是一极绝待，无方无相。（无方所，无形相。）

克就用言，是幻现相状，宛尔万殊。（大用流行，有迹象现，如电光之一闪一闪，而似有物事如赤色者现。此赤色，即是闪动之迹象，亦云相状。本体之流行幻现相状，义亦犹是。既有相状，便宛尔成众多之相，非是一相，故云万殊。所谓万有，即依流行之相，而假立种种名。）

体，喻如渊深停蓄之大海水。

用，喻如起灭不住之众沤。

曾航行海洋者，必见大海水全体现作众沤，不可于众沤外别觅大海水。又众沤各各以大海水为其体，（各各二字注意。）非离大海水而各有自体。（非字，一气贯下。）

体与用本不二而究有分，虽分而仍不二，故喻如大海水与众沤。大海水全成众沤，非一一沤各别有自体。（沤之体即是大海水故。）故众沤与大海水本不二。（宗教家说上帝造世界，而以上帝为超越于世界之上，即能造与所造为二。哲学家谈实体与现象，往往有说成二界之嫌，其失亦同宗教。）然虽不二，而有一一沤相可说，故众沤与大海水毕竟有分。体与用本不二而究有分，义亦犹是。沤相，虽宛尔万殊，而一一沤皆揽大海水为体故，故众沤与大海水仍自不二。体与用虽分而仍不二，义亦犹是。体用义，至难言。如上举大海水与众沤喻，最为方便。学者由此喻，应可悟入。哲学家或只承认有现前变动不居的万象为互相联系之完整体，即计此为实在。如此计者，实只知有现象界而不承认现象之有其本体，是犹童稚临洋岸，只见众沤而不知有大海水。

或虽计有本体，而不免误将本体说为超脱乎现象界之上，或隐于现象界之后，致有二重世界之嫌。其于体用之本不二而究有分，虽分而仍不二者，从来哲学家于此终无正解，此《新论》所由作。

已说体用，再克就用言之，则用非单纯的动势，必有两方面，曰翕曰辟，（翕辟只是方面之异，自不可看做截然二片的物事。）辟乃谓神，（神即心。）翕便成物。（现似物质，而非果有实质。）物有分限，神无分限。（心是无在无不在。《华严经》七处征心，十番显见，形容得甚妙。）神遍运乎物而为之主，此理之常；物亦可以乘势而蔽其神，此事之变。（物成，即不能无坠退之势。无机物犹不得发现心神，植物似已发现心神而仍不显著，乃至人类犹常有心为形役之患。物能障蔽心神，乃后天事势所有，不容否认。但神终为物之主，可以转物而不为物转，究是正常之理。）然神毕竟主乎物，（宇宙自无机物而有机物，有机物由植物而动物，而高等动物，而人类，乃至人类中之圣哲，一层一层，见心神逐渐显著甚大，确尔官天地，宰万物。）而事势终亦不越乎常理矣。自《新论》问世以来，读者每不寻其底蕴与条贯辄为不相干之攻难，故复撮要言之。

【释体常义】本体真常。老子言常道，（道者，本体之目，常者真常。）佛氏言真如。（佛说真如，亦本体之目。真谓真实。如者，常如其性，不变易故。论与疏皆云，真即是如，言真实即不变易，不变易者言其常也。）西洋哲学之中否认本体与夫以动变言本体者，可勿论；若其以真常言本体者，亦与东哲真常意义，有相通处。至其陈述所见，有仁智浅深等等不齐，其思想各成体系，则吾《大易》所谓"一致而百虑"也。（本体真常是一致处，而向下所见各不同是百虑处。）余于真常意义，体究数十年，若道本体不是真常的，则虚妄法何得为万化根源，何以名为本体？若道本体底自体是真常的，却又当深究。须知，一言乎本体，他便不是空无的，故有其自体可说。但此真常之云，既以不生不灭、不变不动为义，则此本体便是兀然坚凝的物事，他与生灭变动的宇宙互相对立，如何可说为宇宙本体？吾于此，苦究数十年，直至年将半百而后敢毅然宣布《新论》，以体用不二立言者，盖深深见到、信到，不能把本体底自体看做是个恒常的物事。而恒常者，言其德也。吾取一譬，如《易》之坤卦，以地方为言，后人遂谓《易》言地之自体是方的，此实错误。方者，言地德也。方故，承乾而无邪曲，此地德之所为美也。（吾《读经示要》已解明。）以此例知，曰真、曰常，皆从本体之德以彰之也。

儒者言天何耶？天者，本体之目即真常义。《中庸》卒章，引《诗》曰"德辎如毛，毛犹有伦，上天之载，无声无臭"，至矣。此以虚无言天德也。（无声无臭，即是虚无义。）虚无者，无形无象、无染污、无作意故名，非空无之谓也。言诚，即真实义，亦言其德也。言刚健、言生化，亦言其德也。言元亨利贞，皆言其德也。德字义训曰德者得也。若言白物具白德，则以白者，物之所以得成为是物也。今于本体而言真常等等万德，则真常等等者是乃本体之所以得成为宇宙本体者也。若无是诸德，何得肇万化而成万物，即本体之名，无可立矣。

德字含二义，曰德性、曰德用。德性之性，不可以西文性质字译，此性字极灵活也。德用之用，亦不可以西文能力或作用翻，此用字极灵活也。此等名词，望细心斟酌，勿便姑置。（此答贺自昭书。真常等义，以本体之德言，而非以本体之自体言，此宜深究。若暗于此者，不可通《新论》。）

（原载《新唯识论》语体文本卷中后记，1947 年湖北印本）

论理与气

谈至此，还有一个问题须附带说及，就是我国哲学上自两宋以来的理气问题。这个问题，由宋明迄今，还是不曾解决。从来哲学家关于理气的说法，虽极复杂，但根本争端不外理气是否截然为二之一大问题。此中争论极多，几于家自为说，人持一见。我现在不欲征引先儒的说法，更不暇评判他们先儒的短长。（将来容有旁的论述。）只好本我的意思予理气以新解释。我先要审定理气二字的意义。

气字，当然不是空气，或气体和气象等等气字的意义。常途每以形气二字连用，（形气二字的意义，有时用得很宽泛。宇宙万有亦总云形气。）这里的气字，犹不即是形气之称，至后当知。我以为，这气字只是一种生生的动势，或胜能的意思。（此中胜能，不是物理学上所谓能力，在上章开始几节中，有一节谈及此，可复看。）此气是运而无所积的。（运者，动义，或流行义。动势生灭相续，故云流行。刹那生灭，无物暂住，故云无所积。）动相诈现，犹如气分，（分读份。）故名为气。（言气，即显无实物故。）详核此所谓气，正是本论所谓用。至于万有或形气，唯依动转的迹象，假为之名，非离一切动势，有实形气。

理字，本具有条理或法则的意义，但不可如宋明儒说是气上的条理。宋明儒中，许多人把气说为实有的，因以为理者只是气上的条理。如此，则理的本身竟是空洞的形式，只气是实在的。明儒持这种见解的更多，即在阳明派下，也都如是主张。他们阳明后学一面谈良知，（即本心。）不得不承认心是主宰，一面谈气是实有，理反是属于气上的一种形式，颇似心物二元论，甚乖阳明本旨。我在此处不欲多作评判，只说我对于理气的解释。我以为，理和气是不可截然分为二片的。理之一词，是体和用之通称，气之一词，但从用上立名。气即是用，前面解释气字的意义时，尽说得明白。理之一词，何以是体用之通称呢？因为就体而言，此体元是寂然无相，而现似翕辟万象，（翕辟即是万象，复词耳。现者，显现，或现起义。似者，以万象不可执为定实，故置似言。）即众理灿然已具。（万象，即是众理故。）故此体，亦名为理。又体之为言，是万化之原，万物之本，万理之所会归，故应说为真理，（佛家说真如名真理。）亦名实理，（程子每言实理，即斥体言之。）也可说是究极的道理。（此中道理，系复词。道字亦作理字解。）就用而言，翕辟妙用，诈现众相，即此众相秩然有则，灵通无滞，亦名为理，即相即理故，（两即字，明其不二。）或相即是理故。比上语较径直。前所云理，当体受称，是谓一本实含万殊。后所云理，依用立名，是谓万殊还归一本。理虽说二，要自不一不异。体用义别故，故不一；即用即体故，故不异。析理期详，俟诸《量论》。

（摘自《新唯识论》语体文本"功能"下章，
1947 年湖北印本，标题系编者所加）

【释理】宋儒似有云，理虽散在万事，而实管乎一心。（语句或稍不同，不能全忆，而意实如此。）每闻学者好举此语，实不澈也。由此说，理仍纯在事物上，心能管统事物之理而心犹不即是理也。凡宗守朱子之学者皆主此说。若如我义，心物根本不二。就玄学上说，心物实皆依真理之流行而得名。（真理即本体之名，佛家以真如名为真理。伊川、朱子好云实理，亦本体之名。）此义见透，即当握住不松。因此在量论上说，所谓理者，一方面理即心，吾与阳明同；一方面理亦即物，吾更申阳明所未尽者。程子曰理在物，科学家实同此意。如此，则先肯定实物，再于物上说有个理，是乃歧物与理为二也。自吾言之，物之成为如是之物即理也，不可将物与理分开。据常识言，即执物而求其理，智者却于万物而识众理散著。由此见理世界实无所谓物的世界也。你谓然否？吾欲《量论》中详谈理。老当昏世，恐未能也。《新论》功能下章有一段谈理气，而说理之一词，通体用而言。用之一名，核以吾义则先儒所谓理气之气亦即是用，而用亦即是理，固不当离理与气而二之也。

伊川云："冲漠无朕，万象森然已具。"以吾义通之，冲漠无朕，说为一理。万象森然，不可徒作气来会。当知万象森然，即是无量无边的众理秩然散著也。（万象云云，即无所云用，用即众理散著。前言用亦即是理者，以此。）冲漠无朕，而万象已具；是一理含无量理，故言体而用在。又当知，万象森然，仍即冲漠无朕，故言用而体在。是无量理本一理也。一为无量，无量为一。宇宙人生真蕴，如是而已，妙极。

哲学谈到形而上之理，自是真真实实的物事。佛家云真理，伊川云实理，义意深微。如非真实，何能备万德而肇万化乎？空洞的形式，无实体而靡所寄，且无能生德用，将别假材料而与之合成物。不悟空形式与顽笨材料，二本相离，又如何结合耶？前儒言理气，已多误。程朱犹未免支离，后学更甚，今更不堪问矣。（答贺自昭。参看上卷《唯识上章》谈理处，及下卷《成物章》谈范畴诸文。）

（原载《新唯识论》语体文本卷中后记，
1947 年湖北印本）

夫所谓本体固具许多潜能者，何耶？能者，犹言可能性。因为本体是万理赅备之全体，而无有一毫亏乏的。如其有所亏乏，便不成为本体。须知本体是圆满至极，德无不全，理无不备。所以目为化原，崇为物始。（始字须善会。由此本体遍为万物之实体，故云物始。非谓其超脱于万物之上，如宗教家所云上帝也。）然复应知，本体是必现为大用，是即体即用，而不可分体用为二的。但是，我们为讲说的方便计，姑且把体别离开用来说，即是把万理赅备的本体界，当做无穷尽的可能的世界。这无穷尽的可能，正是隐而未现，恰好像是一个静止的世界。所谓本体固具许多潜能者，其义如此。艮卦之所示者，只此而已。

然而本体是即静即动的，（此言动者，变义，非如俗所计物件移动之动。）即止即行的。（湛然寂止，故浩然流行。浮乱则未有能行者也。善体天化者，体之于己而可知。）易言之，即体必现为用。夫体现为用，其化也神。神化则新新而起，不留其故。（前用才起即灭，后用即生，是通前后而皆新，焉有故化可留。）积顿以成渐矣。（用之生，或化之起，只是顿起耳。然每起皆顿，积不已之顿而成渐。）前面曾说，本体是万理赅备之全体，（此语宜善会。体之为体，不是兀然顽钝的物事。他只是万理赅备的全体。但不可妄计本体别为一物事而为能有万理者。若作是计便大谬。体之为体即是众理赅备故。）亦即是具有无穷尽的可能的世界。这些可能，自必以渐而发现。有时甲种的可能发现，而乙丙等等的可能，或暂隐而不现。如低等的心作用发现时，而高等的心灵尚未显发，是其例也。久之隐伏的可能，终当发现，至此则化机通畅，即是本体现为大用，渐近完成时。渐近云者，则以事实上无所谓完成。《大易》终篇，才示既济，而即继以未济，其旨深哉。一真之体，现为大用，行至健而无止息也。使有完成，则化几且息。本体不将为死体乎。《中庸》曰"至诚无息"，与《大易·未济》之旨，互相发明。至哉斯义，焉得解人而与之默于无言。夫化几畅而及于遂，（遂者，上文所谓完成。及于之言，犹渐近也。）故有欣悦象焉。此兑卦之所示也。（欣悦，只是表示一种畅达的意义。化几之运，如自无机物以至人类的心灵昭显，可谓畅达，而几于完成矣。故以欣悦象之。）

　　如上所说，本体是含藏万理，不妨假说他（本体。）是具有无量的可能的世界。（此中含藏二字，须善会，非有能藏所藏可分。若分能所，则是二之也。后凡有类此之词者，皆准知。）故体现为用，则用之著也有渐。夫用不孤起，故有一翕一辟可言。翕而成物，物则始于简单，终于复杂。如星球之形成，如生物之发展，及其他事物，莫不由简趋繁，辟则心之名所依以立。泰初有物，而心灵未现。未现者，非无有也，特居幽而至微耳。及有机物出现以后，而心灵发展，日益殊胜。故即翕辟二方面征之，皆见用之著也有渐。夫用者固理之所为，无有一用之生而非其本体所含或种理之所发现者。（无有二字，一气贯下。）问曰："言或种理者，则是理有种类可分。夫理者本体之目，曷为可分种类？"答曰：《金刚经》言："真如非一合相。"真如即本体之名，一合相者谓混然积聚相，泯其分理也。本体岂是如此顽钝的物事，故非之。当知本体是万理赅备的。易言之，万理交容交摄，而为一全体，是名本体。由体非一合相，故言万理，故可假说种类，却非如分别事物之种类者然。切忌谬执。夫理唯至足，无所不备，而为潜在的无量的可能的世界。故用相之或未现者，（用相者，用之相故，斯云用相。以用起必有相状故。用者翕辟也，翕则物相生。辟无物相，而非无相，但其相不可以感官接耳。或未现者，如高等心灵作用在人类未生之前，即未现此相也。）而其理固具于本体，特未显发耳。程子所谓"冲漠无朕，万象森然已具"，正谓此也。（冲漠无朕，形容本体空寂。无障染名寂，无形相无意欲名空。泊然无迹兆可得，云无朕。万象森然即理。）理体成为大用，（理体者，以本体是万理赅备，故名。）是不容已的向前开展。正如老子所云："虚而不屈，（不可穷竭，云不屈。）动而愈出。"有人说，宇宙是层复一层的创化不已，如物质始凝，而后有生命，有心灵，渐次出现，以此证老氏不屈与愈出之义。此说吾不谓然。生命与心灵不容分为二，离心灵无别生命可说故。可覆看前谈坎离二卦中。此义明儒已多言及，但辞略耳。又物质始凝时，非无生命或心灵。本论随在发挥斯义。余以为欲明不屈与愈出，不必如说者所云。如物理世界由流之凝，由浑之画，由单纯而之复杂。心灵则自其当无机物时，隐而不显，迄至人类，乃特别发达。如哲学家极渊微的神解，科学家极奇特的创见，及凡文化上一切伟大制作的慧力，都是一层一层的创化不已。此正老氏所谓不屈与愈出之义。其所以不屈与愈出者，正以含藏万理，故能如此耳。理体世界的可能，恒是无尽藏。大用流行的世界，只是变动不居，而终不能尽其理体之所有，完全实现。理体是圆满的，用相有对而无恒，不能无缺憾。此大化所由不容已，而人生终不绝其希望也夫。（人生唯向上，而反诸自性，方得圆满。自性谓本体也。若不悟此，而沦溺于流行的世界中，不能于流行而识真体，则将逐物不反，唯长苦缺憾而已。）

夫理无不备，而用待以成。故用相之现也，乃即相即理。（相者用相，后仿此。用相即理之所成，故云即相即理。）用相有所未现，（未现见前注。）而理体元无不备，则不可妄臆相方未生，即无有此理也。异哉王船山之说曰："天下唯器而已矣。道者，器之道也。无其道则无其器，人皆能言之。虽然，苟有其器矣，岂患无道哉。无其器则无其道，人鲜能言之。而固其诚然者也。洪荒无揖让之道，唐虞无吊伐之道，汉唐无今日之道，则今日无他年之道者多矣。未有弓矢而无射道，未有车马而无御道，未有牢醴璧币钟磬管弦，而无礼乐之道。则未有子而无父道，未有弟而无兄道，道之可有而且无者多矣。故无其器则无其道，诚然之言也。而人特未之察耳。"（《周易外传》卷五。）详船山所谓道，相当吾所谓理。船山所谓器，相当吾所谓相。（相者，具云用相。注见前。）由船山之说，则理体非固有，非大备，非圆满无亏之全体。直须有如是相，而后有如是理。相方未现，即固无此理也。然则用固无体，凭空突起乎？如观海者，不悟众沤以大海水为体而始起，乃直谓其凭空突起，则人无不笑其倒妄者。船山之见，又何以异是。夫用则屡迁，（迁者，不守故常。）而理唯法尔完具。（完者完全，谓理无所不备。具者，谓理乃本来具有，不由后起。）人类未生时，而为父为兄之理，固已先在。（慈爱之理，自是本体固有的，故云先在。后仿此。）牢醴璧币钟磬管弦，此等事物未出现时，而为礼为乐之理，要皆先在。推之未有弓矢车马，而射御之理先在。及凡古今异宜之事，当其未现，而理自不无。夫理备而数立，（理极备，故有数。而数亦无不备。）相则理之乘乎数以动而始显。理数者，无假于相而固存，而相则依理数以显。（依字须善会。非以此依彼也。相成于理，而相即是理。相因乎数，故不异数。）但理之成乎相也，以其圆满大备之全体，深远无穷极，浩浩如渊泉而时出之。（出者，出流义。渊泉极深极博，故其出，非可一泻而尽，故言时出，犹曰时时不已于出耳。）夫出者，渊泉之实现也。时时不已于出，则渊泉终不能举其自所固有者而完全实现之。有余故不竭也。理体现为用相，亦同此况。故相不即是理之全现，而理恒极备矣。

如上所述，理体为潜在的无量的可能的世界，故以艮卦表之。理体现为大用，化几畅矣，故以兑卦表之。今复略为疏抉，以绝疑误。

一曰，理者是实法，（实法者，谓其有实自体也。虽其自体不是具有形质的，要是实有，而非空洞的形式之谓。）非假法。（假法者，谓其只是空洞的形式，而无有实自体也。）或以为理字具有条理与法式、轨范等义。故是共相。此等共相，乃离开现实界之特殊物事而自存于真际界云云。（此说本之西洋谈逻辑者。）如其说，则真际界与现实界显划鸿沟，不可融会。此已难通。而其所谓理，又只是空洞的形式，例如方等。彼计方的桌子等之方，是一切方的桌子等之共相，亦说为理。夫方的桌子等，在俗谛说为实有的物事，而方的共相，则只是空洞的形式而已。今若仅在逻辑上，以共相为特殊物事的型范，而不与形而上学中所谓理者相混，似犹可说。兹乃以共相，应用到形而上学里来，以为是现实界中特殊物事之所依据以成者。而此共相既是空洞的形式，又谓其离开现实界而独存于真际界。则二界如何发生关系，既难说明，且此空洞的形式，无实自体，又如何说为真际，且得为特殊物事所依据以成者乎？果尔，则是无能生有，殊不应理。详彼所说，与本论所谓理的意义，极端相悖，不容相滥。本论乃直指本体而名之以理，本体是实有，不可视同假法。说共相为理者，只以理为空洞的形式，如方等，则理便属假法，何得为一切物之实体。此其不得不相简别也。然本论所云理，亦不妨假名共相。因为理是有实自体的。但其自体，既非如现实界物事之可破析为断片。却亦不是顽然而一，无有条理和轨范的呆板的物事。（却亦至此为句。）譬如一颗种子，通常看做是顽然而一的物事。实则不然。他已是具有萌芽及根干、枝叶、花实种种的可能，便见得他是具有许许多多的条理和轨范了。理的自体上具有条理和轨范，也可由此譬而得其解。但譬喻只取少分相似，不可因譬而转生执著，将理体当做现实界的物事去推测也。从理体之具有条理与轨范的方面来说，亦得假名共相。但此共相，既是依本体或实体上假说之，则非克就假法上立名，（世所言共相，只是假法。）与常途所用共相一词的意义自不同。

二曰，理之现为相，（相者具云用相。见前。）不待别立材质而与之合。如果把理说为一种空洞的形式或法式，则必需于理之外，更建立一种气为材质，而理乃与之搭合以成物。如此，似未免戏论。宋儒言理气，已有未尽善处。后人遂有以气为材质，而理别为法式，遂成种种支离之论。（余于此不欲详或别为笔札。）今在本论所谓理者，既是实体，所以不须别找材质。理体渊然空寂，（渊然，深远貌。无障染名空，非空无也。无昏扰名寂。）空故神，（神者，灵妙之极。体离障染故。）寂故化。（化者，生生之盛。唯湛然真寂，故生化不穷也。）神化者，翕辟相互而呈材。（翕为辟而起，辟资翕以行，故云相互。实则一体之流行，现作翕辟二势也。材者，具云材质。但此材质字，须活看，不可作质碍解。翕才起而材质现。庶物万象，于此而立。）生灭流行不已，而造化之情可见。（翕辟势用，才生即灭，无暂时停滞。如此新新而生，流行无已，所以谓之神化。造化即谓神化。情者，动发之几。非机械性，故以情言之。此情字义深，须善会。情者用也，但用字义宽，大用流行，若有神几，说为情故。）是故材质者，理之流行所必有之势也，其情之至盛而不匮故也。材呈，故谓之相。（相者，用之相。见前。）故曰理之现相，不待别立材质而与之合。以其为至实而非无故也。（世之以共相言理者，只是空洞的形式。即等于无。）

三曰，理体与用相，不可分为二界。天理流行，即名为用。用则有相诈现，故云用相。（名理体以天理者，至真绝待，不可更诘所从来，故云天也。理之流行，即予以用名。用则有相状现，而相状无实，不暂住故，遂去诈现。）全体成用，全用即体，何可判以二界。譬如水成为冰，（水以喻理体，冰以喻用相。）水本含有坚凝、流润及蒸汽种种可能。今成冰，即坚凝之可能已实现。自余许多可能，暂隐而不现，非消失也。然水与冰不一不异。（不一者，水与冰有别故。不异者，冰之实体即是水故。）理体与用相，亦复如是。（有体用可以别诠，即不一。体者，用之本体，云何可说为异。）

[附识] 宋儒说理不离乎气，亦不杂乎气，是直以理气为两物，但以不离不杂，明其关系耳。此说已甚误。明儒则或以气为实在的物事，而以理为气之条理，则理且无实，益成谬论。后之谈理气者，其支离又

不可究诘。余以为理者，斥体立名，体者，本体。至真至实。理之流行，斯名为用，亦可云气。气者，非形气或空气等气字，乃即流行的势用，而形容之以气也。此气字，即谓有势用现起，而非固定的物事也。中卷有一段言及此。故气者，理之显现。而理者，气之本体也。焉得判之为二乎。复次欲所谓现实界，则依用相或气，而妄执为实物有。实物有者，吾人因实际生活，而执有一切实在的东西。遂不悟用相之神变不居，而只计有实物。故云实物有。此则纯为情见所执耳。其实，非离用相或气而别有如是现实界也。

（摘自《新唯识论》语体文本"成物"章，
1947 年湖北印本）

论心与境

综括以前所说，只是不承认有离心独存的外境，却非不承认有境。因为心是对境而彰名的，才说心，便有境，若无境，即心之名也不立了。实则心和境，本是具有内在矛盾的发展底整体。就玄学底观点来说，这个整体底本身并不是实在的，而只是绝对的功能的显现。（功能一词，详在中卷第五六两章。）这个道理，留待后面《转变章》再说。现在只克就这个整体底本身来说。他整体底本身却是具有内在矛盾的发展的，因为他是一方面，诈现似所取的相貌，就叫做境；另一方面，诈现似能取的相貌，就叫做心。（能取和所取的取字，其涵义曾解见本章首段。诈现的诈字，其涵义只是不实在的意思。）境的方面，是有和心相反的趋势。心的方面，是有自由的、向上的、任持自性、不为境缚的主宰力。所以心和境两方面，就是整体的内在矛盾的发展，现为如此的。我们只承认心和境是整体底不同的两方面，不能承认境是离心独在的。我们要知道，从我底身，以迄日星大地，乃至他心，这一切一切，都叫做境。（此中他心者，谓他人或众生的心。）我底身这个境，是不离我底心而存在的，（凡属所知，通名为境。自身对于自心亦得境名，是所知故。）无论何人，都不会否认的。至若日星大地，乃至他心等等境，都是我的心所涵摄的，都是我的心所流通的，绝无内外可分的。为什么人人都蒙昧着，以为上述一切的境都是离我的心而独在的，这有什么根据呢？实则日星高明，不离我的视觉，大地博厚，不离我的触觉，乃至具有心识的人类等，繁然并处，不离我的情思。可见一切的境，都是和心同体的。因为是同体的，没有一彼一此的分界，没有一内一外的隔碍。才有感，必有应。（感谓境，应谓心。）才有应，必有感。正如人的一身，由多方面的机能互相涵摄，成为一体，是同样的道理。据此而谈，唯识的说法，但斥破执有外境的妄见，并不谓境是无的，因为境非离心独在，故说唯识。唯者，殊特义，非唯独义。心是能了别境的，力用特殊，故于心而说唯。岂谓唯心，便无有境。或有问曰："说心，便涵着境，故言唯心。说境，也涵着心，何不言唯境？"答曰：心是了别的方面，境是被了别的方面，境必待心而始呈现。应说唯心，不言唯境。或复难言："境有力故，影响于心，如脑筋发达与否，能影响智力的大小，乃至社会的物质条件，能影响群众的意识。应说唯境，不当唯心。"答曰：意识虽受物质条件的影响，而改造物质条件，使适于生活，毕竟待意识的自觉。智力大小，虽视脑筋发达与否以为衡，但脑筋只可义说为智力所凭藉的工具。（此中义说二字，谓在义理上可作这样的说法。以后凡用义说者皆仿此。）所以，着重心的方面而说唯心，不言唯境。

或复有难："如果境不离心独在，这种说法是不错的。试问科学上所发见物质宇宙的一切定律或公则等，纯是客观的事实。虽我人的心，不曾去了别他，而他确是自存的，并不是待我的心去了别他，方才有他。今言境不离心独在，如果承认这种说法，则科学上的定律公则等，也不是离心独在的么？"答曰：所谓定律或公则等词的意义，相当于吾先哲所谓理。吾国宋明哲学家，（宋朝初建，当公元九六〇年。明朝初建，当公元一三六八年。）关于理的问题，有两派的争论。一、宋代程伊川和朱元晦等，主张理是在物的。二、明代王阳明始反对程朱，而说心即理。（这里即字的意义，明示心和理是一非二。如云孔丘即孔仲尼。）二派之论，虽若水火，实则心和境本不可截分为二，（此中境字，即用为物的别名。他处凡言境者皆仿此。）则所谓理者本无内外。一方面是于万物而见为众理灿著；一方面说吾心即是万理赅备的物事，非可以理别异于心而另为一种法式，但为心上之所可具有，如案上能具有书物等也。唯真知心境本不二者，则知心境两方面，无一而非此理呈现，内外相泯，滞碍都捐。如果偏说理即心，是求理者将专求之于心，而可不征事物。这种流弊甚大，自不待言，我们不可离物而言理。如果偏说理在物，是心的方面本无所谓理，全由物投射得来，是心纯为被动的，纯为机械的，如何能裁制万物、得其符则？（符者信也。则者法则。法则必信而可征，故云符则。）我们不可舍心而言理。二派皆不能无失，余故说理无内外。说理即心，亦应说理即物，庶无边执之过。关于理的问题，至为奥折，当俟《量论》详谈。今在此中，唯略明理非离心外在云尔。

又如难者所云："科学上的定律公则等是离心自存的，并不是待我的心去了别他方才有他的，以此证明一切境是离心独存的。"这种说法，确是极大的错误。我们须知道，一切一切的物都是心量所涵摄的。凡为了别所及的境，固然是不曾离我的心，即令了别不及的境，又何尝在我的心外？不过了别的部分，或由数数习熟的缘故，或由作动意欲加以警觉的缘故，遂令这部分的境，特别显现起来；至若了别不及的部分，只沉隐于识阈之下，不曾明著，但决不是和我的心截然异体，不相贯通的。如果作动意欲去寻求，那么这种沉隐的境也就渐渐的在我心中分明呈露了。以是征知，凡所有的境当了别不及的时候，也不是离心独在的。尤复当知，所谓定律、公则，毕竟是依想和寻伺等等，对于境物的一种抽象与选择作用而安立的。（想和寻伺，详下卷《明心章》，皆是量智的作用。）若离想等，则境上有此定律公则与否，要不可知。故难者所举的义证，毕竟不能成立外境。

吾国先哲对于境和心的看法，总认为是浑融而不可分的。如《中庸》一书，是儒家哲学的大典，这书里面有一句名言。他说，明白合内外的道理，随时应物无有不宜的。（原文云："合内外之道也，故时措之宜也。"）这句话的意思是怎样呢？世间以为心是内在的，一切物是外界独存的，因此，将自家整个的生命无端划分内外，并且将心力全向外倾，追求种种的境。愈追求愈无餍足，其心日习于逐物，卒至完全物化，而无所谓心。这样，便消失了本来的生命，真是人生的悲哀咧。如果知道，境和心是浑然不可分的整体，那就把世间所计为内外分离的合而为一了。由此，物我无间，一多相融。（此中一谓小己，多谓万物。）虽肇始万变，不可为首，（言虽万变不穷，而实无有人格的神，为首出的创造者。此本《大易·乾卦》篇中的意思。）而因应随时，自非无主。（此心随时应物，自然不乱。可见这个心，就是一种主宰力。）用物而不滞于物，所以说无不宜。《中庸》这句话的意思很深远，从来直少人识得。孟子也说道："万物皆备于我矣。"孟子盖以为万物都不是离我底心而独在的。因此，所谓我者，并不是微小的、孤立的、和万物对待着，而确是赅备万物，成为一体的。这种自我观念的扩大，至于无对，才是人生最高理想的实现。如果把万物看做是自心以外独存的境，那就有了外的万物和内的小我相对待，却将整个的生命无端加以割裂。这是极不合理的。孟子这句话，至可玩味。程明道说："仁者浑然与万物同体"，也和孟子的意思相通。陆象山说："宇宙不在我的心之外的。"（此中宇宙一词，是万物的总称。）他自谓参透此理时，不觉手舞足蹈。他的弟子杨慈湖曾作一短文，（题名《己易》。）很能发明师说，虽文字极少，（或不到一千字。）而理境甚高。后来王阳明学问的路向和陆象山相近，王阳明也是昌言"心外无物"的。他的弟子，记录他底谈话，有一则云："先生游南镇。一友指岩中花树问曰：'先生说天下无心外之物。现在就这花树来说，他花树在深山中自开自落，于我的心有何相关呢？'先生曰：'汝于此花不曾起了别的时候，汝的心是寂寂地，没有动相的。此花也随着汝心同是寂寂地，没有色相显现的。（此时的花，非无色相，只是不显现。）汝于此花起了别的时候，汝心便有粗动相。此花的色相，也随着汝心，同时显现起来。可见此花是与汝心相随属的，决不在汝心之外。'"阳明这段话，可谓言近而旨远，实则这种意趣，也是孔孟以来一脉相承的。

本来，境和心是不可分的整体之两方面，我们似乎不必说识名唯，但因对治他们把一切境看做是心外独立的这种倒见，所以要说唯识。又复当知，由二义故，不得不说识名唯。一、会物归己，得入无待故。如果把万物看做是心外独存的境，便有万物和自己对待，而不得与绝对精神为一。今说唯识，即融摄万物为自己，当下便是绝对的了。二、摄所归能，得入实智故。能谓心，所谓境。心能了别境，且能改造境的，故说心名能。境但是心之所了别的，且随心转的，故说境名所。唯识的旨趣，是把境来从属于心，即显心是运用一切境而为其主宰的，是独立的，是不役于境的。但这个心，是真实的智，而不是虚妄的心，此不容混。（参看《明宗章》及本章首段。）唯识的道理，是要从自家生活里去实践的，不实践的人也无法信解这个道理。我们应该承认，万物都是我心所感通的，万有都是我心所涵摄的，故一言乎心，即知有境，一言乎境，知不离心。我人的生命是整个的，若以为宇宙是外在的，而把他宇宙和自己分开来，那便把浑一的生命加以割裂。这正是人们以倒见为刃而自刺伤啊。

境和心本来是浑融而不可分的，为什么人都妄计一切境是离心独在的呢？这种妄计并不是无来由的。因为人生不能舍离实际生活，没有不资取万物以遂其生长的。郭子玄说，人的生存，其身体长不过七尺，却是要遍取天地间的物资来奉养他，这是实在的情形。凡天地万物，不论是感官感得到的和感不到的一切的东西，都是人生所必需，不可一刻或无的。假设有一物不具备，我人就立刻不能生活下去了。子玄这段话，虽似平易而意思却很深远。我人因为要资取万物以维持生活的缘故，所以一向习于追求种种的物。（此中习字，吃紧。他的追求，是惯习的，并不自觉的。）当初，因于物起追求，遂不知不觉而看一切物好像是外在的境，亦复由此，更要加倍的驱役自心向外驰求种种的境。这样的驰求无有休止，自然会成为一种惯习。这种惯习既成，我们每一动念，总是由他作主。换句话说，惯习的势力，就成为我们的心。（就是所谓习心。）这种心起来，便执定一切物是外在的境，以为事实如此，绝不容疑了。

我在这里，还要便提一段话，就是空间时间的相，是由人心执定有外在的境才有的。因为执定有外境，就于一一的境觉得有分布相，如东西等方、远近等距离。这种分布相，就叫做空间相。同时，于一一境也觉得有延续相，如过去、现在、未来。这种延续相，就叫做时间相。所以空相和时相，都缘在日常经验里，执有外境而始现的，并非不待经验的。或有难言："分布（空相）和延续（时相）是物质宇宙存在的形式。这种形式，是我人对于一切物的知识所由成立的最根本底基础，如果否认这种形式，便是否认物质宇宙的存在，那么，我们就不会有对于一切物的知识了。但是，照你的说法，外境根本是没有的，只是虚妄的心误执以为有的。而空相和时相又是缘外境的虚假相而同时诈现的。这样，便把空、时和外境一齐否认了。我们对于一切物的知识还能有么？"答曰：汝这番问难，甚有意义。但吾为对治执境为离自心而外在的谬见故，说无外境，并不谓境无。须知，执有外境的人，也不是凭空能起这种执的，因为有当前的境，他才依着此境而起心分别，以为这个境是离我的心而外在的。我要斥破他这种妄执，就说：如你所执的外境，根本是没有的，因为我所谓实有的境，根本不像你所执为外在的。我只要破他的妄执罢了，事实上他起执的时候何尝不依着当前的境而始起此执呢？既许有境，则空相分布时相延续自是境的存在的形式。换句话说，空、时是与境俱有的，因此，我人对于一切物的知识所由构成的最根本的基础，不会摇撼的。我们要知道，理智作用是从执境为离心外在的这种虚妄的惯习里而发展来的。一切知识的根荄，就是以妄执外境的惯习为田地而栽培着的。如果不执境为离心外在的，他也不会对于境来处理和解析，及加以思维等等的。那么，我们真个不能有对于一切物的知识了。这样说来，如果知识是不可无的，所谓执有外境的惯习，岂不是应该赞美的么？此复不然。应知，执有外境的惯习是无可说为好的。我们不应该于境起妄执，只可随顺世间，设定一切物是外在的境，从而加以处理及思维等等。仅如此设定，这是无过的。但必须知道，就真理上说，境和心是浑融而不可分的。如果执境为离心独在，以为真理实然，那便成大过了。道理是活的，不可执定一偏之见来讲的。好像八面镜罢，你在这面去照，是这模样的，你向那面去照，又是那模样的，向八面去照，没有同样的。我们讲道理，应该分别俗谛和真谛。随顺世间，设定境是有的，并且把他当做是外在的，这样，就使知识有立足处，是为俗谛。泯除一切对待的相，唯约真理而谈，便不承认境是离心外在的，驯至达到心境两忘、能所不分的境地，是为真谛。如上所说的意思，我在此不能深谈，当俟《量论》详说，姑且作一结束。

（摘自《新唯识论》语体文本"唯识"上章，
1947 年湖北印本，标题系编者所加）

论科学真理与玄学真理
（生命体验）

北大转到来教一封，系弟未抵平时所发。本日又得惠书。兹略答如左。

一、前函谓宋明儒实取佛家修养方法，而实行儒者入世之道，其内容为孔孟，其方法则系印度云云。弟于此微有异议。果如来教，则宋明儒学乃两相搭合而成。如此拉杂，成何学术。为学方法与其学问内容，断无两相歧异之理。向来攻宋明诸师者，皆谓其阳儒阴释。此真横议。吾兄不谓宋明学全出释氏，但谓其方法有采于彼，是其持论，已较前人为公而达矣。然弟犹有异议者，何耶？则以孔孟儒学之内容，必不能全用印度佛家方法故也。夫孔曰求己，曰默识；孟曰反身，曰思诚。宋明儒方法，皆根据于是。虽于佛家禅宗有所参稽兼摄，要非于孔孟无所本，而全由葱岭带来也。（朱子讥陆象山之学由葱岭带来。今借用其语。）凡一学派之传衍，恒缘时代思潮，而使旧质料有所蜕变，新质料有所参加。此中外所莫不然。宋明之世，佛家禅宗思想已盛行，诸儒不能不受其影响，亦何足怪。实则，宋明儒于孔孟之形而上学方面，确属深造自得，而有伟大之成绩。其思想皆自成体系。但散见语录，非深心体玩，则莫之能知耳。至若甄验物理人事，足以利用，则晚周儒生之学，所为广博，而不偏于玄学一途，宋明儒则不免疏于实用，亦参融禅学之过也。陆王之徒既反对程朱大学格物之训，而程朱以即物穷理言格物，又但有主张而未尝详究方法。其平居体验人事物理，盖不外暗中摸索与凭颖悟所傥获。既无精核之方法，则虽明物察伦，亦往往冥会其通，而未尝解析部分、明征定保，以构成某一部门系统的知识。此科学所由不发达也。兄疑其方法全采印度，或以此欤。然弟则以为，宋明儒本偏于玄学一途，其玄学方法仍承孔孟，虽有所资于禅，要非纯取之印度。故于尊论，微有异议也。夫孔门注重六艺，（礼乐射御书数，即简单的科学。）孟子精研政治与社会问题，特有发明。非但为鞭辟近里之功而已。及宋明儒，则一意反身默识，以充其德性之知，而于征事析物，即所谓闻见之知，则不免视为外驰。虽此言容稍过，至少亦有此倾向。是其视晚周儒家已变而狭矣。大抵东方哲学与西洋哲学，各有范围，各有方法。并行则不悖，相诋终陷一偏。科学以由感官所得经验为依据，非用客观的方法不可。哲学所穷了者为本体。而宇宙本体，实即吾人所以生之理，斯非反求与内证不为功。故东方之学，终非科学所能打倒。明知此论为时贤所不许，但不妨向吾兄一倾吐耳。

二、第二函，谓英人怀特海之哲学与弟之《新唯识论》，颇有相通之点。嘱余生撰一文以相比较。余生于怀特海既未知所得如何，其于《新论》至多不过粗通文句。文句有限也，而文句所诠之意义乃无限。余生目前尚未了解新论，又何从比较耶？今学子习于肤浅。吾侪从事论述，唯此孤心长悬天壤耳。若欲索解人于当世，恐为自苦。

三、前夕尊寓畅谈，孟劬先生略及今之治史志者，异执朋兴。此诚无可如何。弟以为今日考史者，皆以科学方法相标榜，不悟科学方法须有辨。自然科学可资实测以救主观之偏蔽。社会科学则非能先去其主观之偏蔽者，（先字是着重的意思，非时间义。）必不能选择适当之材料，以为证据，而将任意取材，以成其僻执之论。今人疑古，其不挟私心曲见以取材者几何。真考据家，亦须有治心一段工夫。特难为今人言耳。

附张东荪答函云：复书拜悉。所说宋明儒学与佛学之关系一段，细绎之，与弟所见亦无大差。特弟前函太略，未将所欲言者充分说出耳。弟以为反身、思诚等，在孔孟本人或有此种体验，但当时并未厘为固定之修养方法。自宋明诸儒出，有见于禅修，乃应用印度传统之瑜伽方法，从事于内省，（由敬与静而得。）遂得一种境界。此境界虽同为明心见性，然与佛家不同。盖佛家所得者为实证真如，而宋明儒家所得者为当下合理。二者所达不同，而其为内修则一也。以西方术语言之，则一为玄学的，一为伦理的；一为求见宇宙之本体，一为体合道德之法则。潜修以窥破本体，其结果得一寂字。一切皆空，而空亦即有；于是事理无碍，事事无碍。潜修以体合道德，（道德二字似太狭，不如直呼为做人较妥。）其结果得一乐字。宋明儒者之诗，如有云，"万物静观皆自得"与"时人不知予心乐"者，不可以寻常句子看待也。故印度之文明，始终不离为宗教的文明；而中国之文明，则始终不失为伦理的文明。宗教的文明，无论其本质何似，而总不免有出世色彩。至于伦理的文明，则纯粹为入世之物。此点可谓宋明儒者在人类思想史上一大发明。弟将为长文以阐明之，不知公亦赞成否。漱溟于此，似已稍稍窥见，特不知与弟所领会者果相同与否耳。

（复张东荪，原载《十力语要》卷二，1947年湖北印本，标题系编者所加）

答教拜悉。弟以为儒家与印度佛家，同为玄学。其所不同者，一主入世，一主出世而已。真如不是一件物事，除却当下合理，又何所谓真如。涅槃经乃最后了义，即于心之常乐我静而说为如。（具云真如。）故乐之一字，不必为儒佛之判也。唯佛主出世，故其哲学思想始终不离宗教；儒主入世，故其哲学思想始终注重伦理实践。哲学不止是求知，而是即知即行。所谓体神化不测之妙于庸言庸行之中。此儒术所为可贵也。总之，儒佛二家之学，均广大渊微，浅智所不能了。今人亦无肯肆习者。尊论何时脱稿，甚愿得一读也。

又当下合理一词，若深究其涵义便甚难言。其所以为当下合理者，以是本体呈显故耳。若不见体，又何当下合理可言。夫子七十从心所欲不逾矩，才是当下合理之极致。佛位亦不过如此。凡夫本有此种境地，但习染所蔽，不克发现，不自证得耳。吾兄以求见本体归之佛，而谓儒者为体合道德之法则，似谓当下合理即缘体合道德法则之效果。此弟所未能印可者。须知，若不见体，则所谓道德法则便纯由外铄，而无内在的权度。此告子义外之论，所以见斥于孟子也。唯见体故，斯有道德之法则可言。孟子所谓居安资深，取之左右逢源者，乃无往不是天则，无时无在而非当下合理。宋儒诗所谓等闲识得东风面，（此喻见体。）万紫千红总是春，可谓善于形容。到此境地，佛谓之大自在，儒者谓之乐，涅槃经亦谓之乐。

儒者的然实证本体而不务论议，专在人生日用间提撕人，令其身体力行而自至于知性知天。（知性知天，即证体之异语。）故儒家之学，自表面观之，似只是伦理学，而不必谓之玄学。实则，儒家伦理悉根据其玄学。非真实了解儒家之宇宙观与本体论，则于儒家伦理观念，必隔膜而难通。

儒家注重践履。此其所长。而由此不务敷陈理论，则了其精义宏旨者，仅少数哲人。而大多数人，乃无从探索而不见其有何物。此亦儒术所以衰也。

华严四法界，归于事事无碍。到此，与儒家无二致。会通四子、六经，便见此意。

弟每欲有所论述，顾衰世百艰，苦无意趣。若有少数同志，随时短简商榷，必不无所解发。朱子诗云，旧学商量加邃密，至有味也。

附张东荪答函云：二次复书拜悉。弟意尚有未伸者，请再为公陈之。弟以为所谓玄学的与道德的云云，甚至于本体论、宇宙论、认识论之分别，皆基于西方学术重分析之精神而出。遂有此种分别部居之事。至于东方，则根本上为浑一的。故谓宋明儒学为道德的一语，却决不包含有宋明儒学为非玄学的之义在内。以在西方，所谓道德的与玄学的二义可以互相排斥，而在东方（中国），则此二义非但不相排拒，且常并为一义，不可强分。尊函论及本体一层。弟自西洋哲学之观点以观，觉稍有伸论之必要。盖弟始终以为本体论为西方哲学之特色。有人谓认识论为西方所独有，殊不知印度哲学上之认识论实甚精微。印度哲学亦讲本体，但其本体即是所谓如，并不是一件东西。以西方术语言之，乃系以宇宙论代替本体论也。中国思想亦然。中国最古之玄学，自是《易经》。《易经》只讲宇宙论，而无本体论。若以不甚正确之言表之，则可谓西方确有本体论，印度只是以宇宙论当本体论讲，中国又只是以人生论当本体论讲。吾谓宋明儒者修证之结果，得一乐字者，其玄学的背景，当然根据于《易》。此即生生不息之理。以大宇宙之生生不息，遂致小宇宙（即个人）能有此心活泼泼地之一境也。因其玄学的背景不同，故佛家之修证与宋明儒者亦不同。弟尝谓佛家之修证在于得见。其为见也，犹如庖丁解牛。宋明儒者之修证在于所行。其为行也，恰似行云流水。因其为见，故为当下直指。因其为行，故为遍体流行。其结果，得见者只能得一澈字，而得行者乃可得一乐字。此二者之别也。且弟始终觉得西方之道德观念与宇宙见解、本体主张，可以相关联，但仍必为三者，不可混而为一。中国不然。其道德观念即其宇宙见解，其宇宙见解即其本体主张。三者实为一事，不分先后。此种态度，在西方则统名之曰神秘主义而鄙视之。弟则以为中国思想之优点亦正在此。特如何以保留此种优点，而仍能卓然自立于西方文明大昌之今日，则颇为问题。诚以东方之自得之乐与西方之驭物之智，如何融合并存，不得不大费苦心矣。弟极思有以解决之，而深感一人之力有限，此则非区区短笺所能尽述者也。

（再答张东荪，原载《十力语要》卷二，
1947 年湖北印本）

来函所说二端，其前一端，固吾夙所主张也。体会之功，所以自悟。论辩之术，虽为悟他，而自悟亦资之。此土儒道，均尚体会而轻论辩，其得在是，失亦在是也。测物之知，毕竟欠缺也。印土佛家，自悟悟他，双方兼顾，诚如所云。然诸大论师，毕竟尚玄悟而不基实测，与远西学者论辩之术，又不同途。至云根本道理与各部门散殊的知识，本非暌而不通。此则诚谛，吾何间然。宣圣曰一以贯之。般若说如，非一合相。（如者具云真如。唯如非一合相，所以非混条然万法而为如。乃即此条然万法而皆是如也。故一贯之旨，非混万为一，正于万见一。）唯其如此，故智者依本智而起后得。（佛家依根本智，起后得智。）德性之知既扩充，而闻见之知，亦莫非德性之用。（儒家认识论中，以此为极则，实与佛家本后二智义相通。）故学者求知，虽不遗散殊，而要在立本。来书所举第二端与第一义自相关，毋须别答。

吾贤次难，似于语要卷一，未尝措心。卷一答张东荪先生书中，曾言所以作新论之意。此土著述，向无系统，以不尚论辩故也。缘此，而后之读者，求了解乃极难。亦缘此，而浅见者流，不承认此土之哲学或形而上学，得成为一种学。新论劈空建立，却以系统谨严之体制，而曲显其不可方物之至理。学者诚肯虚心、细心，熟习此论，必见夫此土晚周儒道，以迄宋明，旁及印土大乘，其诸哲学家中对于宇宙人生诸大问题，无不网罗融合贯穿于新论之中。旁皇周浃，无所遗憾。又其针对西洋哲学思想以立言，而完成东方哲学的骨髓与形貌。若治西洋哲学者，而头出头没于其推论设证之间，不获昂首网罗之外，一究真理蕴奥，则于新论寄意，亦必漠然，谓为无物。此诚无可如何之事，而亦无所用其计较者也。《新论》只是完成东土哲学或形而上学。其立言自有领域，然未尝排除知识，即非不为科学留地位。须知，讲哲学者，只不反对科学与知识。其为书也，非必取世间各种知识而悉叙说之也。

儒者何尝专讲一本而遗万殊。假设阴阳，以明变易不易之理。而天道之奥，（天道者，本体之代语。）与夫人事物理之至动至赜而不可亚、不可乱者，莫不究明焉。（《易系》曰，言天下之至赜而不可恶也。案荀爽恶作亚，次第也。设举一事一物而推寻其因果关系，实无穷无尽，乃辗转相缘以俱有。莫穷其始，莫究其端，何可为之次第耶。荀说是。）此大易所以与天地准也。《春秋》本玄以明化，（董子《春秋繁露·重政》云：元犹原也。何休公羊注云：元者气也。无形以起，有形以分，造起天地，天地之始也。）深察百国政俗与人群变端，因推三世，以明大同太平之休美。甚盛哉。制割万有而赞襄大化者，是所以文成数万，其指数千也。《易》与《春秋》，其义皆在辞外。宜乎守文者所不与知。若乃礼乐之隆，原本性情，周行万物万事而莫不畅。《诗》则极人情之真，而人生意义之丰富，于兹可识。儒者之道，如此其广大悉备也。而吾贤乃谓其专论一本而遗万殊，何哉。夫学者，读古书贵通其意，六经之言，虽运而往矣。若其微意所存，则历劫常新，而未尝往也。学者求之六经，而得圣人之意，则学不当陋，而道岂容拘。智周万物，而后不陋。易简理得，乃始无拘。善学者，博约兼资。约以造微。（微者单微，理之极致，则易简也，故谓单微。又微者微妙。所谓众妙之门是也。约者，实践实证、实有诸己之谓。博者徒务多知。纵上究乎玄，而仍不离知见也。约则极玄，而体之日用践履之间，心与理冥为一，不只是一个空洞的知见。）博以尽物。（尽物者，谓穷尽万物之理。）夫物理不可胜穷也。而精练于或种部分之知识者，勿以一曲之见而衡一切。足以知类不紊。又必观其会通，而究其玄极。其斯之谓尽物矣。君毅有才气而能精思。吾所属望至切。倘得缘会，析诸疑义，则孤怀寥寂之余，良得所慰已。

（答君毅，原载《十力语要》卷二，1947 年湖北印本）

来书云，毅觉徒谓玄学与科学领域不同、方法不同、分工而治，尚不能完全解决哲学之问题。盖玄学之真理与科学之真理，既同为真理，则人不能不问此种真理与彼种真理间如何流通。若玄学真理为究极的真理，则人不能不问科学之真理如何可汇归或依附于玄学真理。自此点而言，西洋哲学实有其独特之价值。以西洋哲学之主要问题，实即此问题。即如康德、黑格尔、柏格森、怀特海等，均系自分析科学中之概念、假设，以指其必汇归或依附于玄学真理者云云。此等问题太大，殊难简单作答。若详言之，必须成若干册，至少亦一巨册。焉得有此气力。无已，仍本吾意略答。玄学、科学，皆缘吾人设定有所谓宇宙（什么叫做宇宙，自是一种设定。）而试行穷究其中真理。即由穷究故，不得不方便善巧，姑为玄学科学之区别。科学尚析观，（析观亦云解析。）得宇宙之分殊，而一切如量，即名其所得为科学之真理。（于一切法，称实而知，是名如量。）玄学尚证会，得宇宙之浑全，而一切如理，即名其所得为玄学之真理。（于一切法，不取其相，冥证理体而无虚妄分别，是名如理。）实则，就真理本身言，元无所谓科学的与玄学的这般名字。唯依学者穷究之方便故，则学问不限一途，而或得其全，或得其分。由此，假说有科学之真理与玄学之真理，于义无妨。

来函谓科学之真理，如何可汇归或依附于玄学真理。余以为就宇宙论言，善谈本体者，一方面须扫相以证体。（相者谓现象界。）若执取现象界为实在者，即不能见礼，故非扫相不可。然另一方面，却必须施设现象界。否则吾人所日常生活之宇宙，即经验界不得成立。因之，吾人知识无安足处所，即科学为不可能。佛家说五蕴皆空，（五蕴，谓现象界。）似偏于扫相一方面。《新论》说本体之流行，即依翕辟与生灭故，（翕辟、生灭，皆谓流行。）现象界得成立。亦复依翕辟与生灭故，说现象界无实自体。易言之，便于现象界而不取其相，即于此而见为真体之呈显，是即扫相证体。

由成立现象界之一方面而言，科学上之真理已有依据。由遮拨现象界之一方面而言，（遮拨云云，即上所谓扫相证体。）玄学上之真理即有依据。

设问：何故成立现象界，同时复遮拨现象界。答言：成即涵遮，否则成立之名不立；遮即涵成，否则遮拨之名亦不立。

谈至此，君毅必犹谓科玄两种真理，虽各有依据，但科学上之真理，如何可汇归或依附于玄学真理，仍未解答。吾复诘汝：汝道真理是个什么东西？他既不是呆板的东西，何须以此一种理汇归或依附于彼一种理。但学者探索真理，则有由科学之途析观宇宙，得其分殊而竟昧其全者，似其所得之真理，犹不免支离破碎，而须要有所汇归或依附。若尔，则赖有玄学，明示宇宙之为浑全的。其所以为浑全的者，乃于分殊相上，不执取此分殊相。易言之，即于分殊相而见实相。（实相即实体之异名。）强以喻明，如于一一长短等绳，不执取为一一长短等绳，而直于一一长短等绳，皆见为麻。此一一长短等绳，相虽万殊，而非有如是一一长短等绳之自性故。彼其实体皆即是麻故。故于绳见麻，即离分殊而得浑全，一味平等。前所云于分殊相而见实相者，义亦犹此。

如上所说，浑全不是离开一一分殊的，而别为空洞之一境；又不是混合这些分殊的而作成一个总体；却是即此一一分殊的而直见其皆即实体之呈显。易言之，即于宇宙万象而不计著为物界，但冥证一极如如。（一者，言其无待。极者言其为理之极致。如如者，常如其性故。盖于分殊而识其本体，当下即是真常。）其微妙如此。

总之，体则法尔浑全，用则繁然分殊。科学上所得之真理，未始非大用之灿然者也，即未始非本体之藏也。（用者体之用。故《易》曰藏诸用。藏字义深。如本体是顽空的而没有用，即现象界不能成立，科学亦不可能，焉有所谓科学之真理。唯体必有用，所以科学有可能。而其所得之真理，亦可说是依实体显现故有。所以从本体方面说，此理亦是他所内涵的，故谓之藏。）如此，则玄学上究明体用，而科学上之真理，已得所汇归或依附。余自视《新论》为一大事者，以此而已。君毅犹有疑焉何也？西洋哲学家何曾识得体用。其谈本体，只是猜卜臆度，非明睿所照，故往往堕于戏论。

以上略明吾所主张。以下就来函疏误处，稍事解析。

来函云，玄学之真理与科学之真理，既同为真理，则人不能不问此种真理与彼种真理间如何流通。此段话，于科玄真理直下断定之词，未有说明，似觉不妥。吾于此将提出二问。一、玄学之真理，果以谁家所见为真理乎。二、科学上之真理，果与玄学真理同为真理乎。举此二问，仍自作答如下，聊以奉质。

答一问曰：玄学上之真理，果以谁家所见为真理。此自有哲学以来，截至现在，常为不得解决之问题。即由现在以趋未来，其永远不得解决，当一如今昔之状态可知也。然则玄学上之真理，果皆无据而不成为真理乎？非也。玄学家者，其根器利钝与熏修疏密，彼此相较，不止千差万别也。而玄学之对象又甚深微妙，非如日常经验界的事物可以质测也。故古今恒不乏少数之玄学家得到真理，而大多数不堪了达真理之学者，反与之为敌而不肯信，非独不信而已，又自以其迷谬之知见而为真理。于是朱紫淆而莫辨，雅郑乱而失鉴。此玄学上之真理所以难有一致印许者也。此事如欲详谈，便如一部二十五史，从何处说起。吾亦唯有本吾个人见地而略言之。

吾确信玄学上之真理决不是知识的，即不是凭理智可以相应的。然虽如此，玄学决不可反对理智，而必由理智的走到超理智的境地。吾常求此而有契于佛家。佛家对于世间所谓宇宙万象，确曾作过很精密的解析工夫，决不是糊涂的漫然否认现前的世界。所以在稍闻佛法的人，都承认佛家是凭理智来解决他对于宇宙人生诸大问题，不仅靠情感上的信仰作安慰。一般人对佛家这种看法，似乎没有错。然或者只看到如此而止，则不同小小错误，却是根本不了解佛家。须知，佛家唯一的归趣在证会。而其所以臻于证会之境地，在行的方面，有极严密的层级。（如十信等等，乃至十地，许多专门名词，今略而不谈。）在知的方面，则任理智而精解析。至其解析之术，精之又精，则将一向情识计著，不期而自然扫荡。于是不见有少法可取。（犹云无有些少实物可得。）友人张东荪尝言，今日新物理学的趋势，反不承认有物。吾谓此无足奇。科学上解析之术愈精故耳。然佛家若只是解析，则可以有科学之贡献，（佛家诚然富有极精深的科学思想。）或不必成功玄学。就令本解析之术，建设一种玄学，亦不过分析概念，构成许多理论，以建立某种本体。（某种者，如心或物及一元与多元等。）虽复持之有故，言之成理，然其所成立的真理，毕竟是其脑筋中构画的一幅图案，犹如一架机械。此与实际的真理决定不能相应。（相应义深。能证入所证，冥合为一，方得名相应。）佛家所呵为戏论者，正谓此辈。故在佛家虽精解析，但以之为扫相之一种方便，（扫相，说见上文。）将情识中所计著的实在的宇宙，一经解析，如剥芭蕉，一层一层的剥去，便不见有实物了。他不独对物界来解析，就是对内心的观察，亦用精严的解析术。所以他在心理学上，很早就打破了神我或灵魂的观念。他更精于解析概念或观念，发见他是些虚妄分别，或意计构画的东西，（意计者，意识周遍计度，曰意计。）所以剥落这般僻执的知见。总之，佛家利用解析来破分别法执，（佛家说执有二种。一俱生，二分别。凡日常思想见闻与学问上的思想及理论并主张等等，一切不依正智而生，只从妄识筹度，而自坚执不舍者，总名分别法执。旧亦言我执。而此不及者。据实，我执，亦法执摄。故但言法执可也。然分别执，尚粗。可以解析、作相当对治。俱生执，便深细难断，恃解析而无修养，则不能断执。每有学问家终不透悟真理者，无养故也。）随顺入法空观，（法执不空，无有见体。佛家观之一字，其意义幽奥难言。到了修法空观的时候，便超过了解析的工夫。这时，理智作用便开始转化成正智，但未纯耳。观法，亦可叫思维法。解深密经所谓如理作意，无倒思维是也。此不是常途所谓思维或思想，不可误会。又叫思现观。其功候浅深，极难言。）为趣入证会境地之一种开导。但是知、行须合一并进。如果只务解析而缺乏修行或涵养，决定无从达到证会的境地。所以，证会不是很容易谈的。后来宗门喜言顿悟。不独大小乘空有二派罕言之，即就《阿含》考察释迦氏的思想，便可见他注意解析与修养的工夫，哪可轻言顿悟。如果要说顿，除非一顿以前，经过许多渐悟。譬如春雷轰然一声，阳气之积以渐故也。佛家确是由理智的而走到一个超理智的境地，即所谓证会。到了证会时，便是理智或理性转成正智。离一切虚妄分别相，直接与实体冥为一如，所谓正智缘如。此时即智即如，非有能所，（后来唯识师说正智以真如为相分，便非了义。）通内外、物我、动静、古今，浑然为一，湛寂圆明。这个才是真理显现，才是得到大菩提。佛家学问，除其出世主义为吾人所不必赞同外，而其在玄学上，本其证会的真实见地而说法，因破尽一切迷执，确给予人类以无限光明。无论如何，不容否认。

其次，儒家底孔子，尤为吾所归心。孔子固不排斥理智与知识，而亦不尚解析。此其异于印度佛家之点。然归趣证会，则大概与佛家同。孔子自谓默而识之。默即止，而识即观也。止观的工夫到极深时，便是证会境地。《论语》记子曰："天何言哉？四时行焉，百物生焉，天何言哉？"非证见实相，何能说得如此微妙。（实相，即实体异名，亦即真理之异名。）孔佛同一证体，然亦有不似处。佛氏专以寂静言体，至于四时行百物生的意义，彼似不作此理会。缘他出世主义，所以不免差失。本体是寂静的。孔子若不亲证到此，便不会有天何言哉之叹。唯其湛寂，无为无作，故以无言形容之。然大用流行，德健化神，四时行而百物生，以此见天理之不容逆。夫子其至矣乎。然孔子下手工夫与佛家又各有不同，当别为论。

《新论》发明实相，（见前。）融会华梵。斯于玄津，实作指南。所冀仁贤，降心加察。

答二问云：科学真理果与玄学真理同为真理与否。此在主张科学万能者与哲学上之唯物论者，必绝对的肯定科学上之真理，而唾弃玄学或哲学，不值一钱，以为玄学上之真理只是幻想。今欲审核科玄两造之真理，必先将两造所谓真理一词，其涵义各为何等，加以刊定。然后科学真理与玄学真理为同与否，不辨自明。

真理一词，在玄学上大概有如下之意义：一、是遍为万法实体。（亦云宇宙本体。）二、是其为物也，（真理非物也，而此云物者，不得已而强为指目之词。如老子云道之为物。）法尔本然，（法尔，佛书中名词，犹言自然。而不译自然者，意义深故。本谓本来。然谓如此。本来如此，曰本然。不能更问理由。）不由想立，（哲学家多任思想构画，以安立本体。不悟此理周遍圆满，默而存之，炤然现前，岂假想立。一涉乎想，便构成一件物事，所谓捏目生华，早自绝于真理矣。）不依诠显。（此理不可以言诠显。言者所以表物故。《易》曰默而成之，不言而信。）三、是唯证相应。智与体冥，无有内外、物我等等对待之相。离分别故，离戏论故。具此三义，方名玄学上之真理。易曰，易简而天下之理得，即谓此也。

真理一词，在科学上意义如何，姑且略说如下：一、必设定有客观的存在之事物，即所谓日常实际生活的宇宙或经验界。此理（科学上之真理。）方有安足处所。程子说在物为理。此理诚是在物的，不是由心所造的。易言之，即是纯客观的。二、此理之发见，必依据感官经验，得有证据。虽各科学上许多真理之发明常由玄想，然玄想与空想及幻想等不同。必其经验甚多而神智开豁，不拘一隅，纵心于虚，妙观幽奥。及其发见之后，又可于经验界得其佐证。三、如上所说，则此理之获得，必由纯客观的方法，又能为一般人所公认。四、此理之自身，在其所以存在之条件下，必有不变性。除非其条件因或种变故而更革或消失，则此理亦随之消失。（如现时各科学上之许多真理，虽依经验界的事实为据，但这些经验的事实以何为标准而测定其相互关系与法则。此在吾人总不外以其所在之地球为标准。设一旦地球粉碎，或失其常轨，则不独地质学与生物学等等之真理，顿时丧失其真的性质与价值，即天文学上之真理，亦起变革。即理化等等科学上之真理，将无一不随地球粉碎而与之俱碎。如今日所测定电子之性质与振动速度，及其相互关系等等，在今日视之为真理，然或一旦值地球运行失轨时，则今日所测定电子之速度等等，或不能不起变异。如地球完全粉碎，则其时电子之波动为何状甚难设想。即令其时宇宙不能停止动力，而其动力仍将有形成电子之趋势，此或可以吾新论所谓形向者名之，然此形向之动势，不必与今日科学所测定于电子者相同，而今日所有关于电子之种种真理，尔时或不存在。）然如其条件不曾有更革或消失，则此理仍自有不变性。如设想将来世界，太阳系统之关系一如今日，则太阳从东方出之真理，一定如今日而不变。此为真理自身存在所不可缺之一义。如其无此，则一切事物都是不可捉摸的，更有何真理可言。五、此理虽有不变性，而非绝对无变易性。非绝对故，即是分殊的。因此理托足于经验界，而经验界的事物都是对待的现象，都是无量无边各种互相关联的事情。此理非他，就是存在于无量无边各种互相关联的事情中之法则或规律。（就理对事情说，便是理存在于事情之中。就事情对理说，便是事情具有此理。须知，理不是空洞的形式，事情不是杂乱无章。事情与理，实际上是分不开的，但言词上又不能不别说。）然复当知，事情与关联两词只是言语上不能不分。实则，关联非别为空架子。事情不是有如独立之一支柱。除了事情，固找不着关联。除了关联，也寻不着事情。只好说事情就是互相关联的。这样看来，事情自然不是绝对的无变易性。事情既是无量无边各种互相关联的东西，所以存在于其中之理、是千条万绪而分殊的了。六、此理虽说是在物的，是纯客观的，实亦离不开主观的色彩。如物理学上之粒子说与波动说，毕竟不可征知世界的实相，而只是吾人主观上对于世界之一种图景。但科学总是力求避免主观的偏蔽与妄臆等等，而完全注重外在世界的事实的发现，所以说为纯客观的。举此六义，而科学上所谓真理一词，其意义已可了然。

科玄两造所谓真理，既分别刊定如上。玄学上真理一词，乃为实体之代语。科学上真理一词，即谓事物间的法则。前者（玄学真理）为绝对的真实，后者（科学真理）之真实性只限于经验界。此其不同可知。

又科学上之真理，上来略以六义刊定。然第一义中，设定有客观的存在之事物，即所谓经验界，以为其真理之安足处所。此即其根本义。自余诸义，皆依此得成。据此而谈，科学真理得所托足，实赖玄学给以稳固的基地。玄学唯以穷究实体为其本务。须知，一言体便摄用，无用即是顽空，体义不成故；一言用便摄体，无体即是顽空，作用义不成故。所以，有体必有用。大用流行，幻现众相。（幻义是活义。详见《新论·转变章》。）科学便把住流行的幻相，而设定为客观的存在之事物，即经验界，科学真理才有安足处所。换句话说，即是吾人的知识有了安足处所。假使没有玄学真理，则诚有如来函所虑，科学真理将无所汇归或依附。（《新论》发明体用，可谓诚谛，而学者多不了。《破破论》与《语要》须参看。）科学真理虽依玄学真理为基地，然不得与玄学真理同为真理。（他的本身是站在一种设定之上的。）或问：大用流行，有物有则，科学依此建立。如何说科学真理不得与玄学真理同其真实。答曰：从一方面言，宇宙万象至赜不可亚，（亚义，见前函。繁然万象，不可为之次第。正以其互相关联而又向前扩张不已，所以说不可次第也。）至动不可乱。（繁然万象，实非静物，故次言至动。虽不可为之次第，而非无法则。佛家言增上缘法，所谓由此有故彼有。而互相关联与扩张不已之中，自有则而不可乱焉，则又未常不强为之次第也。系传此二语，其义相互发明，广博浩瀚。）于此见大用流行，即于此知科学上之真理皆玄学真理的内涵。所谓一为无量，（一谓玄学真理。无量谓科学真理。下准知。）无量为一是也。但从另一方面言，科学把住流行的幻相，当做存在的物事去探寻。就因为吾人在日常实际生活方面，一向享用实物的观念，不期然而然的要如此。虽说科学不断的进步，对于物理世界的观念并不是如常识一般的看做很固定的物事。然而无论如何，科学总要设定外界的独立存在。（外界亦云物理世界，亦云自然界，亦云日常生活的宇宙或经验界。）始终脱不开看静物的方法。所以在科学上无法体会流行的真际。就令谈变动，总要做一件物理的现象来解释。而流行的真际，除非证体时才可得到。友人马一浮新论序曰："穷变化之道者，其唯尽性之功乎。"此意从来几人会得。我常说，科学上安立了物，而玄学上虽一方面随顺科学，予他安立物界的基地，但其根本态度和方法，却要把一切物层层剥落，乃至剥落净尽，才识得科学真理的基地之真相。谈至此，科学之真理不得与玄学真理同为真理，当可豁如。

玄学所以要归诸证会，这个道理儒家尽管去做工夫而不肯说。佛家却费尽千言万语，种种破执，无非欲引人入证会之路。佛家所谓执者何，就是一个计著有物的观念。《十力语要》卷一有一书，谈佛书中法字义，值得深玩。

科学不应反对玄学。哲学家更不宜置本体而不究。除去本体论，亦无哲学立足地。新论刊行之一部分，只是谈体。但此书孤行，读者总多隔阂。诚如来函，须完成量论为佳。然衰世百艰，又且忽焉老至，精力实不堪用。此诚无可如何。

科学家或有轻视玄学，哲学家或有菲薄本体论者。此无他故。大抵人情对于成见，则难与穷神；滞于有取，则无缘证真。玄学上之真理，体万物而非物，故不可以物相求；（体万物者，谓此真理遍为万物实体。）肇群有而不有，故莫得以有形遇。（有形者域于形。真理虽为群有所肇始，而真理不即是有。若执有之形貌，以拟真理，则乖违已甚矣。）虽复曰希曰夷，未脱视听，（老云视之不见名曰夷，听之不闻名曰希。实则不可见闻之理，初未常遗脱见闻之物而独存。故体玄者，一闻一见，莫非希夷之存。岂常拘于闻见，取物而遗理哉。）无声无臭，不离日用；（准上、可知。）而有碍之心终不达夫神旨，下士之智恒自绝于天德。（天德用为真理之形容词，按《中庸》云，苟不固聪明圣知达天德者，其孰能知之。）此玄学所以难言也。

写至此，吾已倦极，即当截止。唯有所附及者，前答张东荪先生谈宋明儒书，彼最后有一答函布在哲刊。吾未作复。东荪常考虑中国学术思想如何能得今后治西洋学术者之了解，而使中西有融通或并存之益。此诚极大问题。吾虽有些意思，但犹待研讨，未欲发表。东荪最后答吾函，以本体论为西方哲学之特色。吾谓西洋学者探索本体之精神固可佩，但其本体论大概是戏论。又云，《易经》只讲宇宙论而无本体论。此说殊不然。本体不可直揭，故就用上形容。若会《易》旨，即其中辞义无非显体。《易》有太极与一阴一阳之谓道云云，系传固已分明指出。然玄奘法师亦谓《易》不谈体，（奘师挟门户之见，本不能了解《易》义。）不独东荪有此说。至谓佛家之修证在于得见，儒者之修证在于所行。揣其意，言见自不遮行，彼决不谓佛家是空洞的见解故；言行亦不遮见，彼决不谓儒者是冥行故。要之，儒佛异同，暂可不问。自家寻着落，却是要紧。总望吾贤虚怀大受，不独私衷之幸。而此学此理，将有所寄。吾同郡老儒毕斗山先生云，中国学人二大劣性，不肯服善，不肯细心。是可为戒。

（答唐君毅，原载《十力语要》卷二，1947年湖北印本）

论量智、性智及玄学方法

承寄《思想与时代》第十三期评《新论》一文，其后有疑问三点，复承嘱答复。吾大病初痊，老来不易恢复康健，意兴萧索，略酬明问，不得畅所怀也。第一，贤者认为吾之玄学方法非纯恃性智或体认，实亦兼恃量智，此见甚是。但若疑吾有轻量智之嫌，则或于吾书有未仔细看也。又《量论》未作，则吾之意思隐而不彰者实多，又向未有接谈之机会，宜贤者不尽悉素怀也。此一问题实在太广大，每以为东西学术之根本异处当于此中注意，大文第二疑点实与此中密切相关。吾三十年来含蓄许多意思，欲俟《量论》畅发。而以神经衰弱，为漏髓病所苦，一旦凝思构文，此病辄发，便不可支，此苦非旁人可喻。又谈理之文字，不可稍涉苟且，宋玉之赋美人，谓"增之一分则太长，减之一分则太短；施朱则太赤，傅粉则太白"，审美如是，论文亦似之。哲学文字，其于义理分际谨严盖亦如此。朱子为《四书集注》，自云"字字皆经秤量"，此非深于理者无从知此意也。佛家以幽赞玄义之文辞归之工巧心，（工巧二字勿作世俗的意义会去。）有味哉！世俗可与语此耶？每见相识，怪吾著书之难，曰："何不坐而言，令从游纪述？"吾闻之，俯首而叹：此辈以为天下无不可明白说出的道理，说出即录下，便成著述。如此见解，滔滔者天下皆是也，吾谁与言？又凡喻之于心者，出诸口便困；口头有时勉强道得者，形之文字又觉无限艰难。逻辑律令，其难犹次，深入其阻而显出之；遍历其广博而如量以达，无有漏义，则难之又难。且文章之事，纯是精神气力之表现，精气亏乏，虽胸罗万理，无可倾囊而出。偶为语录式之笔语，则在今日似不适应群机，今欲昌明一种学术，总以系统的论著为宜。吾少孤苦，极人生难堪之境，中年困学，加以病患，初犹不敢轻为著作，年邻半百，始有意乎斯文，而精气已不堪用矣。今迫六十，更复何言！《新论》语体本若以文学眼光观之，自是短阙；若仅作谈理文字看去，则每下一义，每置一字，皆经周察审虑，无有丝毫苟且，期于字字见吾之心肝脏腑而已。若夫辞义往复，百变不离其宗，期于达意，孔子曰"书之重，辞之复"，呜呼！不可不察也。"其中必有美者焉"，（《春秋繁露》。）非精义入神，诚难知制作之不易。《量论》之所以难写出者，自度精气只如此，欲本不苟之心作去，乃大不易耳。然此书不作，则于《新论》之了解要不无阂碍，不卜将有作者起而弥吾缺憾否耶？上来许多枝蔓谈，聊为贤者倾吐，此后将正酬来难。

东方学术，无论此土儒道及印度释宗，要归见体，此无疑义。但其从入之途，则有顿超直悟者，乃上根利器也；亦有婉转迂回、久历艰辛而后忽遇明珠者，根器虽钝，及其成功，一也。（明珠喻性智，前所谓顿超直悟亦即于此超悟而已。至此，则迂回者与顿悟合辙，所谓殊途同归也。）性智是本心之异名，亦即是本体之异名。见体云者，非别以一心来见此本心，乃即本心之自觉自证，说名"见体"，此义确定，不可倾摇，玄学究极在此。如何说不纯恃性智或体认耶？（纯恃二字吃紧。）此处容著得丝毫疑情耶？此非量智安足处所，宁待深言。顿超直悟人，当下亲体承当，不由推求，不循阶级，宗门大德，皆此境界，颜子、蒙庄、僧肇、辅嗣、明道、象山、阳明诸先生，虽所造有浅深，要同一路向也。根器钝者，难免迂回，其触处致力全凭量智作用。探索不厌支离，征测尤期破碎，以此综事办物，功必由斯，以此求道，（道，谓本体。）岂不远哉！但使心诚求之，久而无得，终必悟其所凭之具。（具，谓量智。）为不适用。一旦废然，（不信任量智有无限的效能。）反之即是，（反之即得性智。）宋人小词"众里寻他千百度，回头蓦见，那人正在灯火阑珊处"正谓此也。故玄学见体，唯是性智，不兼量智，是义决定，不应狐疑。会六艺之要归，（孔门标六艺。）通三玄之最旨，（魏晋人标三玄。）约四子之精微，（宋明诸师标四子。）极空有之了义，（佛家大小乘不外空有两轮。）以吾说证之，未见其有一焉或偶相戾者也。斯乃千圣同符，百王共轨，非有意为合，乃神悟之玄符耳。

然玄学要不可遮拨量智者，见体以后大有事在。若谓直透本原便已千了百当，以此为学，终是沦空滞寂，隳废大用，毕竟与本体不相应。譬之游断航绝港而蕲至于海，何其谬耶？大人之学，由修养以几于见道，（见道，即见体之谓。）唯保任固有性智，而无以染习障之，无以私意乱之，使真宰恒时昭然于中，不昏不昧，只此是万化根原，通物我为一，阳明咏良知诗："无声无臭独知时，此是乾坤万有基"，实了义语也。此种境地，岂可由量智入手得来？然到此境地却又不可废量智。须知：量智云者，一切行乎日用，辨物析理，极思察推征之能事，而不容废绝者也。但有万不可忽者，若性智障蔽不显，则所有量智唯是迷妄逐物，纵或偶有一隙之明，要不足恃。人生唯沦溺于现实生活中，丧其神明以成乎顽然之一物，是可哀可惨之极也。若修养不懈，性智显发，（此即见体时。）则日用间一任性智流行于万物交错、万感纷纶之际，而无遗物以耽空、屏事以溺寂。至静之中，神思渊然，于物无遗，而于物无滞，是所谓性智流行者，亦即是量智。但此云量智，乃性智之发用，与前云性智障蔽不显时之量智，绝非同物。从上圣哲为一大事因缘出世，兢兢于明体立极之学，岂无故哉！得此学者，方成乎人，方善其生；否则丧其生而不人矣。然若谓见体便游乎绝待，可以废绝量智；抑或看轻量智，以格物致知之学为俗学，无与于大道，此则前贤所常蹈其弊，而吾侪不可复以之自误而误人也。

抗战前，友人欲与吾讨论中西文化，以为二者诚异，而苦于不可得一融通之道。吾时默而不言，因《量论》未作，此话无从说起。实则，中学以发明心地为一大事，（借用宗门语，心地谓性智。）西学大概是量智的发展，如使两方互相了解，而以涵养性智，立天下之大本，则量智皆成性智的妙用。研究科学，经纶事业，岂非本体之流行而不容已者耶？孰谓量智可废耶？

佛经说佛号遍知，其徒或以为成佛则自然无所不知也。不知遍知云者，就真谛言，谓其证见真如，（真如即本体之名。）已知万法之本、万法之真，故说为遍知耳；若克就俗谛言，一切事物之理，虽成佛见体，果能不待量智推征而自然无所不知耶？

《新论》主于显体，立言自有分际，《量论》意思，此中固多有不便涉及者。

大文第三疑点云："著者一口抹煞，谓西洋哲学无体认，此亦未免武断。"实则，吾未尝武断也。若肯承认吾前文所说之不谬，即中学归极见体，易言之，唯任性智，从修养而入；则西学是否同此蹊径，似不待申辩而知其判然矣。夫体认之境，至难言也。由修养深纯，涤除情识而得到之体认，此天人合一之境地，（实则，即人即天，合一犹是赘词。）中土哲人所为至卓绝也。西学一向尚思维，其所任之量智，非必为性智显发而后起之量智也。何者？反求本心，吾似未闻西哲有以此为学者也。夫思想之用，推至其极，不眩则穷。穷与眩异者，眩则思之多端，杂乱而成惑；穷者，思能循律而极明利，然终止乎其不可思，故穷也。思至于穷，则休乎无思，而若于理道有遇焉。此任量智之学者所自以为体认之候也，西哲所有者当不外此，而格以吾先哲之体认，则似之而非也。非从修养入手，则情识未净，乘思之穷，而瞥尔似有默遇焉，非果与真理为一也。要之，此事难言，必其从事于儒道佛诸氏之学，而非但以见闻知解或考核为务者，有以真知前哲之用心，然后知西哲自有不得同乎此者。昨腊，吾应南岸讲演之请，方何诸先生亦断断致辨，谓吾薄西学不见体为未是。及讲后燕谈，方先生畅论西哲工夫，不外努力向外追求，吾笑谓之曰：本体是向外追求可得耶？君毋乃为我张目乎？今纵退一步言之，如贤者所说：西哲自昔即有言体认者，然此必非西洋哲学界中主要潮流。犹如晚周名家，似亦偏尚量智，然在中土哲学界终不生影响，可以存而不论。凡辨章同异，只约大端别异处较论而已。人与动物同处岂少也哉！而撮举大端，则二者不止天渊之判矣。

昨函写就后，复有余意未尽者。大文有云："著者'体用不二'之说，西洋哲学亦非绝无所见，如柏烈得来《现象与实在》一书，实尝言之。如曰：'现象无实在不可能，因如是，则谁为能现？而实在无现象将为空无，因在现象外必无物也。'是柏氏亦非外现象而求实在。即怀黑德教授《历程与实在》一书，亦明此义"云云。吾不能读西籍，向者张东荪尝谓《新论》意思与怀黑德氏有不谋而合处，未知果然否？贤者所述柏氏语，似与《新论》有融通之点，然骨子里恐不必相近也。西洋学者所谓本体，毕竟由思维所构画，而视为外在的。《新论》则直指本心，通物我内外，浑然为一，正以孟氏所谓"反身而诚"者得之，非是思维之境。柏氏是否同兹真髓，吾不能无疑也。昨函答来函"西哲自昔亦有体认之说"，吾谓其"似之而非"者，盖东方哲人一向用功于内，涤尽杂染，发挥自性力用。其所谓体认，是真积力久，至脱然离系、本体呈露时，乃自明自见，谓之体认。庄子云："明者，非谓其明彼也，自明而已；见者，非谓其见彼也，自见而已。"故此义极严格。西洋学者从来以向外找东西的态度探索不已，如猎者强烈追求，期有所掳获然。故其所见之体，正是思维中所构画的一种境界，非果亲证实在而直与之为一也。西洋诸哲学者，其未能的然了解实在与现象为不二者，固是错误。即如柏氏辈观想入微，似有当于吾所谓体用不二之旨，然彼之入手工夫恐终是西洋路数，唯向外探索为务，则彼所见之体，要非如实证见。若尔，则彼之体用不二观虽与吾有其相近，而骨子里究判若天渊，此不容不辨也。体认之意义，吾已略说如前，不独西洋学者功力不同，未必果有此诣，即在宋明人语录中，其于体认一词亦有宽泛的说法。或以寻思义理，反覆含玩，使印解益加深切，谓之体认；或则推寻至竟，瞥然有省，恍悟至理毕竟不可思议，于是旷然若有默喻。以上二种意义，皆与吾前所谓自明自见者，绝不相侔。其后之一种，由推寻至竟而返诸默喻，其所谓默喻，犹是最极微细的观想，非即本体呈露也。本体必离系而始显，以探索为功者，始终有所系也。故彼之体认，非吾所谓体认也。真见体用不二者，说一真湛寂也得，说大用流行也得，说一真湛寂即是大用流行，说大用流行元是一真湛寂，均无不得。此中具无上甚深微妙义，恐柏氏思解所至，未许入实际理地。

又大文云："著者认'心物皆无自体，同为一个整体不同之两方面'，此其说，最近西洋哲学同见及之，如罗素、如杜威、如怀黑德，无不同声否认心物各有自体。心物二元论已成过去。"贤者此段话，从大端趋势上说，固无不可；然各家持论的内容与其根本观念，又当莫不互异。《新论》依本体流行假说翕辟，复依翕辟假名心物，随俗谛则不坏世间相，心物皆许有故；入真谛，则于世间相而荡然离相，乃见一切皆真。诸家果臻斯诣否？

又大文云："著者自认与西洋哲学不同之点，在于本体之认识恃性智而不恃量智，此不唯与柏格森之直觉说有相似处，即柏烈得来亦见及之。柏氏谓'思想仅能运行于有对，而不能运行于无对，思想如与实在一致，即为思想之自杀'。是柏氏亦感觉量智不可恃。"贤者所引柏氏语甚有意思，不悉中文有翻本否？贤者素精于柏氏之学，何不移译得来？唯云"与柏格森之直觉说有相似处"，则期期以为不可。忆昔阅张译《创化论》，柏格森之直觉似与本能并为一谈，本能相当《新论》所谓习气。（其发现也则名习心。）习心趣境固不待推想，然正是妄想，不得真实，此与吾所谓本体之认识及性智云者，截然不可相蒙。此间黄艮庸等皆于此与吾同其所见。

病瘶初痊，辞不达意，义理不厌求详，非必欲争一己之是也。

有难："《新论》谓佛家真如只是无为，不许说为无为无不为，即谓真如是无有生化之体，此恐误会。如《金刚仙论》卷三云：'言一切法空者，有为之法，无体相故空。然真如佛性法，万德圆满，体是妙有，湛然常住，非是空法。'据此真如既是妙有，如何说无生化？"答曰：瑜伽家言真如非有非无，以无情计所执相故，说为非有；（所执相三字宜深玩，哲学家谈宇宙本体者，种种构画只是其所执之相而已，非可与本体相应。）以本非空无故，复说非无。然此与老氏有无之旨实不相近，须各通其全整的意思，而后可辨。吾国唐以前之佛家，多以妙有妙无之旨谈涅槃佛性，（"妙有妙无"亦《金刚仙论》语。涅槃佛性乃真如之异名。）皆援老以入佛。老氏之学本于《易》，其言无，确非不生化之无，故至无而妙有。佛氏之空，虽本非空无之空，然其所证会特在寂静之方面，故虽言非无，究与老氏所云有者不似。《金刚仙论》，六代时盛行北土，张生德钧考定为流支后学所作，近是。盖曾闻流支之说，而附以老子义，遂成斯论。德钧谓其有符瑜伽正说，殊嫌朋比。窥基法师谓此论为南地吴人浪造，非真圣教，不可依据。其斥绝之严如此，盖确守印度佛家本义故耳。基师以"凡情浪作图度"讥《金刚仙论》，则《仙论》妙有之旨违佛经甚明，亦足证余之所说无误会也。

（原以《论玄学方法》为题，载 1942 年 11 月《思想与时代》第十六期；又以《答谢幼伟》为题，作为附录附于《新唯识论》语体文本卷下之二）

论性修不二

综前所说，心者即性，是本来故。心所即习，是后起故。净习虽依本心之发用故有，然发现以后，成为余势，等流不绝，方名净习，则净习亦是后起。本来任运，（任自然而行。）后起有为。本来纯净无染，后起便通善染。本来是主，（只此本来的性，是人底生命。故对于后起的习，而说为主。）后起染法障之，则主反为客。（无据曰客：本心障而不显，虽存若亡。故说为客。）后起是客，染胜而障其本来，则客反为主。（吾人生命，只此本来者是。然吾人不见自性故，常以染习为生命。一切所思所学所为所作，莫非滋长染习，而恃之以为其生命，而真生命乃日戕贼于无形。此亦愚之至也。）如斯义趣，上来略明，今更申言欲了本心，当重修学。盖人生本来之性，必资后起净法，始得显现。虽处染中，以此自性力故，常起净法不断。（起者创义，依据自性力故，而得创起净习不断。即自性常显现而不至物化故。）依此净法，说名为学。（创起净习，即是认识了自家底生命，而创新不已。这个自识自创的功用，总说名觉。只此觉才是真学问。）若向外驰求，取著于物，只成染法，不了自性，非此所谓学。（此语料简世间一切俗学。）故学之为言觉也。学以穷理为本，尽性为归。彻法源底之谓穷，无欠无余之谓尽。性即本来清净之心，理即自心具足之理，不由外铄，不假他求。此在学者深体明辨。今略举二义，以明修学之要。一者，从微至显。形不碍性故，性之所以全也，本心唯微，心藉引发而后显。（微有二义，一者微隐义，以不可睹闻言之。二者微少义，以所存者几希言之，此兼具二义。）原夫性之行也，不得不自成乎形，以为具。既凝成形气，则化于物者多。而其守自性而不物化者，遂为至少。如《易》消息，从姤至剥，仅存在上之一阳。此段道理极难说，（参看《转变章》、《成物章》、

《明心上章》首段。）须深心体究翕辟之故才得。上云心是本来。本来者，性之代语。性者，言其为吾人所以生之理也。若赅万有而言之，则亦假名恒转。形气者，谓身躯，此即恒转之动而翕所凝成者。易言之，即此形气亦是本来的性底发现。但形气既起，则幻成顽钝的物事，忽与本来的性不相似。所以，性至此几乎完全物质化了。然尚能守其自性而不至全化为物者，此即所谓辟或心。但就其存乎吾身者言之，此辟或心，实可谓至少的一点。如《易》剥卦中所剩下底一阳而已。这点真阳，是生命底本身。宗门所谓本来面目，他确是形气底主宰。王弼《易略例》所谓"寡能制众"者此也。然此只就原理上说，未可执一曲以衡之。盖此点真阳若不得显发，即未能主宰形气而为物役者，又随在可征。故不可持一曲之见，以疑此原理为妄立也。此仅存之真阳，即性。虽遍运乎形气之内，而隐为主宰，然其运而不息者，固法尔自然，未有为作。（法尔犹言自然。不直言自然者，以法尔义深故。下言自然者，显无作意。与常途言自然者，义亦稍别。）而形气既生，即自有权能。（形气底权能，本是随顺乎性的。而亦可以不顺乎性。）则性之运于形气中者，既因任无为，（因任者，因而任之之故。）形乃可役性以从己，而宛尔成乎形气之动。（形气简言形，乃可者未尽之词。形之役性，非其固然也。故云乃可。己者，设为形气之自谓。）故性若失其主宰力矣，所谓本心唯微者此也。然则形为性之害乎？曰：否，否。若无形气，则性亦不可见。且形者性之凝，即形莫非性也。故孟子曰："形色，天性也。"形何碍于性乎？形之役夫性者，本非其固然，特变态耳。如水不就下，而使之过颡或在山者，此岂水之固然哉。染习与形俱始，随逐增长，以与形相守，而益障其本来。（染习与形相守，故学者难于变化气质也。）遂使固有之性，无所引发，而不得显。如金在矿，不见光采。反之，性之主乎形者，则以善习力用增长，与性相应，引发不穷，故全体顿现。如《易》消息，从复之一阳，渐而至于纯乾。如炼矿成金，不重为矿。然性之为主，亦行乎形气之中。故先儒有"践行尽性"之说，使视极其明，听极其聪，斯无往而非全体之昭著矣。二者，天人合德。性修不二故，学之所以成也。《易》曰："继之者善，成之者性。"全性起修名继，（性是全体流行不息的，是万善具足的，故依之起修，而万善无不成办。是谓全性起修，即继义。）全修在性名成。（修之全功，依性而起，只以扩充其性故，非是增益本性所无。故云全修在性，即成义。）本来性净为天，后起净习为人。故曰人不天不因，（性者天也，人若不有其天然具足之性，则将何所因而为善乎？）天不人不成。（后起净习，则人力也。虽有天性，而不尽人力，而天性不得显发，而何以成其为天耶。此上二语，本扬子云《法言》。）故吾人必以精进力创起净习，以随顺乎固有之性，而引令显发。在《易》乾为天道，坤为人道。坤以顺承天故，为善继乾健之德。（坤卦表示后起底物事，吾人自创净习，以引发天性，即坤法天之象。）是故学者继善之事，及其成也性焉。《论语》曰："人能弘道，非道弘人。"《论语》言道，当此所谓性。人能自创净习，以显发天性，是人能弘大其道也。人不知尽性，即化于物，而性有不存者矣。故云非道弘人。弘道之目，约言之，在儒家为率循五德，在佛氏为勤行六度。五德本性具之德，其用必待充而始完。六度乃顺性而修，其事亦遇缘而方显。佛氏言六度，多明事相，不及儒家言五德，克指本体，于义为精。故曰无不从此法界流，无不还归此法界。（法界即性之异名耳。）此谓天人合德，性修不二。学者于此知所持循，则精义之神以致用，利用安身以崇德，皆在其中矣。或曰："染缚重者，恶乎学。"曰：染净相资，变染成净，只在一念转移间耳，何谓不能学耶？夫染虽障本，（本者，具云本来。染法障蔽本来。）而亦是引发本来之因。由有染故，觉不自在。不自在故，希欲改造，（自己改造自己。）遂有净习创生。由净力故，得以引发本来而克成性。性虽固有，若障蔽不显即不成乎性矣。故人能自创净力以复性者，即此固有之性无异自人新成之也。古德云：一念回机，便同本得。明夫自心净用，未尝有间。诸惑元妄，照之即空。苟不安于昏愚，夫何忧乎弱丧。故学者首贵立志，终于成能。（《易》曰："圣人成能。"人能自创净习，以显发其性，即是成能也。）皆此智用为主。智体本净，不受诸惑。辨惑断惑，皆是此智。净习之生，即此本体之明流行不息者是。引而不竭，用而弥出，自是明强之力，绝彼柔道之牵。（《中庸》云："虽愚必明，虽柔必强。"此言其力用也。《易》曰："困于金柅"，柔道牵也。柔道即指惑染。以诸染法，皆以柔暗为相。阳德刚明，自不入于柔暗，故智者不惑。）如杲日当空，全消阴翳，乃知惑染毕竟可断，自性毕竟能成。斯称性之诚言，学术之宗极也。故曰：欲了本心，当重修学。

（摘自《新唯识论》语体文本"明心"下章，1947年湖北印本，标题系编者所加）

文化观与儒学观

略说中西文化

文化的根柢在思想；思想原本性情；性情之熏陶，不能不受影响于环境。中西学术思想之异，如宗教思想发达与否、哲学路向同否、科学思想发达与否，即此三大端，中西显然不同。此其不同之点，吾以为，就知的方面说，西人勇于向外追求，而中人特重反求自得；就情的方面言，西人大概富于高度的坚执之情，而中人则务以调节情感，以归于中和。（不独儒者如此，道家更务克治其情，以归恬淡。）西人由知的勇追与情的坚执，其在宗教上追求全知全能的大神之超越感特别强盛。稍易其向，便由自我之发现而放弃神的观念，即可以坚持自己知识即权力而有征服自然、建立天国于人间之企图。西人宗教与科学，形式虽异，而其根本精神未尝不一也。中国人非无宗教思想。庶民有五祀与祖先，即多神教。上层人物亦有天帝之观念，即一神教。但因其智力不甚喜向外追逐，而情感又戒其坚执，故天帝之观念，渐以无形转化而成为内在的自本自根之本体或主宰，无复有客观的大神。即在下层社会，祭五祀与祖先，亦渐变为行其心之所安的报恩主义，而不必真有多神存在。故"祭如在"之说，实中国上下一致之心理也。中国人唯反求诸己而透悟自家生命与宇宙元来不二。孔子赞《易》，首明乾元统天。乾元仁也。仁者，本心也，即吾人与万物同具之生生不息的本体。无量诸天，皆此仁体之显现，故曰统天。夫天且为其所统，而况物之细者乎？是乃体物而不遗也。孟子本之以言"万物皆备于我"，（参考《新唯识论》语体本《明心章》。）庄生本之以言"独与天地精神往来"，灼然物我同体之实。此所以不成宗教，而哲学上"会物归己"。（用僧肇语。陆子静言宇宙不外吾心，亦深透。）于己自识，即大本立。（此中己字，非小己之谓。识得真己即是大本，岂待外求宇宙之原哉？）此已超越知识境界而臻实证，远离一切戏论，是梵方与远西言宗教及哲学者所不容忽视也。（《新唯识论》须参考。）中国哲学，归极证会。证会则知不外驰，（外驰，即妄计有客观独存的物事，何能自证。）情无僻执，（僻执，即起倒见，支离滋甚，无由反己。）要须涵养积渐而至。此与西人用力不必同，而所成就亦各异。

科学思想，中国人非贫乏也。天算、音律与药物诸学，皆远在五帝之世；指南针自周公；必物理知识已有相当基础而后有此重大发明，未可视为偶然也。工程学在六国时已有秦之李冰，其神巧所臻，今人犹莫能阶也。非斯学讲之有素，岂可一蹴而就乎？张衡侯地震仪在东汉初。可知古代算学已精，汉人犹未失坠。余以为周世诸子百家之书，必多富于科学思想，秦以后渐失其传。即以儒家六籍论，所存几何？孔门三千七十，《论语》所记，亦无多语。况百家之言，经秦人摧毁与六国衰亡之散佚，又秦以后大一统之局，人民习守固陋，其亡失殆尽，无足怪者。余不承认中国古代无科学思想，但以之与希腊比较，则中国古代科学知识，或仅为少数天才之事，而非一般人所共尚。此虽出于臆测，而由儒道诸籍尚有仅存，百家之言绝无授受，两相对照，则知古代科学知识非普遍流行。故其亡绝，《易》于儒道诸子。此可谓近乎事实之猜度，不必果为无稽之谈也。中国古代，一般人嗜好科学知识，不必如希腊人之烈。古代儒家反己之学，自孔子集二帝三王之大成以来，素为中国学术思想界之正统派，道家思想复与儒术并行。由此以观，正可见中国人知不外驰，情无僻执，乃是中国文化从晚周发原便与希腊异趣之故。希腊人爱好知识，向外追求，其勇往直前的气概与活泼泼的生趣，固为科学思想所由发展之根本条件，而其情感上之坚执不舍，复是其用力追求之所以欲罢不能者。此知与情之两种特点如何养成？吾以为环境之关系最大。希腊人海洋生活，其智力以习于活动而自易活跃，其情感则饱历波涛汹涌而无所震慑，故养成坚执不移之操。中国乃大陆之国。神州浩博，绿野青天，浑沦无间。生息其间者，上下与天地同流，神妙万物，无知而无不知。（妙万物者，谓其智周万物而实不滞于物也。不琐碎以逐物求知，故曰无知。洞彻万物之原，故曰无不知。）彼且超越知识境界，而何事匆遽外求、侈小知以自丧其浑全哉？儒者不反知而毕竟超知。道家直反知，亦有以也。夫与天地同流者，情冥至真而无情，即荡然亡执矣。执者，情存乎封畛也。会真则知亡，（有知则知与真为二，非会真也。）而情亦丧，（妄情不起曰丧。）故无执也。知亡情丧，超知

之境，至人之诣也。儒道上哲，均极乎此。其次，虽未能至，而向往在
是也。

就文学言，希腊人多悲剧。悲剧者，出于情之坚执。坚执则不能已
于悲也。中国文学以三百篇与《骚》经为宗。三百篇首二《南》。二
《南》皆于人生日用中见和乐之趣。无所执，无所悲也。《骚》经怀亡国
昏主，托于美人芳草，是已移其哀愤之情，聊作消遣。昔人美《离骚》
不怨君。其实亡国之怨，如执而不舍，乃人间之悲剧，即天地之劲气
也。后世小说写悲境，必以喜剧结，亦由情无所执耳。使其有坚执之
情，则于缺憾处必永为不可弥缝之长恨，将引起人对命运或神道与自然
及社会各方面提出问题，而有奋斗与改造之愿望。若于缺憾而虚构团
圆，正见其情感易消逝而无所固执，在己无力量，于人无感发。后之小
说家承屈子之流而益下，未足尚也。要之中国人鲜坚执之情，此可于多
方面征述，兹不暇详。

就哲学上超知之诣言，非知不外驰，情无僻执，无由臻此甚深微妙
境界。然在一般人，并不能达哲学上最高之境，而不肯努力向外追求以
扩其知。又无坚执之情，则其社会未有不趋于萎靡，而其文化终不无病
菌之存在。中国人诚宜融摄西洋以自广，但吾先哲长处，毕竟不可舍失。

或问：西方文化无病菌乎？答曰：西洋人如终不由中哲反己一路，
即终不得实证天地万物一体之真，终不识自性，外驰而不反，（只向外
求知，而不务反求诸己，知识愈多，而于人生本性日益茫然。）长沦于
有取，以丧其真。（有取一词，借用佛典。取者，追求义。）如知识方面
之追求，则以理为外在，而努力向外穷索，如猎者之疲于奔逐，而其神
明恒无超脱之一境，卒不得默识本原，是有取之害也。欲望方面之追
求，则凡名利、权力种种，皆其所贪得无厌，而盲目以追逐之者，甚至
为一己之野心与偏见，及为一国家一民族之私利而追求不已，构成滔天
大祸，卒以毁人者自毁，此又有取之巨害也，是焉得无病菌乎？中西文
化宜互相融和。以反己之学立本，则努力求知，乃依自性而起大用，无
逐末之患也。并心外驰，知见纷杂而不见本原，无有归宿，则其害有不
可胜言者矣。中西学术，合之两美，离则两伤。

（原载《学原》第一卷第 4 期，1947 年 8
月；又以《答某生》为题，收入《十力语要
初续》，1949 年香港印本）

略谈中国哲学的特色

惠书至，适有兵事。又冬来贱体极不适。勉强作答，既有意思郁塞之困，兼有言不尽意之患。自惭无以酬明问，惟希谅之而已。按来问，略有四事：一、问吾对于老子哲学之解释。二、问道教在中国所影响于各方面者如何。三、问中国现代道教之教义、信条等等。四、问现代道教之信徒多寡与寺宇多寡。综观四问，其第一问，力当略答。第二问以下，则治民俗学者所专研，力不能详也。唯在答第一问之前，有须略言者如次。

吾闻欧人言及中国哲学，辄与宗教并为一谈。各国大学，于哲学科目中并不列入中国哲学，或则于神学中附及之。此则于中国学问，隔阂太甚，而为中西文化融通之一大障碍。私怀所常引为遗憾者也。中国民族之特性，即为无宗教思想。此可于中国远古之《诗经》而征之。《诗经》以二南冠首。（首篇曰《周南》，次篇曰《召南》。名为二南。）其所咏歌，皆人生日用之常与男女室家农桑劳作之事，处处表现其高尚、和乐、恬淡、闲适、肃穆、勤勉、宽大、坦荡之情怀。不绝物以专求之内心，故无枯槁之患；亦不逐物以溺其心，故无追求无餍之累。日常生活皆顺其天则，畅其至性，则自一饮一食，以及所接之一花一木，乃至日星大地，无在非真理之显现。故不必呵斥人间世而别求天国。难言哉，《诗经》之者也。孔子《论语》中，谈诗者最多。其语伯鱼曰，汝为《周南》《召南》矣乎。人而不为《周南》《召南》，其犹正墙面而立也欤。《朱子集注》：正墙面而立者，谓一物无所见，一步不能行。人而不治二南之诗，便不能生活。犹如面墙。孔子之尊二南如此，非以其表现人生最极合理之生活而不迻于神道故耶。（孔子之哲学思想实本于诗。故儒家学说，在中国常为中心思想而莫有能摇夺者，以其根据于中华民族性，有至大至深至远之基础。而于吾人真理之要求，确能使自得之而无所诞妄。此孔子所以为大也。）《诗经》所载，多属古代民间之作品。古者太史陈诗，以观民风，是其征也。《诗经》中绝无神道思想。（虽二南以外，亦间有天帝等名词，然所云天者，即谓自然之理，所云帝者，谓大化流行、若有主宰而已。非谓其超越万有之外，而为有意志有人格之神也。故《诗经》中之天与帝，不能与景教经典中之天帝等词同一解释。）即此可见中华民族之特性。至其无宗教思想之为长为短，自是别一问题。此不欲论。唯中国人一向无宗教思想，纵云下等社会不能说为绝无，要可谓其宗教观念极薄弱。此为显著之事实。欧美人士传教中土者，凡所交接，多无知之官僚绅士与入教之徒来自下等社会者。（中国人入教者，多来自下等社会。）故罕能了解中国文化之内蕴，而或以宗教观念解释吾国哲学思想之书，此其附会乱真，至为可惧。力愿欧人留心中国哲学者，当于此注意。

中国哲学有一特别精神，即其为学也，根本注重体认的方法。体认者，能觉入所觉，浑然一体而不可分，所谓内外、物我、一异、种种差别相都不可得。唯其如此，故在中国哲学中无有像西洋形而上学，以宇宙实体当做外界存在的物事，而推穷之者。（无有像三字，一气贯下读。）西洋哲学之方法，犹是析物的方法。如所谓一元、二元、多元等论，则是数量的分析。唯心唯物与非心非物等论，则是性质的分析。此外析求其关系则有若机械论等等。要之，都把真理（此中真理，即谓宇宙实体，后皆同此。）当做外界存在的物事，凭着自己的知识去推穷他。所以把真理看做有数量、性质、关系等等可析。实则，真理本不是有方所有形体的物事，如何可以数量等等去猜度。须知，真理非他，即是吾人所以生之理，亦即是宇宙所以形成之理。故就真理言，吾人生命与大自然即宇宙，是互相融入而不能分开、同为此真理之显现故。但真理虽显现为万象，而不可执定万象，以为真理即如其所显现之物事。（此中意义难言。）真理虽非超越万象之外而别有物，但真理自身并不即是万象。真理毕竟无方所、无形体，所以不能用知识去推度，不能将真理当做外在的物事看待。哲学家如欲实证真理，只有返诸自家固有的明觉。（亦名为智。）即此明觉之自明自了，浑然内外一如，而无能所可分时，方是真理实现在前，方名实证。前所谓体认者即是此意。

由体认而得到真理，所以没有析别数量性质等等戏论。由此，而中国哲人即于万象，而一一皆见为真理显现。易言之，即于万象而见为浑全。所以有天地万物一体的境界，而无以物累心之患，无向外追求之苦。但亦有所短者，即此等哲学，其理境极广远幽深，而以不重析物的方法故，即不易发展科学。若老庄派之哲学，即有反科学之倾向。唯儒家哲学，则自孔子以六艺教学者，皆有关实用的知识。六艺者：一曰礼。凡修己治国与网维社会之大经大法皆具焉。二曰乐。制乐器、正音律、谱诗歌，于是而乐备。人心得其和乐，礼乐相辅而行。推礼乐之意，则通乎造化之奥妙，究乎万有之本原，而使人畅其天性。其绪论犹略可考于礼记之书。三曰射。修弓矢而教人习射，所以讲武事而御外争也。四曰御。车乘之用，平时则利交通，战时则为军备。五曰书。即语言文字之学。六曰数，即算学。孔门七十子后学于社会政治的理想尤多创发。下逮宋明儒，注重格物穷理与实用及实测之学者，若程朱诸子，迄船山、习斋、亭林诸儒，代有其人。设令即无欧化东来，即科学萌芽或将发于中土儒家之徒，亦未可知也。然儒者在其形而上学方面，仍是用体认工夫。孔子所谓默识，即体认之谓。（默者，冥然不起析别，不作推想也。识者，灼然自明自了之谓。此言真理唯是自明的，不待析别与推求。而反之本心，恒自明自了。）孟子所谓思诚，所谓反身而诚，所谓深造自得，亦皆体认也。（思诚者，诚谓绝对的真理，思者体认之谓，非通途所云思想之思。思诚，谓真理唯可体认而得也。反身而诚者，谓真理不远于人，若以知解推求，必不能实现真理。唯反躬体认，即灼然自识。深造自得者，所谓真理，必由实践之功，而后实有诸己。）由儒家之见地，则真理唯可以由体认而实证，非可用知识推求。但吾人在日常生活的宇宙中，不能不假定一切事物为实有，从而加以析别，故又不可排斥知识。宇宙间的道理，本是多方面的，本是无穷无尽的。若执一端之见、一偏之论，必贼道而违理。儒家于形而上学主体认，于经验界仍注重知识。有体认之功，以主乎知识，则知识不限于琐碎，而有以洞澈事物之本真。有知识以辅体认之功，则体认不蹈于空虚，而有以遍观真理之散著。（万事万物，皆真理之所显。故真理者，从其为事物之本真而言，即说为绝对。从其显现为万事万物而言，即绝对便涵相对。由此而说事物之理即真理之散著。故知识不可排斥，为其遍观事物，而真理之散著可征也。）然则儒家其至矣乎。

中国哲学以重体认之故，不事逻辑。其见之著述者，亦无系统。虽各哲学家之思想莫不博大精深、自成体系，然不肯以其胸中之所蕴，发而为文字。即偶有笔札流传，亦皆不务组织。但随机应物，而托之文言，绝非有意为著述事也。《论语》书中，记孔之词曰："天何言哉？四时行焉，百物生焉，天何言哉？"于此可窥孔子之胸抱。老子亦曰："道可道，非常道。"（后详。）又曰："俗人昭昭，（昭昭驰辩智也。）我独昏昏。（自得于冥默也。）俗人察察，（察察，务别析也。）我独闷闷。（欲无言也。）"庄子曰："大辩不言。"自来中国哲人，皆务心得而轻著述。盖以为哲学者，所以穷万化而究其原，通众理而会其极。然必实体之身心践履之间，密验之幽独隐微之地。此理昭著，近则炯然一念，远则弥纶六合。唯在己有收摄保聚之功故也。（不使心力驰散而下坠，名收摄保聚。）如其役心于述作之事，则恐辩说腾而大道丧，文采多而实德寡。须知，哲学所究者为真理，而真理必须躬行实践而始显。非可以真理为心外之物，而恃吾人之知解以知之也。质言之，吾人必须有内心的修养，直至明觉澄然，即是真理呈显。如此，方见得明觉与真理非二。中国哲学之所昭示者唯此。然此等学术之传授，恒在精神观感之际，而文字记述，盖其末也。夫科学所研究者，为客观的事理。易言之，即为事物互相关系间之法则。故科学是知识的学问。此意容当别论。而哲学所穷究者，则为一切事物之根本原理。易言之，即吾人所以生之理与宇宙所以形成之理。夫吾人所以生之理与宇宙所以形成之理，本非有二。故此理非客观的，非外在的。如欲穷究此理之实际，自非有内心的涵养工夫不可。唯内心的涵养工夫深纯之候，方得此理透露，而达于自明自了自证之境地。前所谓体认者即此。故哲学不是知识的学问，而是自明自觉的一种学问。但此种意义，极深广微奥，而难为不知者言。须知，哲学与科学，其所穷究之对象不同、领域不同，即其为学之精神与方法等等，亦不能不异。但自西洋科学思想输入中国以后，中国人皆倾向科学。一切信赖客观的方法，只知向外求理，而不知吾生与天地万物所本具之理，元来无外。中国哲学究极的意思，今日之中国人已完全忽视而不求了解。如前所说，在吾国今日欧化之学者闻之，殆无不诮为虚玄与糊涂。想先生与欧洲之学者得吾此信，亦将视为糊涂之说也。然真理所在，吾宁受诮责而终不能不一言，是在先生谅之而已。

（答意大利学者马格里尼，节录，原载《十力语要》卷二，1947 年湖北印本，标题系编者所加）

　　中国哲学思想，归于《易》所云穷理尽性至命。理者，至极本原之理。即此理之在人而言，则曰性。即此理之为万化之大原，是为流行不息，则曰命。穷者，反躬而自识之谓。尽者，实现之而无所亏欠之谓。至者，与之为一之谓。《新论》所谈本体，即此理也、性也、命也，名三而实一也。穷也、尽也、至也，则《新论》所云见体，或证体之谓也。《新论》确是儒家骨髓。孔孟所言天，既不是宗教家之天，更不是理想中构画一崇高无上之一种理念，或一种超越感。彼乃反诸自身，识得有个与天地万物同体的真宰，炯然在中。《新论》所云性智是也。吾人实证到此，便无物我、内外可分。此乃即物而超物，即人而天。孟子所云尽心则知性知天者，此之谓也。中国哲学，亦可以庄子书中自本自根四字概括。因此，中国人用不着宗教。宗教是依他，是向外追求。哲学家虽不建立大神，而往往趣向有最上的无穷无限的终极理境。（或亦云理念。）此固有好处，但亦是向外，亦是虚构。正堕佛家所云法执，而绝不了自本自根。人生毕竟在迷妄中过活，始终不见自性，始终向外狂驰。由此等人生态度而发展其知识技能，外驰不反，欲人类毋自相残杀，而何可得耶？自吾有知，恒念及此，而不容已于悲也。《新论》之作，为此也。贤者主张祀天，吾亦赞同。祀天者，祀其在己之天也。诗曰：小心翼翼，昭事上帝。吾人祀天之礼，可一念一息而忽哉。

　　（答林同济，原载《十力语要》卷三，1947年湖北印本）

论中国文化书简

一

理气问题，《新论》中卷有一段说得明明白白，先生或于体用，犹在若明若昧之境，故于此犹有猜疑耳。此义也，中西古今哲人解者无几。哲学上纷纷之论，由根本义不透故也。而况吾子非专事于斯者乎！望将全书字字句句反复多玩，虚怀而后有悟。

辟可以言体，是就体之显为用而权言之也（注意权字）。辟固是理，翕可曰非理耶？体者，举翕辟之浑全而言也；用者，即本体之显为一翕一辟者而言也。《新论》每云体显为用，或云体成为用。显为二字，最吃紧，细玩之。即用不在体外，譬如水显为冰，则冰不在水外，可知。则冰无自体，其体即水，可知。所以救本体现象折成二界之弊也。体是无形的，而显为用，则名一翕一辟。翕即幻似有形，假名为物。辟则是体之不舍其自性而显现者，故于辟可以言体也。然一名为辟，便对翕言，便是就体之显为用而言，已不是克就浑论的本体而言，故其名以为体者，权词也。明乎上说，体不是呆板的死体，是要显为翕辟。兹以理言，若克就体上说，便名此体曰实理，亦云真理。若通用上言之，辟者，万变不穷也。你玩万变不穷四字，则知辟即是理也（理字，即条理之谓。系理万端，故名理）。翕则成物，有物有则（则即理也），翕得曰非理乎？从其幻似有象言之（注意幻似二字，无实物象故），谓之物。从其有则言之，谓之理（譬如人，一方面叫做人，他方面可叫做动物，或男女、老少及父子等等）。眼前都是物事，即眼前都是理也。吾人之心，对境有知，此时就心言之，可说心即理（阳明言之天），就物言之，可说物即理。世俗不知心即理，似以心为一东西，能向事物去找理，此固误。但如以物为实在的东西，以为物上有许多理，此又大谬。须知，物也即是理，不可曰物之上有理。

今又有一种谬说。因为西洋人谈共相者，如方圆等等是共相，种种方的物，或种种圆的物，便是自相，共相是一件一件的物上的形式，譬如许多大大小小、或漆的油的、种种方的桌子，各个体（即自相）是实有的，而共相则是这些个体的物上所共有的相。此本是假的，西洋人谈逻辑者却有把共相看做是一种法则。如方（共相也）是一种法则，各个方的物都是依此方的法则而成，有派颇有这种意见。而冯君把逻辑上的概念应用到玄学上来，于是分"真际""实际"两界，把理说成离开实际事物而独存的一种空洞的空架子的世界，此真是莫名其妙，理又难言了。

（答徐复观，1944 年）

二

关于数理派事素说之驳正，宗三所说，似不必谛。古今哲学家破人处，往往不能严切。如佛家用三段论式破外道，几无一语对题。尤怪者，他每遇一外道，必对破一阵，既不核定人之义，自不必针锋相对而破，然则乱矣乎？识者从根本处看，并不乱也。吾晚周诸子之相攻亦然。荀卿非十二子，只评庄子最好，其它均渺不相干，然则乱欤？若了荀子整个意思，其非十二子，确有以也，岂唯中印！以我所闻，罗素诋柏格森反理智，以之与黑格尔例比，而谓法西斯之导源。其实，柏氏确未反理智，只云其效能有限，不能得本体耳。此类冤事，何可胜数。谈事素者，罗素、怀特海皆数理派，人皆知之。张东荪译柏氏《创化论》中有一语，谓数理哲学之宇宙论（宇宙论之字，忆不清，而意确如此）是空洞的（此未忆错）。只此一语，想不必止此，当是东荪有未翻也。

吾以翕势顿现不必有实物，如此言，有可融摄处，此中用心已细。并注云：即在其无实物之意义上稍似。此何尝胡扯耶？吾子于此，全不着眼何欤？他的宇宙，自指自然界，即相当于吾云翕之方者。翕势顿现，何尝不可说为一种事素？唯他不了辟，不了翕辟是本体流行，所以是空肤的，所以不了生命。若不见真理，哲学家各组的一套宇宙观都是空肤的，此非作过深切体认工夫者，必不承认吾言。学问那得求一般人之能信，殊求真理而已。此文，张申府原未见，他今天来，吾以意告之，他颇赞同吾意。罗素昔在华讲演，自谓是中立的多元论（似未忆错），见译本之数理哲学大纲。其解析关系，繁过牛毛。他本是关系论者，未尝非一种数学系统。不知吾子谓然否？至于近代物理学，实则即是数学。近世数学之异于古代数学者（古代数学，实只当云算学），亦即近代物理学之异于古代物理学者。数理哲学，总不外秩序和关系等观念，谓其以数学思想说宇宙，似无不妥。虽古今数学之深浅与变迁有异，然大致不无相通之点。譬如今之言唯物者，标异古代唯物论，然毕竟是唯物而不唯心，则有其大同也。无论何派哲学，从系统看，各是一套，吾岂不知！从部分讲，同点必有可通者。如张人李人不同也，而皆有五官、百体，则莫有异也。吾于数理派言同，亦就事素说言之，非一切比同也。吾意如是，宗三如不谓然，不妨函来，义理以细究而明。

（答徐复观、牟宗三，1947 年 8 月 19 日）

三

关于大著文化书，弟前已屡函，兹不赘。大者且勿论，如必以西洋人著书成一套理论，而遂谓中国无哲学，此乃吾绝不忍苟同。时俗说先圣之学皆用艺术眼光看去，吾尤痛心。艺术是情味的，野蛮人皆有之。曾谓先圣穷神知化与穷理尽性至命之学，只是艺术之谓耶？世人方无知自毁，吾侪何忍同俗调乎？

如只有宗教与艺术而绝不足言学术，文化足言乎？兄既否认古代科学（其实古代只可说为初步的科学，而不可谓其非科学。古代药物、医术、机械、地理、工程、物理、博物等等知识，亦不可谓其非科学的），必以现代科学之进步而否认古代科学，是如见成人而谓小孩非人类也，可乎？

科学且置，必谓中国不足言哲学，何必如此乎？主义与思想诸此，吾前信已说过，不有学术而言主义，可乎？真足为一派思想而谓其非学术，可乎？吾前信可复看。胡适之云我们的老祖宗只有杂七乱八的一些零碎思想，而不足言哲学（二十三、四年北大哲学系一学生亲闻胡言而告我者），此等胡说，兄可适与之合乎？

哲学定义非是爱智，后来还有许多家。而且任何学术的定义都是你所非衷愿。哲学固不遗理智思辨，要不当限于理智思辨之域，此如要讨论，殊麻烦。中国的学问思想虽久绝，而儒道诸家侥存者，不可谓其非哲学，以其非宗教、非艺术故，以其不遗理智思辨故，但其造诣却不限于理智思辨，此当为哲学正宗，兄如将中国哲学也勾消，中国当有何物事？无乃自毁太甚乎！自弃太甚乎！

（与梁漱溟，1950 年）

四

尊书谈中国方面，吾多不赞同者：一、中国确是退化，唯太古代至战国时期光彩万丈。兄古代太忽略，直等于置之不论，此吾不赞同者一。二、中国文化虽开得太早而确未成熟，尤不当谓秦以后三千年为成熟期。秦后二三千年，只有夷化、盗化、奴化三化，何足言文化，此宜替历史揭发，永为来者之戒。三、尊书谈到根源处，只揭周孔礼教一语。孟子在战国叙学统道统，从尧舜三王直到孔子，吾以此为定论。唐人始尊周公，原是莫名其妙，并未明其所以然。尊意即提出周孔礼教，便当分别说明周公之思想与主张，及孔子之思想与主张，然后略明孔子之承于周公者何在。孔子本人之思想、其体系如何？其宗主为何？秦以后衰微之运是否尚存孔子精神，今后发挥孔子精神，宜如何舍短取长？孔子思想自当求之六经，六经以《易》、《春秋》为主，《周官》次之，三经纲要提得起，余经皆易讲。周公之思想难推考，吾意三礼中唯《仪礼》是周代典制之遗，非孔子所修。此书虽非周公本人之作，而周代典制必承周公开国之精神与规模，殆无疑义。今欲究周公之礼教，似当由《仪礼》之章条而推出其理论或义蕴。二三千年来，治《仪礼》者，只是训诂名物，不知其义。周公之影响于两周之世运者为何？如其影响于孔子集大成之儒学者又如何？此皆谈文化者所不宜略。

尊书谈义务权利诸处，甚善，然须于本原处有发挥而后言及此等处，自更好。本原处，尊书固曾及之，即所谓礼是，然吾犹嫌于礼之义犹欠发挥。

六经之道，含宏万有，提其宗要，则仁与礼而已。仁者礼之本，礼者仁之用，徒言礼教而不谈仁，则无本，是亦尊书遗漏处。虽云谈文化与专讲哲学者不同，然文化根源处总须提及才好。

伦理在古圣倡说，只是教条，亦可云德目。垂此教条，使人率由之，久之多数人习而成化，固有可能，然不必人人能如是也。若云社会制度或结构，中国人之家庭组织却是属于制度或结构者，尊书似欲讳此弊，而必以伦理本位为言。其实，家庭为万恶之源，衰微之本，此事稍有头脑者皆能知之，能言之，而且无量言说也说不尽。无国家观念，无民族观念，无公共观念，皆由此。甚至无一切学术思想亦由此。一个人生下来，父母兄弟姊妹族戚，大家紧相缠缚。能力弱者，悉责望其中之稍有能力者；或能力较大者，必以众口累之，其人遂以身殉家庭，而无可解脱。说甚思想，说甚学问。有私而无公，见近而不知远，一切恶德说不尽。百忍以为家，养成大家麻木，养成掩饰，无量罪恶由此起。有家庭则偏私儿女，为儿女积财富，以优养娇贵。儿大则爱妻子而弃父母，女大则爱丈夫与其所生子女。人类之卑贱与残忍以至于此。余痛此习不革，中国无可自强。吃苦、自立、不图安逸、不存私心，如此，则剥削之邪心消灭，达于德与廉耻矣。尊书巧避家庭本位之丑，而曰伦理本位，做好文章果何为者，此好文章足是你个人的德性表现与人格表现，而何预于中国社会？

我说中国文化开得早而未成熟者：一、《大易》明明言"裁成天地，曲成万物"等等，此比西洋人言征服自然、利用自然，尤伟大，尤宏富。荀卿《天论》言"制天而用之"一段，即本于《易》。假使此等广大义趣不绝于汉世象数之易家，则吾古代百家之科学思想必大发达无疑。又如"制器尚象"、"备物致用"、"立成器以为天下利"等等精义，亦皆科学精神。由此精神发展去，则生产技术与工具必早有发明，而吾之社会因仁与礼之本原异乎西洋，或者不至演资本主义社会之毒而别有一种创造。易言之，即《礼运》大同之盛得早现。

二、《公羊春秋》已不许大家庭组织存在，一家至多只许五口人，子多者，其长成必令独立成家，不许父母兄弟聚成大家。倘此制实行中国，决不会为秦以来二三千年之丑局。

三、尊书言中国只有民有民享，而无民治，真奇哉！信若斯言，人民不参预国政而享谁，而有谁乎？譬如某家子弟不治家事，而专倚赖父兄管家者，此等子弟犹得享其家，有其家乎？《周礼》之地方政制严密至极，此非民治乎？各职业团体皆得以其职与内外百职事并列，此不谓之民治而何谓？《大易》比卦之义，即人民互相比辅为治，此得曰吾之臆解乎？

吾略举三证。中国文化分明未成熟，先圣启其理想，后嗣不肖未能析明与实践。何谓成熟？吾所欲言者甚多，细节处亦多可商。但一个多月以来，饱闻粪气，吾与仲女均无精神。觅《易经》又觅不好，无法达意，望兄垂察。兄书时引出问题，有极好处，亦时有病，昔吾今精力短促，难以细语商量。昔居觉生兄言，人生六十五以后便觉衰，力量不行。吾六十生日彼尝言此，艮庸昨犹忆其语，今六十六乃深觉精力差。东兄前言，候你回，吾三人当聚谈一会。宰平犹未至，将不来聊。

（与梁漱溟，1951 年 5 月 22 日）

五

前天一信，殊未尽意，兹略申者：

兄言中西文化之发展似归本于感情（理性）与理智各有偏胜。吾以为如本体透露者，则本体流行，触处是全体大用显发，感情理智决无偏胜。故乾卦言仁而大明在，孟子、阳明言良知而万物一体之仁在，此真实义也，不可忽也。吾古圣以此为学，以此立教，以此立证，以此化民成俗。

本体未彻，即在虚妄（妄戏）分别中作活计，虽云妄识为主公，而本体未尝或熄，但妄识毕竟乘权，本体终难呈露。妄识流注，有势用而无恒德，有偏胜而非圆满（以上二语，千万吃紧，余确是自家体认得来。佛于圆成言圆满，《易》于乾体言圆神，皆不可以分别心去索解）。故其行于物也，则猛以逐物与析物辨物，而理智胜；其希求寄托也，则投依与执著之情胜；其与人之交也，则对峙与争衡之情亦胜（争衡谓由斗争而求得平衡）。兄谓西人只是理智的，其实西洋人亦是感情的，但其情为妄情，不自本体流露耳。所以西洋文化一方面是理智，一方面又是最不理智。兄似于西洋文化根荄尚未穷尽真相。西洋文化本自二希，一希腊的理智，一耶教（希伯来）的感情，二者皆不识本体，即不彻心源，此中有千言万语难说。吾年五十五以后，日日究一大事，渐有所悟，六十而后，益亲切无疑。

中国何尝只是情胜？古代百家之科学思想虽已失传，而天文、数学之造诣似已不浅。指南针作者，一云黄帝，一云周公，或黄帝首创，周公继述也，此非明于电磁者不能为，则物理知识古有之矣。李冰，战国时秦人，其水利工程当在今人犹惊叹莫及，则工程学盛于古代可知。木鸢则墨翟、公输并有制作，是亦飞机之始。舟舵发明，当亦甚古，西赖之以航海，此与造纸与印刷术贡献于世界者甚伟大。《易·系传》言"裁成万物"（天地曰成），荀卿本之作《天论》。又曰"开物成物"、"备物致用"、"立成器以为天下利"，此皆科学精神之表现。周初或有奇技淫巧之禁，而孔门《易》学已力反其说。汉人象数实为术数之《易》，非七十子所传孔氏之《易》。孟轲称孔子集大成，是为中国学术思想界之正统派，万世不祧之宗也。惜乎汉人迎合皇帝，妄以封建思想释说而经遂亡。今不注意圣人微言大义之仅存者，而断定中国决不能有科学，余实未能印可。科学思想发生于古代而斩绝于秦汉，此其故，自当于秦汉以后二千数百年之局考察情实，自不难见，吾《读经示要》曾言之。

　　民主政治，兄谓中国人只有民有民享诸义，而所谓民治，即人民议政或直接参政等法治与机构，中国古籍中似无有，吾谓不然。先说圣言治道，其本在仁，其用在礼，仁者礼之本，礼者仁之用，而政法皆礼之辅。《春秋》与《周官》之法制，可谓广大悉备矣。兹不及详，略就兄所云民治者征之。《春秋》书新人立晋便有由人民公意共选行政首长之法。《周官》于国危或立君等大事，亦有遍询民众之文；又于各种职业团体皆列其职，即各业团直接参预国政。至于地方制度之详密，尤可见民治基础坚实。余常以《周官》一经为由升平导进太平之治，灼然不诬。程朱与方正学并尊此经，皆有卓见。西洋议会少数服从多数之规，吾先哲似不尽赞同，兄已见及此，然先哲未尝不征取多数意见。孟子盖公羊春秋家也，其言国人皆曰贤未可也，见贤焉，然后用此即明政长，必遍征人民公意，而仍不以众议为足，必本其所自觉者裁决之，始付诸实施。孟子虽就用贤一事为言，推之百政，殆莫不然。余谓孟子此等主张最有深义。凡民主国家遇有大事，咨于群众，往往有昧于远识者。咨其群而合于庸众偷堕之情；或逞其偏见，易得大众赞；或险默之徒阴挟野心，而饰辞以欺骗群众，一夫倡说，众人不察而妄和；此弊不可胜举。是故孟子言用贤必遍征国人公意而卒归于政长之本其所见，以为裁决，如此则政长有前识于大计，议会不得挠之，此为政长留自决之余地，实议会政治之所当取法也。春秋战国间，法家谈民主者，必与儒家相为羽翼，惜其书已失传，《读经示要》曾言之。孔门之儒大抵依据《春秋》、《周官》，注重法制。如孟子伤当时之民无法守，又曰"徒善不足以为政",其留意法制可知。今传孟氏之书,或其弟子所记,不可窥子舆思想之全也。《管子》书似亦大体近于民主思想,而惜其不纯,似多杂糅之文,七十子后学尚法者所托。六国昏乱,一切学术濒于废绝,秦政更毁之务尽。汉儒征焚坑之祸,《春秋》许多非常可怪之论都不敢著竹帛。史公、何休当时尚闻口义,汉以后遂不可复闻矣。今若遽谓古籍中无民治制度,吾就《春秋》、《周官》、《孟》、《管》诸书推之,犹不敢作是武断。

中国学术,兄又谓其非哲学,或不妨说为主义与思想及艺术,吾亦未敢苟同。夫哲学者,即指其有根据及有体系之思想而言。非空想,非幻想,故曰有根据;实事求是,分析以穷之,由一问题复引生种种问题,千条万绪,杂而不越,会之有元,故云体系;思想之宏博精密如是,故称哲学。子贡称孔子曰:"宗庙之美,百官之富",可谓能了悟孔子之思想者。孰谓如是美富之思想,不可名哲学乎?主义者,综其思想之全体系,而标其宗主之义,以昭示于人,故言主义。孰有不成学术而可言主义乎?艺术毕竟是情趣之境,非由能诠深达所诠(能诠谓智,所诠谓理)。今俗以中土之学归之艺术,是自毁也,而兄何忍出此乎?斯文行坠,吾偷存一日,犹当维护朋友之义,存乎直谅,愿察苦怀,勿以为迂人有成见也。

(与梁漱溟,1951 年 5 月 24 日)

(以上书信五通,系景海峰、王守常整理,原载深圳大学国学研究所编:《中国文化与中国哲学》(1987),北京,三联书店,1988)

关于中国文化史

钟伯良治中国文化史。先生语之曰：汉魏及李唐两次大变端，极须注意。汉魏之际，是中国文化浸衰而将变底时机，李唐之世，是印度佛化统一中国成功底时期。两汉承周秦余烈，民德不偷，（是时民俗，任侠尚义，故武帝、卫、霍能用之以夷胡虏。）国力极盛；（北逐强胡，西通西域，西南拓地亦复广远。）推迹政治，则地方制度之良、吏治之美，饶有民治精神；器不楛恶、工艺足称；商旅远涉异域，不避险难，可谓盛矣。独以大一统之故，天下习于一道同风，朝廷又开禄利之涂以奖经术，于是思想界始凝滞而少活动，则衰象已伏于此时矣。又自光武宏奖名教，士大夫皆思以气节自见，始于激扬，终于忿矜，气宇日以狭小。晚周先民各用其思而莫不渊广，各行其是而莫不充实，不尚众宠，不集一途，浩荡活泼，雄于创造之风，于斯尽矣。夫标名教而使人矫拂天性以奔赴之。历久，则非人之所能堪也。故曹氏父子兴，始倡文学，恣情欲，尚功利，求不仁不孝而有治国用兵之术者，其为汉氏之反动思想也甚明。文学者，本以摇荡情感。倡之者既主于邪僻，绝无深根宁极之道，则率一世以为猖狂混浊，逞兽欲而失人性者，势所必然，而莫之能御也。故五胡乘中夏无生人之气，得入而据之，以恣其杀戮，所以招致者渐也。故夫中国文化自两汉盛时已伏衰象，迄于曹魏而破坏遂不堪矣。是时中国民性固已稍颓，然奋厉之气犹有存者。则魏晋间文学披靡之余，乃复有上探晚周思想，玄言宏廓深远。名、数、礼典、音律、医术，精擅者亦众。工艺复极其巧。魏马钧为木人，能令跳丸、掷剑、缘绳倒立、出入自在。尝试作指南车，又为发石车，飞击敌城，使首尾电至。又作翻车灌水，更入更出。钧巧若神变，惜未尽试所作。传玄序而叹之。（见魏志社夔传。）又魏世为陵云台，先平众木轻重，无锱铢相负。揭台高峻，常随风动摇，终无倾倒。（见《世说巧艺篇》。）略征一二事，足见当时制造已极精矣。至其社会政治思想，则盛倡自由。鲍生之论，则为无政府主义者导先路。郭象庄注亦曰，伯夷之风，使暴虐之君得恣其毒，而莫之敢亢也。（见《让王篇》。）向秀明治道之极，在于物畅其性，而恶夫为治者之自任而宰物。其言闳深，异乎嵇康辈只为愤辞者矣。（郭象庄注，原出向秀。）汉世，帝制之势已高严。自汉已降，而奸雄草窃，迭起不穷。生灵涂炭，惨酷已极。此自由之声，所为疾呼。然内乱未弭，五胡又乘之，真人道之大厄也。要之，六代衰乱，实汉氏之结果，而曹魏亦助长焉。中国文化在汉世顿呈凝滞不进之状，思想界已僵固而无活气，空以名教宠章，牢笼天下，其积弊之深，必将发泄于后，固事理所必至者。曹操虽反名教，然彼实生于思想涸竭之世，而纯为名教陶铸之人物。值汉德衰，不能明白以自树立，乃伪托文王之迹。故虽富于机智，而识见不能超特，局量不能宽宏，气魄不能伟大。毕生精力，尽耗于猜忌与掩饰之途。其卑小如是，比于新室，已不足当仆圉。及司马氏效之，其细益甚。故石勒小胡犹得窃笑于其后。识者观魏晋开基，已卜世运升降之机矣。（魏晋已下，大领袖人物遂不多见，故民质日以脆弱。）是时所幸者，则思想界承两汉积衰之后，而忽呈奇伟之观。自玄家逮于众艺，纷纷崛起，辨物理，达神旨，浸淫返于九流，是易所谓穷则变之兆。盖中夏民族，本伟大之民族也。所资者深，所蕴者厚，宜其剥极而必复也。此转变之机势，虽经胡尘蹂躏，不少衰息。延及隋氏，遂一南北而纾祸乱。迄乎初唐，威武广被于四夷，文教普及夫群蛮，固泱泱大风也。此岂一二君相之力骤致于一旦者。盖六代以来，哲人艺士之努力，所蕴蓄于社会者，深且大故也。夫自汉魏之际，肇始变化，爰及隋唐，国力既盛，宜其文化日益发展，不至夭殇。然而初唐之盛未几，社会复归混浊，政治乱于武夫。六代以来之学艺，造端虽宏，至此而一切斩焉绝迹，此何以故。则印度佛教思想，正于初唐之世而告统一中国之成功。是以举中国之所固有者而尽绝之也。此治中国文化史者所万不可忽视之一大变。佛法东来，本在季汉之世，僧徒多来自西域，初亦不能盛行。唐窥基法师《唯识述记序》：在昔周星阂色，至道郁而未扬。汉日通晖，像教宣而遐被。多睹葱右之英，罕闻天竺之秀。音韵壤隔，混宫羽于华戎。文字天悬，昧形声于胡晋。据此，可想见推行之困难矣。及罗什来华，以其精通三藏，又门下多材，盛事翻译，玄风始畅。然犹乘三玄余焰，附之以彰，未能独旺也。盖佛法东来，得餍乎国人之心者，虽原因不一，而主要之因则以玄家喜谈形而上，（三玄于形而上之理只是引而不发。魏晋玄家才偏重及此耳。）极与佛家接近，故迎合甚速也。如远公著法性论曰，至极以不变为性，得性以体极为宗。罗什见论而叹曰，边国人未有经，便暗与理合，岂不妙哉。远公故玄家，而特歆净土，以逃于佛，其理解固未尝得力于佛也。罗什之言可证。又僧肇著《般若无知论》，罗什览之曰，吾解不谢子，文当相揖耳。肇公此论，亦不出玄家见地。当时玄家既接近乎佛，而佛者亦乐援玄以自进，故佛法未遽独盛也。时国内释子，颇多坚苦卓绝，只身渡穷塞、犯瘴疠、履万险，求法天竺者甚众。然发生重大影响于祖国者，盖亦罕见。及唐玄奘西渡，研精群学，在印土已有大乘天之称。回国以后，而太宗以英伟之帝，竭力赞护，于是聚集英俊，大开译场。高文典册，名理灿然，沃人神智。况复死生问题，足重情怀。则自汉魏以来、缓兵进攻于中国思想界之佛法，至此得玄奘与太宗之雄略，大张六师，一鼓作气，遂举中国而统一于印度佛化之下。自此儒道诸家，寂然绝响。此盖中国文化中断之会也。佛法既盛，不独士大夫翻然景从，而其势力直普遍齐民、愚夫愚妇莫不响风而化、祷祀殷勤。盖社会观感所系，不在学校而在寺宇，不在师儒而在僧徒矣。汉魏之际，方变而上复晚周，萌芽骤苗，遽折于外来之佛教。此固当时华梵间不可思议之遇合，不可阻遏之潮流。（佛法急图东展，而中国之玄学与其环境又恰与之应。）然佛教徒亦未免过于倾向外化，而将固有学术思想摧抑太甚。如佛道论衡，诋毁老庄，其词多顽鄙不足一笑。僧徒既不习国学，又妄以褊心嫉异己。此所以造成佛教大一统之局。由今观之，不得不谓为吾国文化史上之大不幸也。夫佛家虽善言玄理，然其立教本旨，则一死生问题耳。因怖死生，发心趣道。故极其流弊，未来之望强，现在之趣弱；治心之功密，辨物之用疏。果以殉法，忍以遗世，（六代僧徒多有焚身殉法者，然莫肯出而救世。）沦于枯静，倦于活动。渴望寄乎空华，（求生西天。）盲修绝夫通感。近死之夫，不可复阳。此犹有志苦修者也。若夫托伪之流，竞权死利，患得患失，神魂散越，犹冀福田，拜像供僧，诵佛修忏，其形虽存，其人已鬼。复有小慧，稍治文学，规取浮名，自矜文采。猥以微明，涉猎禅语，资其空脱，掩其鄙陋。不但盗誉一时，抑乃有声后世。苏轼、钱谦益、龚自珍皆是此流。今其衣钵，授受未已也。至于不肖僧徒，游手坐食，抑或粗解文辞，内教世语，胡乱杂陈，攀缘势要，无复廉耻，等诸自桧，亦无讥焉。是故自唐以来，佛教流弊普遍深中于社会，至今方蔓衍未已。民质偷惰，亦有由来。凡在有知，宜相鉴戒。然则佛法可绝乎？曰：恶，是何言。昔者佛法独盛，故其末流之弊愈滋。今则势异古昔，扶衰不暇，而可令其绝乎。佛家卓尔冥证，万事一如。（事事皆如，故曰一如。所谓一叶一如来也。）荡然无相而非空，寂然存照而非有。智周万物，故自在无挂碍。悲孕群生，惟大雄无恐怖。（虽悲而无怖于险难。）仰之莫测其高，俯之莫极其深。至哉佛之道也。是故会通其哲学思想，而涤除其宗教观念，则所以使人解其缚而兴其性者，岂其远人以为道也哉。

中国文化既被佛家倾覆了，直到两宋时代，大儒辈出，才作中国文化复兴运动。他们都推本于晚周底儒家，定孔子为一尊，却无形地踵了董仲舒、汉武帝底故步。魏晋人上追晚周，派别却多。（后人提及六朝，便以清谈家了之，而不肯细察当时学术流别。）宋人比之，似觉规模狭隘。然而他们所以宗主儒家，也有道理。儒家有两个优点：一是大中至正，上之极广大高明，而不溺于空无，下之极切实有用，而不流于功利。二是富于容纳性，他底眼光透得远大，思想放得开阔，立极以不易为则，应用主顺变精义。（儒家根本思想在《易》。）规模极宏，方面尽多，善于采纳异派底长处而不专固、不倾轧。他对于道家法家等等，都有相当的摄受，这也是不可及处。（《大学》格物的主张与名家不相忤。荀子言礼治，亦有法家影响。《周礼》言政治经济，也有法家精神。《易·系传》谈治理，大致在辅万物之自然，绝不自任以宰物。儒家各派都守这个原理，是与道家相通的。）我和宰平在北海快雪堂曾谈到儒家这两个优点，他也和我同意。所以宋儒特别提出儒家来，做建设中国文化底基础。他们在破坏之余，要作建设事业，自然须有个中心势力，不容如魏晋思想那样纷歧。因此，宗主儒家尚不算他们规模狭隘之征。

自佛教入中国以来，轮回之说普遍于社会，鬼神和命运的迷信日益强盛。（佛教分明是多神教，不过他底说法很巧妙。他把旁底神教如大自在天等极力拨倒，所以人说他是无神论。殊不知，人家底神打倒了，他底神又出来。试问十方三世诸佛，非多神而何。又如人人有个不死的神识，非多神而何。所以，信佛教者必信鬼神。其教义固如是。若乃三世因果之谈，则为世俗命运观念所依据，这个影响极坏。）人生屈伏于神权，沉沦于鬼趣，侥幸于宿定。（贪求世间利乐者，则妄计命运或可坐致，人情侥幸大抵如此。）这不能不说是佛教之赐。（《三百篇》是中国先民底思想的表现，都是人生的、现世的、无有迷于神道者。如二南于男女之际，及凡日常作业、习劳之间，写出和乐不淫与仁厚清肃勤厉之意，表现人生丰富的意义、无上的价值。孔子曰，人而不为《周南》、《召南》，其犹正墙面而立也欤。其得力于是者深矣。故迷信鬼神之风，非吾先民所固有也。古时虽重祭祀，特由慎终追远与崇德报功，以致其仁孝不容已之心耳。战国迄汉世方士，始假神怪以骗人主，然民间不必被其风，自佛教东来，而后迷信普遍于社会。）幸有宋诸先生崛起，倡明儒家之学，以至诚立人极。（《通书》阐发此旨。）形色不得呵为幻妄，日用壹皆本于真实。（念虑之微，事为之著，无往非至诚所发见。）原吾生之始，则此生非用其故，（若有神识，则是故物传来。）是生本创新，而新乃无妄而皆诚。故君子至诚无息，以其日新而日生。迄夫形尽于百年，则虽生随形尽，而曾有之生，曾有之诚，其价值则亘古常新，而不以百年尽也。又何待有个别的实物，遗于当来，而后为快乎。（神识即个别的实物。）若果有之，则生生者将皆用其故，而莫或创新，造化亦死机尔。岂其然哉。是故杜绝神怪，以至诚建人极，道尽于有生，（未知生焉知死。）知止于不知，（生何自来，此不可说，所谓不知也。然已曰不知，岂真不知哉。故冥会于斯，而存诚以践形，则生之所自，即生是已。知至此而止矣。何必以私意推求，妄执有个别的实物若神识者，以为吾生之所自哉。）物我同乎一体，而莫不各足，（物各足于其性。）显微彻乎一实，而无有作伪。（仰不愧，俯不作，至诚塞乎天地。）饮食男女，凡生人之大欲，皆天则之实然。循其则而不过不流，故人俗即天性，而不可丑恶。尼父曰：道不远人。人之为道而远人，不可以为道。至哉斯言乎。自周张二程诸儒崛兴，绍宣圣之绪，而后知人生之尊严而不可亵侮也，人生之真实而不为幻化也，人生之至善而不为秽浊也，人生之富有而无所亏欠也。（本性具足，故发为万善，而通感不穷。）故鬼神既远，人性获伸。这是诸儒莫大的功劳。然而他们却有短处，现在不妨略为说及。他们涵养本原的工夫，虽说绍述孔氏，却受佛家禅宗影响太深，不免带着几分绝欲的意思。实则欲亦依性故有，不一定是坏的东西，只要导之于正便得。如孟子教齐宣王好色好货，都可推己及人，使天下无旷夫、无怨女，及使百姓同利。这欲何尝不可推扩去做好的。如果要做绝欲工夫，必弄得人生无活气，却是根本错误。或谓今人纵欲已极，正要提倡绝欲以矫之。不知讲学唯求其理之真而已，如何存得一个矫弊的意思。（矫又成弊。）俟鸟兽之风息，人道反诸正，将皆投诸真理之怀抱，而何至纵欲无已乎。我辈服膺先儒，不要漫无拣择。他们因为主张绝欲，故用功亦偏于主静。如伊川见人静坐，便叹其善学。静坐本是他们共同的主张。后来李延平更看得重要。尝曰，学问之道，不在多言，但默坐澄心体认，天理若见，虽一毫私欲之发，亦退听矣。久久用力于此，庶几渐明，讲学始有力耳。在他们底理论，动静是一致的。所谓即动即静，即静即动的。他们根本不承认是废然之静。这个理论，我也未尝否认。不过道理是很古怪的，往往差之毫厘，谬以千里，这个差谬，大须注意。静中固然不是没有动，但吾人才多著意在静，便已把日常接触事物底活动力减却许多。（此处吃紧。）所以他们虽复高唱格物致知，而其弟子已沉禅悦，而惮于求知。他们虽复不忘经世致用，而卒以养成固陋偷敝的士习。因为他们把主静造成普遍的学风，其流弊必至萎靡不振，这个是不期然而然的。后来陈同甫、叶水心一辈人，才起来反抗他们底学说。同甫思想虽粗，却甚可爱。那时候确少不得同甫一派底功利思想。（同甫云，禹无功，何以成六府。乾无利，何以具四德。如之何其可废也。）同甫和朱晦翁辩论底几篇书，极有价值。要最紧的是两个意思，一是反对他们尊古卑今而否认进化的思想，二是反对他们自信未免于狭，而又把道理说得太高，所以误视三代已下底人都是盲眼。同甫是个文学家，只惜气力太虚浮，毕竟振作不起来。水心思想较同甫稍细，而不及同甫开张。他是一个批评家，颇似汉王仲任之流。然本领不大，虽博辩而无宏规足以自树。故虽有一时摧陷之功，终亦不能别辟生路。总之，周程诸儒虽复树立儒家赤帜，而实受禅宗影响太深，未能完全承续儒家精神。虽则学术不能不受时代化，亦不能不容纳异派底思想，而他们却于儒家有未认清处，所以骨子里还是禅的气味多。他们主静和绝欲底主张，都从禅家出来的。这两个主张殊未能挽救典午以来积衰的社会。因为群众是要靠士大夫领导的。而当时士大夫都去做绝欲和主静底工夫，玩心无形之表，用超世的眼光看他，诚然超越人天，大可敬服，用世间的眼光看他，不能不说是近于枯槁了。问：宋明儒绝欲工夫，却能保持非功利的生活，于此见得人生无上价值，似未可反对也。先生曰：此须识我立言意思。我不是主张纵欲的。但用功去绝欲，我认为方法错误。只要操存工夫不懈，使昭昭明明的本心常时提得起，则欲皆当理，自不待绝了。如果做绝欲工夫，势必专向内心去搜索敌人来杀伐他。功力深时，必走入寂灭，将有反人生的倾向。否则亦好执意见以为天理，因为他一向孤制其心，少作格物的工夫，结果自非拿他底意见来做天理不可。宋明末叶底理学家，都是好闹意见，至国亡而犹不悟。

举一个例子，如吾家襄愍公。清乾隆帝常思之曰，明朝不杀熊廷弼，我家不得入关。可见襄愍在当时是关系中国存亡底一个人。而黄宗羲《明儒学案》上良知大家邹元标等，就是甘心亡国以杀害我襄愍公底主要犯。元标顽獧不足责，宗羲以遗老自命，于此事亦为元标文其奸。可见宗羲把意见做天理了。（宗羲最不光明，《原君》篇系窃人之说以为己说。）孔孟都没有教人绝欲。孔子举克己复礼之目，曰非礼勿视、非礼勿听、非礼勿言、非礼勿动，只是教颜子在视听言动间操存此心，不流入非礼处去便是了。这工夫何等切近，何等活泼。至于孟子教人集义以养浩然之气，（集义便是致知，便于事事物物知明处当。）分明不是离事物而孤求之心。只集义养气，则欲不待绝，而自无违理之欲。所以，我觉得宋明儒底方法不对，还是上求之孔孟为好。（以上评宋明儒绝欲，实太过。理学诸儒尚未至绝欲。但节欲工夫不可无耳。欲不可绝，而不可不节也。今仍存旧说者，志吾过故。十力记。）

（原载《尊闻录》，1930 年自印本，又载《十力语要》卷四，1947 年湖北印本，标题系编者所加）

关于"中体西用"、"全盘西化"、
"本位文化"诸论及其他

　　清末，西学输入渐盛。维新派之思想，初尚依经义以援引西学。如易传之尚名数与制器尚象，及荀子之制天思想，资以吸收科学。《周官》有许多大义，用以比附当时所期望之宪政。而孟子有民贵之论。又言舜为天子，其父杀人，只有窃负而逃，不得以天子之父而枉法。又言民治必始于民有恒产，而后有恒心。甚多精辟之论，足与远西学说相融会。当时士大夫称述经义，以为西学张目者，其征引甚多，此不具举。然此中消息，极不可忽者，则尔时据经义以宣扬西学者之心理，并非谓经学足以融摄西学，亦不谓经学与西学有相得益彰之雅。而且于经学之根本精神与其义蕴之大全或思想体系，实无所探究，无有精思力践。（精思力践四字吃紧。思之精，自必践之力。浮乱之思，不足言践履也。先儒用功，只是精思力践而已。）其于西学，虽闻天算物理化学等等学术之精究，与夫政治法纪之整肃，而于其学理，实一无所知晓。但震于西人之船坚炮利而怖其声威，思慕效之已耳。然以朝野大多数仍是守旧，自恃数千年文化之高、礼义之隆、不曾驰域外大观。虽屡经挫败，犹以华夏自居、夷狄西洋。故奉圣经贤传为无上至宝，不肯以夏变夷。此等气习，正未易转。于是维新人士，将欲吸引西学，不得不择取经文中有可以类通之语句，而为之比附张皇。使守旧之徒，乐闻而不为峻拒。此其用心甚苦。然此等心理，实由震慑西洋之威势而想慕其学术，欲与之亦步亦趋。其隐微之地，盖早已失其对于经籍之信仰。而二千余年来，为吾民族精神所由陶养成熟、与为吾国思想界甚深根底之经典，将濒于废绝，固造端于此矣。
　　是时南皮张氏独戒履霜之渐，乃著《劝学篇》，主张中学为体、西学为用。当时士子，于中西学既两无所知，故于南皮之说亦无甚感觉。

夫南皮所云中学似不专指经学。（本文各处所用经学一词，与清儒所标榜之经学一词，不必同意，容后另谈。）然中土学术，依过去情形言，可分义理、经济、考据、词章四科。湘乡曾氏颇主此说，可谓允当。儒家关于哲理方面，固称义理之学。而诸子学，亦合入义理一科。即佛学亦当属此。经济，则儒家之言，最深远广博，而诸子中如法、墨、道诸家，亦各有其经济理论。（法家如商君等之农业政策。墨家之交相利，是其经济原则。道家崇俭，亦其经济思想。）考据，则治语言文字、治经、治子、治史、治集部者，其流甚广，其分工最密，大抵出儒家。词章，则今所云文学也。其要旨原本风雅。四科之说，就吾国学术界过去情形而言，不可谓之不当。四科之学，无一不原本六经。如义理一科，自两汉经师之言礼，迄宋明诸师言心性，皆宗六经不待言。老庄言道，亦《易》之别派。（略见《新唯识论》语体文本及《十力语要》。）墨子天志，则从诗书中敬天与昭事上帝之观念而来，兼爱兼利，亦自春秋太平大同与论语泛爱众之义而出。法家谈法治，其说不涉及义理。然其崇法之观念，实本《春秋》。但《春秋》不徒恃法，而本于仁，依于礼，以法为辅，以德为归，所以为人道之极也。法家狭小，乃欲偏尚法以为治，则不善学《春秋》之过。要其为说，未尝不本于经。故诸子之学，其根底皆在经也。

印度传来之佛学，虽不本于吾之六经，而实吾经学之所可含摄。其短长得失，亦当本经义以为折衷。如明乎《大易》变易与不易二义，则说真如只是无为，却不悟无为而无不为；说心物诸行，只是生灭流行，却不曾于流行洞识无为实体；是犹析体用为二。其由趣寂一念，差毫厘而谬千里，断可识矣。夫至极之真，万物之本，不待向外穷索，返求之于心而自识，《大学》所云明明德是也。离身家国天下，心意知物，无所谓涅槃。即诚正格致、修齐治平，便是证涅槃。斯不亦致广大、尽精微、极高明、道中庸乎？故佛法须断以经义也。则举经学而足以含摄佛氏，非伪言已。

经济一科，汉以来儒者多依《尚书》而为经制之研究。史志著作较精，皆有裨实用。关于土地问题，则有均田、限田等说。亦《周官》与《大学》之遗意。（《周官》、《大学》言经济，皆以均平为原则。）道墨二家，并反对剥削与侵略，深得六经之旨。法家则主裕民以益国，而官吏中饱，在所必禁，犹不违经也。

考据，本儒生之业。名物度数之甄详，贵乎实事求是。若其旁及经史小学以外者，皆为博闻之事。此本经生之绪余，后来衍而益广耳。

词章家者，其原出于三百篇。不离于经，又何待言。

是故言中学，则四科摄尽。四科之繁，可以六经摄尽。南皮所云中学，若据宗本以言，即经学耳。对西学言，则泛称中学，亦无不宜。中学在昔，虽不妨析以四科，然义理之科特为主脑。义理一科，虽亦含摄诸子余家，（余家谓佛法。即今治西洋哲学者，亦可摄属此科。）要以六经为归。天人之蕴，（天谓宇宙本体，人谓人生真性，其实一也。）神化之妙，与夫人生日用之当然，六经之所发明，寓极玄于极近。穷幽微于甚显，体至精于至粗，融形上形下而一贯。至矣尽矣，高矣美矣，无得而称矣。诸子百家之学，一断以六经之义理，其得失可知也。习六经之义理，而自得于躬行之际，则经济诸科之学，乃有根依。（根者根据。依者依归。）夫经济不本于义理，则流为功利。甚者习险诈，以凶于国、害于家。（旧言经济一词，为经国济民之义。虽今云经济学亦在所含之中，而义不止此。通常所谓社会科学与政治学，及政治家之本领等等，皆概括于经济一词之中。历史上奸雄盗国柄者，非无些子本领。但不闻义理，卒为鸟兽之归。以祸世者自祸，可叹也。）考据不本于义理，则唯务支离破碎，而绝无安心立命之地。甚者于有价值之问题，不知留心考索。其思想日益卑陋。词章不本于义理，则性情失其所养，神解无由启发，何足表现人生。只习为雕虫小技而已。故四科之学，义理居宗。而义理又必以六经为宗。此则前已言之矣。南皮说中学为体，西学为用，其意甚是，而立辞似欠妥。盖自其辞言之，则中学有体而无用，将何以解于中学亦自有经济考据诸学耶？西学为有用而无体，将何以解于西人本其科学、哲学、文艺、宗教之见地与信念，亦自有其人生观、宇宙观，理解所至，竭力赴之，彼自有其所追求与向往之深远理境，非止限于实用之知识技能耶？（西学为三字，至此作长句。）且无用之体，与无体之用，两相搭合，又如何可能耶？故南皮立辞未妥也。乃若其用意，则有不可厚非者。南皮所云中学，实非泛泛无所宗主，其意本谓经学耳。前辈无有舍经而言学者。百家之说，必折衷于经。后儒之论，必根据于经。经之为言，常道也。南皮谓中学为体者，其中学一词，即谓经学，决非空泛无所实主之词。经所明者常道，故不可舍失也。南皮之意只如此。其曰西学为用者，亦谓吾人今日当吸收西学以自广耳。

经学包含万象，学者传习，已渐分为四科。义理之科，自两宋以来已吸收印度佛学，今日自当参究西洋哲学。经济之科，自宋陆子静兄弟及邓牧,并有民治思想。(黄梨洲《原君》全本邓牧。子静兄弟之思想,《十力语要》已言及之。)迄晚明王船山、顾亭林、黄梨洲、颜习斋诸儒,则其持论益恢宏,足以上追孔孟,而下与西洋相接纳矣。至于典章度制、民生利病之搜考,自杜佑辈而后,迄晚明诸子,所究亦精博,然则西洋政治思想、社会科学,皆非与吾人脑袋扞格不相入者。当采西人之长,以收明辨笃行之效。谁复于斯而怀犹豫。考据之科,其操术本尚客观,今所谓科学方法者近之。然仅限于文献或故事等等之探讨,则不足以成科学。今若更易其研究之对象与领域,即注意于大自然及社会,则西人以科学导于前,吾可接踵而起矣。文学所以表现人生,(如读二南,而深味其勤勉和乐之趣。)贵能发扬时代精神。(读兔罝之诗,野人足为干城之寄,可见西周之盛。)《三百篇》之所长在是也。《楚骚》以降,此风日以渺然。今若参究西洋文学,当可为发明《诗经》之助而救晚世衰颓也。综上所言,吸收西学在今日固为理势之必然,而反之吾数千年来所奉为常道之六经,则西洋各种学术之端绪,吾未始不具,只未发展耳。夫西洋科学之成功,何以不见于吾国?西学之端绪,吾虽有之,而前此竟不获发展,此其故何在?将为崇圣经、守常道而即物穷理之智不启欤?经义本自宏通,岂任此咎。将为广漠之国土,自秦一统以后,除乱世可勿计外,每当平世,则人皆安于田野,而风物怡和之趣多、理智追求之用少。陶诗所谓"山气日夕佳,飞鸟相与还,此中有真意,欲辨已忘言"。吾国学人,乐冥悟而忽思维,尚默契而轻实测,往往如此。科学所由不发达欤?后之一说,颇可研寻。环境影响,不容忽视。然而西学在吾,既非绝无端绪。则因人之成功,而强起力追,固可事半功倍。南皮欲采西学,其意自是。惜其以中西学判为一体一用,未免语病耳。中学既具其体,即有其用,而用有所未尽者,则取诸人以自广可也。若中学果为有体无用之学,则尚安用此死体为哉!南皮下语,既不能无病,而其深意,在当时又不为人所察。于是吾国人日趋入完全毁弃自己之路。

⋯⋯⋯⋯⋯⋯

民国 20 年,东三省陷于寇。国人痛鼎革以来,道德沦丧,官方败坏,(袁氏首坏初基,军阀继之。贪污、淫侈、残忍、猜妒、浮夸、诈骗、卑屈、苟贱,无所不至其极,人道绝矣。)士习偷靡,民生凋敝。天下无生人之气,由来者渐。于是有少数知痛痒者,回顾民初,开基已失。思惩前敝,求复吾人固有精神,而读经之议,稍见于报纸。余时讲学北庠，间与诸生言，亦有一二能识此意者。然未转瞬间，海内知识，力斥反古，盛唱全盘西化与全盘外化之论。而读经议，遂乃乍起乍熄。甚哉时习之难反也。在此期论战中，余不能无感者。凡主张西化或外化诸论文，大抵皆零碎之谈。西洋人所以成功现代文化者，其根本精神为何？今后之动向又将如何？此皆吾人所欲知者。诸君子却未能注意及此。至主张读经者，世或议其素行为众所共唾，其言更无可采。然激于世变而知痛痒者，盖有之矣。不尽可薄也。余所留意者，即此等人。但察其言，大抵不满意现状而抗怀前古。或情钟国粹，而未知何者为粹，或思振扬旧道德，因欲庠序设读经之课。然经义久湮，今欲以维持旧道德之故，劝人读经，益难动末俗之听。复有谓自汉以来，人材多属儒家，故经学不可废者。而反对者或征引史传以驳之。章太炎尝据史列举若干人，以驳反对者。此抗战前一年事也。其时报载有人问胡适之，何不驳太炎。适之曰，吾不打死老虎。友人张东荪曰，适之毋乃侮老辈耶。此一大问题，君愿有言否？余曰：六经之精神，遍注于吾民族，沦肌浃髓，数千年矣。何待于历朝人才中，标举某也为儒，某也非儒。汉宣帝、昭烈帝、诸葛公、张江陵诸人，谓其参以法家作用则可，谓其不曾服膺经训，想诸公有知，决不自承认也。汉文深得君子笃恭而天下平意思，虽参用老氏，要不可谓其非儒。总之，今日提倡读经，似不须于此等处着眼。当研究经学本身有无永远不磨之价值耳。颇有慨言，世变迁移，迄今未知所底。经学殆将自此废绝，无复有讲习而实体之者。纵有少数考古家搜阅及此，则只为博闻之一助而已耳。余曰，否、否、不然。经者常道，如前已说。常道而可废乎。世莫不知，欲生活而废食饮，必不得生活也。欲卫肤体而废衣裳，必难免侵害也。夫常道之在人也，是人之所以立。易言之，即人所以成为人，不可须臾离也。可离非常道也。则岂止若衣裳之于肤体、食饮之于生活而已乎。今夫沙漠厚积，而伏流潜奔，重阴蔽天，而太阳无损；风雨如晦，而鸡鸣不已。常道不绝于人心，辟如鸡鸣开旦、风雨不可常也。太阳赫赫，重阴不可久也。河海洋洋，沙漠非能障也。经者常道，万理之所汇通，群学之所会归也。世际明夷，人习于肤浅而不究本原，则以为西学输入，吾之经学已无立足处。岂有识之所能忍哉。（忍者，忍可之也。）夫西洋科学、哲学，其知日驰，（驰者，谓向外追求也。）毕竟不得冥应真理。（此中真理，谓宇宙本体。冥应者，谓与真理为一。而知识或理智之用，则只是意计构划，不可与真理相应也。意计一词，本佛籍，谓意识周遍计度也。)此方经学,由实践而默识本原。(本原,系用为真理或本体之代语。他处用此词者准知。)易言之,即体神化不测之妙,于人伦日用之间,乃哲学最高之境。(德哲康德以为本体非理智所可及,唯由道德实践乃可契应。其大旨与吾经学精神有可通者。)西学必归宿于是,乃无支离之病。庄生《齐物篇》云,小知间间。注,间间,有所间别也。此有致曲及解析等义。科学研究宇宙之各部分,此等知识,正以小知间间而擅长也。西洋哲学,唯心、唯物与非心非物诸论,各持偏端之见,亦是小知间间。故以道眼观,西学未免支离。以知识论,西学辨物析理,正以不惮支离而后精耳。中西之学,当互济而不可偏废。若夫西人之治,奖欲尚斗。长此不变,人道其绝矣。非讲明经学,何以挽物竞之横流哉。今之后生,稍涉世智,则鄙弃六籍。量小而贵时行,识卑而暗于大道也。世乱祢平,人思进善。其将复于常道何疑乎。

(摘自《读经示要》卷一,1945 年重庆南方
印书馆,现据 1949 年上海正中书局印本)

经学科学,不容偏废。已如前说。更有问言,昔者宋儒虽稍涉禅师语录,或与禅师往还,然于佛家教典却一概屏绝,且戒学者勿阅佛书,恐见地未纯,反被他转去。其斥绝之严如此。甚至晚周诸子,亦皆视为异端,不甚留心攻究。儒生所守,六经四书,此外无所烦其虑者。今先生主张读经,犹秉宋儒成规否乎? 答曰:善哉问也。夫理道无穷,学术与之为无穷。世界无量,众生无量。人之思虑,各因其环境关系与性情独至,而各有所明。持以相非,则短长互见;(各舍其短,各尽其长,学术始有进步。)同于大通,则纵横无碍。夫古今中外,千家百氏之言,是非乖竞,有若水火。此皆滞于偏端,而未能观其会通者也。置身于千家百氏之中,则异其所异,同其所同,是非蜂起,若夫超然于千家百氏之外,而冥契至道者。斯以会千家百氏而同于大通。夫众异中有同,众同中有异。于异求同,方见为同,而同复有异。于同求异,方见为异,而异复有同。同异之致,极纷纭复杂奇诡,而不可持一端以概之。此千家百氏所由互竞也。唯契至道而观大通者,则同异俱泯,而亦不拒诸同异。所以者何? 大通则会于一极。一者绝待。异相无故,同相亦无。故曰同异俱泯。然复应知,一极无待,而大用繁兴。用繁,即万理井然,同异俱彰。待同成异,待异观同,非相悖害。故曰不拒诸同异。然则自

一极言，无异无同。自一极现为大用言，则有异有同。付之自尔，而无不各当矣。何可拘牵门户，自碍通途。以管窥天，所见虽复是天，而天之广大，讵可纳诸一管。甚哉宋儒之隘也。

且夫百骸六脏，人身完其发展。诸天万品，大宇显其神奇。若使旷劫以来，太空犹是鸿濛一气，何见宇宙伟大。生物界犹是原形质，宁有人类灵迹。故知复杂为创进之征，（创造的进化，曰创进。）简单乃衰竭之象。洪唯我晚周诸子百家，众华斗艳，十日并出。学不囿于一宗，虑各有其独至。业以分工而致其精，理以析观而究其博。虽仁智不齐，（《易》曰，仁者见之谓之仁，智者见之谓之智。）统类互异，（各成一家言，即各有统类。）而莫不言之成理，持之有故，并为大国，各辟鸿基。斯固神州英秀之产，天地灵气之一泄也。自暴秦夷六国而一统，汉代承之，易列强互竞之局，为四海一王之天下。秦人已毁灭天下文献，汉兴莫能复。郡县简陋，不能如前世列国可以产生文化。周世诸侯，皆立国久远，多近千年，且有虞夏以来不止千年者。虽有天子为共主，而各侯国实皆为独立国家，故皆能产生学术与文化。齐鲁比邻，而文化已不同。齐鲁与三晋又不同。楚之文化又特异北方诸国。此皆可略征者。自余小国，亦必各有异彩。惜古籍早湮，毋可考耳。郡县官署，守令视如传舍。即有贤守，亦不过听讼、治赋、缉盗、水利、道路诸政而已，势不能如邦国之大启文化，自不待言。又各邦并立，朝聘、会盟、征伐、种种交涉，皆有增广见闻，交换知识，荡涤心胸，振励志气之机会。郡县之世，农服畎亩，士安邱墅。其以贡举入上京者，为数甚有限。且一登仕籍，则怀荣禄而无远志，亦其势也。欲其有不囿于环境之思想发生，自非易事。纵有英才，偶发超俗之想，亦当以寡和而归于消失。如张衡之天算、马钧之技术、《抱朴子》之社会主义，皆不得发展。其明证也。又在君主制度之下，人民只依存于贤守令，而无发抒民意与运用民权之正当机构。如有英君贤相操政柄于上，则守令得人，而天下称治。否则夷狄盗贼乘机而起，民生涂炭，惨不可言。故自秦之一统，迄于清世，二千余年间，中国学术大抵安于简单，无甚发展。

晚周群学争鸣，有诸子百家之号。子与家盖有分。子学者，今所云哲学。儒、道、名、法、墨、农六宗，乃诸子学之最显者。家则以专门之业得名，犹今云科学。如天文、算术、音律、药物、医术、（以上诸学，五帝之世已盛发明。）物理、（周初已制指南针，可见古代已有物理学的知识。）工程、（秦时李冰之水利工程，至今称奇。必此学在古时已盛。）机械、（墨子作木鸢，为飞机之始。孟子称公输子之巧，惜其创作失传。）地理（邹衍之学，犹可略考。）等学，皆百家之业也。今人皆谓中国自古无科学知识，尊西人为先进，此亦自薄太过。春秋以后，七雄争战无虚日。秦人以残暴夷六国，行极权之政，大毁文化。百家之籍，悉遭禁绝。挟书之律，至汉惠始除，可想见秦时毁灭学术甚厉。专门之业，在乱政之下，传授不易。亡失殆尽，无怪其然。至于诸子之学，秦并六国以后，日就衰歇，书存无几。名家之学，已不可考。《庄子·天下篇》所述单词碎义，必非其至者。其内蕴既不可寻，今传《公孙龙子》残帙，自是伪书，或魏晋间好事者聚敛故籍为之耳，《墨辩》亦不完，难以窥其宏旨。名家亡绝，最为可惜。墨家思想，兼儒术与名家之长，而自成一宗。其富于牺牲、勇于改造之精神，则诸子中最卓绝者也。墨学，秦以后无闻，实中土之大不幸。法家，今传之管子，似是管子后学所为，而多所混合，不纯为法家言。韩非亦法家外道，近商君术。余意法家正宗，必与西洋民治思想有遥合者。考《淮南》书中所引，法原于众，及法籍礼义者，所以禁人君使无擅断也等语，其义宏远。法原于众，似与民约论相近。要之，法必由人民公意制定之，非可由在位者以己意立法而箝束民众。此实民治根本精神。惜《淮南》不著其说出何人、何书。余意此义当本之法家正宗也。《商君书》亦残缺。然玩其旨，考其行事，则今之法西斯派也，不得为法家。其后吕政实秉其术以夷六国，而祸中于后世。清末以来学人多尊吕政，不知何故。吕政尚专横，而务内猜行愚民之术，残民以逞，为后世夷狄盗贼之宗。或称其能用客卿与改郡县，不知郡县之制，如于楚及晋。顾亭林及清人多详考之。用客卿，则秦穆以后历世皆然。盖其家风如此，无足异者。汉世号法家者，大抵注重综核名实，严督责之令，只是属于行政之方术而已。自晁错、宣帝、昭烈、武侯，以迄近世张江陵之徒，皆以法家闻，而皆不过如是，实与晚周法家无甚关系也。然则法家之亡，亦自秦始矣。农家为社会主义与无政府主义者。其学说演变，当甚复杂。由《孟子》书中所载许行之言，可见农家在当时运动甚烈。许行近于无政府，想是农家之一派。当更有别派也，惜今全不可考。自余各家思想，更无微文可征。耗矣哀哉。王船山《春秋世论》言，春秋战国之秦与吴，皆凶狡狂猘，以毁灭文物为志者。吴亡较早，其祸未遍。秦至吕政，混一海内，而流毒无穷矣。然诸子百家，鲜不废灭。儒学至汉，定为一尊，自是二千余年，儒统罔替。维道家老庄之书，亦流传甚盛。虽名非正统，而慧颖者乐袭之。其故何哉，请先谈儒。

夫儒学之为正统也，不自汉定一尊而始然。儒学以孔子为宗师。孔子哲学之根本大典，首推《易传》。而易则远绍羲皇。诗书艺礼，皆所雅言，《论语》识之。《春秋》因鲁史而立义，孟子称之。《中庸》云仲尼祖述尧舜，宪章文武。孟子言孔子集尧舜以来之大成。此皆实录。古代圣帝明王立身行己之至德要道，与其平治天下之大经大法，孔子皆融会贯穿之，以造成伟大之学派。孔子自言好古敏求，又曰述而不作，曰温故知新。盖其所承接者既远且大，其所吸取者既厚且深，故其手定六经，悉因旧籍而寓以一己之新意，名述而实创。（孔子自云述而不作，盖谦词。）是故儒学渊源，本远自历代圣明。而儒学完成，则又确始于孔子。但孔子既远承历代圣帝明王之精神遗产，则亦可于儒学而甄明中华民族之特性。何以故？以儒学思想为中夏累世圣明无间传来，非偶然发生故。（无间者，谓无有间断也。）由此可见，儒学在中国思想界元居正统地位，不自汉始。吕政凶暴，儒生独守道以与之抗，取焚坑之祸而不悔。汉兴，儒生犹有能诵持遗经于穷荒僻壤者。儒学不绝，实由民族特性之所存，自然不绝也。

复次六经广大悉备。天道、人事、物理，赅而存焉。（天道，谓万化之源，万物之本，与人之真性，非谓神帝也。）诸子之学，皆原本六经。名家者流，自《易》、《春秋》出。名家发明思维术，示人以如何去观察与判断事物，而能得其理，无有迷谬。《易》、《春秋》二经，皆深于名理，为后来名家导其源。此无可疑者。墨家者流，自《春秋》、《尚书》出。墨子尚贤、尚同、兼爱、兼利等思想，皆本《春秋》太平世义，而推演之。其天志等篇，则本《尚书》。古代帝王虽不必有宗教思想，而教化民众，则不能不严敬天之礼，以引发其崇高无上之信仰。墨子有见于此，故崇天志。法家者流，自《礼》与《春秋》出。春秋之升平世，即寓法治思想于礼化之中。本不纯恃法也。至太平世，则全人类大同。人各自治，而必互相助也。人各自尊，而必互相辅也。则治道之极，升平世不足言之，乃《春秋》最高之理想耳。《周官》一书，大抵明升平之治，以德礼之精神，运法治之组织。《管子》书亦颇有此意。法家之学，盖通《春秋》升平与《周官》之旨，将使人类离据乱之陋，而相习于法治。凡据乱世之民，不知有法守。法家故特重法。其道虽异乎儒者之言德与礼，而其思想实本之《礼》、《春秋》二经。道家者流，自大《易》出。老子言一生二、二生三，即本易之每卦三画而疏释之也。老与庄，皆言阴阳变化，其同出于《易》甚明。老言常道，庄云若有真宰，而特不得其朕耳，此皆于变易而见不易，乃《易》之根本大义也。农家者流，自《诗》出。三百篇讽刺社会与乱政之诗甚多。此农家革命思想所由兴。向来言晚周学术者，鲜注意农家。其实农家极重要。汉以后，如多得许行之徒，则帝制早革矣。凡此数大学派，皆出于六经。诸家思想脉络，的然可寻。（友人马一浮讲学国立浙江大学时，其讲词以六经统诸子。世或议其无有义据。其实一浮所见甚是。）大哉儒学，诸子之王、百家之母也。诸子百家之兴，大概当孔子殁后百年间为最盛。孟子晚年，则六国已困于暴秦，争战无虚日，人民救死恐不赡。（见《孟子》。）邪淫诐遁之辞满天下，（亦见《孟子》。）名法墨诸家皆就衰矣。墨翟之生，当去孔子不远。法家正宗之兴，当亦前于孟子。孟子有徒法不能以自行之言，即批评法家也。韩非已似商君，不足为法家。名家初兴，当亦去孔子不甚远。惠施辈乃其后学耳。大概孟子晚年，世乱亟。诸子学术将式微，而邪妄浅薄混乱之说并起。或多托诸子之学以自文，而实不足为诸子后嗣也。迄吕政混一四海，众家之学遂由衰而至于绝。汉兴，沿秦郡县之治，政体专制，地方闭塞，则学术思想不得发展，固其势也。（复看前文。）然诸子百家之学衰绝于吕政时代，不可复振于汉。而儒者六经，独盛行两汉，其故为何？诸子百家皆出自六经，已如前说。凡学术思想之衰绝也，其条流繁盛处，必后莫能继。但其本源，终不可湮废耳。（注意。）譬之草木，枝叶易伐，而根深蒂固，究不可拔也。众家亡，而六经独传。盖以此故。

　　然或者遂谓儒学自汉以来二千余年，其业甚盛，则又大谬。更有误计宋儒果足完全推演六经之绪，遂谓中国一向是精神文化，而贫于物质；以此与西洋文化对立，即谓西洋纯是物质的文化，将中西学术思想根本划若鸿沟。如此，则欲调和中西，而其道实穷。因中西人元有先天存在之鸿沟，势不可融通故。夫谓中西人因环境各有不同，性情各有独至，其学术思想之发展，必不能完全一致。此有孤往，彼或忽视。彼所擅精，此实未逮。畸重畸轻，寸长尺短，（畸重，即寸有所长。畸轻，即尺有所短。）此为事势之所必不能免者。吾亦岂不谓然。但吾只可许中西不能完全一致，而决不能许中西人元始开端，便各走一条路，根本无接近处。中国哲学上穷理尽性至命之诣，西洋人或不免忽视。则以其向外追求之功多，而反己体认之功或较少。然若谓中国人只于精神界有其孤往之伟大成绩，却不务发展理智与知识，即于大自然无有知明处当之要求，（然若二字，至此作长读。）此则谬妄已甚。吾《大易》早有智周万物与制器尚象及开物成务等明训。指南针创于周公。远古之世，便有此伟大发明。墨子造木鸢。公输子以机械发明之巧，见称载籍。张平子精天文、历算，尝造候风地动仪，可验地震。即震在远处，亦可测知其所在。平子汉人，去晚周犹未远。史称平子著有灵宪算罔论。盖网络天地而算之，因名焉。惜后失传。然古代历算之精，平子凭藉者厚，亦于此可见。若古学不亡，（古学，谓晚周诸子百家之学。历算等学，不分别言之者，以统属于百家故。）则科学早发达于中国。孰谓中国只有精神文明，而不足启发物质文明耶。

西洋哲学谈本体者，诚不免纷纷猜度，陷于戏论，不能如吾先哲之觌体承当。此觌体承当一语，意义深远。盖言反己，而识得自我与天地万物同源，即得以超脱形骸的小我，而直证本体。于此立定，不使私欲得起而障此本体，则本体恒自昭然于中。即此，是吾之真我，亦即是天地万物真宰。何待外求。此谓觌体承当。凡向外穷索本体者，无论唯心、唯物诸论，总是抛却自家无尽藏，而向外去找万化根源，便是不自承当。此西学根本失处。然其孜孜于本体之探穷，常若悬一最高之理想世界，为其奔赴之的。（凡向外探求本体者，即是虚悬一可追慕而不可实得之理想世界。）因此，便有一种超越感。此殆与宗教同情。宗教以上帝为外在的，是超越于万有之上的，即对之而起超越感。哲学家向外觅本体者，亦同此。吾侪反己，而自得本体。即自我便是独立无匹，（无匹者，绝待义。）便已超越物表。（自处超越，即无所谓感。有感，则自身未得超越也。此个分别甚大。）出有限而寓诸无穷，当下即是。（现前一念，不落于物我对待之私，即已超脱有限而实证无穷，故云当下即是。无穷，谓本体。本体至大无外，无有穷尽，故云。）此乃智证境界，不由推度。（智者，性智。见《新唯识论·明宗章》。证者证知，非知识之知。言性智之自明自了也。）西学之未至乎是，盖信任量智太过也。（理智，《新唯识论》亦云量智。见《明宗章》。）量智只是推度。推度作用起时，便与所推度为二，而已离自本体矣。量智之效能，自有限度。未可以此证得本体也。设一旦翻然反己，由修养而获证解，亦自易易。证解，亦云证量。即本体呈露时，炯然自明自了，是名证解。夫本体必待修养而始显。修养工夫，只是去私。私欲克除尽净，即本体呈露，而无障蔽，是谓反己。中学虽不遗理智，而主要工夫、实在修养。此不可不知。总之，以哲学论，中国儒学与西学确有不同。西学向外求体，故偏任理智与思辨。儒学在反己而实得本体，故有特殊修养工夫，卒以超越理智而得证量。（证量，即本体呈露时，炯然自明自了之谓。《新论》所谓冥然自证者，即证量义。然本体如何而得呈露，此则必有修养工夫。兹不及详。）吾尝言，世之从事于哲学者，大抵曰，探求真理而已。（真理一词，看如何用法。通常以析观一切事物而得其公则，无有谬误者，谓之真理。今此中真理一词，则不可作是解。此云真理，乃隐目宇宙本体。程子云实理、佛家以真如名真理，皆同此旨。）儒学则非仅事探求，而必归趣实现。实现，谓己身即是真理之实现者。易言之，即己身已超脱小我，而直与真理为一。若乃把真理当做客观存在的，而凭理智或知识以推度构画，且组成一套理论以表出之。以此自鸣哲学，则非儒者之所谓学也。前引大易尽性至命之文，是其征也。（复看前文。）吾以儒学为哲学之极诣。天下有识，当不河汉斯言。学不至实得，（实得，谓反己证得本体。）直如演若迷头，不亦可哀之甚乎。（《楞严经》言，有演若达多者，镜中自见其头，而不知为己之头也，乃狂走惊怖求之。此喻世学谈本体者，不知反己。可谓警切至极。）西洋哲学，纷无定论，当折衷于吾儒。此可百世以俟而不惑也。虽然，儒学与西学有不同者，亦只是形而上学部分。西学于此，似犹徘徊歧路，并非西学别异吾儒，而自有一条路可通也。（并非二字，一气贯下读之。）吾不主张中西学术与文化为根本不同路向者，盖不可得若何证明，容作是说。（盖不，至此为句。）六经广大，无所不包通。科学思想、民治思想，六经皆已启其端绪，（如符号推理及辩证法，《大易》发明最早。）树其宏规。（六经言德治或礼治，实超过西洋民治思想甚远。可复玩第一讲。如《周官》法度，亦含有民治之法制，但精神迥别。）科学方法，六经虽未及详，而孔子已注重实测术，则不容否认。《论语》者，六经之阶梯也。其记孔子曰，知之为知之，不知为不知，是知也。又言夏殷之礼，而以杞宋之文献不足征为憾。（杞国，夏之后也。宋国，殷之后也。）可见孔子甄察事物，决非凭臆想乱猜，必博求证据，始下断案。《大戴礼》小辨篇，孔子对哀公问忠信曰，内思毕心，曰知中。（注，毕心，尽心也。知中，能内思自尽也。）中以应实，曰知恕。（恕，推度也。）此虽言进德之事，而辨物析理之术，亦不外是。凡问题发生，必先设臆。设臆，必曾经多方考虑，决非漫尔出此，是内思毕心也。既经设臆，必求同求异，广集证验。符应事实，乃成宗极，（宗极，犹云断案。参看因明三支比量。）是中以应实也。据此而言，孔子已知格物必由实测。（格物之格，是量度义。见第一讲解大学处。）经义明白可见。然则谓儒学与西学，若南北异辙，无会通处者，讵非谬论。

若乃晚周诸子百家皆出六经，已如前说。今西洋学术思想或文化，其根源实在希腊。吾侪试寻绎诸子百家之微言碎义，（如名、墨、法、农、道等等。）持较希腊，似未见两方路向有甚隔截处。然而希腊直启现代文明，吾晚周诸子百家则早绝于距今二千数百年前，（暴秦吕政之世。）一蹶不可复振。此岂有他谬巧哉。神州大陆，既少海国交通之利，则赖列国并立，有朝聘、会盟、征伐等等，足以激扬志气，开广心胸，增益知见。此其学术思想所由发达，文化所由高尚也。自吕政夷六国而为郡县，使天下之人各守一丘之貉，老死而无所闻见，无所广益。又历行一夫独裁之治，绝无民意机关，人民不得互相集合而有所致力于国家。夷狄、盗贼，每乘中央之昏乱而蜂起，奸天位以毒百姓。秦以后号为治世者，汉、唐、宋、明四代。汉四百余年间，西京更好。唐约三百年，仅太宗最盛。其后藩镇皆起，自夷狄盗贼，扰乱不堪。宋，只北宋百余年间称治，而土宇不能复旧。明朝三百余年，中叶后最坏。今之考中国人种者，多证明汉满蒙回藏五族血统，元来不异。而汉族一支，独有高深悠久之文化，余族未能离蛮野之习。历史上以夷狄视之，亦事实然也。清自咸同以前，亦务内猜。康熙知八股当废，而卒不废。愚民之术也。中夏自秦以来，民生日瘏，民德日偷，民智日塞，乃广漠散漫之郡县制度与专制政体所必有之结果也。诸子百家之学，恶得而不绝灭矣哉。晚周盛业，视希腊或有过之而无不及。（今人谈诸子百家者，辄曰先秦。此未妥。吕政未统一以前，秦与六国等夷耳。七雄时代，自宜总称晚周。）徒以秦汉之后，环境改变。（列国易为郡县，即环境完全改变。）政制不良，遂以恶因，植兹恶果。吾尝言，二千年来帝政之局，实由郡县之世民智闭塞，民力涣散，故革命思想不易发展。其实，民治思想，汉以来时有发明。东汉时，桓帝幸竟陵、过云梦、临沔水，百姓莫不观者。有老父独耕不辍，尚书郎张温异之，下道百步，自与言。老父曰，请问天下乱而立天子耶，理而立天子耶？按此谓天下乱，则人民当合力以图治，非立天子而可止乱也。天下理，则人民益奋而自治，无须立天子也。又曰，立天子以父天下耶，役天下以奉天子耶？今子之君，劳人自纵，逸游无忌，吾为子羞之。子何忍欲人观之乎？温大惭。问其姓名，不告而去。此老父即有民治思想者。惜当郡县之世，不易向闭塞之群众宣传，故抱憾以终。晋人亦多有反对专制之论。宋末邓牧及晚明诸子，则此等思想益激切，而皆不易宣扬。则以郡县之世，民智蔽塞、民气销沉，实难提倡也。故帝政与郡县制，亦互相为缘。明季，亭林、船山，似皆见及此。船山《黄书》，欲寓封建于藩镇，亭林欲寓封建于郡县。在闭关时代，此等议论，正未可忽。今世界大通，政体已更。顾王之论，若不适时宜。然缩小省区，与联省自治二种主张，则犹有顾王遗意。如何变通尽利，所望国人留意。要之，今后治制，当使人民得以发抒公共意力，斯无疑矣。自晚周之绪遽斩，中国停滞而近于衰退者二千余年。仰视西洋，乃瞠乎其后。于是清末以来，趋新者一意效法西洋，而不惜自卑自毁之太过。近时唱本位文化者，又于中外都无所知，而虚悙终无以自树。余愿国人认识固有根基甚美，不宜妄自菲薄。（此武侯戒后主语，意思深远。天下未有妄自菲薄而可以学人之长者也。清末迄今，终未收西化之效，可不自反哉。五四运动时，梁漱溟先生讲演东西文化，其持论虽不必与吾同意，然其于时贤不求了解中国所固有而妄自菲薄之恶习，则中流砥柱矣。）而二千年来，由停滞以近于衰退，亦未可自讳其短。（古今未有不自明其短而可以自立者也。汉以下人，胸量较隘，毅力不足，竞浮名而缺实践，学不求真知，行不肯犯难。吾云近衰退者以此。）夫自卑固不足与有为，而讳短尤为不起之症。朽腐尊国粹，（保存国粹一词，五四运动前后极流行。然何者为国之粹，则莫肯是究。）辄空言儒学，而实不知儒学为何学。诸子百家之绝，人见其书不传也而知。六经，则汉以来犹立学官，经师共所传习训释，朝廷用以取士。于是群相颂美，以为儒学甚盛，而不知儒学之名存而实亡也久矣。

夫六经，上明天道，（天道，注见前。）下详人事、物理。所谓六通四辟、小大精粗，其运无乎不在者也。孔子没后，七十子后学发明经义，各有创获。虽俱号儒家，而实派别支分，不相沿袭。如韩非《显学》篇言，自孔子之死也，有子张之儒，有子思之儒，有颜氏之儒，（颜氏当即颜渊。近有人云颜子，据《论语》所载，并无奇特。其实，《论语》所记颜子语虽不多，而境地甚高。世俗自不解耳。）有孟氏之儒，有漆雕氏之儒，有仲梁氏之儒，（未详。）有孙氏之儒，（孙氏即荀卿。）有乐正氏之儒。详此所云，有八大派。而曾子、子贡，皆孔子所尝告以一贯之旨者。子夏、子游、有子、闵子诸贤，皆不在此八大派之内。且此八大派，只子张、颜氏、漆雕氏，可确认为宣圣直传弟子。自余多属三传或至五传。《史记·仲尼弟子列传》记七十七人姓名年岁甚详。纵有一二不必可靠，（如澹台灭明、公伯僚，是否后来从游圣门，今不可考。）而孔门三千之中，有高材七十余人，则不容疑。此七十余人，何至绝无传授，而韩非无所述。然则韩非所举八大派，盖就其闻见较切近者言之。当是八大派之思想，流行于三晋最盛耳。如孙卿《非十二子篇》亦是就其闻见较切近者言之。当时诸子百家，岂止此数子乎。十二子中，如名家，孙卿但举惠施、邓析，而墨辩与桓团、公孙龙之徒，皆不之及。则其所遗者多，显然可见。韩非述儒家八大派，其多所遗，亦可知。而儒家派别，决不止此数也。义海汪洋，洪涛巨浪，猗欤盛哉。夫自宣圣之没至韩非，中间二百余年，儒学发展甚盛，派别极多。今七十子流派虽不可考，而见于韩非书者，尚有八大派之多。盖儒学，自孔子承古代圣帝明王展转传授之学脉，而发挥光大之，结集六经，永为宝典。诸子百家，俱从经出，而各有创获，各立宗门，（宗者主也。诸子各有专主，或各有宗旨。门者类也，百家之学，如历算等等，各分门类。）皆别异儒家，相与对抗。于是三千七十之枝流余裔，亦不得不奋起以与诸子百家争鸣。当时儒家各派学说，自是方方面面，博极其博，精极其精。惜乎遭秦之暴，群儒之学，竟与诸子百家同归于尽。今八大派中，幸而存者，只孟孙二氏。孟学至宋虽盛行，然后儒崇其体而遗其用，非善学孟也。孟子言尽心则知性知天。其于《大易》尽性至命之究竟义，盖实有阐发。宋明义理之学皆宗孟氏，至以孔孟并称。然孟氏于孔子内圣外王之道，本已具备。其言养民德必自制产始，言治要则曰徒法不能以自行，徒善不足以为政，其斟酌乎儒家尚贤与法家尚法二者之间，可谓允当。又言舜为天子，其父杀人，只有窃负而逃，以全恩谊，不得以天子父而枉法。此实法治根本精神。惜乎民国以来，法纪荡然，上实毁法，而何以责下乎。至昌言民为贵，与西洋民治思想适合。自余要义，不可胜举。宋明诸师，于孟子政治思想未能发抒，此真憾事。孙卿《天论》篇曰：大天而思之，（按此言尊大天而思慕之也。天，谓大自然。）孰与物畜而制之。按言吾人如思慕大自然之丰富，孰与使物畜积，而我裁制之，将用无不利乎。又曰，从天而颂之，孰与制天命而用之。按畏自然势力之逼苦吾人，如风雨之不时、电雷之可畏、山川之险阻等等，因从而颂之。岂若制裁天化之流行而用之乎。如衣食住行皆有备，而风雨不足患也。电雷可取而供种种之用，无所畏也。崇山可敷铁轨，重洋可驶轮舟，天空可乘飞机，而消其险峻，则自然可以人力征服之明矣。又曰，望时而待之，孰与应时而使之。按

谓若立事赴功，与其望时而待，不如应时而努力兴作，使时势随我而转
也。又曰，因物而多之，孰与骋能而化之。按谓因物之自多，不如骋吾
人之智能而化之使多。若晚世科学昌明，而物质开发与生产乃日盛。又
曰，思物而物之，孰与理物而勿失之也。按杨注，思得万物，以为己
物，孰与理物皆得其宜，不使有所失丧。又曰，愿于物之所以生，孰与
有物之所以成。杨注，物之生虽在天，成之则在人也。此言理平丰富，
在人所为，不在天也。又曰，故错人而思天，则失万物之情。按古代人
智未启，常视大自然若神灵而思慕之，不务尽人之智力，以理万物而平
成之，使其愈益丰富而厚吾之生，是错人而思天也。错，置也、废也，
废人而妄思天，则不达物理。故云失万物之情。详此所云，盖本《大
易》智周万物与裁成天地，及开物成务、先天而天弗违、成器利用、富
有、日新诸义，（并详《易系传》及乾卦。）而发挥之。现代西洋学术与
文化，适与孙卿之论遥合。使其思想盛行于前世，则中国当不至成为今
日之局。孙氏书虽幸存，而自汉以来竟无传习。唐大理评事杨倞云，荀
子未有注解，（谢墉云，荀音同孙。亦称苟卿。）亦复简编烂脱，传写谬
误，虽好事者时亦览之，至于文义不通，屡掩卷焉。又曰，未知者谓异
端不览。览者以脱误不终。所以荀氏之书，千载而未光焉。自杨倞为
注，其书仍少有究者。至清季，乃渐为学者所注重。余闻之先师何圣木
曰，令先德其相先生尝欲推尊孙氏与孟子并，以见儒学之大，惜未发其
意而卒。（何先生讳柽，字圣木，余同县，与先父为讲学友，学宗程朱，
非礼不履，清末主变法，在乡倡办学校，劝妇女放足，有颜李风。其议
论近南皮张氏，厌闻革命。余将弱冠，从游半年。屡受斥责而去。逮余
有知，而后深悔获罪吾师，无以自逭也。）呜乎，藐予小子，未能成父
师之志，负疚深矣。（余于孙学，欲有所论述。期量论成后为之。然以
暮境而际明夷，量论且未知能作否。）夫八大派，见称《韩非》书，皆
当世之显学。而各派巨子之姓名，今已不可考。其书皆亡失，幸有存
者，只孟孙二氏。顾无有发明其学者。宋明儒虽宗孟学，而于孟子之政
治思想却全没理会，岂不惜哉。虽然，犹幸二子书之仅存也，至今略可
考见尔时儒学思想发展之概况，及其在现世与方来，犹有永不可磨之价
值。使众派之书而皆有存也，则必各有独辟之境，各有创发之论。其嘉
惠后嗣者为何如？独惜群儒之学，绝于暴秦，无复可考。遂使六经之
道，郁而不发。此非斯世之大不幸哉。

　　方汉室肇兴，当亡秦绝学之余，搜求经籍，振起儒学。自是二千年

来，中国思想界一统于儒家。于是论者以为儒学独盛矣。其实，儒学绝于秦，至汉而终不可振，则论者所不察也。汉兴，六经先后出屋壁，朝廷立学官以专其业。未几，经师渐兴，聚徒教授，或众至千万人，然《汉书·儒林传》赞已云，禄利之路然也。此与晚周学者慕道之诚、爱智之趣，一由衷出，而无所外诱者，其相去何止天渊。夫列国之世，交通繁而闻见广，人之襟怀通而志气振。郡县之世，士老死沟渎，而心灵闭塞。其不能以晚周之风责郡县之士者，固其势也。环境之影响于人智，无可否认也。夫朝廷清明，能崇奖经术者，此已不可多得于汉以后之世。（汉以后称治者，只唐宋明三代。）而君相所以提倡之意向，又尝难出于至公。如西汉诸帝之表章六经，似不必有私意。武帝用董生之言，独尊孔子。董生醇正，固本其所见，非有逢君之私。武帝广延郡国贤良文学为宾客，共谋议国事。临朝，与大臣辩论。帝乃集思广益，而后断之于己，施之行事。见《严助传》。武帝重儒术，亦有以也。元成皆好儒，而皆非雄才之主。至东汉，光武父子因新莽篡统，而欲崇儒以导节义，则其动机为拥护君统，已杂乎私，而不纯为学术起见矣。自是而后，历唐宋明三代。诸英君贤相之所以崇尚经术而鼓舞儒生者，无非踵光武之故智。及科举兴，而牢笼之策与锢人智慧之术，弥下弥毒。则又光武父子之所不忍为，且不屑为者。二千余年来，帝者以其私意，笼制天下士大夫，（笼者牢笼之也。制者制驭之也。）使其思想无或逾越于君上之意向。因郡县之世，民智蔽塞，而帝者益乘之以易售其奸。故自汉代迄于清世，天下学术号为一出于儒，（老庄与佛法虽亦盛行，毕竟儒家为正统。）而实则上下相习，皆以尊孔之名，而行诬孔之实；以穷经之力，而蹈侮圣言之罪。儒学之亡也久矣哉。夫晚周诸儒，派别既繁，思想各有独至。创知、作者，比肩并立。至汉，则儒生治经，唯以烦琐之考据为务，训诂名物等等注释工夫，便为其平生大业。上不究于天道。六经明万化之大源，人生之真性，而考据家皆不是究。次不察于群化，考据家对于社会政治诸大问题，皆不措意，唯服习于统治阶级之规制教令，认为天经地义而不可易。六经明仁道，显天地万物一体之实，以抑己私而归大公，福利全群，为治道之极。故群制与法度，随时更张，不狃故常。而考据家游心琐碎，乃于此冥然不省。又复不稽于物理。《易系传》言，昔者圣人之作易也，仰以观于天，俯以察于地，近取诸身，远取诸物。可见儒者之学，注重格物。今晚周群儒之籍，虽亡失无微，而《大戴礼》曾子天员篇，已有地圆之说。《汉志》儒家曾子十八篇，今存十篇于《大戴礼》中。即此十篇亦皆残帙。使全书可征，必于物理，多有创发。使儒家众派之书皆在，则其中当不少奇异之发见。汉以后考据之儒，只拘守书册中之训诂名物，而不复探索自然。科学无从产生者以此。而圣学之全体大用，一无所窥。……

（摘自《读经示要》卷二，1945 年重庆南方
印书馆，现据 1949 年上海正中书局印本）

《读经示要》自序

　　读经问题，民初以来，常起伏于一般人之脑际而纷无定论。余虽念此问题之重要而无暇及此。且世既如斯，言之无益，不如其已。去年责及门诸子读经。诸子兴难。余为笔语答之，惧口说易忘也。初提笔时，只欲作一短文，不意写来感触渐多，遂成一书。六经究万有之原而言天道。天道真常，在人为性，（此克就人言之耳。）在物为命。（此言命者有二义：一流行曰命，言天道流行至健而无息也。二物所受曰命。物禀天道而生，即一一物皆天道呈显，不可说天道超脱万有而独在也。此中言物亦摄人。言命亦即性命以所受，言性谓人物所以生之理。言异而其实一也。）性命之理明，而人生不陷于虚妄矣。（第一讲首释道。）顺常道而起治化，则群变万端，毕竟不失贞常。（通万变而不可易者，仁也。）知变而不知常，人类无宁日也。（今世列强，社会与政治上之改革与机械之发明，可谓变动不居矣。然人类日习于凶残狡诈，强者吞弱，智者侵愚，杀机日炽，将有人类自毁之忧；而昏乱之群，复不思自存自立之道，且以其私图而自伤同气，尤为可悯。盖今之人皆习于不仁，即失其所以为人之常道，宜其相残无已也。第一讲以九义明治化，通万变而贞于大常，实六经之撮要。）《大学》三纲八目，总括群经；（三纲八目，范围天地之化而不过，曲成万物而不遗。此为常道不可易。）《儒行》十有五儒，归本仁道。（行不一而同于仁。仁，常道也。）凡此皆为第一讲所提揭。经为常道，庶几无疑。夫常道者，万变所自出也。（本书道字，略有二义：一谓宇宙本体，乃万化之原也；二谓凡事理之当然，通古今中外而无可或易者，亦名常道。如《大学》三纲八目，立内圣外王之极则。由此而体道，由此而修学，由此而致治，由此而位天地、育万物、赞化育。此便是当然，不可异此而别有道。天下言道者，或有从事明明德而不务新民与止至善，是佛家小乘也。大乘誓度众生，而以人间世为生死海，只求度脱而无齐治平之盛业，吾儒之外道也。致知而疏于格物，宋明学有遗憾也。格物而不务致良知，即难言诚正，西学未立大本也。《大学》为常道无可疑。又如儒行十五，总不外己立立人，己达达人。此亦是当然。若不务立达，便自暴自弃而不可为人矣。又如革故创新，必行之以至公至明至诚至信，是变动之必本常道也。不能公明诚信而言革新，则失常道，自取乱亡而已。略举三例，余可推知。然道字之义虽有二，而第二义实依第一义以立，究竟无二也。）天地密移矣，（天地大物也，世俗见为恒存。其实，诸天与员舆，刻刻移其故而新生。参看《新唯识论》。）而所以成其清宁者，未有改移也。（老子云："天得一以清，地得一以宁。"一者，绝对义，谓常道也。天曰清，地曰宁，皆以其德性言也。天地由道而成，道则真常而无可改移也。）人事屡迁矣，（群变万端，不可胜穷。）而干济必本公诚焉，无可苟渝也。（当变革之任而不公不诚，未有能立事而不乱亡者。公诚，常道也。事势万变而事之成，必由常道。一国之事如此，国际尤然。）死生诚大变矣，而存顺殁宁之理，谁云可变。（人皆禀道而为性命。其存也，必顺保性命之正，而无或罔。其殁也，乃全其性命而无余憾。故张子云"存顺殁宁"。）是故学术千途万辙，必会归常道，而后为至。知不极乎知常，（知常亦云见道。）只是知识而不足言一切智智。（一切智智，借用佛典名词。若泛释之，亦可云最高的智慧。）老氏曰："不知常，妄作凶。"（不见道者，徇私欲而灭天理，所作皆迷妄，故凶。）斯笃论也。夫不悟常道，则万物何由始，人极何由立，万事何由贞，皆其智之所不及也。学不究其原，理不穷其至，知不会其通，则未能立大本以宰百为，体大常而御万变。（则未能三字，一气贯下。）欲免于妄作之凶，其可得乎？

第一讲，直明经为常道，（以经明示常道故，遂言经为常道。）无时可离，无地可离，无人可离。奈何吾国后生，自弃宝物，不肯是究。嗟尔违常，云胡不思。第二讲，言治经态度，必远流俗，必戒孤陋。尚志以立基，砭名以固志。持以三畏，然后志定而足以希圣。圣者道全德备而大通无碍。故读经希圣，非可专固自封也。今当融贯中西，平章汉宋。上下数千年学术源流得失，略加论定。由是寻晚周之遗轨，辟当代之弘基，定将来之趋向，庶几经术可明而大道其昌矣。第三讲，略说六经大义。仲尼祖述尧舜，宪章文武。其发明内圣外王之道，莫妙于《大易》、《春秋》。《诗》、《书》、《礼》、《乐》，皆与二经相羽翼。此讲特详二经。二经通而余经亦可通也。议者或谓余实以《新论》说经，（《新论》，具云《新唯识论》。）是固然矣。夫《易》、《春秋》虽并称，而汉人相传，《易》为五经之源，比《春秋》尤尊矣。惜乎汉师乱以术数，宋儒略于思辨。（宋学注重体认，于人生日用践履间，修养工夫最紧切。修养深而私欲尽、真体现，即真理不待外索而炯然自识。孔子谓之默识；宋儒说为体认；佛氏亦云自证。余尝谓先哲尚体认而西哲精思辨。体认自是哲学之极诣，然若忽略思辨，则不得无病。宋学终不免拘滞偏枯等病，由于忽略思辨工夫而其道未宏也。）《易》道晦塞二千余年。余造《新论》，自信于羲皇神悟之画，尼山幽赞之文，冥搜密察，远承玄旨。真理昭然天地间。悟者同悟。迷者自迷。全非敢以己意说经，实以所悟，证之于经而无不合，岂忍自陷诬经谤圣之罪哉？

　　如上三讲，结集成书。肇始于六十揽揆之辰，毕事于寇迫桂黔之日。（甲申正初起草，迄秋冬之际而毕。）念罔极而哀凄，痛生人之迷乱。空山夜雨，悲来辄不可抑；斗室晨风，兴至恒有所悟。上天以斯文属余。遭时屯难，余忍无述。呜呼，作人不易，为学实难。吾衰矣。有志三代之英，恨未登乎大道。（言未能登斯世于大道也。用顾宁人语。）不忘百姓之病，徒自托于空言。天下后世读是书者，其有怜余之志而补吾不逮者乎！

（中华民国34年乙酉六月望日黄冈熊十力识于陪都北碚火焰山麓中国哲学研究所筹备处，原载《读经示要》1945年重庆南方印书馆，现据1949年上海正中书局印本）

释《大学》"明明德""致知""格物"

　　《大学》开端，举三纲领，曰明明德，曰新民，曰止至善。三纲领实是一事。一事者，明明德是也。而析言以三者，义有独重，不得不从明明德中别出言之。明季有陈确者，平生力攻《大学》，以为发端之文，下三在字，便不可通。此咬文嚼字而不求义者也。……

　　明德，指目本心也。本心有自知自证之用，故云自照。《诗·大雅·皇矣篇》云，予怀明德，不大声以色。此诗美文王也。予者，诗人托为上帝之自称。明德谓心。言帝自云，予怀念文王之存心，深微邃密，故其著于声音颜色之间者，莫不安定。不大，谓无疾声遽色，即安定貌。此本心得其养也。大则器动，乃本心放矢之征。文王不然。诗人以此美文王，可谓善形容盛德气象。（诗本义只如此。《中庸》引用之，则意义稍易。董生所云诗无达诂也。）据《诗》与《易》言明德者，并指目本心。故知《大学》明德，亦是本心之目。郑玄释此，泛言至德，而不实指本心。将谓明德由修为所积至耶，则内无其源，而修为恶从起。孟子所以斥外铄之说也。王阳明诗曰：无声无臭独知时，此是乾坤万有基。抛却自家无尽藏，沿门持钵效贫儿。正为《大学》明德作释。（阳明之良知即本心，亦即明德。）少时读此诗，颇难索解，以为无声无臭独知时，正谓吾心耳。吾心与吾身俱生。非超脱天地万物而先在，何得说为乾坤万有基耶？累年穷索，益增迷网。及阅《列子·天瑞篇》，粥熊曰，运转无已，天地密移，畴觉之哉，张处度注曰，夫万物与化为体，（万物无实自体，只在大化流行中假说有一一物体耳。）体随化而迁，（一一物体，皆随大化迁流。）化不暂停，物岂守故，（离化无物也。化即不暂停，即物无故体可守也明矣。）故向之形生，非今形生，（前一瞬形生，已于前一瞬谢灭。后一瞬形生，乃新生耳。然新生亦复无住。）俯仰之间，已涉万变，至此，忽脱然神悟。喜曰，吾向以天地万物为离于吾之身心而独在也，而岂知天地与我并生，万物与我为一耶；（悟化，则吾与天地万物非异体。）向以缘虑纷驰、物化而不神者为心，而岂知兀然运化、无定在而靡不在、遍万有而为之宰、周吾身而为之君者，此乃吾之本心耶。……

夫自本心言之，则其主乎吾身者，亦即主乎天地万物。（本心者，依万化之实体而得名。此吾人与天地万物所共有。前注可复玩。）阳明所谓无声无臭独知时，此是乾坤万有基，理实如此，非妄臆之谈也。识得本心，则万化万变，万事万物，万理万德，皆反己体认而得其源。《大易》所谓大生广生之蕴，不疾而速不行而至之神，富有日新之盛，一求诸己而已足矣。

《大学》开宗明义，首曰大学之道，在明明德。明德谓本心。上明字谓工夫，工夫只是反己。证之下文，经之自释，引《康诰》曰，克明德。按克明是工夫，德即首章之明德，谓本心也。《太甲》曰，顾諟天之明命。按朱注，顾谓常目在之也。諟犹此也。天之明命者，天即实体之代词。吾人由得实体以生，故从实体方面言之，则为实体之付与于我而说为明命。明者赞辞，犹明德之明也。明命在人，即是明德，亦即是本心。常目在之，谓常时保任此心，不令放失。此即明之之工夫也，义极精微。佛家禅定工夫，亦与顾諟意思相近。《帝典》曰，克明峻德。按克明是工夫，峻德犹言明德，谓本心。其终结之言曰，皆自明也。自明之自字，最吃紧。自明即是反己体认。日常动静之间，不懈存养，不忘察识。斯体认之功，察识犹云省察，乃存养中之一事。如有私意猛起，致令本心无权作主，因说本心放失。然本心究未尝不在。此时却自知私意不堪告人，即此自知，便是本心之明仍潜伏在。吾人于此，恰好依住本心，照察憧扰之私，不随他转去。此便是察识，常揭然有所存，恻然有所感，即是存养。若顺私意滚去，久之，且任私意自为诡辩，而以非为是。此谓自欺。至此，则本心乃真放失。庄生说为心死是也。如此，即完全不自明也。反己愈力，而本心之全体大用，愈益呈显。至此，始洞识宇宙造化实有于己。所谓官天地、府万物，盖本来如是。岂其任意图度，虚构一圆满妙善之境，可追慕而不可实证者哉。世之言哲学者，不求自明，不知反己，唯任理智思构或知见卜度，只是向外寻求。寻求愈深，去真理愈远；构画愈精，迷谬愈甚。（哲学家各有一套理论。如蛛结网，自缚其中而不悟。）阳明所谓抛却自家无尽藏，沿门持钵效贫儿，箴砭之意，亦已切哉。《大学》一篇，总括六经之旨，而开端直曰明明德，又申之曰自明也。呜乎，此六经之心印也。汉唐诸儒守文而已，智不及此。程朱诸师特表章此篇，列为四子书之一。朱子以虚灵不昧释明德，则已直指心地，异乎康成之空泛无着落。此圣学之绝而复续也。然程朱犹有未彻处。（此姑不详。）要至阳明，而后义解两无碍矣。（解谓能解，义谓所解。）启群迷而延圣慧，烈智炬以烛昏城。此恩讵可忘哉。

吾少时不解《大学》明德。阅康成注，只训释文句而已，觉其空泛无着落。阅朱注，以虚灵不昧言，始知反诸自心。及读阳明咏良知诗，即前所引者，则又大诧异，怀疑万端，苦思累年不得解，偶阅列子，忽尔触悟天地万物本吾一体，须向天地万物同体处，即万化大源处认识本心。现前虚灵不昧者，只是本心之发用，而未即是本心。虚灵者，动相也。动则可以违其本也。唯动而恒寂，乃是本心通体呈现。阳明诗指出无声无臭之独体是乾坤万有基。此乃于虚灵而识寂然无扰之真，方是证见本心。以视朱子止认取虚灵为真宰者，盖迥不同也。此中意义，极幽远难言。明儒罗念庵乃有此诣。学者深造而自得之，亦一乐也。余读《列子》，二十五岁左右，当时只是悗然一悟，自未至邃密。然对于阳明良知与《大学》明德之了解，确自此启之。《列子》虽伪书，其取材多《庄子》及他古书，有可珍者。或即张处度所伪托，亦未可知。处度为老庄之学，老庄本易家别派也。处度谈变化，多得《易》旨云。或有问曰，先生言，今心理学上之所谓心，非是本心。然则心有二种钦？答曰：元来只有本心，何曾于本心外别有一种心耶。但本心之发用，即所谓虚灵不昧者，其流行于官体感物之际，而官体则假之以自用，即成为官体之灵明，用以追逐外物。如此，则虚灵不昧者，乃失其本，而亦成为物矣。吾谓之物化而不神者以此。孟子所谓物交物，上物字即谓虚灵不昧者，已失其本，而物化也。以此物与外物交感，谓之物交物。至此，复有习气生。习气者，物交物之余势也，则亦成为潜能，而与官体相顺应。心理学所云本能即此也。其否认本能者，则粗浮而短于内省者也。习气不可遮，即本能不能否认也。夫虚灵不昧者，既为官体所役而至物化，则不得谓之本心。习气又物交物之余势；明明非本心。而心理学之所谓心，却只于物交物处认取，及于习气之储为本能者认取。此中义理分际，不可不勘定也。心理学所为，以物理的官体或神经系为心理的基础，及以本能说明心作用者，其所设定之领域在此也。本心则非其所问也。故心理学之心，由官体形成而后有，元非别有来源。易言之，未尝不依本心而有。然毕竟不即是本心。此不可无辨。由是义故，则本来无二种心者，却又不得不假说有二种。晚周道家说道心及人心。佛家亦有类此之区别。《新唯识论》卷下《明心章》及卷中《功能章》谈习气处，并宜参看。

朱注，明德者，人之所得乎天而虚灵不昧，以具众理而应万事者也。详此所云，其迥异后来阳明之说者，不唯虚灵不昧，未即是本心而已，其甚相水火者。朱注云具众理，则心不即是理，但具有此理而已。（王船山疏解朱注，于具字看得吃紧。船山盖反对阳明者。）阳明却云心即理。（即者，明不二。如云孔丘即仲尼。）此为程朱后学与阳明聚讼最烈之一问题。余以为自玄学或心学言之，阳明之说是也。（穷究宇宙本体之学，谓之玄学。阳明则直指本心。盖以宇宙本体不待向外求索，反诸吾之本心，当下即是，岂远乎哉。吾心之本体，即是万物之本体，非有二本也。故阳明派下，又立心学之名。其实，阳明派之心学，仍是玄学。）万化实体，（实体，犹云本体。）非是顽空。盖乃含藏万理，虚而不屈，动而愈出者也。故实体亦名真理。（虚而云云，借用老子语。屈者，穷竭义。实体本虚寂无形，而含万理故，则至虚而不可穷竭也。动者，言实体之流行成化也。成化，则理之潜含者，多所表出。《诗》曰，有物有则。物者，化迹也。则者理则。物有理则，乃实体内涵之理之表出也。）本心依实体得名，则于本心而云心即理。斯为诚谛，夫复何疑。程子曰，在物为理。朱子云，心具众理。夫理既在物，而非即心，则心如何得具有此理。程朱所不能说明也。

本心即万化实体，而随义差别则有多名：以其无声无臭，冲寂之至，则名为天；（此与宗教家言天者不同。《中庸》末章可玩。）以其流行不息，则名为命；（命字有多义，而天命之谓性，五十知天命等命字，则皆以目实体之流行。）以其为万物所由之而成，则名为道；（道者由义。王辅嗣老注：道者，万物所由之而成也。）以其为吾人所以生之理，则名为性；（《庄子·庚桑楚》：性者，生之质也。注，质本也。本者，犹云所以生之理。）以其主乎吾身，则谓之心；（此中心字谓本心。管子云，心之在体，君之位也。）以其秩然备诸众理，则名为理；（《易》曰，易简，而天下之理得矣。其所云易简之理，乃实体或本心之异名耳。宋儒言天理，亦本之《易》。）以其生生不容已，则名为仁；（孔门之仁，即谓本心。仁乃生生之德。生生便有温然和悦义，故仁以爱言。）以其照体独立，则名为知。（阳明良知，《新唯识论》性智，皆本心之目。照体者，言本心自体元是明觉的，无有迷暗。独立者，绝对义，主宰义。）以其涵备万德，故名明德。明德之明，赞词也。言其德明净。《帝典》曰，克明峻德。《康诰》曰，克明德。此等德字，皆目本心。若将《大学》明德作虚泛之词，则明字全无意义。如郑玄曰，显明其德于天下，则圣人修德，岂为欲显明于天下耶。有所为而为，斯不德矣。且德即无根，又何从修。天下宁有无根之木，无源之水乎。夫心体元是万德皆备，故以明德名之。明德既固有，非从外铄。其发于事亲，则名孝德；发于取与不苟，则名廉德；发于不自暴弃，则名自尊之德。（每见后生喜言自尊为新道德，而不明自尊为何义。推其本意，盖以狂妄与我慢为自尊耳。以此为新道德，诚哉其新矣。民国以来，士类中不丧身名利之途者有几乎，不夷于鸟兽者有几乎，呜乎痛矣。）发于遁世不见是而无闷，及自信所正见，自行所真是，违众盲、破重锢、排大难，而不震不惧，谓之独立之德。（此中正见、真是等字，甚吃紧。见不正而自信，则邪执也。非真是而行之，则乱人也。问：此如何辨？答：此中只克就具有正见及真是者而说，若论如何为正与真，则又是一问题。此不涉及。）略举数德，余可例知。总之，一切道德，（俗云道德，取复词便称耳，实只合用一德字。）皆本心之随事发现也。（吃紧。）德即是心，非如法规然，从外制之也。俗学不见本原，乃依此心随事发现之迹（如孝及廉，乃至万德，是其已发现而得名为孝或廉等等德目者，皆迹也。）而执之，殆视德律若法规然。（不知德律即心。）袭而行之，矜而尚之，及事已万变，而应之者犹泥迹。不务反诸心，以权事之变，行其所安。如郑孝胥辈欲效忠故主，而不惜从寇以危害国家民族。则泥忠之迹，而不务反诸心以权衡事变也。不知德即心者，其害之烈至此。有难：先生所云，泥迹之害，只是不曾权衡事变。故言德者，重在度事。若只言德即心，恐又不无弊也。如郑某之从寇而不嫌者，正以为本自忠心耳。答曰：汝云重在度事是也。试问，度事之度，是汝心否。若无汝心，度者其谁。无度事之心，则事变得失，有可言乎。夫心度事而应之得，是故名德。度者心也。应而得者亦心也。则德即心审矣。汝须知，此中吃紧，在认识一心字。明德乃本心之目，非习心也。（习心，详在《新论》。）习心泥迹，而本心无迹也。习心无权。（习心只如机械然，循其素所迷执而转去，乌得权。）而本心即权也。自日常应事接物，以至科学上之辨物析理，与哲学上之探索宇宙人生诸大问题，都凭一个最高之权来作衡量，才不陷于迷谬。此权者何，世俗或以脑筋当之。其实，脑筋但是此权之所凭藉以发现者，而非是权。当知，权即本心。凡意见或偏见、成见等等，皆习心用事，而失其权也。如郑某之自谓忠心，实习心也。盖其本心之亡也久矣。本心权也。权则平明也。何忍以故君利禄之惠而投寇仇，以陷国家民族于凶危哉。郑某之不德，由其无心也。准此而言，德即心，无可疑矣。郑玄本考据之学，故其释《大学》明德，不知直指本心，第以空泛语蒙混过去。恶乎可。戴震答彭允初书云，《大学》之明明德，以明德对民而言，皆德行行事。人咸仰见，如日月之悬象著明，故称之曰明德。倘一事差失，则有一事之掩亏。其由近而远，积盛所被，显明不已。故曰明明德，曰明明德于天下。此即宗郑玄注，明明德谓显明其至德也。试问，德行行事，由自外立法约束之而然耶，抑自内发耶。郑玄之误，吾既广说如前。今可勿赘矣。

∙∙∙∙∙∙∙∙∙∙∙

　　如上所述，阳明以良知释致知之知。其所谓良知者，吾人与天地万物共有之本体也。在人亦名为心。（具云本心。）阳明尝语门人曰：天地气机，元无一息之停，然有个主宰。虽千变万化，而主宰常定。人得此而生，若主宰定时，与天运一般不息。虽酬酢万变，常是从容自在。所谓天君泰然，百体从令。若无主宰，便只是这气奔放，如何不昏。薛侃问，先儒以心之静为体，心之动为用，如何？阳明曰：心不可以动静为体用。动静，时也。（心遇物交感时名动。无物感时名静。）即体而言，用在体；即用而言，体在用。是故体用不二。若说静时可以见其体，动时可以见其用，却不妨。（愚按此段语，学者所宜深心体究。静时可以见其体云云，结以却不妨三字，最有深意。心本无分于动静。人不能常存此心，故觉有动静耳。凡夫亦只好于静时返观心体。）阳明答陆原静书有云，未发之中，即良知也。无前后内外，而浑然一体者也。（吃紧。）有事无事，可以言动静，而良知无分于有事无事也。（无事时，良知炯然澄寂。有事时，良知亦炯然澄寂。）寂然感通，可以言动静，（寂然不动时，说之为静。感而遂通时，说之为动。）而良知无分于寂然感通也。（愚按良知无物感时，固是寂然不动。即物感纷至时，良知应之，仍自寂然不动。如阳明擒宸濠时，千军万马中，成败在俄顷。而阳明端坐堂上，处分军事，全不动心。只是平日涵养得良知透露耳。若是私欲作主，此时焉得不乱。）动静者，所遇之时。心之本体，固无分于动静也。（心字，宜易为意。见前附说。）理无动者也，动即为欲。循理，则虽酬酢万变，而未尝动也。从欲，则虽槁心一念，而未尝静也。动中有静，静中有动，又何疑乎。有事而感通，固可以言动，然而寂然者，未尝有增也。（心体恒寂，岂因动时而遂增动相乎。）无事而寂然，固可以言静。然而感通者，未尝有减也。（心体恒寂而恒感，岂因无事时而减其感通之灵乎。）动而无动，静而无静，又何疑乎。无前后内外，而浑然一体，则至诚无息，不待言矣。

阳明阐发良知奥义，略如上述。其谈致知之功，兹摘录一二则。薛侃问宁静存心时，可为未发之中否。先生曰：今人存心，只定得气。当其宁静时，亦只是气宁静，不可以为未发之中。曰：未便是中，莫亦是求中工夫。曰：只要去人欲，存天理，方是工夫。静时，念念去人欲存天理。动时，念念去人欲存天理。不管宁静不宁静。若靠那宁静，不惟渐有喜静厌动之弊，中间许多病痛，只是潜伏在，终不能绝去，遇事依旧滋长。以循理为主，何尝不宁静。以宁静为主，未必能循理。（愚按此段语，看似平常，确紧切至极。通六经而言，致知之功，要不外此。）又曰：吾昔居滁时，见诸生多务知解。口耳异同，（愚按俗学求知解，只在口耳之间，未尝反诸心，切实体认此理。如此而争异同，是谓口耳异同。）无益于得。姑教之静坐，一时窥见光景，颇收近效，久之渐有喜静厌动，流入枯槁之病。或务为玄解妙悟，动人听闻。故迩来只说致良知。良知明白，随你去静处体悟也好，随你去事上磨练也好。良知本体，原是无动无静的。此便是学问头脑。我这个话头，自滁州到今，亦较过几番。只是致良知三字无病。医经折肱，方能察人病理。又曰，良知本来自明。气质不美者，渣滓多，障蔽厚，不易开明。质美者，渣滓原少，无多障蔽。略加致知之功，此良知便自莹彻。些少渣滓，如汤中浮雪，如何能作障蔽。又曰：我辈致知，只是各随分限所及。今日良知见在如此，（见读现。）只随今日所知扩充到底。明日良知又有开悟，便从明日所知扩充到底。如此，方是精一工夫。（愚按良知无知无不知。无知者，未尝预存有某种知见故。无不知者，以其常在开悟与扩充中也。世俗闻良知是本体之言，便想象良知为一固定的物事，此乃大谬。）阳明问门人，于致知之说，体验如何。九川曰：自觉不同。往时操持常不得个恰好处。此乃是恰好处。先生曰：可知是体来，（体者体认。）与所讲不同。我初与讲时，知尔只是忽易，未有滋味。只这个要妙，再体认到深处，日见不同，是无穷尽的。又曰：此致知二字，真是个千古圣传之秘。见到这里，百世以俟圣人而不惑。又曰：此是人人自有的，觉来甚不打紧一般。然与不用实功人说，亦甚轻忽可惜，彼此无益。与实用功而不得其要者，提撕之，甚沛然得力。阳明致知之说，略述如上。夫致知之知，即是良知，即是本体，亦即前云正心之心。（此心字，即本心。故阳明以身之主宰释之。若是私欲之心，如何可说主宰。）正者，谓心宜在君位，毋为情欲所胜也。正，即正位之正，非谓工夫。若作正其不正解，即正是工夫。然细玩经之下文，自释正心处，只归重心不在焉一句。不在者，即心失其君位也。故正者，只明心当正居君位。即承上修身，而言心为身之主宰是也。正字，不是显示工夫之词。盖正心工夫，只在诚意。经释诚意，而说毋自欺及慎独，此处却是工夫。阳明于正字尤误解。余于此不便详释经文，将来或别作释。正心工夫，只是诚意。而诚意之功，还须识得心体，才有把柄在手。否则不识自家真主宰，而欲向发用处求诚，（发用处谓意。意是心之所发故。）则浮泛无据，终是脚根立不定也。故复指出良知是心之自体。吾人能返而认识此真宰。尽其致之之功，则意之本体（良知即是心。此乃意之本体。）既已呈现，即主宰常在。而于日用动静之间，倘有私欲潜伏思逞，只要主宰不失，便常能照察。（照察即是意，即是良知或主宰之发用。）于此而致诚之之功，即禁止自欺，（毋自欺之毋，即禁止义。）而慎保其幽独之微明。（前已讲慎独之独，即是一点微明处，即是意。夫微岂小之谓耶。凡势用之极盛者，盖莫如微。蓄之深而不可测，万仞之渊不足以为比方。成乎著而不可御，千军之势无可以为形容。甚盛哉，微明之为微也。）如是，即心之在身，乃常正其君位，（前已引管子云，心之在体，君之位也。阳明云，身之主宰是心。）不致为情欲所夺。故欲心无失位者，（无失位，即正义。）必有诚意工夫。欲诚其意者，还须识得心体即是良知，而不已于致。致之为言尽也。朱子训为推极，亦通。尽者，谓识得良知本体，（良知本体四字，作复词用。）便存持勿失。（存者存养。持，谓保任之也。勿失者，勿任放失。孟子云收放心，收即勿失。）使其充塞流行，无有一毫亏蔽也。（充塞，言其全体呈现。流行，言其大用无息。）不能致知，即本体未透，主宰未立。而欲于发用之意上求诚，则如乘无舵之舟，泛于洋海，其有不沦溺者乎。故欲诚其意者，先致其知。此阳明所谓学问须识头脑也。

〔附说〕按去人欲，存天理，才是致知实功。学者切忌视为常谈而忽之也。人皆有良知在，即皆有天理在。人欲起而欺蔽天理时，而良知之明，未尝不自知也。此时便须去欲存理。稍一因循，即人欲横流，而天理亡，良知失矣。致知，只是严察于理欲之间，去彼存此。佛家所谓转依，即舍染得净，义亦近此。或问，理欲恐不易辨。曰，只是一向自欺惯，故不易辨耳。若良知常提起者，则凡生心动念，以及举足下足时，有一毫人欲搀杂。吾之良知，岂有不自知者乎。佛经有说，性地菩萨虽犯重罪，不堕地狱。却亦有疑之者。愚谓性地菩萨，只是自性昭然不昧。虽有时误犯罪，而性觉不失故，不至沦坠。此理可信。唯习于自欺者，不复能辨理欲，决堕地狱无疑。

《朱子集注》训致知之知曰知犹识也。推极吾之知识，欲其所知无不尽也。夫人之知识，是否可推极以至无不尽，姑置勿论。而知识多者，遂可诚意正心乎？此则吾所不敢苟同者。郑玄注云，知，谓知善恶吉凶之所终始也。其于下文格物注云：格，来也；物，犹事也。其知于善深，则来善物。其知于恶深，则来恶物。言事缘人所好来也。郑玄竟以情见释此知。（玄云，由善恶之知，来善恶之物，而曰事缘人所好来。则玄之所谓知，正是情见。）其曰，知善恶吉凶，殆淫于谶术之邪妄，而以是说经，则下于朱子又远矣，夫玄所云知善恶吉凶之知，即动乎情，则此知实非知也，乃私欲耳。此可为诚正之基乎。玄为学不见本原，其谬至此。总之，致知之知，即孟子所云良知。阳明切实体认乎此，而后据之以释经。盖断乎不容疑也。但阳明于正心之正，不免沿朱注之误。其说意有善有恶，亦误承朱子而不知辨正。此则智者千虑之一失也。或曰，阳明以良知言心，得毋自禅学来耶。曰，甚哉，俗之昧然妄议，而不务求诸己也。汝试反己体认，离汝良知还有心体在否。吾前所引阳明说良知诸文句，汝若字字反诸己，必可实得下落。而于经意，阳明意，自历历无疑。此理岂是从他袭得来耶？而谓阳明取之禅耶？且《易》以乾元明心体，（乾者神也。神即心。）而曰乾知大始，曰乾以易知。则直指知为心之自体者，乃《易》义也。《易》为群经之母，《大学》所自出。《大学》首章以三纲领开端，继以八条目，却自平治齐修正诚，一层一层，递推归本到致知上。向后只格物一条目，便换语气。足见致知处，正是会归本体，直揭心源。（心即是源，曰心源。会归云云，二语只是一义，但变文言之耳。）《大学》之知，即《易》乾元之知。宗趣无殊，本原不二，同出孔门传授也。阳明遥契圣心，而可谓之禅乎。

或曰，佛氏言心体，不外一寂字。儒氏言心体，斥指以知。夫寂其至矣。儒者得毋只窥作用，而未见性耶？答曰：体用不二，阳明子已言之矣。于此见得彻、信得及，儒佛长幼可识也。作用见性，佛氏宗门之说，颇有暗合于吾儒。（参看《新唯识论》卷下《明心章》。）惜其趣寂之意犹多耳。夫知体至神，而未尝不寂。（知体者，即知即体，故云。神者，妙用无穷，生化不测之称。）而言知不言寂者，虑夫将有溺寂以为学，只见本体之寂而不见夫本体之亦寂亦神，其变不测也。（虑夫，至此为句。）阳明后学，杂于禅者已有归寂之谈。如李士龙为讲经社，会中有言良知非究竟宗旨，更有向上一著，无声无臭是也。夏廷美抗声曰，良知曾有声有臭耶？片言折狱，廷美有焉。

上来说致知已讫。次谈格物。朱子以知为知识之知，而谓天下之物莫不有理。格，至也，转训为穷。以即物而穷其理为格物。其补传曰：《大学》始教，必使学者即凡天下之物，莫不因其已知之理而益穷之，以求至乎其极。至于用力之久，而一旦豁然贯通焉，则众物之表里精粗无不到，而吾心之全体大用无不明矣。此谓物格。此谓知之至也。后来阳明之说，与朱子根本迥异者：一、致知之知，阳明说为心。易言之，即说为本体，而非知识之知。二、阳明说理即心，与朱子说理在物，又绝不同。三、朱子之说，虽不明言物是离心外在，而似有物属外在之意。阳明说心之所发为意，意之所在为物，（在字，阳明有时用着字。谓意之所着处即是物，与在字义亦近。）则物非离心而独在，与朱子又大异。（阳明语录中，明天下无心外之物，其语屡见不一见。盖完成唯心之体系，宏廓而谨严，实有过于朱子。世俗或以简单议阳明，所谓鹡鸰已翔于玄冥，弋者犹视夫薮泽也。）如上三议，皆阳明与朱子根本迥异处。故朱子即物穷理之说，为阳明所不取。阳明并依《礼记·大学》篇，定为古本，谓其说致知格物处，并无亡阙，而反对朱子之格物补传。此一争端，实汉以后吾国学术史上最重要之一问题。直至今日，此问题不独未解决，更扩大而为中西学术是否可以融通之问题。阳明说格者正也。正其不正，以归于正之谓也。正其不正者，去恶之谓也。归于正者，为善之谓也。夫是之谓格。其言物曰，意之所在便是物。如意在于事亲，即事亲便是一物。乃至意在于视听言动，即视听言动便是一物。所以说无心外之理，无心外之物。又曰，致吾良知之天理于事事物物，则事事物物皆得其理。此阳明格物说之大略也。吾于程朱阳明二派之争，有可注意者。

一、朱子以致知之知为知识。虽不合《大学》本义，却极重视知识。而于魏晋谈玄者扬老庄反知之说，及佛家偏重宗教精神，皆力矫其弊，且下启近世注重科学知识之风。

二、程朱说理在物，故不能不向外寻理。由其道，将有产生科学方法之可能。

右为程朱派所可注意之点。

三、阳明以致知之知为本心，亦即是本体。不独深得《大学》之旨，而实六经宗要所在。中国学术本原，确在乎是。中国哲学由道德实践而证得真体，（证者证知。此知字义深，非知识之知，乃本心之自证，而无有能知所知等相。真体，犹云宇宙本体。）异乎西洋学者之抟量构画而无实得，（无实得者，言其以穷索为务，终不获冥应真理，与之为一也。）复与佛氏之毕竟归寂者有殊。且学者诚志乎此学，则可以解脱于形累之中，而获得大生命，通天地万物为一体。今后人类之需要此等哲学，殆知饥渴之于饮食。否则人道熄，而其类将绝矣。

四、阳明说无心外之物是也。而其说格物曰，意在于事亲，即事亲便为一物云云，其言不能无病。夫以亲，对吾敬事之心而言，亲亦意所在之物也。事之以孝，此孝即是理，亦即是心。阳明之说，未尝不成，而必曰事亲便为一物，则单言亲而不得名以物乎。如此推去，乃以视听言动为物，（见前所引。）而不以声色等境名物，则几于否认物界之存在矣。此非《大易》及群经之旨也。（自本心而言，一切物皆同体。言无心外之物是也。若自发用处说，则心本对物而得名。心显而物与俱显，不可曰唯独有心而无物也。《新唯识论》宜参看。）夫不承有物，即不为科学留地位。此阳明学说之缺点也。

五、朱子说理在物。阳明说心即理。二者若不可融通。其实，心物同体，本无分于内外。但自其发现而言，则一体而势用有异。物似外现，（似者，言非实有外。）而为所知。心若内在，而为能知。（若者，内亦假名故。）能所皆假立之名，实非截然二物。心固即理，而物亦理之显也。谓物无理乎，则吾心之理何可应合于物。（如孝之理，虽在吾心，而冬温夏清之宜，与所以承欢之道，非全无所征于其亲，而纯任己意孤行也。）谓理非即心乎，则心与理不可判为二也，固甚明。心之义为了别，了别即有条理之义。以心之条理，控御乎物，能符应物之条理而不谬者，则以心物本非截然异体故也。隐诸心，显诸物，完全为一理世界，何在而非此理耶。吾以为理之一问题，阳明见地较朱子为深，而惜其不免遗物。吾欲作量论时详之，今不能细也。

六、阳明以为善去恶言格物，不免偏于道德实践方面，而过于忽视知识，且非《大学》言格物之本义。

上为阳明派所可注意之点。

余以为致知之说，阳明无可易。格物之义，宜酌采朱子。经文自欲明明德于天下者，先治其国，向下逐层推到致知而止。更不曰欲致其知者，先格其物。知者，本体也。反己自识，（《礼记》所云反躬，即谓自识本体。）而加以涵养扩充等工夫，则所谓致者是也。致其知矣，即本体之流行，无有止息。不待言去恶，而恶已无不去。不待言为善，而善已无不为。故阳明以为善去恶言格物，适成赘义。非经旨也。愚谓物者事物。格物者，即物穷理。朱子补传之作，实因经文有缺失而后为之，非以私意妄增也。夫经言致知在格物者，言已致其知矣。不可以识得本体，便耽虚溺寂，而至于绝物，亡缘反照，而归于反知。（不可二字，一气贯下为长句。亡缘者，泯绝外缘也。反照者，《论语》所云默识，庄子所云自见自明，佛氏所云内证皆是也。阳明后学或只求见本体而疏于格物，不复注重知识之锻炼。晚明诸老，如亭林、船山等，病其空疏，亦有以也。）此经之所以结归于在格物也。朱子不悟致知之知是本体，而训为知识。此固其错误。而注重知识之主张，要无可议，但知识本在格物处说，经义极分明。朱子训格物为即物穷理，知识即成立。此则宜采朱子补传，方符经旨。格字训为量度。见《文选·运命论》注引苍颉篇、玉篇及广韵亦云，格，量也、度也。朱子训格，不知取量度义，而以穷至言之。于字义固失，然即物穷理之意，犹守大义。陆王议朱子支离，此乃别一问题。若就释本经格物而论，则致知之释，不从朱注，而融会其说格物处，自无支离之失。阳明尝曰，为学须得个头脑。（《传习录》。）致良知是学问大头脑。（答欧阳崇一书。）如不能致良知而言即物穷理，则是徒事知识；而失却头脑，谓之支离可也。今已识得良知本体，（良知本体四字，作复词用。）而有致之之功，则头脑已得。于是而依本体之明，（即良知。）去量度事物，悉得其理。则一切知识，即是良知之发用，何至有支离之患哉？良知无知而无不知。（非预储有对于某种事物的知识，曰无知。而一切知识，要依良知得起。若无良知本体，即无明辨作用，如何得有对于事物之经验而成其知识乎。故良知是一切知识之源。所以说为无不知。）如事亲而量度冬温夏清，与晨昏定省之宜，此格物也，即良知之发用也。入科学试验室，而量度物象所起变化，是否合于吾之所设臆，此格物也，即良知之发用也。当暑而量舍裘，当寒而量舍葛，当民权蹂躏而量度革命，当强敌侵陵而量度抵抗，此格物也，皆良知之发用也。总之，以致知立本，（致知即本体呈现，主宰常定。私欲不得乱之，故云立本。）而从事格物，则一切知识莫非良知之妙用。夫何支离之有乎？若未能致知，即未见本体。程子云，百姓日用而不知者，正谓此辈。（百姓犹言一般人。）夫未见本体者，其本体元未尝不在。凡其一切知虑云为，何曾离得本体之发用而别有所取资，但彼梦然不自见本体。易言之，即不能返识自家元是自本自根、自为主宰而兴一切妙用。（即不能返识五字，一气贯下。）竟若机械之动，不自明所以而已，是以谓之日用而不知也。此日用而不知之人，其从事格物，虽成功许多知识，而于自己却茫然，是即逐物而丧其生命。礼经所谓人化物也。陆王悼学者之支离，其寄意深远，岂凡情所测哉。然已致知，已见体者，则其格物也，即此良知之应物现形，随缘作主。（应物现形，借用宗门语。物谓所感，谓良知应感而现形。如事亲则孝，交友则信，此孝与信，即良知之因感现形也。乃至科学上一切辨物析理之知。亦皆良知应感而现作种种知。随缘云云，谓随所缘感，而良知自为主宰，不迷乱也。与现形义通。）是则良知自然之妙用，乃不可遏绝者。故曰致知在格物也。如只言致良知，即存养其虚明之本体，而不务格物，不复扩充本体之明，以开发世谛知识，（世谛，借用佛书名词。谓一切事物，乃世俗所共许为实有，而不可不求其理者。凡缘事物而起之知，可云世谛知识。）则有二氏沦虚溺寂之弊，何可施于天下国家而致修齐治平之功哉。故格物之说，唯朱子实得其旨，断乎不容疑也。古今谈格物者，凡六十余说。要以朱子阳明为大宗，而朱子义长。

（摘自《读经示要》卷一，1945 年重庆南方印书馆，现据 1949 年上海正中书局印本，标题系编者所加）

论宋明清儒学及其五期发展

中国之衰，萌于东汉，著于魏晋，极于五季之世。宋儒心性之学，尚有保固中夏之功。而昧者不察耳。云何东汉已伏衰象？西京士大夫，大概浑朴质实，饰伪盗名者殊少见。自东京而始有所谓名士，（名士之称，始见《后汉书》。）结党标榜，激扬名誉，互相题拂。郭林宗饰行惊俗，浮誉过情。陈仲弓号为重厚，实乃工揣测，藏拙养望，全身远害，乡原之雄也。自余党锢诸公，毫无学养，经世之略，全不讲求，唯矜名使气，招致祸败。其时朝野习俗，奢淫贪污。王符《潜夫论》痛言之。《黄琼传》称外戚竖宦之赃污贪冒，势回天地。《西羌传》称将帅贿赂朝贵，剥削士卒，绝无人理。《左雄传》称天下群牧，以敲剥为务。谓杀害不辜为威风，聚敛整办为贤能。髡钳之戮，生于睚眦。覆尸之祸，成于喜怒。视民如寇仇，税之如豺虎。东汉学风士习，既是虚浮标榜，一切无实，社会政治之败坏，自无可挽救。五胡惨祸，实萌于此。昔人颂美东京，以顾亭林之贤，而犹不考。信乎论世之难也。魏晋之代，惨剧始著。（魏晋名为二朝，而魏本短局，可合而言之。）五胡十六国，蹂躏神州。胡骑所至，人民老幼及壮健者，皆被杀戮。妇女及成年男子，如不被戮者，即掠而驱之为奴，供其淫虐。每一胡帅，有畜奴至三万以上者，最少亦千余。《北史》具在可考。胡人凶顽如鸟兽，士大夫乃相率服事之。起朝仪，立制度，居然中国帝王。当时士大夫岂复成人类耶？胡祸近三百年，至隋文而始定。唐承其业，仅太宗一朝为极盛。安史乱后，藩镇之祸，延及五季。藩镇几皆胡产。胡性贪残，人民受荼毒不堪。自典午至五季，悠悠千祀，天下困辱于胡尘。周汉以来之风教，扫荡几尽。当东晋时，虽保有南服，而南人亦深染胡习。诸名士食禄昏庸之朝，淫侈放诞，清谈诳世。居然依冠禽兽，即诸文学名家。阅其作品，辞则丽矣，中无情实。中原沦陷，民生涂炭，谁复念及此者。人心死，人气尽，胥天下而为夷狄鸟兽之归。延及隋唐，仅太宗一朝之盛。何可遽变。至五季，则衰乱已极。履霜坚冰，由来者渐。宋代实承衰运，何云至宋始衰乎？谓宋学不能大挽衰运，吾固相当赞成。（前已谓其不能倡明民族民治等思想。）谓宋学绝无所补于衰运，余又何忍苟同。经胡祸之长久摧残，与佛教之普遍侵入，北宋诸师崛起而上追孔孟，精思力践，特立独行，绍心性之传，察理欲之几，严义利之辨，使人皆有以识人道之尊崇与人生职分之所当尽，而更深切了解吾民族自尧舜以迄孔孟数千年文化之美与道统之重，（余少时从事革命，对宋学道统观念颇不谓然，后来觉其甚有意义。盖一国之学术思想虽极复杂，而不可无一中心。道统不过表示一中心思想而已。此中心思想，可以随时演进，而其根源终不枯竭。）卓然继天立极，而生其自尊自信之心。自知为神明之胄，而有以别于夷狄鸟兽。故宋儒在当时，虽未倡导民族思想，而其学说之影响所及，则民族思想乃不期而自然发生。郑所南、王洙、王船山、顾亭林、吕晚村诸大师，皆宋学而盛弘民族思想者也。（王洙著《宋史质》，以明朝赠皇，直继宋统，与《春秋》不许楚人之王同一用意。楚人本非异种，以其蛮野，故以化外斥之。据考古家言，蒙古与汉族元非异种。但因其侵略中原，不得不斥绝之耳。）宋学功绩之伟大，何可湮没。北宋君臣皆无雄才大略。周程诸儒讲学未久，而大命已倾。（二程门人，便躬逢祸难。）此未可以急效责之也。南宋则赵构昏庸而私，开基太坏。孟子云虽与之天下，不可一朝居，此其时矣。幸而二程门人后学，或参朝列，与权奸力抗，或在野讲学，日以义理浸渍人心。朱子、张钦夫、吕伯恭，尤为圣学与国命所寄托。南宋无明主，而以杭州一隅系二帝三王正朔之传者百五十年，非理学之效而谁之力欤。（学者试平情而察今日人心，如何涣散，如何自私而无公义，如何侥幸倚外人而不自立自爱，如何委靡而无一毫伸张正义之气。今人何故不成为人？安得不于学风士习注意。南宋百五十年，毕竟是自力撑持。今之民易地而处，当何如。）元之覆中原也，则当时蒙古部族之威势，已横行世界。欧洲所过，如狂风扫落叶，至今留黄祸之纪念。而其侵宋，犹苦战累年，至殒一大汗于蜀土。当日宋人之抵抗，可谓不弱。少帝覆于海上不及百年，而鄂之徐寿辉、陈友谅、明玉珍诸帝，首举义旗。明太祖继起，遂光复中夏。（太祖之外祖父，即与宋少帝同舟溺者。身死未几，而其女已为开国之皇太后。光复之速如此。）太祖所赖以定天下者，刘宋章陶四公也。（王船山《读通鉴论》有云，昭代之兴也，刘宋章陶，资之以开一代之治。按太祖初征四公曰，朕为天下屈四先生，其成功即在此。）四公者，皆产浙闽理学盛行之地，而服膺程朱者也。（宋濂读佛书实无得，徒因某僧以术数动之，而佞佛耳。其所服膺者，仍是理学。方正学即承其理之传，且以辟佛为己任。）方正学逊志斋集，时称说宋时社会风俗之美。外人游记亦然。明朝以三江为根据而光复神州，则因三江之地，南宋理学诸儒遗教所被最广最深。故光复之功，基于此也。明代疆域，北方视汉唐稍削，而南方则过之。截长补短，差与汉唐比隆。武功仅逊汉武唐太二帝，而较诸唐世之屡辱于西北诸胡者，则过之远矣。文臣善用兵，尤为明代之特色。（世人多谓熊襄愍公反理学。不知公在辽东，表章贺君，奏云：臣只恶伪理学，若真理学，臣所敬也。公实理学家，岂云反耶。清乾隆诏曰：明朝不杀熊廷弼，我家不得入关。公之系民族兴衰者如此其重。而《明史》为东林余孽所修，致公之盛德大业不彰。故附记于此。）理学跨越前代甚远。黄梨洲之言，确尔不诬。明儒对禅宗之了解，比有宋诸师确深。其离禅而卒归之儒也，大抵由归寂而证会生生，其所得甚深。余欲得暇而详论之，却鲜此暇。盖自阳明倡学南中，承朱子而去其短，宗象山而宏其规，洒脱而无滞碍，雄放而任自然。其后学多有擒生龙搏活虎手段。奇哉伟哉。宋学传至阳明，乃别开生面。当此之时，君昏于上，学盛于下。自是而思想自由，人材众多。以逮晚明诸子，学不囿于一途，行各践其所知。庶几晚周之风可谓盛矣。清儒以考据眼光，轻薄明儒最甚。何损日月之光。适怜其螳臂而已耳。使明季不亡于满清，则中夏之隆，当以文化沾被大地。余尝言，明季汉族力量甚盛，本不当亡于东胡。然而竟亡者，则忠君思想误之也。宋学短处，在以忠君为天经地义，不可侵犯。（始于汉。至宋而孙复益张之。）当时张江陵、熊襄愍之雄才大略，如取而代之，或民主，或君宪，（襄愍、江陵，皆有贤嗣，可以继世。）则中国万不至亡，虽百东胡无能为。然而二公不敢革命者，忠君二字阻之也。江陵为一有力之责任内阁，延明祚者数十年，而天下犹恶其无君。襄愍为东胡所畏惮，而东林必致之死。（襄愍狱中与友人书有曰，环顾宇内，实无第二人。弟之命，可遽断乎。襄愍自知之明，自负之重如此。）夫然后而东胡之必入关也，势不容止矣。王船山《黄书》倡可禅可革之论。盖伤明季之天下，误于忠君，而延颈以待东胡之宰割也。呜呼，此真痛心事也。明季不亡于东胡，吾国家民族决不至此也。夫自东汉至于炎宋，吾族类之衰已久矣。两宋诸儒，始上复孔孟，以心性之学、义理之教，含茹斯民数百年。革鸟兽之习，（去胡俗。）又拔之寂灭之乡。（朱子尝言人生职分所当尽。此义广大极矣。惜学者多不深思。而宋学之异出世教者亦在此。）阳明先生益发挥光大，而后吾民之智德力猛进，以启大明之盛，犹春草方滋未已。吾谓宋学有保固中夏之功者正在此。历史事实彰著，其可诬哉。清儒受东胡收买，最薄明朝。今人犹受其迷。明代国力之盛，与学术思想之趋于日新，及人才之奇特，皆汉以后所未有也。唐视之犹远不及，只太宗一世故也。若就思想论，汉人守文而已，犹不如明也。孰谓明朝可薄乎？清儒感东胡之收买，而追憾明之廷杖。又以宋明纯是理学时代，而以考据受牵养者，必反对宋明。吾民族之复反于衰，实自清始。此不可不察也。夫明代之盛，由理学诸师在野讲学之效。本非帝王之力也。然明之诸帝，亦有未可厚非者。此姑不论。明季不幸误于忠君思想而致亡。当时学者甚众，皆窜伏田野，力图革命。最著者，如亭林之赴陕，船山之奔走梧溪郴州耒阳涟邵间，皆欲图大事。至势无可为，则著书以诏后人。使清儒能继续其业，无受东胡收买，以无用之考据取容，则光复之速，必更倍于元季。何至摧残三百年，以成今日之局哉？呜呼，学绝道废，人心死，人气尽，人理亡。国以不振，族类式微。皆清代汉学家之罪也，而可诬诋宋学哉。

宋学约分五期。一、肇创时期。周子二程横渠尧夫，皆宋学开山。而伊川年事较轻，吸收较广，讲学著书较久，受患难较深，刚大不可屈挠之气，亦感人最深。故为学者所宗。

二、完成时期。朱子生南宋。值理学被禁几绝，独起而弘扬之。北宋诸大师遗书，搜集编订，以授学者。又遍注群经，以及于史。历算等学，无不研寻。地质且有发明，考据之业，实导先路。朱子愿力甚宏，气魄甚大，治学方面颇广。其真诚之心与勇悍之气，可谓与天地同流。朝野奸邪构害虽烈，初不以死生易虑。宋学盖完成于朱子。张钦夫、吕伯恭、陆象山兄弟，则皆与朱子相为羽翼者也。而象山之学，独与朱子有异。

宋学自其初创，以至完成，其最大之功绩，略言之：（一）自魏晋以来，经夷狄与盗贼长期蹂躏，人道灭绝之余。印度佛化，乘机侵略。诸师始表章六经，寻尧舜禹汤以至孔孟之绪，明道统之传，使人知人道之尊严与中夏文化之优越，卓然异与夷狄，吾人知所以自尊自信。故元清以边疆夷俗入主，一则不久而覆，一则完全同化于中原礼义之教。吾人自尊自信之潜力，宋学养之已深也。

（二）六经浩博。汉唐以来经师考据之业，于六经之大道茫然无所究明。诸师始教人反求之心性，而又特标四子书，以明六经宗趣。于是圣学的然可寻。人皆知心性之学，当实践于人伦日用之地。而耽空溺寂之教，异乎圣道。

三、宋学初变时期。宋元学者，皆诵法程朱。明初犹然。及阳明先生崛起，龙场一悟，始以致良知教学者。其学与朱子大异，而与象山较近。是为宋学初变。

程朱之学，历宋元及明代，传习日久，大抵注重践履，守先师语录甚严，而于本原处无甚透悟。学日益隘，人日习于拘执。故阳明先生发明良知，令人反己，自发其内在无尽宝藏与固有无穷力用，廓然竖穷横遍，纵横自在。庄生所云自本自根，朱子咏塘水诗，所谓为有源头活水来，差可形容。宋学至阳明，真上达矣。（阳明虽发见良知真体，而禅与老虚寂意思究过重。吾《新论》谈本体虽申阳明之旨，而融虚寂于生化刚健之中。矫老释之偏，救阳明之失。于是上追大易，范围天地之化而不过。人生毋陷于迷乱、毋流于颓废，其在斯乎。）

四、宋学再变时期。晚明诸子，值东胡内侵，乃奋起而致力于学术思想之改造。是期之学者，大抵反阳明，而于程朱心性学之根本精神，则确守而益加虔，以矫王学末流狂放之弊。然诸儒皆严毅而不至拘碍，广博而备极深厚，崇高而不失恺弟。（诗云恺弟君子，言平易近人。）是其矫枉而无或过正，所以为美。

此期学者甚多。思想派别，亦极复杂。此中不及详。但总举其优点，约有五：

（一）为学尚实测，堪为近世西洋科学方法输入之强援。明世王学，其长处在理性之发达。宋儒受外来佛教精神之震撼，（诸儒虽反佛，甚至昌言驳轮回，而实则皆深受轮回说之影响。其精神生活中，极富宗教气味。）及传统观念过重，（尊孔孟，而过于排斥异端。）故理性受拘束。自阳明指点良知，而后去其障蔽。然王学末流，不免流于凿空。故船山、亭林、习斋诸儒之学，皆注重实用。其为学态度，皆尚经验。言治化得失，必征诸当代实情，而复考历史，以推古今之变。（如船山《读通鉴论》、《宋论》等，其政治及社会思想，乃汉唐以来诸儒所不能发。亭林《天下郡国利病书》，皆周流各地参访，而山川险要，每询诸老卒。）穷义理之奥妙，必本诸躬行实践，而力戒逞臆谈玄。（如船山、二曲、习斋皆然。亭林于义理方面，悟解似不足言，但确守程朱遗教，躬行切实。堂堂巍巍，有惇大气象。）诸儒注重实用与实测，乃王学之反响。此等精神，清儒早已丧失净尽。直至清末，始渐发露。而西洋科学方法输入，赖此为之援手。

（二）民族思想之启发。自孔子作《春秋》，昌言民族主义，即内诸夏而外夷狄是也。（夏者大也。中国人有大人之德。）但其诸夏夷狄之分，确非种界之狭陋观念，而实以文野与礼义之有无为判断标准。凡凶暴的侵略主义者，皆无礼无义，皆谓之夷。故《春秋》之所谓文明者，不唯知识创进而已，必须崇道德而隆礼义。否则谓之野，谓之夷，等诸鸟兽，必严厉诛绝之。（《春秋》大桓文、管仲之功者以此。俟讲《春秋》经时更详之。）此《春秋》之民族思想，所以为正义之准绳。而近世言民族思想者，皆狭陋之种界观念，为兽性之遗传，乃正义之敌，太平之障。正《春秋》之所必诛也。汉人治《春秋》，皆不明孔子之民族思想。唯晋世江统，著徙戎之论，稍识此意。而当时朝野无识，不知人禽大辨。卒酿五胡之祸。自是而士大夫之降于夷狄鸟兽者，乃至尊之如天，亲之为父。至魏收作史，反诋江左正朔为岛夷，直是粪蛆不若。唐太宗虽得统于北，而不忍于收之所为，命李寿正其邪迷。则太宗犹知《春秋》大义矣。而经儒卒无能发明者，岂不异哉。孙复亲见五季群胡干天位，而鱼肉夏民，乃唱尊君邪说。胡安国犹踵其谬也。自是而夷祸乃益烈。非思想错误，中夏何遽至是哉。明季诸子始盛扬民族思想。在其前者，虽有郑所南《心史》、王洙《宋史质》，而均无人注意。及至王船山、吕晚村、顾亭林诸儒，则发挥光大。千载久闷之义，一旦赫然如日中天。晚村在当时，宣传最力。（晚村学宗程朱，而深惜程朱未明此义，愿救其失云。）船山著书极多，深愤中夏圣作明述而成为崇高之文化，乃人道之极隆，不幸为夷狄鸟兽所残毁。（深愤至此为句。）其书字字句句，皆悲心流露。（世人徒知《黄书》。其实，船山各书，随在可见其民族思想之活跃。）直至咸同间，始由曾涤生刊行。而影响于清末之革命思想盖甚大云。亭林之言，见于《日知录》。清人刊行此书时，悉删削其关于民族思想之议论。今人发现原稿，而已不全矣。（是时提倡民族主义者极多，但其人与书多不传。此可惜也。如吾乡明季有易明甫、何士云诸先生。皆以诸生倡大义于闾里，为汉奸于成龙所戮。戴震文集有于传，乃盛美于。）先儒之民族思想，皆为尊人道，贱兽行，伸正义，抑侵略，进和平，除暴乱，决非怀争心而与异种人为敌也。此

《春秋》之大义也。

（三）民治思想之启发。船山《读通鉴论·晋论》有云，有圣人起，预定弈世之规，置天子于有无之外，以虚静统天下。详此所云，明是虚君共和制。其曰预定弈世之规，则主张制定宪法甚明。惜乎清末学人太陋，少有能读船山书者。（康有为曾言，船山精矣，而艰深太过。有为以文人而治考据之业，于理解深沉之书，大概不耐读。当时章太炎有奉衍圣公而行君宪之议。世莫之省。太炎聊以发愤，亦非实主是议者。其实如行虚君共和，或较好，亦未可知。）船山《读通鉴论》有云：“封德彝曰，三代以还，人渐浇伪。此谬论也。象、鲧、共、飞廉、恶来，岂秦汉以下之民乎。民固不乏败类，而视唐虞三代，帝王初兴，政教未孚之日，其愈多矣。邵子分古今为道德功力之四会。帝王何促，而霸统何长。（邵子以帝王为道德之世，霸统唯尚功力，世每下愈况。）霸之后，又将奚若耶。泥古过高，而菲薄方今，以蔑生人之性。君子奚取焉？”据此，则船山实持进化论者。汉唐诸儒都无此见解。船山之民治思想，与其进化论实相关。大凡专政者，必以为人民不足进取，而因以总揽权力，恣一己之所欲为，以取覆败而不惜。若深信斯民之智德力无不日进者，则岂敢玩天下于股掌之上，以朽索驭六马，而自蹈覆辙哉。向者袁世凯欲叛共和，其文告与机关报纸日以国民程度不足为言。卒至身与国，俱蒙其祸。此亦执政者之殷鉴矣。顾亭林之民治思想，足与船山互相发明。《日知录》周室班爵禄条云，为民而立之君。故班爵之意，天子与公侯伯子男，一也，而非绝世之贵。代耕而赋之禄。故班禄之意，君卿大夫士与庶人在官，一也，而非无事之食。是故知天子一位之义，则不敢肆于民上以自尊。知禄以代耕之义，则不敢厚取于民以自奉。详此，则皇帝之职与俸，与民主国之总统正无异。又顾命条云，传贤之世，天下可以无君。又乡亭之职条云，《周礼》地官，自州长以下，有党正、族师、闾胥、比长。自县长以下，有鄙师、酂长、里宰、邻长。夫唯于一乡之中，官之备而法之详。然后天下之治，若网之在纲，有条而不紊，至于今日，一切荡然，无有存者。且守令之不足任也，而多设之监司。监司之又不足任也，而重立之牧伯。积尊累重，以居乎其上，而下无与分其职者。虽得公廉勤干之吏，犹不能以为治，而况托之非人者乎。柳宗元之言曰，有里胥而后有县大夫，有县大夫而后有诸侯，有诸侯而后有方伯连帅，有方伯连帅而后有天子。由此论之，则天下之治，始于里胥，终于天子。其灼然者矣。按今之言治者，辄曰中人主张治起于上，西人主张治起于下。其言中国者，徒知秦汉以后之事耳。《周官》之地方制度，与管仲之治齐，芁敖之治楚，子产之治郑，孰非主张治起于下者乎。柳宗元能识古之治道。唐以来儒生皆不识宗元意，唯亭林能发之。古者五家为伍，伍长主之。二伍为什，什长主之。十什为里，里魁主之。亭林言治，始于里胥。里胥者，群众公推之头目也。土豪劣绅，非群众所与，必不得为里胥。而后世贪官污吏，往往结纳豪劣，以当里胥之任，而失群众。如是者，其国无治，而危亡至矣。民治毕竟非可貌袭。必人民之智德力足以自动自立，而后里胥之选，不操于贪污之官，乃真民治也。此非可以骤立之法而期其然。杜元凯左宣十二年传解云，法行则人从法，法败则法从人。民国三十余年来，皆法从人也。然则欲法之行，究非执政者能自守法不可。欲执政守法，非举世知识分子有品德、有真知见、能持清议、能奋起对抗，则执政必无所忌惮也。亭林、船山，同注重学风土习。此实民治根源也。中国而欲转危为安也，王顾诸儒之学，其可不急讲乎。黄梨洲《明夷待访录》亦言民治。颜习斋《四存》之论，尤为民治本根。

（四）此期哲学，仍继续程朱以来之反佛教精神，而依据《大易》重新建立中国人之宇宙观与人生观。奏此肤功者，厥惟王船山。余昔与人书有云，船山易内外传，宗主横渠，而和会于濂溪、伊川、朱子之间，独不满于邵氏。其学，尊生以箴寂灭，（《易》为五经之源。汉人已言之。而易学不妨名之为生命哲学。特其义旨广远深微，包罗万有。非西洋谈生命者所可比拟。）明有以反空无，（横渠云，《大易》言幽明不言有无。显而可见者谓之明，隐而不可目见者谓之幽。船山以为，宇宙皆实也，皆有也，不可说空说无。其于佛老空无二词之本义，虽不免误会，然以救末流耽空之弊，则为功不浅。船山曾研佛家有宗，盖亦融有义以言《易》。）主动以起颓废，（此则救宋明儒末流之弊。与习斋同一用意。但习斋理解远不逮船山。）率性以一情欲。（船山不主张绝欲或遏欲，而主张以性帅情，使情从性，则欲无邪妄，而情欲与性为一矣。此与程朱本旨并不背。可惜戴震不识性，而妄奖欲。）论益恢宏，浸与西洋思想接近矣。此所举四义，实已概括船山哲学思想。学者欲研船山学，不可不知此纲要。自清末梁任公以来，时有谈船山者，大抵就涉猎所及，而摘其若干辞义，有合于稗贩得来之新名词或新观念者，以赞扬之，至于船山之根本精神，与其思想之体系及根据，则莫有过问者。今人谈旧学，无一不出此方式，而欲学无绝道无丧得乎。呜呼，吾老矣。

眼见此局，不知所底。余之言，将为世人所侮笑。吾固明知之，而弗忍无言也。吾有惧也。吾有痛也。中国人经三百年汉学风气，斲丧性灵。生命力空虚，已至极度。倚赖外人之劣性，与贪淫、忍酷、骗诈、委靡等恶习，及思想界之浮浅混乱现象，皆由生活力太贫乏故也。船山哲学，实为振起沉疴之良药。遗书具在，学者凝心读之，而得其深广之思，感其浓厚之悲，有不愤发为人者乎。吾终不敢薄今之人。吾信人生总是向上。譬如行者前进，或时失道迂回，终亦必前而已矣。（今人读书为学，只是广闻见、找知识。以此博污俗浮名。如此，何能进学，何得成人。即读尽古圣贤书，亦感发不起。本讲首言立志、责志。此实程朱陆王相传血脉也。世不乏志士，幸垂察焉。）

　　[附识] 船山易内外传，确甚重要。吾所举四义，（即生、动、有、与情一于性四大基本观念。此吾综其全书而言之也。）学者深玩之，可见其大无不包，足为现代人生指一正当路向。但船山于本原处，不能无误。其言乾坤并建，盖未达体用不二之旨，遂有此失。坤元亦是乾元，非并立也。乾之不能无坤者，特故反之，以成其变耳。本体固绝待。而其现起为大用，则不能不有一反动以成变化。老云反者道之动是也。学者细玩《新唯识论》翕辟义，便知船山有未透在。船山未见本体，盖由反对阳明与佛老之成见误之也。船山读佛书似不多。（即相宗。）想未得全解也。船山主张率性以一情欲，自甚谛。然反对阳明，而不悟心即性，则工夫似无入处。由阳明之说，本心即是性，非心之外别有性也。故自识本心，存养勿失。凡生心动念处，皆是顺吾本心之明，一直扩充去。即一切情欲，皆受裁于心，而莫不当理。易言之，即情欲莫非性之发。以无妄情邪欲相干故也。是则情欲一于性，而非有善恶之二元明矣。然若不承认心即性，则率性工夫从何入手？夫性既不即是心，则性便超脱于心之上。何得裁制情欲，而使之当理乎。譬如主人不能裁制奴仆，则奴仆叛主而逞其妄，即不得以奴仆之动作为主人之动作也。性不知节其情，而谓情与性为一可乎。阳明彻悟本体，故将心与性、理、天、命、道等名词，均说成一片，（覆看第一讲释大学处。余虽颇有推演，而大体实本阳明。）扫尽因名词而起之种种支离见解。（戴震《原善》及《孟子字义疏证》纯是葛藤。若肯虚怀细究阳明之旨，决不作雾自迷。）而名词之所以不得不异，阳明亦疏抉明白。此其扶翼六经之功，极不可忘。船山将性与天、命、道等，皆妄分层级。而心不即是性，则心性又分层级，又以理为气之理，不即是心，几成唯物论。

（凡此，具详《读四书大全说》、《易传》等书，亦皆本此旨。余作《新唯识论》即欲救其失。若夫生与有等四大基本观念，余与船山未尝异也。）船山全书关于哲学思想者，自以易内外传、《读四书大全说》为最重要。而其他各书，无一不当参究。关于社会及政治思想者，自以《读通鉴论》、《宋论》为最重要。而其余无一可忽，又不待言。庄子注，于治理推究甚精。① 凡枭桀之壹意狂逞，以宰万物，而不惜自毙以祸天下者，船山此书，发挥尤多。《读四书大全说》，体大思深，精义络绎。其于程朱后学种种迂拘之见，多所弹正。每令读者腐气一涤，新意顿生。独惜其根本未澈，（谓不见本体。）不免又添出许多葛藤。此书谈心地工夫，于矫正阳明后学之误及狂禅之病，未尝无当。然以攻阳明，却是错误。其言存养诸义，又似于本体上，欲有所增益。意在反阳明，而实自误也。船山书，学者不可不深研。然于六经、四子、老庄以及程朱、陆王、佛学，若无相当功力者，又未易深研也。管子不云乎，思之、思之、又重思之，鬼神将通之。是在学者勿以粗心浮气承之而已。

（五）考据学兴，而大体归于求实用。朱子本留意考据。其后学若黄震、许谦、金履祥、王应麟，皆考核甚精，足以致用。履祥尤奇特，凡天文、地形、礼乐、田乘、兵谋、阴阳、律历之书，靡不毕究。时国势阽危，任事者束手无措。履祥独进奇策，请以舟师由海道直趋燕蓟，俾抟虚牵制，以解襄樊之围。其叙洋岛险易，历历有据。时不能用，宋遂亡。宋儒考据之业，重在实用。后来宋濂、刘基诸公，克承其绪，用成光复之功。及阳明学昌，学者多以考据工夫为支离破碎，而不甚注重。末流空疏，不周世用。于是晚明诸子，复寻朱子之绪而盛弘之。考据学遂大行。亭林、太冲，尤为一代学者宗匠。太冲尝病当时讲学家立学社，（当时学社，即以学术团体而兼有政治之结合者。）欲有所提倡，而本领皆太小，不能收实效。（清末以来，由维新以迄学生运动，及各种提倡，皆苦于领导者本领不足，都无善果。）故其为学务博通，而未尝不归于切实有用。亭林尤朴厚。其学之方面极广，而所成就皆极伟。然主要者在政治哲学。《日知录》一书，即发表其政治哲学者也。是书外表为一考据家之笔记，而内容博大深远，乃其政治思想之所寄，为极有体系之著作。如教化根原、学风士习污隆、社会习俗好坏、法纪度制

---

① 这里所说易内外传、易传，系指王船山《周易外传》、《周易内传》，所说庄子注，系指王船山《庄子解》。

得失、食货蓄耗，乃至河渠道路兴废，皆征诸当世。而上下古今，以推其变。根本主张，厥惟民治。故于地方政制，考证极详。废君权而行民主，亭林确有此意。（已见前文。）比太冲《原君》，尤明白彰著。其志隐，其辞微，盖多有未便详阐者。其与友人书曰，所著《日知录》三十余卷本，平生之志与业，皆在其中。惟多写数本，以贻之同好，庶不为恶其害己者之所去。而有王者起，得以酌取焉。可以知其书之重要。《日知录》创刻于清康熙乙亥。其甥徐乾学等，以汉奸贵显于东胡。竟不敢刻。门人潘耒，始与年友汪悔斋刻之。则凡关于民治、民族等思想者，其所削除必多。现行《日知录》盖非亭林原稿也。亭林治学精神，老而弥厉。其与人书有曰，某自五十以后，笃志经史。其于音学，深有所得。今为五书，以续《三百篇》以来久绝之传。（亭林少壮时皆奔走国事。故专力经史，在五十以后。）今人二十便欲成名，三十、四十，便名流自居，而难言向学。此世所以衰也。亭林之从事考据，志在实用。潘耒序《日知录》曰，潜心古学，九经诸史略能背诵，尤留心当世之故。实录奏报，手自钞节。经世要务，一一讲求。当明末年，奋欲有所自树。而迄不得试。然忧天悯人之志，未尝少衰。事关民生国命者，必穷源溯本，讨论其所以然。足迹半天下，所至交其贤豪长者，考其山川风俗、疾苦利病，如指诸掌。详此，则亭林治学，确是以先圣哲精神，而兼具西洋科学家之态度者。清人迄今士子，好为琐碎无聊之考索，不知果何所谓。亭林勤于考察，尤可爱慕。其金石文字记序云，余自少时，即好访求古人金石之文。比二十年间，周游天下。所至名山巨镇，祠庙伽蓝之迹，无不寻求。登危峰、探窈壑、扪落石、履荒榛、伐颓垣、畚朽壤。其可读者，必手自钞录。得一文为前人所未见者，辄喜而不寐。此与汉唐儒生专守书册之风，固已大异。余以为考据之学，必若亭林，而后无愧于斯业。晚明之世，精考据者固多，船山此种工夫甚深，不待言。自余亦无须详述。

综上所举五项，可见晚明诸子学之概要。船山哲学思想，虽宗横渠，而于周子、二程、晦翁，均服膺甚至。亭林自序下学指南有云，有能绎朱子之言，以达夫圣人下学之旨。则此一篇者，其硕果之犹存也。又祭朱子文曰，两汉而下，虽多抱残守缺之人，六经所传，未有继往开来之哲，惟绝学首明于伊洛，而微言大阐于考亭。不徒羽翼圣功，亦乃发挥王道，启百世之先觉，集诸儒之大成。又与人书有曰，昔之说《易》者，无虑数千百家。如仆之孤陋，而所见及写录唐宋人之书，亦有数十家。有明之人之书不与焉。然未见有过于《程传》者。亭林于本原之学，确守程朱。其自立卓然，有以也。颜习斋虽诋及宋儒，不过攻其末流之弊而已。《四存》之论，其有一语一义，不源出程朱者哉。黄太冲受学蕺山，本阳明嫡嗣。（太冲所学方面极多，著述亦最富。振阳明之绪者，赖有斯人。）李二曲之学，亦宗阳明，而救其后学之失。以上所举，于晚明诸子中，最为大师。而无一非宗主宋学者。此外，宏博之儒，奇节之士，（全谢山集中所载甚多，然犹限于江浙一隅耳。）盖不可胜数。要皆宋学之所熏陶，无须具论。余故以晚明为宋学再变时代。盖纪实也。（皮锡瑞《经学历史》以晚明王顾黄诸儒，为汉宋兼采之派。甚谬。宋学中自有考据一门，不曾依托汉学。当时本无汉学之名也。）宋学自阳明初变，而心性学始上探孔孟之微。程朱派以阳明为禅，适得其反。禅家言心即是性，本有合于孔孟者。汉以来经师皆不悟心性之旨，守文而已。程朱始究心性，而所见犹未之当。至陆王乃澈悟。世儒不知禅之有合于儒，而疑陆王袭禅法，岂不诬哉。此中不及详论，须另为文言之。宋学至阳明，确为极大进步。及末流空疏，而晚明诸子，又复再变。于是思想自由，更注重实用。民治论出，则数千年帝制将倾。民族义明，而文化优崇之族类，方得独立自由。历算地理诸学，是时讲者亦众，科学已萌芽焉。诸子虽皆反阳明，然实受阳明之孕育而不自知耳。明世如无阳明学，则吾人之理性，犹不得解放。而诸子之学术思想，又何从产生乎？诸子当神州沦陷，东胡入主之日，冒百艰，拼万死，潜谋光复。大功未集，乃从事学术思想之改造，期于唤起群众。此等伟大精神，真足挥落日、转大地。使清世儒生能继诸子之志与业，中国何至有今日哉。宋学经一再变，始有上复晚周之机。由今而论，中西文化融通，亦于晚明之新宋学可见其端。余每以晚明为汉以后学术史上最光辉时代，倘亦有识所公认也。

五、宋学衰落时期。晚明新宋学渐启生机，而东胡谋所以摧之。乃利用汉奸，行收买政策，以网罗天下士子，而束其思想于无用之考据。阎若璩、胡渭之徒，首被宠眷。若璩以康熙元年游燕京，投降臣龚鼎孳，为之延誉。后雍正甚宠之，胡渭游徐乾学之门颇久。康熙南巡，渭献平成颂，无耻至极。徐乾学为东胡效用，网罗诸名士，罪不下于李光地辈。亭林固莫如之何。尝戒潘次耕勿主其家云，彼之官弥贵，客弥多，便佞者留，刚方者去。今且欲延一二学问之士，以盖其君丑。不知薰莸不同器而藏也。又与杨雪臣书曰，惟念昔岁孤生，漂摇风雨。今兹亲串，崛起云霄。思归尼父之辕，恐近伯鸾之灶。可见其心之苦。自群奸效顺，而天下皆知清廷意向所在，始相率俯首就范，不敢运其耳目心思之力于所当用之地。而王、顾、黄诸大儒之学术思想，遂乃相戒而不敢过问。久之习非成是，则且以其业为时主之所奖，王公疆帅牧令之所尚。（两宋常有道学之禁。明世王学亦常受禁。独清代汉学，始终为官僚所拥护。）乃忘其为一技之长，竟以学术自负，而上托汉氏，标帜汉学。天下之蔽聪塞明，而同出于此一途者三百年。今当吸收西洋科学之际，而固有哲学思想，正须研讨发挥，以识古人之大体，见中外之异同，（辨其异而观其同，而后可得中外融通之道。）求当世之急务，勉言行之相顾，（昔儒务实学，故坐而言，可以起而行。今人腾诸洋装册子，或报章杂志者，皆浮词滥调，不可见之行者也。）示人生以归趣。（今人只是权利与浮名及淫乐诸下等欲望发展，完全无人生之意义与价值可言。其所以如此者，正由其不识人生真性。故无所归趣，只任下等冲动，向外奔逐去。）学者之所应致力者何限。而上庠文科，教者、学者，乃多以琐碎而无关大义之考据是务。岂不惜哉？历史之学，《春秋》经之枝流余裔也。治史必究大义。本天化以征人事，鉴既往以策方来，其义宏远。若专考琐碎事件，何成史学？如因一胡人传之文理欠顺，但疑此胡人为李唐之祖。又或以大禹为虫。若斯之类，已足慨叹。……依他人花样，而剪裁吾之史料铺陈之，何可究吾之真，就治史者言之已如是。余治经、治子、治集部者，都无有体究义理，只喜作琐碎考证。或缘时下流行之肤杂思想，而张设若干条目，遂割裂古人书中文句，以分述之。如某观念也，某论或某说也。如此方式，列有多目，皇皇大文，公之于世，鲜不赞美。以此为学，求其有得于心，有验于身，有用于世，可成为人。吾不敢信，吾不忍言。呜呼，国难深矣，民命危矣。士大夫不为实学，将复如何？吾痛心考据之流风，非有私也。孔子曰，古之学者为己。程子曰，学要鞭辟近里切着己。此是定论。学不反己，何成学问。清世考据家将反己一路，堵塞尽矣。今犹不反诸。汉学之焰，至今盛张，（托于科学方法及考古学。）毒亦弥甚。全国各大学，文科学子，大抵趋重此途。高深理解，断绝其路。夫人必有高深之理解，方得发生真理之爱，而努力以图真理之实现于己。宋学诸大师所以远绍孔孟者，即此精神。今人只务浮杂知识，不求深远之智慧。本实拨，而枝叶有不憔悴者乎？或谓，高深理解，不可期之人人。即有造于此者，不过个人自行而已，于社会何益。殊不知，社会之各层，皆互相影响。故大哲人之精神，一般人皆能有所感受。若尧、舜、禹、汤、文、周、孔子，以及程、朱、陆、王、船山、亭林之在中国，其精神永远普遍贯注于一般人。尽未来际，无有断绝。德国之有康德、菲希特、黑格尔、歌德诸公，亦何莫不然。余尝言，凡为学术思想之领导者，其自造若达乎甚高甚深之境，则其影响之及于人群者，必大且善。如自造者太低太浅，则其影响之及于人群者，必浮乱恶劣。若群众习于浮乱日甚，将至不辨领导者之好坏，而唯宜于恶势蔓延。如是者其群危。吾国自清世汉学家，便打倒高深学术。至今犹不改此度，愚且殆哉。又自清儒以来，实用本领，全不讲求。迄今愈偷愈陋。中国哲学注重经世，所谓内圣外王是也。今各大学文科学子，稍读西洋哲学书，便只玩空理论，不知自求真理。武侯曰，我心如秤，不能与物低昂。今人却失去自己之秤，而作稗贩事业。又且以找题材、作论文为务。将先圣哲精神，丧失殆尽。余以为，哲学界固应有能创作及能继述之大儒，以著述为终生大业者，而亦应有大多数哲人，能本其对于宇宙人生之深切了解，而发为经国济民之事功。此必于实用知识加意讲求，而后能之。近世若罗、胡、曾、左诸公在咸同间，能为军政领导，固皆有哲学素养者也。前代更不必论。今日治哲学及文学者，如能以向外浮慕之心，为反求自行之功，毋轻易写作，毋标榜自贱，毋喧腾报章，宝爱精力，探微穷玄而外，必殚究实用之学，随其能之所堪，求有效于世，庶不愧为人，不负所学。今上庠文哲诸生，辄忧卒业后不易得饭吃。其实，哲学文学之徒，当为人群谋温饱，而乃以一己饭碗是忧，则大学教育可知已。长兹以往，如何而可。夫科学毕竟是各种专科知识之学。至于穷极万化大源，须有超知之诣。辅相人群治道，尤资通识之材。（哲学之异乎科学者，在乎求通识，而不限于某一部分知识也。故可以综万事而达于治理。）今之大学教育，科学方面成绩果如何，吾不敢知。若文科，除考据工夫而外，其未曾注意研实学、养真才，则众目共睹，非余敢妄诬也。（此中实学一词，约言以二。一、指经世有用之学言。二、心性之学，为人极之所由立，尤为实学之大者。为此学而不实者，是其人之不实，而伪托于此学耳。）清代汉学之污习不除，而欲实学兴、真才出，断无是事。此余之所忧也。

（原载《读经示要》卷二中的一节，1945 年重庆南方印书馆，现据 1949 年上海正中书局印本，标题系编者所加）

治学与做人

复性书院开讲示诸生

    吾以主讲马先生之约，承乏特设讲座，得与诸生相聚于一堂，不胜欣幸。今开讲伊始，吾与诸生不能无一言。唯所欲言者，决非高远新奇之论，更不忍为空泛顺俗之词，只求切近于诸生日用工夫而已。朱子伊川像赞曰，布帛之言，菽粟之味，知德者希，孰知其贵，愿诸生勿忽视切近而不加察也。

    书院名称，虽仍往昔，然今之为此，既不隶属现行学制系统之内，亦决不沿袭前世遗规。论其性质，自是研究高深学术的团体。易言之，即扼重在哲学思想与文史等方面之研究。吾国年来谈教育者，多注重科学与技术，而轻视文哲。此实未免偏见。就学术与知识言，科学无论发展至若何程度，要是分观宇宙，而得到许多部分的知识。至于推显至隐，穷万物之本，彻万化之原，综贯散殊，而冥极大全者，则非科学所能及。世有尊科学万能而意哲学可废者，此亦肤浅之见耳。哲学毕竟是一切学问之归墟，评判一切知识，而复为一切知识之总汇。佛家所谓一切智智，吾可借其语以称哲学。若无哲学，则知不冥其极，理不究其至，学不由其统，奚其可哉。故就学术言，不容轻视哲学，此事甚明。次就吾人生活言。哲学者，所以研穷宇宙人生根本问题，能启发吾人高深的理想。须知高深的理想，即是道德。从澈悟方面言之，则曰理想，从其冥契真理、在现实生活中而无所沦溺言之，则曰道德。阳明所谓知之真切笃实处即是行，行之明觉精察处即是知，亦此意也。吾人必真有哲学的陶养，（注意一真字。）有高远深微的理想，会万有而识其原，穷万变而得其则。极天下之至繁至杂，而不惮于求通也。极天下之至幽至玄，而不厌于研几也。极天下之至常至变，而不倦于审量也。智深以沉。思睿曰圣。不囿于肤浅，（学之蔽，真理之不明，皆由人自安于肤浅故也。肤浅者不能穷大，不能通微。其智力既浮薄，即生活力不充实。智短者，于真是真非，缺乏判断。生活力贫乏者，必徇欲而无以自持。则一切之恶，自此生矣。故人之恶，出于肤浅。易言之，即出于无真知。）不堕于卑近。（沉溺于现实生活中，纵欲殉物而人理绝。卑近者如是。）以知养恬，（恬者，胸怀淡泊，无物为累。此必有真知，而后足以涵养此恬淡之德也。无知者，则盲以逐物。而胸次无旷远之致，是物化也。此与庄子以恬养知义别。）其神凝而不乱。（恬故，精神凝聚而不散乱也。）故其生活力日益充实而不自知，孟子所谓养浩然之气者是也。哲学不是空想的学问，不是徒逞理论的学问，而是生活的学问。其为切要而不容轻视，何待论耶。又次就社会政治言。哲学者，非不切人事之学也。孔子曰，道不远人，人之为道而远人，不可以为道。孰有哲学而远于人事，可谓之学哉。人者，不能离社会而存，不能离政治而生。从来哲学家无不于社会政治有其卓越的眼光、深远的理想。每一时代的大哲学家，其精神与思想，恒足以感发其同时与异世之群众，使之变动光明。此在中外史实，皆可征也。或谓，自科学脱离哲学以后，关于社会与政治方面的发见，亦是科学家所有事，何必归之哲学。此说似是而实非。哲学、科学，本息息相关，而要自各有其领域。如形而上学，则科学所不及过问是也。即在所研究之对象无所不同者，易言之，即无领域之异者，如对于社会政治诸问题。而哲学与科学于此，仍自各有其面目。夫综事察变，固科学所擅长也。哲学则不唯有综事察变之长，而常富于改造的理想。故科学的理论，恒是根据测验的。哲学的理论，往往出于其一种特别的眼光。哲学与科学相需为用，不当于二者间，有入主出奴之见，更属显然。上来略说三义，可见哲学思想不容忽视。至于文学与历史诸学，在今日各大学属诸文科之范围，而为究新文化者所必探讨。今兹书院之设，本为研究哲学与文史诸学之机关。但研究的旨趣，自当以本国学术思想为基本，而尤贵吸收西洋学术思想，以为自己改造与发挥之资。主讲草定书院简章，以六艺为宗主。其于印度及西洋诸学，亦任学者自由参究。大通而不虞其睽，至约而必资于博，辨异而必归诸同，知类而必由其统。道之所以行，学之所以成，德之所由立也。诸生来学于此，可不勉乎。综前所说，则书院为何种研究机关，既已言之甚明。来学者当知所负之使命也。至书院地位，则相当于各大学研究所。而其不隶属于现行学制系统之内者，此有二意。一欲保存过去民间自由研学之风。二则鉴于现行学校制度之弊。（如师生关系之不良与学生身心陶养之缺乏，及分系与设立课目并所用教材之庞杂。其弊多端，难以详举。至于教育宗旨之不一，学风之未能养成，思想界之不能造成中心思想，尤为吾国现时严重问题。）颇欲依古准今，而为一种新制度之试验。书院虽袭用旧称，而其组织与规制，实非有所泥守于古。书院地位，虽准各大学研究院，而亦不必采用时制。总之，书院开创伊始。在主讲与吾等意思，亦不欲专凭理想以制定一切规章，唯欲随时酌度事宜，以为之制。如佛家制戒，初非任一己一时理想以创立戒条，强人就范也。唯因群弟子聚处，而随其事实，因机立戒，久之乃成为有统系的条文。故其戒条，颇适群机，行之可久也。书院创制立法，亦当如是。今后教者（通指主讲与诸教职员。）学者（肄业生及参学人。）俱各留心于学业及事务各方面之得失利弊等等情形，随时建议，毋或疏虞，庶几吾人理想之新制度，将有善美可期矣。外间于书院肇创之际，多不明了，或疑此制终不可行。主讲与吾等时存兢业，亦望诸生厚自爱，期有所树立。岂惟书院新制得以完成，不负创议与筹备诸公之盛心。而发扬学术、作育人才，保固吾国家民族，以化被全人类者，皆于是乎造端矣。诸生勉旃。

昔人有言，士先器识而后文艺。（古者文字、艺字，并谓一切学术。如六籍，乃备明天道、治法、物理之书，而号曰六艺，又曰六艺之文是也。汉以后，始以词章名文艺。其意义始狭，非古也。今谓宜从古义。）今学校教育，但令学子讲习一切学术。易言之，即唯重知识技能而已。（知识技能一词，以下省称知能。）至于知能所从出与知能所以善其用者，则存乎其人之器识。器识不具，则虽命之求知能，其知能终不得尽量发展。必有其器与识，而后知能日进。如本固而枝叶茂也。抑必器识甚优，始能善用其知能，不至以知能为济私之具也。苟轻器识，而唯知能是务，欲学者尽其知能以效于世。此必不可得也。今之弊在是，奈何其不察耶？夫器识者何？能受而不匮之谓器，知本而不蔽之谓识。器识非二也。特分两方面以形容之耳。以受，则谓之器。以知，则谓之识也。器识之义，最为难言。今略明之，先难后获者，器也、识也。欲不劳而获者，非器也、无识也。可大受而不可小知者，器也、识也，可小知而不可大受者，非器也、无识也。毋欲速，毋见小利者，器也、识也。欲速不达，见小利则大事不成者，非器也、无识也。颜子以能问于不能，以多问于寡，有若无、实若虚、犯而不校者，器也、识也。反是者，非器也、无识也。（虑己以容物，故犯而不校。此言君子宅心之广、蓄德之宏，乃就私德言，非就国家思想言也。或有误解此者，以谓国土受侵，不与敌校，便逾论轨。）敏而好学，不耻下问者，器也、识也。反是者，非器也、无识也。志于道、据于德、依于仁、游于艺者，器也、识也。（艺，谓一切知识技能之学。）亡其道德与仁，而唯艺之务者，非器也、无识也。行有余力，则以学文者，器也、识也。（此中文字，同上艺字解。）驰逐于文，而不务力行者，非器也、无识也。过则勿惮改，人告之以有过则喜，闻善言则拜者，器也、识也。文过遂非，拒谏而绝善道者，非器也、无识也。尊德性而道问学者，器也、识也。只知问学，而不务全其德性，则失其所以为人，非器也、无识也。见贤思齐焉，见不贤而内自省也，器也、识也。妒贤忌能，见恶人而不知自反，或攻人之恶而不内省己之同其恶否，此为下流之归，非器也、无识也。人一己十、人十己百、人百己千，器也、识也。自暴自弃者，非器也、无识也。或生而知之，或学而知之，或困而知之，及其知之一也；或安而行之，或利而行之，或勉强而行之，及其成功一也；器也、识也。甘于不知，而不肯困以求通，怠于行，而不务勉强以修业，非器也、无识也。任重道远，器也、识也。无所堪任，非器也、无识也。己立立人、己达达人，器也、识也。独善而无以及物，非器也、无识也。士志于道，而耻恶衣恶食者，未足与议也。此有器识与无器识之辨也。夫器识有无，其征万端，不可胜穷也。然即前所述者一字一句，反而验之身心之间、日用之际，则将发见自己一无器识可言，而愧怍惶惧，自知不此于人类矣。昔王船山先生内省而惭曰，吾之一发，天所不覆，地所不载。其忏悔而无以自容，至于若此之迫且切也。我辈堕落而不自知罪，岂非全无器识之故耶。夫器识，禀之自天，而充之于学。人不学，则虽有天禀，而习染害之。故夫人之无器识者，非本无也，直蔽于后起之污习耳。扩充器识，必资义理之学，涵养德性而始能。主讲以义理为宗，吾凤同符。诸生必真志乎此学，始有以充其器识。器识充而大，则一切知识技能，皆从德性发用。器识如模，知能如填彩。模不具，则彩不堪施。诸生顾可逐末而亡本乎？

学者进德修业，莫要于亲师。师严而后道尊。师道立，则善人多。旧训不可易也。学校兴而师生义废。教授与诸生，精神不相通贯，意念不相融洽。其上下讲台，如涂之人相遇而已。夫学者之于理道，非可从他受也，唯在自得之耳。其自得之者，亦非可持以授人，理道不是一件物事故也。然则为学者，何贵有师耶。师之所益于弟子者，则本于其所自得者而随机引发弟子，使之有以自得焉。弟子所赖于其师者，方其未至于自得，则必待师之有所引发焉。唯然，故师与弟子必精神、意念相融通，而后有引发之可能。若夫神不相属，意不相注，则如两石相击，欲其引发智虑而悟入理道，天下宁有是事耶。故弟子必知亲师而后可为学。且人之所以为人也，亲生之，而师成之。成之之恩，与生均矣。在三之义，古有明训，而忍不相亲耶。虽然，语乎成，又当有辨。非寻常知识技能之相益，便足谓之成也。必其开我以至道，使吾得之而成为人焉。不得，则吾弗成为人也。有师如是，其成我之恩，均于生我矣。在三之义，正谓此也。其次，则如章实斋氏所云，专门名家之学，虽不足语至道，要亦有得于道之散殊。吾从而受其学，亦不敢不尊之亲之，而严其分、尽其情。（严其分者，己之于师，退居子弟行，不敢抗也。）否则于情未协，于义为悖也。自此而下，若传授课本，口耳之资益。学无与于专家，人未闻乎至道。但既为吾所从受课之师，有裨于闻见，则亦以长者事之，以先进礼之，不得漠然无情谊也。亲师之义，虽有差等，毕竟不失其亲爱。古之学者，未有不求师也。弟子之名位、年事，过于其师者，往往有之。而退然以下其师者，道之所在故也。学之不可无所就正故也。今之学者，耻于求师，不以其所未得为可耻，而耻其所不当耻，直无器识故耳。古之人，有先从师游，不必有得，而后乃自得，反以其道喻师，而自展其事师之诚者，释迦牟尼是也。鸠摩罗什于其戒师，亦尝行之也。有弟子先从师说，而后与之异者。后之所见诚异，非私心立异也。亚里士多德曰，吾爱吾师，吾尤爱真理。有如是弟子，非师门之幸哉。亲师者，非私爱之谓也。然非有真知真见而轻背师说焉，则其罪不在小。学者所当戒也。

次于亲师而谈敬长。凡年辈长于我者，必以长者礼之。年辈长于我，而又有学行可尊者，吾礼敬之不尽其诚，又何忍乎。清末以来，学风激变。青年学子，习于嚣暴，而长幼失其序矣。有一老辈，平日与少年言议，皆非毁礼教者也，退而与人言，则又忿后生遇己之无礼。吾性褊狭，不欲轻接少年。偶遇之，勿多与言，亦无饰貌周旋之事，孤冷自持而已。夫所以敬长者，约有二义。少不凌长，后生不与先进抗，存厚道也。长者经验多于少年。少年勇于改造，而辨物析理，不必精审。使其无轻侮前辈之心习，则将依据前辈之经验，以为观摩考核之资者，必日益而不自知矣。西洋各国，皆有年老教授居上庠，与吾国古时太学尊礼老师之意适合。明季有一儒者，自言其少时遇长德，辄以兄事。中年而后，自知无礼。于昔所称为兄者，今改称以先生，而自称晚生或后学焉。昔之视在等夷者，今知其德之可尊、学之可贵也，则不复等夷视之，而对之自名焉。此人可谓善补过矣。诸生来学于此，于亲师敬长，自宜留意，不可染时俗也。此亦培养器识之一端也。

学者以穷理为事。然其胸怀，一向为名利声色种种惑染之所缠缚。其根株甚深细隐微，恒不自觉。本心全被障碍，如何而得穷理。（本心一词，原于《孟子》。宋明儒者亦言之。本字宜深玩，但非可徒以训诂为得其解也。必切体之于己，而认识其孰为吾本具之良知良能而不杂夫后起染污之习者。）穷理工夫，非深心不办。真理虽昭著目前，而昏扰粗浮之心，终不得见。必智虑深沉冲湛，而后万理齐彰。深湛则神全。神全故明无不烛，而天下之理得矣。又非大心不办。大故不滞于一隅。观其散著，抑可以游其玄也；析其繁赜，抑可以会其通也；辨其粗显，抑可以穷其幽也；知其常行，抑可以尽其变也；见其烦琐，抑可以握其简也。故唯大心可以穷理。狭碍之心，触途成滞，泥偏曲而不悟大全，堕支离而难言通理，习肤浅而不堪究实。明者所以致慨于横通也。（狭碍之心，非本心也，乃以染习为心故耳。）又非耐心不办。人心恒为染习所乘，安于偷惰而一切无所用心，惯于悠忽而凡百都不经意。苹果堕地与壶水热则涨澎，古今人谁不习见之，却鲜能于此发见极大道理者，必待奈端、瓦特而后能之，则以常人不耐深思故耳。夫事理无穷，要在随处体察，于其所未曾明了者，不惮强探力索。（四字吃紧。）毋忽其所习闻习见而不加察也；毋略其所不及见、不及闻而以为无复有物、无理可求也；毋狃于传说，必加评判；亦毋轻议旧闻，必多方考索。其果是耶，无可立异。其果非耶，自当废弃。毋病夫琐碎而不肯穷也，毋厌其艰阻而不肯究也。时时有一副耐心，真积力久，自然物格知至，而无疑于理之难穷矣。综前所说三心，曰耐、曰大、曰深，皆依本心而别为之名耳。耐之反为忽，（忽者疏忽或忽略。）大之反为碍，（碍者，狭隘或滞碍。）深之反为浅。（浅者，浅陋或浮浅。）有一于此，皆不足与于穷理之事。其所以成乎忽与碍且浅者，则以无量惑染根株，盘结于中，而本心障蔽故也。学者必有克己工夫，（己者，谓一切惑染，亦云私欲或私意。）常令胸怀洒脱，神明炯然，则能耐、能大、能深，（耐字意义甚深，即健也。切宜深玩。）而可以穷理尽性矣。王阳明先生云，学问须是识得头脑。存心、养心、操心之学，于一切学问，实为头脑。今之学子，愿皆舍其心而不知求，岂不蔽哉。就学术言，华梵哲学与西洋科学，原自分途。东学（赅华梵哲学言）必待反求内证，舍此，无他术矣。科学纯恃客观的方法，又何消说得。（西洋哲学与其科学，大概同其路向，明儒所谓向外求理是也。西洋思想与东方接近者恐甚少。）学者识其类别，内外交修，庶几体用赅存，本末具备，东西可一炉而冶矣。昔朱子言学，以居敬穷理并言。穷尽事物之理，合用客观方法。居敬，即反求内证下手工夫也。（敬是工夫。亦即于此，识得内在的本体。）明代治朱学者，诟王学遗物理而不求。王学之徒，则又病朱学支离破碎。近世中西之争，亦复类是。曷若同于大通之为愈耶。吾与主讲，俱无所偏倚。诸生来学于此，须识得此间宗旨，无拘曲见，务入通途。

昔吾夫子之学，内圣外王。老氏崇无，亦修南面之术。（老氏之无，非空无也。本性虚寂，故说为无。儒者亦非不言无。《中庸》言天性，曰无声无臭至矣。但儒者不偏着在无上，与老氏又有别。此姑不详。）颜子在孔门，拟以后世宗门大德气象，颇相类似。然有为邦之间，则孟子所谓禹稷颜回同道，诚不诬也。吾尝言，佛家原主出世，使世而果可出也，吾亦何所留系。其如不可出何。如欲逃出虚空，宁有逃所。（世之言佛者，或谓佛氏非出世主义。此但欲顺俗，而恐人以此诟病佛法耳。实则佛家思想，元来自是出世。彼直以众生一向惑染、沦溺生死海中，为可怖畏，而求度脱。轻论具在，可曲解耶。但佛家后来派别甚繁，思想又极繁杂。如大乘学说，渐有不舍世间的意思。华严最为显著。金光明经，亦归于王者治国之道云。）是故智者哀隐人伦，要在随顺世间，弥缝其缺，匡救其恶。所谓裁成天地之道，辅相天地之宜，本中和而赞化育，建皇极而立蒸民。（古诗云，立我蒸民，莫匪尔极。）此吾夫子之道，所以配乾坤而同覆载也。庄子曰，春秋经世，先王之志，可谓知圣心矣。汉世经儒，并主通经致用，不失宗风。故汉治尚可观。魏晋以后，佛家思想浸淫社会。曹氏父子又以浮文靡辞导士夫为浮虚无用。儒生经世之业，不可复睹。遂使五胡肇乱，惨毒生民。延及李唐，太宗雄伟，仅振国威于一时。继体衰乱，迄无宁日。唐世士人，下者溺诗辞，上者入浮屠。儒业亡绝，犹魏晋以来之流风也。世道敝而无与持，有以也哉。（唐世仅一陆宣公，以儒术扶衰乱。）祸极于五代。宋兴，而周程诸老先生绍述孔孟，儒学复兴。然特崇义理之学，而视事功为末。其精神意念所注，终在克己工夫。而经国济民之术，或未遑深究。虽述王道，谈治平，要亦循守圣文，非深观群变，有所创发也。至其出处进退大节，自守甚严，诚可尊尚。然变俗创制，一往无前之勇气，则又非所望于诸老先生矣。然而宋儒在形而上学方面，实有甚多发见。（当别为论。）晚世为考据之业与托浮屠者，并狂诋宋儒。彼何所知于宋儒哉。唯宋儒于致用方面，实嫌欠缺。当时贤儒甚众，而莫救危亡，非无故也。及至明季，船山、亭林诸公崛起，皆绍述程朱而力求实用。诸公俱有民治思想，又深达治本，有立政之规模与条理，且皆出万死一生以图光复大业，志不遂而后著书。要之，皆能实行其思想者也。此足为宋儒干蛊矣。（颜习斋名为反对程朱，实则其骨子里仍是程朱。所攻伐者，但是程朱派之流弊耳。）胜清道咸间，罗罗山、曾涤生、胡林翼诸氏，又皆宗主宋学，而足宁一时之乱。（诸公扶持清廷，殆非本志，直是现实主义耳。洪杨既不足辅，又惧同类莫能相下，故仍拥清以息一时之乱耳。曾氏刊布《船山遗书》，虽昌言民族革命之《黄书》，而布之无忌。其意念深哉。）故由宋学演变观之，浸浸上追孔氏，而求内圣外王之全体大用，不复孤穷性道矣。（明季大儒与咸同诸公，所造高下浅深，为别一问题。然其内外交修，不欲成为有体而无用，则犹孔氏之遗规也。）今世变愈亟，社会政治问题日益复杂，日益迫切。人类之忧方大。而吾国家民族，亦膺巨难而濒于危。承学之士，本实既不可拨，（本实，谓内圣之学。）作用尤不可无。（作用，谓外王或致用之学，与俗以机智名作用者异旨。）实事求是，勿以空疏为可安。深知人生责任所在，必以独善自私为可耻。（释迦牟尼为一大事因缘出世。王船山先生自题其座右曰，吾生有事。此是何等胸怀。吾人可不猛省。）置身群众之外，而不与合作，乃过去之恶习。因任事势所趋，而不尽己责，尤致败之原因。（西洋社会与政治等等方面，许多重大改革，而中国几皆无之。因中国人每顺事势之自然演进，而不以人力改造故也。此等任运自然的观念，未尝绝无好处，但弊多于利。当别为文论之。）诸生研求实用，尤贵于旧日积习得失，察识极精，而迁善必勇。否则虽有技能，不堪致用，况缺乏技能者乎。或曰，今世言致用，必须专门技术。（此等人才，必出自各学校之为专科研究者。）书院系养育通材，恐徒流为理论家，而不必可以致用也。此说，只知其一，未知其二。夫专材与通材，（专门技术，省言专材。）互相为用，而不可缺其一也。专材恒是部分之长。虽其间不无卓越之士，然终不能不囿于所习。其通识终有限也。通材者，测远而见于几先，穷大而不滞于一曲，能综全局而明了于各部分之关系，能洞幽隐而精识夫事变之离奇。专材的知识是呆板的，通材的知识是灵活的。专材的知识是由积聚而得的，通材的知识多由超悟而得的。（超悟本自天才。然天材短者，积学亦可致。）专材的知识是显而易见的，通材的知识是运于无形的。专材与通材之辨，略如上说。而通材实关重要。能用专材者，通材也。若无通材，则专材亦无所依附以尽其用。选任各种专材而位之各当其所，此则通材所有事也。凡理论家，固可谓之通材。而通材不必悉为理论家。通材者，恒是知行合一之人物也。通材与专材，时或无定称。如一个工厂的领袖，比于厂中技师等等，则为通材，比于实业界中更大的领袖，则又成专材矣。实业界中大领袖，虽号通材，而对于主持国柄之大领袖，则又成专材矣。凡求为通材者，必有宽广的胸量，远大的眼光，深沉的思考，实践的勇气，谦虚的怀抱。若不具此素质，而求为通材，未之有闻也。查本院简章，分通治别治二门。通治门，以《孝经》、《论语》为一类，孟荀董郑周程张朱陆王诸子附之。别治门，《尚书》、三礼为一类，名法墨三家之学附之；《易》、《春秋》为一类，道家附之。凡此，皆所以养通材也。

[附识] 或问，本文有云，中国人每顺事势之自然演变，而不以人力改造。此意未了。答曰：吾举一例明之。如数千年来君主政治，时或遇着极昏暗，天下自然生变。到变乱起时，也只任互相杀伐。俟其间有能者出来，才得平定，仍然做君主。此便是顺事势自然，不加人力改造。若是肯用人力改造局面时，他受了君主政治许多昏暗之祸，自然会想到民治制度，同来大改造一番。西洋人便是这样。中国人却不如此。即此一例，余可类推。

国家设学校以养人才。人才虽出于其中，而就学者固不能皆才也。书院虽欲养通材，又何敢过存奢望耶。然在诸生，则不可妄自菲薄，必努力以求为通材，而后不负自己，不负所学。（诸生纵不得胜国家栋梁之任，吾亦望其行修而学博，足以居庠序而育群材。今各大学，于本国学术方面，缺乏师资。此足见吾国人之不力学，不求认识自己。昔拿破仑自谓其失败，根本不由于外力与刀枪，而在于德国理想家的抵抗力。诸生三复此言，当知所奋发矣。）

本院简章，举一切学术，该摄于六艺。故学者选修课程，应各择一艺为主，而必兼治其相类通者。如所主在《易》，则余艺，如《春秋》等，（等者，谓《诗》、《书》三礼及四子书等。）诸子学，如道家等，（等者，谓自汉迄宋明诸师。）及印度佛学与外道，皆所必治。即西洋哲学与科学，尤其所宜取资。如所主在《春秋》诸艺，则其所应兼治之诸学,亦各视其所相与类通者以为衡。夫学术分而著述众,一人之力,何可穷搜。故治学者,有二义宜知。每一种学问,皆有甚多著述。唯择专家名著,而详加玩索。其余可略。此一义也。(博学者,非无书不读之谓,乃于不可不读之书,必须熟读耳。)依据自家思想根荄,因取其与吾相近者,特别研寻,以资发挥,此二义也。(如吾治《易》而好象数,则于数理逻辑必加详究。如吾治《易》而主明变,则凡哲学家之精于语变者必加详究。如吾治《易》而于生生不息真机,特有神悟,则凡依据生物学而出发之哲学,必加详究。如吾治《易》而注重明体及生活与实践方面,则于佛家及宋明诸师,必加详究。如吾治《周礼》,而欲张均产与均财之义,则于吾先儒井田、限田诸说,及西洋许多社会主义者关于经济的思想,必加详究。如吾治《春秋》而欲张公羊三世义,则于吾六经、诸子及西洋哲学许多政治思想,必加详究。如上所说,略示方隅。学者触类旁通,妙用无穷。)本院主张自由研究,不取学校教师登台强聒、学生呆坐厌听之方式,亦无一定讲义。主讲及讲座、教授都讲、(简章尚未立教授。以开创伊始,规模尚狭故也。实则教授为正常负责之师,决不可无。至简章有讲友,相当各大学名誉教授。但马先生不欲仍时俗教授之名,俟将来酌定。)时或聚诸生共语,得为语录而已。分系办法,虽本院所无,但简章一宗六艺而分通治、别治二门。诸生入院修学,自应先通后别。其别治门,各专一艺,而兼治其相与类通之诸学,则分系之意存焉。至各门所应研习之书目,拟分必读与博览二类,容缓酌定。必读一类,贵精不贵多。如孔门之于六艺,魏晋学者之于三玄,两宋诸师之于四子书。又如佛家空宗,主大般若经与四论。(大智度及中、百、十二门。)相宗亦有六经十一论。(详基师《唯识述记》等。)凡此诸家,其所专精之书并不多。唯有所专主,而聚精会神于其间。久之,而神明变化,受用无穷矣。至博览一类,则不嫌其多。然学者资性有利钝,精力有衰旺,要在各人随分尽力,选择其万不容不涉及者,而目治心营焉,求免于孤陋寡闻之患,而有以收取精用弘与引申触类之益。斯为得之。若夫不量自力而一意涉猎求多。其弊也,或则神昏目眩而一无所得,或则杂毒攻心而灵台长蔽、思想长陷于混乱。此为人生至苦之境。吾意将来规定各门应行博览之书。虽名目不妨多列,而学子于其间尽可留心选择,务令游刃有余,毋以贪多自害。唯必读之书,则非终身潜玩不可。

学问之道,由浅入深,由博返约。初学必勤求普通知识,将基础打叠宽博稳固，而后可云深造。其基不宽，则狭陋而不堪上进；其基不固，则浮虚而难望有成。初学若未受科学知识的训练而欲侈谈哲理与群化治术等等高深的学问，便如筑室不曾拓基，从何建立，登梯不曾循级，必患颠蹶矣。（吾国学术虽未曾发展为科学，然吾先圣贤于哲学思想方面所以有伟大的成功者，非独天才卓越、直超顿悟、冥会真理而已，亦因其穷玄而不遗事物。如所谓仰观于天，俯察于地，近取吾身，远观诸物。又如孟子称舜，明于庶物，察于人伦。后儒亦屡言，须体验物理人事。又曰，从人情事变上磨练。其精于综事辨物，可见矣。吾固有之学术，不曾发展为科学，此是别一问题。然吾古之学者，自有许多许多的科学知识，则不容忽视。《易》之为书，名数为经，质力为纬，非有丰富幽深的科学思想则莫能为也。而其书，导于羲皇，成于孔氏。创作之早，至可惊叹。后生偷惰，知识日益固陋。今西洋科学发达，学子诚当努力探求。）诸生若自大学卒业而来者，于科学有相当素养，今进而研华梵高深学术，不患无基。至其未受学校教育者，（本院征选肄业生细则，不限定大学卒业一途者，原欲广造就耳。但其人若非具有天才而缺乏科学训练，恐终为进学之碍。今次征选生徒办法，只可作一种试验耳。）务望于科学方法及各科常识，尤其于生物学、心理学、名学及西洋哲学与社会政治诸学，必博采译述册子详加研索。今之译述，大抵出于稗贩，而不详条贯，鲜有旨要。其于所介绍之学说，实未有精研故也。又复模仿西文文法，而未能神明变化，故其辞甚难通。加之白话文于素读旧书者，气味最不合。以上诸因，译述册子，每为人所不喜阅。然诸生未受学校教育者，要当于译述册子勉强玩索，勿病其肤杂，勿畏夫艰阻。须知，学者涉猎群书，譬之入山采宝。初入深山，所历几尽属荆棘，及遇一宝，则获益无穷矣。读杂书，亦复如是。往往有意外之获。孟子谓舜好问，而好察迩言。理道无穷，随在足资解发故也。译述虽劣，讵不足比于迩言耶。

　　吾国学术，夙尚体认而轻辩智。其所长在是，而短亦伏焉。诸生处今之世，为学务求慎思明辨，毋愧宏通。其于逻辑，宜备根基，不可忽而不究也。（然学问之极诣，毕竟超越寻思，归诸体认，则又不可不知。）

　　《论语》有言，工欲善其事，必先利其器。文字者，发表思想之器也。凡理论的文字，以语体文为最适宜。条理详明，委曲尽致，辞畅达而无所隐，义精确而无所淆。此语体文所擅长也。但有时须杂用文言文。谈理至幽玄之境，凌虚着笔，妙达神理，则或赖文言以济白话之穷。如程子语录中，所谓冲漠无朕、万象森然。以整练之辞，善敷玄旨，含蓄无尽。（此等处，若有白话，便无义味。）此语体参用文言之妙也。学子如欲求工语体文，必须多读古书。能作文言文，始无不达之患。今学子为白话文，多有不通者，此可戒耳。

读书须有三到，曰手到、（圈点。）目到、心到。手之所至，而目注焉，而心凝焉，则字字句句，无有忽略过去者。读书不求甚解，在天才家眼光锐利，于所读书入目便能抉择，足资一己创发之用；若在一般人，则虽苦思力索，犹惧不尽其条理，不识其旨要，而可不求甚解乎。读书切忌忽略过去。学之蔽，理之难明，只缘自心随处忽略故耳。忽略者，万恶之源也，所谓不诚无物是也。吾写至此，吾意甚苦，愿诸生自反而力戒此病。（细玩《论语》，则知圣贤日用间，只是一直流行，一切无有忽略。）

今之少年，习为白话诗，以新文学自标榜。其得失，则当世有识者，多能言之，毋俟余喋喋也。余生平不能诗，间讽诵古之名作，略识其趣，以为声音节奏，终不可忽而不讲。若不求协韵，只为白话而已，其可谓之诗乎。诸生于六艺中倘有专诗者，将欲创作新体，亦必沉潜于旧文学，（谓由《三百篇》、楚汉，迄近世，诗骚赋词等作品。）遗其貌而得其神。或能融会众体，别创一格，未可知也。如于旧文学未有深厚涵茹，而以浅躁之衷急谋更张，终必无成。子曰，仍旧贯，如之何。何必改作。更张而不及其旧，勿轻更焉可也。

每闻少年能读西人诗，惊服其长篇巨制，辄谓中国诗不足观。此真肤论也。余未读西人诗，但闻人言，想见其气象雄放，情思畅茂。然中国诗，妙在辞寡而情思悠然，含蓄不尽。清幽之美，如大化默运，不可以形象求也。中西诗，但当各取其长，勿妄分优劣也。

间闻人言，通经致用之说，在今日为迂谈。今之政事，当有专门技术，岂得求之六艺而已乎。此其说甚误。有见于末，无见于本也。如欲辨正此等谬见，自非可以简单言之。虽著书累帙，犹难达意。吾于此不暇深论，但虑诸生移于时俗，终不能不略明吾旨也。夫缮群致治，必有经常之道，历万变而不可易也，亦必有张弛之具，随时而制其宜也。专门技术，只为张弛之具，而所以为张弛者，要不可离经常之道。姑举一义言之。大易革卦，著改革之象，必归之诚信。革，变易也。诚信，则通万变而不可易之常道也。改制易度，而果以诚信行之，毋假新法之名，而阴违之以逞其私欲，毋藉新兴之事，而私便之以恣其淫贪，以诚信宰万变而不渝，则任何改革无不顺天应人，行之尽利矣。嗟尔诸生，更历世变，亦已不浅，其犹无悟于此耶。即今国际纠纷，至于人类自毁而不知祸之所底。诸霸者莫不声称正义，而所为适得其反。不诚不信，戾于常道。生人之祸，何时已乎。自古皆有死，民无信不立。圣言深远。人类如终不自毁，其必率由吾六艺之教焉无疑也。夫六艺之旨，广大悉备，所谓范围天地之化而不过，曲成万物而不遗。唯智者真有得于六艺，则见其字字句句皆切于人生实用，而不可须臾离也。无识者，视为陈言，所谓至言不止于里耳也。谓通经致用为迂谈，此乃细人之见耳。且学者诚能服膺经训而反之自心，将于万化之本、万事之纲无不洞达，则其于人群事变之繁复奇诡，自可秉枢要以御纷杂，握天钧而涉离奇。阳明所谓规矩诚设，而天下无数之方圆，皆有以裁之矣；尺度诚立，而天下无数之长短，皆有以裁之矣。然则运用专门技术者，必待湛深经术之醇儒。世有善知识，必无疑于吾言也。又凡治六艺者，非但习本经而已。如治《尚书》三礼者，于吾诸子、历史及诸文集并西洋社会、政治诸学，皆博览而取材焉。余艺可类推。夫学术者，古人诣其大，而后人造其精。古人穷其原，而后人竟其委。（委者，委曲。事理之散殊，至纤至悉，难于穷了者，谓之委曲。）古人以包含胜，后人以解析胜。学者求知，若但习于细碎，则智苦于不周，而应用必多所滞。六艺者，吾国远古之大典，一切学术之渊源。学子欲求致用，而不习六艺，是拘于偏曲而不求通识也。恶可致用乎。今各大学法科，只习外人社会及政治诸书而已，故剿袭外人法制以行之吾国，终不适用也。故夫研究西洋社会及政治法律诸学者，必上宗六艺，而参稽历朝史志与诸文集，博而有要，杂而有本，庶几通古今之变，而可权时致用矣。尤复须知，吾国著述，不肯敷陈理论，恒以散殊而简单之辞寓其冲旨。所谓引而不发是也。善读者，于单词奥义，悟得无穷道理。如《周礼》言经国理民之规，一以均平为原则。《大学》言理财，归之平天下，本之絜矩。（絜矩者，恕道也。今列强不知有恕，故互相残。）《论语》言不患寡而患不均。《孟子》言民治，端在制产。曰民有恒产，斯有恒心。《书》曰，正德、利用、厚生。尽大地古今万国谈群化究治道之学者，著书千万，要不过发挥上述诸义而已。治今日之中国，道必由是。为人类开万世太平之基，道必由是。又如《论语》道千乘之国一章，尤为今日救时圣药。时时存敬事之一念，无实之议案，与夫徒供官吏假借济私而有害民生之政令，必不忍行、不肯行。至其敬慎以出之事，自然实行收实效，而可信于群众。非有实益于公家，即一毫不浪费。如此节用，何虑艰危。当饮食，而思天下饥饿者众；处安全，而思天下惨死者众。有此爱人一念，自必达之事业。程子曰，一命之士，苟存心于爱物，于人必有所济。况乘权处要者乎。征役出于不得已，而于人民生事所关，必加顾惜审处，则所全者多矣。当今上下一心，果能实体敬事而信节用而爱人诸义，而力行之，又何忧乎国难。圣训洋洋，无一语不切实用，奈何以迂谈视之。夫六艺之旨，广大渊微。欲有称举，终嫌挂一漏万。吾提示一二，以便诸生读经时，知所留意而已。经术诚足致用，诸生到深造自得时，方信得及耳。（此与前谈通材与专材一段，可参看。）儒家教学者，必先立志。佛家教学者，首重发心。所发何心，所立何志，即不私一己之心之志。易言之，即公一己于天地万物之心之志而已。罗念庵先生有云："近来见得吾之一身，当以天下为己任。不论出与处，莫不皆然。真以天下为己任者，即分毫躲闪不得，亦分毫牵系不得。（躲闪与牵系，皆私意私欲之为。）古人立志之初，便分蹊径。入此蹊径，乃是圣学。不入此蹊径，乃是异端。阳明公万物一体之论，亦是此胚胎。此方是天地同流，此方是为天地立心、生民立命，此方是天下皆吾度内，此方是仁体。孔门开口教人，从此立脚跟。（力案此须善读《论语》，能于言外会意，方得之耳。孔子随事示人，无不使之率由常德。如孝弟忠信、笃敬等等，皆常德也。率由常德，即是通人己为一体处。失其常德，即成自私自便，而不能与物同体矣。学者于此，宜深切察识。）后儒失之，只作得必信、必果，硁硁小人之事，而圣学亡矣。（力案此是念庵大眼孔处。）《西铭》一篇，稍尽此体段。所谓大丈夫事，小根器不足以当之。识得此理，更觉目前别长一格。又曰，今人言学，不免疏漏，虽极力向进、终无成就，是不达此理。以此与他人言，绝不见有一人承当。即不承当，亦不见有一人闻之生叹羡者，不知何也。（力案众生可悲，以此。）又曰，区区不足法，只此一蹊径，似出于天之诱衷，却非有沿袭处。吾身纵不能至，愿诸君出身承当。承当处，非属意气兴致，只是理合如此。（力案此处吃紧。）此方是做人底道理，此方是配天地底道理。能有诸己，何事不了。真不系今与后、己与人也。"念庵此一段话，至为警切。吾故举以示诸生。诸生能发心、立志，而公一己于天地万物，与为一体。如此，方是尽人道也。亦必如此，而后见得天下事皆己分内事，而任事之勇自生。

孔门教学者，唯尚躬行。子路有闻，未之能行，唯恐有闻。其刻励如是。后来学人，便侈谈空理而轻视事为。学风所由替，民族所由衰也。诸生其念之哉，勿以空谈了一生也。天下事，无大无小，量己才力所胜任者，以真实心担任作去。才作事，便是学。否则只是浮泛见闻或空想，不足言学也。

写至此，便欲止。然犹若不能已于言者。学问之事，唯大天才或可以不信天、不信地，而唯自信、自成。中人之资，未有不笃信善知识而可以有成者也。超悟之明不足，则推度易滋疑眩。而古今偏至与浮浅之言，亦皆足乱其神明。故必有善知识为之师，而己又能笃信其师之说。由笃信而求深解，了然于其师之所见。一义如是，众义皆然。久之，养成自家识力，便可纵横自在矣。今之学子，才识不逾中人，或且不及中人，而果于自信，不知择师。任其肤乱浮嚣之见衡量一切，无所取准。或以终身，不亦悲乎。《论语》曰，笃信好学，守死善道。诸生来学于此，愿办一个信心，毋轻自用也。

前月 19 日，寇机来袭嘉。吾寓舍全毁于火。吾几不免，幸所伤仅在左膝稍上。一仆拥持，得脱于难。然痛楚缠绵，已历多日。兹值开课，念天未丧予，益不得不与诸生共勉。以上所言，本无伦次，然要皆切于诸生日用。譬之医家治病，每下毒药，然其出于救人之真心，则无可疑也。诸生幸谅余之心焉。

中华民国 28 年 9 月 17 日熊十力

附记。复性书院创建于 28 年夏。院址在四川嘉定乌尤寺。余应聘不多日，以病辞职。然存此讲词，以备来者参考。十力记

（原载《十力语要》卷二，1947 年湖北印本）

《佛家名相通释》撰述大意

本书略分二卷。卷上，依据《五蕴论》，综述法相体系。卷下，依据《百法》等论，综述唯识体系。

疏释名相，只取唯识法相，何耶？佛家宗派虽多，总其大别，不外空有两轮。诸小宗谈空者纷然矣，至龙树、提婆，谈空究竟，是为大乘空宗。诸小宗谈有者纷然矣，至无着、世亲，谈有善巧，是为大乘有宗。（大乘有宗，虽亦未尽善巧，然比较小乘，则不能不谓之善巧。如以赖耶代替外道神我说，又破实极微，而仍不妨假说极微，皆较小乘为善巧，此例不胜举也。）若严核之，法相是无着学，唯识是世亲学，疏释名相，何故取此二师学耶？二师成立大有，（对小宗执有者而曰大有。）资于小有，（小乘诸部执有者曰小有。）鉴于小空，（小乘诸部执空者曰小空。）又对大空，（龙树谈空，超过小师，始称大乘，是谓大空。）而成大有。破人法二我故，不同小有，（人法二我，解见下卷。）遮恶取空故，即救大空末流之弊。（恶取空者，谓执一切皆空，于俗谛中，不施设有，于真谛中，真理亦无，如此沉空，便为恶取。）故唯识法相，渊源广远，资藉博厚，而其为书也，又条件分明，（如法相书。）统系严整，（如唯识书。）佛家哲学方面名词，盖亦大备于唯识法相诸要典，撮要而释之，则可以读其书而通其学。大有之学既通，而诸小有小空，爰及大空，一切经论，无不可读。筑室有基，操舟有楫，治斯学者，讵可无依。

大乘有宗学，为佛学发展至最后阶段之产物。今疏释名相，不先小宗，而遽首大乘，是将令研究佛学者不循次第，其故何欤？余向主张由小入大，《十力语要》卷一，第四十八至五十四页《答薛生书》，言之备矣。但今日学子，于科学、哲学，若有相当素养，其思考力，曾受训练，则径治法相唯识诸书，自无不可。若已见得法相唯识意思，而欲详其渊源所自与演变之序，则溯洄释迦本旨，迄小乘、大乘诸派，顺序切实理会一番，便见端的。如治儒学者，先读阳明或朱子书，然后上追孔孟，中逮群儒，以次分别研究，自然有得。大抵学者用功，只从某一大派精心结撰之著作，苦心探索，由此，养出自家见地，再进而寻求此派来源，与其他各种有关的思想，则不至茫然无所抉择矣。余今昔主张，未尝抵牾也。

坊间故有《唯识开蒙》与《相宗纲要》一类书籍，皆为初学津梁而出。然尝闻学者持此等书，反复览观，卒无一径可通。甚矣，其劳而无功也。缘此等书，全无意匠经营，只是粗列若干条目，而卤莽灭裂，杂取经论疏记等陈语分缀之。夫经论本文，自有条贯，而学者犹不能通。况割裂其词，缀为单条，既非释辞之编，又异成章之论。将欲始学之徒，阶此而究圣言，是何异教孺子学步，而务縶其足耶！

然则佛学，自昔已无门径书欤？是事不然，如《五蕴论》则法相门径书也，如《百法论》（具云《百法明门》。）则唯识门径书也。既有门径，应由之而得矣。然虽综举众名，根极理要，顾其名相辞义，略无训释，绝不可通。初学开卷，茫然面墙，其将奈何！教学以来，极感此困。顷乃就《五蕴》、《百法》等论，抉择旨归，搜寻义蕴，分条析理，而为叙述。名相为经，众义为纬，纯本哲学之观点，力避空想之浮辞，（佛家自释迦《阿含》以后，大小乘师皆好为悬空与烦琐的分析，而有宗尤甚。即如《唯识述记》一书，本佛家哲学方面之巨典，然每闻治西洋哲学者读之，总觉满纸是废话。盖其玄微深远之旨，辄为烦琐浮词所掩，非精鉴者则莫能有得。）根柢无易其故，（治古学，不可变乱其本旨。）裁断必出于己，（治古学者，责其能得古人之精神，与其思想脉络，而于其持说，可加以裁断。故于稽古之中，而自成其学。否则记诵而已，抄胥而已，无关学问。）品节既详，统系斯整，虽尔释辞之书，何殊专著之绩。规矩固蹑乎《五蕴》、《百法》，义旨实通于群经诸论。后有达者，览而鉴诸。

上来略明撰述意思，更有诚言，为读者告。

吾尝言，今日治哲学者，于中国、印度、西洋三方面，必不可偏废，（《十力语要》卷一，《答薛生书》又言及此。）此意容当别论。佛家于内心之照察，与人生之体验，宇宙之解析，真理之证会，（此云真理，即谓实体。）皆有其特殊独到处。即其注重逻辑之精神，于中土所偏，尤堪匡救。（中国学问，何故不尚逻辑？《语要》卷一，时有所明。但言简意赅，恐读者忽而不察。）自大法东来，什、肇、奘、基，既尽吸收之能，（后详。）华、台宗门，皆成创造之业。（华严、天台、禅家，各立宗派，虽义本大乘，而实皆中土创造。）魏、晋融佛于三玄，虽失则纵，非佛之过，曹魏流荡之余毒也。（光武惩新莽之变，以名教束士人。其后，士相党附而饰节义，固已外强中干。曹氏父子怀篡夺之志，务反名教。操求不仁不孝而有术略者，丕植兄弟以文学宏奖风流，士薄防检，而中无实质，以空文相煽，而中夏始为胡。又自此而有所谓名士一流，其风迄今未已，华胄之不竞，有以也哉！）宋、明融佛于四子，虽失则迂，非佛之过，东汉名教之流弊也。（宋承五代之昏乱，故孙、石、程、张、司马、文、范诸公，复兴东汉名教，南渡诸儒继之，明儒尚守其风。若陆子静兄弟及邓牧、王船山、黄梨洲诸儒，皆有民治思想，则其说亦不足行于世。）揆之往事，中人融会印度佛家思想，常因缘会多违，而未善其用。今自西洋文化东来，而我科学未兴，物质未启，顾乃猖狂从欲，自取覆亡。使吾果怀自存，而且为全人类幸福计者，则导欲从理，而情莫不畅，（人皆发展其占有冲动，终古黑暗，而无合理的生活，如何勿悲。）本心宰物，而用无不利，（现代人之生活，只努力物质的追求，而忽略自心之修养，贪嗔痴发展，占有冲动发展，心为物役，而成人相食之局。直不知有自心，不曾于自心作过照察的工夫。）异生皆适于性海，（异生，犹言众生。性者，万物之一原，故喻如海，见《华严》。人皆见性，即皆相得于一体，而各泯为己之私，世乃大同。）人类各足于分愿，（大同之世，人人以善道相与，而无相攘夺，故分愿各足也。）其必有待中、印、西洋三方思想之调和，而为未来世界新文化植其根，然则佛学顾可废而不讲欤？（此意，容当别为专论。）

印度佛学，亡绝已久，今欲求佛学之真，必于中国。东土多大乘根器，佛有悬记，征验不爽。奈何今之人，一切自鄙夷其所固有，辄疑中土佛书，犹不足据。不知吾国佛书，虽浩如烟海，但从大体言之，仍以性相两宗典籍为主要，其数量亦最多。性宗典籍，则由什师主译；相宗典籍，则由奘师主译。奘师留印年久，又值佛法正盛，而乃博访师资，遍治群学，精通三藏，印度人尊之为大乘天，史实具在，岂堪诬蔑。不信奘师，而将谁信？（奘师译书，选择甚精，不唯大乘也，小宗谈有者，其巨典已备译，即胜论之《十句论》亦译出。唯小空传译较少，然小空最胜者，莫如《成实论》，什师已译，故奘师于此方面可省也。）什师产于天竺，博学多通，深穷大乘，神智幽远，靡得而称。弘化东来，于皇汉语文，无不精谙深造。本传云："自大法东来，始汉历晋，经论渐多。而支、竺所出，多滞文格义。什既至止，姚兴请译众经。什既率多谙诵，无不究尽，转能汉言，音译流便。既览旧经，义多纰缪，皆由先译失旨，不与梵本相应。姚兴使僧肇等八百余人，谘受什旨，凡所出经论，三百余卷。临终，自云：'今于众前，发诚实誓，若所传无谬者，当使焚身之后，舌不焦烂。'及焚尸已，薪灭形碎，唯舌不灰。"详此所云，什师既能汉语，又于译事，备极忠实，观其临终之词，可谓信誓旦旦。又《远法师传》，称什师见所著《法性论》叹曰："边国人未有经，（什以印度为中，故称中夏为边。）便暗与理合，岂不妙哉。"又《肇法师传》云，著《般若无知论》，什览之曰："吾解不谢子，文当相揖耳！"夫远、肇二师之文，古今能读者无几，而什师能欣赏焉，其于汉文深造可知。又什师自作汉文偈颂，皆以藻蔚之词，达渊妙之旨。如赠法和云："心山育明德，流薰万由延。哀鸾孤桐上，清音彻九天。"其他皆类此。什师道业既崇，汉文工妙，若彼传译群籍，谓不足信，其将谁信？今之学子，言佛学，亦轻其所固有，而必以梵语为足征。不悟佛学自是佛学，梵语自是梵语。吾国人于《论语·学而》章，皆能读诵训诂。然试问"学"是何等义？"时习"是何等工夫？"悦"是何等境界？自康成以迄清儒，果谁解此，而况其凡乎！以此类推，通梵语者，虽能诵梵本佛书，要于学理，不必能通。学者诚有志佛学，当以中国译籍为本。中译虽多，必考信于玄奘、罗什。即中人自著之书，或自创之说，若持与佛家本旨相较，亦唯什、奘二师学，可为质正之准则。（容当别论。）舍此不图，而欲以博习梵语为能，则业梵语可也，毋言佛学。虽然，吾非谓读中国佛书者，不当博攻梵语，但须于中国书中，精求义解，学有其基，则梵本颇堪参较。（近人治内籍者，亦多注意藏文。藏地固中国之一部分，其文字亦中国文字之别枝也，诚当研习。然晚世藏学，乃显密杂糅，非印度大乘真面目。无着之学，盛传于玄奘。龙树之学，宏敷于罗什。故性相二宗之真，尽在中国，非求之奘、什二师译籍不可。）

读佛书，有四要，分析与综会，踏实与凌空。名相纷繁，必分析求之，而不惮烦琐。又必于千条万绪中，综会而寻其统系，得其通理。然分析必由踏实，于烦琐名相，欲一一而析穷其差别义，则必将论主之经验与思路，在自家脑盖演过一番，始能一一得其实解，（论主，犹言著者。纵由悬空想象而施设之名相，但此等想象，在其思路中，必非无故而然，况其有据而非空想者乎!）此谓踏实。若只随文生解，不曾切实理会其来历，是则浮泛不实，为学大忌。凌空者，掷下书，无佛说，无世间种种说，亦无己意可说，其唯于一切相，都无取著。（取著意义极难言，学者须反观始得。）脱尔神解，机应自然，心无所得，而真理昭然现前。（此心才有所得，便是取着境相，即与真理相违。）此种境地，吾无以名之，强曰凌空。如上四要，读佛书者，缺一不得。吾常求此于人，杳然无遇。慨此甘露，知饮者希，孤怀寥寂，谁与为论!什师颂云："哀鸾孤桐上，清音彻九天。"

　　佛家哲学，以今哲学上术语言之，不妨说为心理主义。所谓心理主义者，非谓是心理学，乃谓其哲学从心理学出发故。今案其说，在宇宙论方面，则摄物归心，所谓三界唯心，万法唯识是也。（非不承认有物，只是物不离心而外在故。）然心物互为缘生，刹那刹那，新新顿起，都不暂住，都无定实。在人生论方面，则于染净，察识分明。而以此心舍染得净，转识成智，离苦得乐，为人生最高蕲向。（识者，虚妄分别，名识。）在本体论方面，则即心是涅槃。（涅槃者，以具常乐我净四德，故名涅槃，即真如之别名，亦即本体之别名。）在认识论方面，则由解析而归趣证会，初假寻思，而终于心行路绝。（心行者，心之所游履曰行。人心思维一切义境，如有所游履然，故曰心行。"心行路绝"者，谓真理不可以知解推度，才起推度与想象，便与真理乖离。故知就真理言，则心行之路，至此而绝也。）其所以然者，则于自心起执相貌，（"起执"二字，宜深味。心知才起，便计有如是如是义相，此相即是自心所执，故云"起执"。）由慧解析，（慧即俗云理智。）知其无实，（心知所计为如彼如此等等义境，此决不与真理相应，俱妄识所构之相，故云无实。）渐入观行，（即观即行，说名观行，此即正智。）冥契真理，（契者，证会。）即超过寻思与知解境地，所谓证会是已。吾以为言哲学者，果欲离戏论而得真理，则佛家在认识论上，尽有特别贡献，应当留心参学。今西洋哲学，理智与反理智二派，互不相容，而佛学则可一炉而治。（向欲于作量论时，备明此旨。惜年来扰攘，又迫病患，惮为深思，竟未知何时能执笔!）然西学于此，所以无缘融会者，以无佛家观心与治心一段工夫故耳。（西学只作知解工夫，其心尚沦于有取，更何望其空能取之执，亡知而冥应乎?此意难言。）《新论·明心章》，于此颇具苦心。（《明心章》下，谈染心所处，广明惑相。谈善心所处，于进修工夫次第，指示精严。须与本书上卷受、想、行三蕴参看。）要之，佛家哲学，持较西洋，别有一种精神，别是一种面目。其于中国，在修证上尚有相通之处；其于西洋，在理论上亦自有可通，而根本精神，俱不相似也。此意，容当别论。读佛书者，必须知此，而后有所抉择。

凡佛家书，皆文如钩琐，义若连环，初学读之，必循环往复，至再至三。每读一次，于所未详，必谨缺疑，而无放失。（此最吃紧。）缺疑者，其疑问常在心头，故乃触处求解。若所不知，即便放失，则终其身为盲人矣。学问之事，成于缺疑，废于放失，寄语来学，其慎于斯。

凡佛家书，有宗论籍，只是铺陈名相；空宗论籍，如宗经之作，（若《中论》等，宗经而作。）只是三支法式。读其书者，切宜言外得意，若滞在言中，便觉毫无义趣。须知中国、印度哲家笔著，皆意在言外，意余于言，所贵好学深思，心知其意。（科学书籍，叙述事理，无言外意。而哲学思想之作，则不当如此。以其所谈之理，极普遍、玄微、深妙，而难以言宣也。若哲学书，而亦义尽言中，则其无深解可知。）

读佛书，必先读论。读论，必先唯识法相，而次以空宗。然只读空有诸论，犹不足见佛学之广大渊微，（渊者渊深，微者微妙。）必也，博习群经，始觉豁人神智。及其讽味涵茹之久，则神智日益而不自知。然非广研论籍，精熟条理者，又断断不可读经。使浑沌未凿者读之，不唯不喻经旨，反益增其混乱。论以析义，而经之说理也，极为深浑。（深者深妙，浑者浑全。）

凡读书，不可求快。而读佛家书，尤须沉潜往复，从容含玩，否则必难悟入。吾常言，学人所以少深造者，即由读书喜为涉猎，不务精探之故。如历史上名人传记，所载目数行下，或一目十行，与过目不忘等等者，不可胜数。秉笔者本称美其人阅览明快，而实则此等人，在当时不过一名士，绝少有在学术界得成为学问家者。宣圣曰："仁者先难后获。"天下事无幸成之功，学问是何等工夫，奚容以轻浮心，辄为浅尝耶！（日本学人治中国学术，勤于搜集材料，考据较精，然于哲学思想方面，殊乏穷大致精、极深研几之功。观其著述，如叙述某家学说，往往粗立若干条目，而任意割裂其书中文句，以编缀之，至为浮乱。其于先哲思想系统及广大渊深微妙之旨，全没理会。吾国学人自清末以来，亦被其风，此甚可惧。）

至言不止于俚耳，（《庄子》。）卑陋之心于大道必无堪任。（无所堪能任受。）故儒者言为学之要，必曰立志；佛氏言为学之本，必曰发心。

未有心志不正大，不清明，不真切，而可与于穷理尽性之学也。玄奘大师译《大般若经》既成，每窃叹此经义境太高，恐此土众生智量狭小，难于领受，辄不胜其嗟惋！向也不究此旨，今乃知其言之悲也。愿读佛书者，时取奘师此等话头参对，庶有以自激其愤悱之几欤！

吾所欲言，略如前说。复次关于本书，尚有略及者二事。

一、本书所由作，实因授《新论》时，诸生以参读旧籍为难。而友人汤锡予适主哲系，亦谓佛学无门径书，不可无作，兼有他缘，（如序中说。）率尔起草。但因《新论》参稽之便，故书中于要领所在，时下批评，并举《新论》以相对照，虽着笔不多，而吾思想所由变迁，亦大略可见。

二、本书引用书名，多从省称。如《成唯识论》省称《三十论》，亦省称《识论》。《成唯识论述记》省称《述记》。（他论亦有述记，则加二字以别之。如《杂集论述记》则云《杂集述记》，《二十论述记》则云《二十述记》之类。）《瑜伽师地论》省云《大论》，亦云《瑜伽》。《遁伦记》省云《伦记》。诸如此类，读者宜知。

又拙著《新唯识论》省云《新论》，《破〈破新唯识论〉》省称《破破论》，《十力语要》省称《语要》。

（原载《佛家名相通释》，1937 年 2 月北京大学出版组印刷）

论为人与为学

陈聚英初见师，请示看何书。师语之曰：且勿遽说看何书。汝欲堂堂巍巍作一个人，须早自定终身趋向，将为事业家乎？将为学问家乎？如为学问家，则将专治科学乎？抑将专治哲学或文学等乎？如为事业家，则将为政治家乎？或为农工等实业家乎？此类趋向决定，然后萃全力以赴吾所欲达之的，决不中道而废。又趋向既定，则求学亦自有专精。如趋向实业，则所学者，即某种实业之专门知识也。趋向政治，则所学者，即政治之专门知识也。大凡事业家者所学必其所用，所用即其所学，此不可不审也。如趋向哲学，则终身在学问思索中，不顾所学之切于实用与否，荒山敝榻，终岁孜孜。人或见为无用，而不知其精力之绵延于无极，其思想之探赜索远，致广大，尽精微，灼然洞然于万物之理，吾生之真，而体之践之，充实以不疑者，真大宇之明星也。故宁静致远者，哲学家之事也。虽然，凡人之趋向，必顺其天才发展。大鹏翔乎九万里，斥鹥抢于榆枋间，各适其性，各当其分，不齐而齐矣。榆枋之间，其近不必羡乎远也，九万里，其远不必骄于近也。天付之羽翼而莫之飞，斯乃不尽其性，不如其分，此之谓弃物。吾向者欲以此意为诸生言之，又惧失言而遂止也。汝来请益，吾故不惮烦而言之。然吾所可与汝言者止此矣。汝能听与否，吾则以汝此后作何工夫而卜之也。若犹是昏昏懂懂，漫无定向，徘徊复徘徊，蹉跎复蹉跎，岁月不居，汝其虚度此生矣。

先生曰：人谓我孤冷，吾以为人不孤冷到极度，不堪与世谐和。

事不可意，人不可意，只有当下除遣。若稍令留滞，便藏怒蓄怨，而成为嗔痴习气，即为后念种下恶根，永不可拔。人只是自己对于自己作造化主。可不惧哉？可不惧哉！

偶见师于案头书纸云，说话到不自已时，须猛省而立收敛住。纵是于人有益之话，但说到多时，则人必不能领受，而自己耗气已甚。又恐养成好说话之习惯，将不必说不应说不可说之话，一切纵谈无忌，虽曰直率，终非涵养天和之道。而以此取轻取侮取忌取厌取疑于人，犹其末也。吾中此弊甚深，悔而不改，何力量薄弱一至是哉！

漱师阅同学日记，见有记时人行为不堪者，则批云含蓄为是。先生曰："梁先生宅心固厚。然吾侪于人不堪之行为，虽宜存矜怜之意，但为之太含蓄，似不必也。吾生平不喜小说，六年赴沪，舟中无聊，友人以《儒林外史》进，吾读之汗下。觉彼书之穷神尽态，如将一切人及我身之千丑百怪，一一绘出，令我藏身无地矣。准此，何须含蓄，正唯恐不能抉发痛快耳。太史公曰：不读《春秋》，前有谗而不见，后有贼而不知。亦以《春秋》于谗贼之事，无所不言，言无不尽，足资借鉴也。吾恶恶如《春秋》，不能为行为不堪者含蓄。……"

一友读李恕谷书，师过之。某因问先生对恕谷有无批评。先生曰，吾看船山、亭林诸先生书，总觉其惇大笃实，与天地相似，无可非议。他有时自承其短，而吾并不觉他之短。看李恕谷书，令我大起不快之感。说他坏，不好说得。说他不坏，亦不好说得。其人驰骛声气，自以为念念在宏学，不得不如此。然船山正为欲宏学而与世绝缘。百余年后，船山精神毕竟流注人间，而恕谷之所以传，乃附其师习斋以行耳。若其书，则不见得有可传处。然则恕谷以广声气为宏学者，毋亦计之左欤？那般虏廷官僚、胡尘名士结纳虽多，恶足宏此学。以恕谷之聪明，若如船山绝迹人间，其所造当未可量。其遗留于后人者，当甚深远。恕谷忍不住寂寞，往来京邑，扬誉公卿名流间，自荒所业。外托于宏学，其中实伏有驰骛声气之邪欲而不自觉。日记虽作许多恳切修省语，只是在枝节处留神，其大本未清，慧眼人不难于其全书中照察之也。恕谷只是太小，所以不能如船山之孤往。吾于其书，觉其一呻一吟、一言一语，无不感觉他小。习斋先生便有惇大笃实气象，差可比肩衡阳、昆山。凡有志根本学术者，当有孤往精神。

师语云颂天曰：学者最忌悬空妄想，故必在周围接触之事物上用其耳目心思之力。然复须知，宇宙无穷，恃一己五官之用，则其所经验者已有限。至妄想所之，又恒离实际经验而不觉。船山先生诗有云：如鸟画虚空，漫尔惊文章。此足为空想之戒。故吾侪必多读古今书籍，以补一己经验之不及。而又必将书籍所发明者，反之自家经验，而辨其当否。若不尔者，又将为其所欺。

颂天可谓载道之器，惜其把知识看轻了。他也自责不立志，却没理会志非徒立，必见诸事。少年就学时，则穷理致知是一件大事。此却靠读书补助。于此得著门径，则志气日以发舒。否则空怀立志，无知能以充之，毕竟是一个虚馁的汉子。吾观汝侪平日喜谈修养话头，而思想方面全未受训练，全未得方法，并于无形中有不重视之意。此吾所深忧也。观颂天昨日所书，仍是空说不立志，而于自己知识太欠缺，毫不感觉。充汝辈之量，只是做个从前那般道学家，一面规行矩步，一面关于人生道理也能说几句恳切语、颖悟语。谈及世道人心，亦似恻隐满怀。实则自己空疏迂陋，毫无一技之长。尤可惜者，没有一点活气。从前道学之末流只是如此。吾不愿汝侪效之也。

先生戒某君曰：吾一向少与汝说直说，今日宜披露之。汝只是无真志，有真志者不浮慕，脚踏实地，任而直前。反是，则昏乱人也，庸愚人也。汝于自家身心，一任其虚浮散乱，而不肯作鞭辟近里工夫。颂天知为己之学，而汝漠然不求也。尝见汝开口便称罗素哲学，实则，汝于数学、物理等知识，毫无基础，而浮慕罗素，亦复何为？汝真欲治罗素哲学，则须在学校切实用功。基本略具，始冀专精。尔时近于数理哲学，则慕罗素可也。或觅得比罗素更可慕者亦可也。尔时不近于数理哲学，则治他派哲学或某种科学亦可也。此时浮慕罗素何为耶？汝何所深知于罗素而慕之耶？君子于其所不知，盖阙如也。至其所笃信，则必其所真知者矣。不知而信之，惊于其声誉，震于其权威，炫于社会上千百无知之徒之展转传说，遂从而醉心焉。此愚贱污鄙之尤。少年志学，宁当尔哉！天下唯浮慕之人，最无力量，决不肯求真知。吾不愿汝为此也。汝好名好胜，贪高骛远，不务按部就班着工夫。一日不再晨，一生不再少。行将以浮慕而毕其浮生，可哀也哉！

先生一日立于河梁，语同学云：吾侪生于今日，所有之感触，诚有较古人为甚者。古之所谓国家兴亡，实不过个人争夺之事耳。今则已有人民垂毙之忧，可胜痛乎！又吾人之生也，必有感触，而后可以为人。感触大者则为大人，感触小者则为小人，绝无感触者则一禽兽而已。旷观千古，感触最大者，其唯释迦乎！以其悲愿，摄尽未来际无量众生而不舍，感则无涯矣。孔子亦犹是也。"鸟兽不可与同群，吾非斯人之徒与而谁与？"何其言之沉切也！"老者安之，朋友信之，少者怀之。"程子谓其量与天地相似，是知孔子者也。

为学，苦事也，亦乐事也。唯真志于学者，乃能忘其苦而知其乐。盖欲有造于学也，则凡世间一切之富贵荣誉皆不能顾。甘贫贱，忍澹泊，是非至苦之事欤。虽然，所谓功名富贵者，世人以之为乐也。世人之乐，志学者不以为乐也。不以为乐，则其不得之也，固不以之为苦矣。且世人之所谓乐，则心有所逐而生者也。既有所逐，则苦必随之。乐利者逐于利，则疲精敝神于营谋之中，而患得患失之心生。虽得利，而无片刻之安矣。乐名者逐于名，则徘徊周旋于人心风会迎合之中，而毁誉之情俱。虽得名，亦无自得之意矣。又且所逐之物，必不能久。不能久，则失之而苦益甚。故世人所谓乐，恒与苦对。斯岂有志者愿图之乎？唯夫有志者不贪世人之乐，故亦不有世人之苦。孜孜于所学，而不顾其他。迨夫学而有得，则悠然油然，尝有包络天地之概。斯宾塞氏所谓自揣而重，正学人之大乐也。既非有所逐，则此乐乃为真乐，而毫无苦之相随。是岂无志者所可语者乎？

人生在社会上呼吸于贪染、残酷、愚痴、污秽、卑屑、悠忽、杂乱种种坏习气中，他的生命，纯为这些坏习气所缠绕、所盖覆。人若稍软弱一点，不能发展自家底生命，这些坏习气便把他底生命侵蚀了。浸假而这些坏习气简直成了他底生命，做他底主人翁。其人纵形偶存，而神已久死。

凡人当自家生命被侵蚀之候，总有一个创痕。利根人特别感觉得。一经感觉，自然奋起而与侵蚀我之巨贼相困斗，必奏廓清摧陷之功。若是钝根人，他便麻木，虽有创痕而感觉不分明，只有宛转就死于敌人之前而已。

为学最忌有贱心与轻心。此而不除，不足为学。举古今知名之士而崇拜之，不知其价值何如也，人崇而己亦崇之耳。此贱心也。轻心者，己实无所知，而好以一己之意见衡量古今人短长。譬之阅一书，本不足以窥其蕴，而妄曰吾既了之矣。此轻心也。贱心则盲其目，轻心且盲其心。有此二者，欲其有成于学也，不可得矣。

先生尝自言，当其为学未有得力时，亦会盲目倾仰许多小大名流。言已而微笑。子闻问曰："先生对昔日所盲目倾仰者，今得毋贱之恶之耶？"先生曰，只合怜他，贱恶都不是。

世俗所谓智者，大抵涉猎书册，得些肤泛知识，历练世途，学了许多机巧。此辈原来无真底蕴，无真知见。遇事只合计较一己利害。其神既困于猥琐之地，则不能通天下之故，类万物之情，只是无识之徒。凡人胆从识生。今既无识，便无胆，如何做得大事？

赖典丽云，尝闻诸先生曰：吾人做学问，是变化的，创造的，不是拉杂的，堆积的。此如吾人食物，非是拉杂堆积一些物质而已。食后必消化之，成为精液，而自创新生机焉。若拉杂堆积之物，则是粪渣而已。学问亦然。若不能变化创新，则其所谓学问，亦不过粪渣的学问而已。

［与赖生］子笃实人也。忠信可以习礼，笃实可以为学。尽力所至，莫问收获，只问耕耘。著书是不得已。如蚕吐丝，如蜂酿蜜，非有所为而为之也。陈白沙诗云："莫笑老佣无著述，真儒不是郑康成。"得此见地，方许通过要津。

（原载《高赞非记语》，《十力语要》卷四，1947 年湖北印本，标题系编者所加）

纪念北京大学五十年并为林宰平祝嘏

　　九年前，余欲作一文纪念蔡孑老，将上下古今之变，而论及孑老在革命党时期与长北京大学时期，其影响于国家民族者为何如。孑老之胸怀与志事及爱智之情趣，并其感人入深之所以，欲一一详述之。此余所铭诸心而未忍一日忘者。然迄今未得作。余平生极喜汪大绅文。顷不忆题目，似历述与罗有高并弟侯等平生之感。其文广博浩荡，气盛而足以包络天地，情与慧俱深，融万理，运万化，通万类。极幽微繁杂之感，如死生、哀乐、世出世、名无名、众生迷妄之所系，一一照察。乐不淫，哀不伤，心不忘当世之务，而放乎孤海。虽游孤海，而帝皇王伯之道，运之宥密，待群情交喻，举而措之亦易耳。余昔阅大绅文，兴此感。尝欲拟是，作二三篇大文字。平生庶几称快，无稍憾矣。纪念孑老，当为大文字之一，然而迄今未敢作也。其后欧阳大师示寂，余逃难在川，感怀万端，亦思为大文字以申哀仰，而复未作。今年有两大文字应作，一为北大五十周年，一为《哲学评论》拟为吾友林宰平先生七十哲诞出专号。北大自孑老长校，领导诸青年教授。今校长胡适之先生及诸名贤首倡文学改革，其被及于思想界与社会政治各方面之影响者，不可谓不巨。至其得失之端，欲详论之，决非简单篇幅可以了事。

　　由历史眼光论之，自秦政混一以迄于兹，称明世者，汉唐宋明四代。实则四代之中，皆治日短，乱日多。而二千余年来，直是夷狄与盗贼交扰之局。先后出生于此等局面下之仁人哲士，或参佛道以耽玄，（六代以来，文学聪明之士，鲜不杂二氏。）或周旋于凶夷狗盗帝制之下，立补偏救弊、稍息生民之功。间有一二睿智者出，有抉破藩离之思。而在思想界长期锢蔽之下，亦无缘得同声同气之感应，而立就堙塞。余著《读经示要》第二讲，颇谈及此。呜呼，千岁睡狮，沈沦不醒，疲惫乏力，其亦可悯之甚矣。明世阳明先生令人反求固有无尽宝藏，自本自根，自信自足，自发自辟，以此激引群伦，可谓理性最开放时期。濂洛关闽未竟之绪，至此蔚然可观。梨洲称明之理学远过两汉唐宋，有识之言也。及明之季，王、顾、颜、黄诸大儒辈出，其思想多与西洋接近。在当时虽矫王学末流之弊，而实承王学根本精神，则不容否认也。何图生机甫启，大运已倾。阎若璩、胡渭之徒，以考核之业锢智慧于无用，媚事东胡，以此率天下而群然效之。有明诸儒之绪，斩焉殆尽。民智民德民力之堕没，亘二千年，至是而益颓矣。清之末叶，西化东渐，挟倒海排山之力，以临疲敝之族。群情骤愤，清以不支。帝制更而昏乱滋甚，祸患可以更端迭出，而创新无望也。北大诸青年教授，骤欲破除痼疾，效法西洋。一时热情锐气，颇有揭天地以趋新，负山岳而舍故之概。漪欤盛哉！然而黄炎贵胄，经二千年之停滞不进，今不务掘发其固有宝藏，涵养其自尊自信之毅力而徒以一切扫荡是务，譬彼久病之夫，良医必谨其攻伐，而善护其元气。政治适度，足以消其郁滞而止，则痼疾自除，而生命力乃日益充沛而不自知矣。若遇医师缺经验者，将横施攻泄，大伤根柢，病夫立毙，可哀孰甚。吾于五四运动以后，菲薄固有、完全西化之倾向，窃有所未安焉。

吾国自唐虞以迄晚周，有悠久高深之文化。《易》、《春秋》二经，通天化、物理、人事，观变动不居，而随时以各协于中道。（天者，宇宙本体之目。天化，犹云本体之流行。执中之道，自颛顼始明。《史记》称其溉执中而天下平是也。《论语》尧命舜曰，"允执其中"。"舜亦以命禹"。孟子言汤执中。《春秋》周室刘康公曰："民受天地之中以生"云云。《易》道随时处中。孔门演《易》之旨、作《中庸》，故孟氏称孔子集大成。其脉络的然可寻也。）下推之治理，极于位天地、育万物之盛。视夫仅以矛盾法测变者，不亦得其似，而未究其真乎！矛盾法者，易家别派氏所云反者，道之动也。然反，而未尝不归于冲和。冲和者仁也。仁也者中也。（仁何以亦名为中。须深玩刘子"人受天地之中以生"语。）儒者之道，含弘万有。究其极，不外中道而已。人类如有趣向太平之几，必待儒学昌明而后可。此余所断然不疑者。三十余年来，六经四子，几投厕所。或则当作考古资料而玩弄之。畴昔以经籍为常道所寄，崇信而不敢轻叛之观念，迄今荡然无存。学者各习一部门知识，或且稍涉杂乱见闻，而无经籍起其信守，无大道可为依归。身心无与维系，生活力如何充实？此余所不能无忧者。晚周学术思想，已称极盛。

诸子百家，二者分涂。家者，专门之目。如算学、天文、物理、（周公造指南针，古代已有物理知识。）医药、（古代发明最早。）工程、（秦时李冰，工程知识已高。）机械、（孟子称公输子之巧。）地理（邹衍之说略存。）等等知识是也。子学，即各派思想，犹今云哲学。儒、道、名、墨、法、农，皆大宗也，而儒为正统派。秦人残暴，毁文物，民亦不安生。百家之业先亡，其书不易传。子学书，存者亦残缺不全。然诸大宗，略可寻究。百家之业虽亡，今可吸收西洋科学，则绝而复续也。哲学有国民性。诸子之绪，当发其微。若一意袭外人肤表，以乱吾之真，将使民性毁弃，绝无独立研究与自由发展之真精神，率一世之青年，以追随外人时下浅薄之风会，人虽不自爱，何可暴弃如斯！分析名词与考核之业，只是哲学家之余事，万不可仅以此当做哲学。哲学家不是钻研某一家派之说，而当上下古今，观其会通。不仅是翻弄名词，而当深穷真理。不仅是依据科学，而当领导科学，使科学知识得哲学之启示与批判，而涉入宇宙真相。不仅是解释宇宙，而当改造宇宙。不仅是思辨，而当如《礼》经所云，博学、审问、慎思、明辨、笃行。阳明所谓知行合一之学，变更人类思想，激扬时代清神，涵养特殊人才。此等大责任，全在哲学。

昔年孑老出长北大，首重文哲。今者适之先生仍秉孑老精神。兹后，哲系师生之所努力，似当上追晚周诸子。名、墨取其辨，农、法通其变。（法家主法治。农家社会主义，亦近无政府主义。）道家用其长，（道家谈本体，只见为虚静，固是其短，然未至如佛氏谈体，绝不语生化，究有所长。道家言治，抨击独裁者宰割万物之暴厉，而主自由，亦是其长。）然后董理孙、孟，（孙卿《天论》遥合西洋思想。然一归于礼，则超于西化远矣。孟子言性善而重民生，言王道而隆法守，非迂阔也。西洋之治，宜折中于此。）以仰宗于宣圣。造化之奥，天人之故，道德之宗，治化之原，一皆昭澈而远于迷乱。规矩设，而天下之方圆可裁也。尺度立，而天下之短长可衡也。至此，则旁搜外学，不患无主；博涉异方，自有指南。温故知新，含弘光大。深造自得，非随他转。大人之学，不当如是耶？清季迄今，学人尽弃固有宝藏，不屑探究。而于西学，亦不穷其根柢。徒以涉猎所得若干肤泛知解，妄自矜炫。凭其浅衷，而逞臆想，何关理道？集其浮词，而名著作，有甚意义？以此率天下，而同为无本之学。思想失自主，精神失独立，生心害政，而欲国之不依于人，种之不奴于人，奚可得哉？天积众刚以自强，（董子《繁露》

语。）世界积无量强有力分子，以成至治。有依人者，始有宰制此依者；有奴于人者，始有鞭笞此奴者。至治恶可得乎？吾国人今日所急需要者，思想独立，学术独立，精神独立，一切依自不依他，高视阔步，而游乎广天博地之间，空诸倚傍，自诚，自明。以此自树，将为世界文化开发新生命。岂惟自救而已哉！圣人吉凶与民同患。（佛氏大悲，亦同此精神。）故裁成天地之道，辅相万物之宜，以左右民。（参看吾著《读经示要》第三卷，释《易》处。）此与西洋人主张征服自然，纯为功利动机者，截然异旨。吾先哲为学之精神与蕲向，超脱小己与功利之私。此等血脉，万不可失。哲学无此血脉，不成哲学。科学无此血脉，且将以其知能，供野心家之利用，而人类有自毁之忧。吾人今日，必延续此血脉，以为群生所托命。哲学，固应发挥吾固有伟大精神。科学，尤须本吾伟大精神发展去。体现真理，担当世运，恐非西洋人识量所及。吾黄农虞夏之胄，不能不勇于自任也。

在五四运动前后，适之先生提倡科学方法，此甚紧要。又陵先生虽首译名学，而其文字未能普遍。适之锐意宣扬，而后青年皆知注重逻辑。视清末民初，文章之习，显然大变。但提倡之效，似仅及于考核之业。而在哲学方面，其真知慎思辨明者，曾得几何？思想界转日趋浮浅碎乱，无可导入正知正见之途，无可语于穷大极深之业。世乱日深，需哲学也日亟。而哲学家不足语于己立立人，己达达人也，乃益堪浩叹。此其故安在？哲学者，智慧之学，而为群学之源，亦群学之归墟也。此等学问，纯为伟大精神之产物。学者从事哲学，必先开拓胸次，有上下与天地同流之实，则万理昭著，不劳穷索。否则狭隘之衷，惑障一团，理道终不来舍。故学问之事，首在激发精神，而后可与讲求方法。今之学者，似于一己之地位与温饱外，无四海困穷之实感，无虚怀纳善之真诚，无遁世无闷、精进不已之大勇。其外日侈，其内日亏，其于小己得丧计较甚，其于大道无可入。精神堕落，莫甚于今之人。世运艰危。余以寡昧，愿向天下善类尽忠告。言诚过当，闻者足戒。庶几不以人废言之义。北大自孑老长校以来，诸君子贡献于国家民族者甚巨。今兹哲系师生，所处之时会，比以前更困，所负之责任，比以前更大。继今为学，其将随顺时风众势之趋，而漫无省觉乎？抑将怵目惊心，而有无穷之感，不容不向至大真处着力乎？余老钝，无复长进，唯好学之意未衰，于同学深寄无限之希望。吾年三十八，始至北大。迄今向衰，始终未离北大。唯以疾患，不常到校。而余之精神，固无一日不与同学相感召。此番纪念，本欲精心作一文字，而精力不给，终未能作。略进芜词，未堪达意。

余与林宰平先生，司在哲系，为日良久。宰平行谊，居夷惠之间，和不流，清不隘，夷惠未之逮也。宰平学问，方面极宽，博闻而尊疑，精思而喜攻难。二十年前，余与宰平及梁漱溟，同寓旧京，无有暌违三日不相晤者。每晤，宰平辄诘难横生，余亦纵横酬对，时或啸声出户外。漱溟默然寡言，间解纷难，片言扼要。余尝衡论古今述作，得失之判，确乎其严。宰平戏谓曰，老熊眼在天上。余亦戏曰，我有法眼，一切如量。宰平为学，首重分析。其术，盖得之印度唯识法相，而亦浸染西洋逻辑。唯识之论，自唐以来，号为难究。宰平析其名相，详其条贯，辨其思想脉络，如大禹治水，千流万派，穷源究委，疏壅解滞。余劝其述作，宰平谦让未遑。盖其中年后思想渐由佛以归于儒。自汉太史谈，已言儒者劳而无功，博而寡要。六经浩博，史谈在汉初，尚作是说，况后儒杂以二氏，推演益纷。儒学难穷，后生所苦。宰平尝欲为一书，阐明儒学。大概以问题为主，列举诸重要概念，释其涵义，究其根依，（谓其立义所根据。）析以类别，综以统纪。庶几宗庙之美，百官之富，粲然可观。余曰，是将以法相家论籍之组织，达儒宗之冲旨。是书若出，后生其有赖乎？闻积稿已不少，不久当可公之于世。宰平少年好为诗，诗人富神趣。其于物也，遇之以神，而遗其迹。中年，尚西洋实测之术。其穷理，务明征定保，远于虚妄。五十以后，践履日纯。晚而穷神知化，庶几尽性。余与宰平交最笃。知宰平者，宜无过于余；知余者，宜无过于宰平。世或疑余为浮屠氏之徒，唯宰平知余究心佛法，而实迥异趣寂之学也。或疑余为理学家，唯宰平知余敬事宋明诸老先生而实不取其拘碍也。或疑余简脱似老庄，唯宰平知余平生未有变化气质之功，而心之所存，实以动止一由乎礼，为此心自然之则，要不可乱也。宰平常戒余混乱，谓余每习气横发，而不自检也。（见吾《语要》卷四。）世或目我以儒家，唯宰平知余宗主在儒，而所资者博也。世或疑余《新论》外释而内儒，唯宰平知《新论》自成体系，入乎众家，出乎众家，圆融无碍也。

余与宰平相知之深，欣逢七十哲诞，应有大文字为祝，而复未能作。凡吾之所欲作，而皆未作者，非吾心之诚，有所未至也。文章本乎情思，运乎气势。情思气势二者，同发于精力。精力不裕，则情难活跃，而思易凝滞，气势不易充盈持久。如是，而欲为大文字，断不可能。精力强盛者，操笔之前，稍一凝敛，恰恰无心用，恰恰用心时。忽然，情如热焰，思若涌泉，气势如天油然作云，如长风鼓众窍。凡大文字之成，未有不如此者也。文学之文与著书说理，其事有异。说理，只要平日义精仁熟，临写出时务求信达，雅其次也。故精力稍弱者，犹可积渐为之。文学之文，兴会为主。精力贫乏，则兴会不生。虽生，而不恒不盛。情思乍动而歇，气势弱而难举，欲为美文，不可得也。余于汪大绅三录之文，及其与罗有高等感怀之记，宏廓深远，得未曾有。每有大感触，思效之，作一篇大文字，而终束手不一就。呜呼，大文字，天地之真善美也。非唯个人不易成功，而文章盛衰，实世运升降所系。吾虽孤陋，犹思独握天枢，以争剥复。傥世运稍转、老怀无苦、精力康复，虽不必能为大文字，终不至以无物，上惭前哲。此则余之所自矢也。此番笔语，烦自昭主任付北大纪念册及《哲学评论》祝宰翁哲诞专刊两处发表。聊以志感。

（原载《十力语要初续》，1949 年香港印本）

熊十力年谱简编

1885 年乙酉（清光绪十一年），一岁

正月初四出生于湖北省黄冈县上巴河以北之张家湾的一户农家。

1892 年壬辰（清光绪十八年），八岁

为邻家放牛。父亲授徒于乡塾，偶回家教十力识字或讲历史故事。

1894 年甲午（清光绪二十年），十岁

入父亲掌教之乡塾读书，学《三字经》、《四书》等。次年父亲病重，十力即告失学。

1896 年丙申（清光绪二十二年），十二岁

父亲病逝。十力继续为人放牛，随长兄耕读田畔。

1899 年己亥（清光绪二十五年），十五岁

长兄仲甫送十力至父亲友人何柽（字圣木）先生处就读。十力只读了半年，因难耐约束而出走。

1900 年庚子（清光绪二十六年），十六岁

少慕陈同甫，继喜陈白沙，忽起无限兴奋。又读格致启蒙书，读之狂喜，遂视六经诸子为粪土。

1901 年辛丑（清光绪二十七年），十七岁

继续游学乡间，读王夫之、顾炎武、黄宗羲书。结识邻县浠水何炳藜（字焜阁）先生及其弟子王汉、何自新。读新书报，日聚高谈，非尧舜，薄周孔，立志革新政治。与王汉、何自新共游江汉，准备联络有识之士，图天下事。

1903 年癸卯（清光绪二十九年），十九岁

为运动军队，湖北革命团体决定输送革命知识青年进入新军。十力投武昌凯字营第三十一标当兵。白天上操练武，夜间读书看报。

1904 年甲辰（清光绪三十年），二十岁

何自新、王汉往来各学堂与军营之间，结识宋教仁、吕大森、刘静庵、张难先、胡瑛等。刘静庵等在武昌成立科学补习所，并与湖南黄兴等建立的华兴会取得联系。十力与何自新批评武昌不易发动革命之说。因长沙起义事泄，科学补习所被查封。

1905 年乙巳（清光绪三十一年），二十一岁

正月，挚友王汉刺杀清大臣铁良，未果，壮烈牺牲。冬，十力由行伍考入湖北新军特别小学堂，在学堂中揭露清吏，联络队伍，传播革命。参加梁耀汉组织的群学社。

1906 年丙午（清光绪三十二年），二十二岁

二月，刘静庵、何自新等在武昌成立革命团体日知会。十力加入日知会，同时又加入同盟会。二至五月，十力发起组织并主持了黄冈军学界讲习社。该社成为军界与学界的桥梁，宣传、组织革命。因力主起事，事泄遭通缉，隐匿乡间。

1907 年丁未（清光绪三十三年），二十三岁

元月，日知会领导人刘静庵等因策动在武昌响应萍、浏、醴起义而被捕下狱，日知会被查封。何自新出逃，与十力出没于江西德安、建昌等地。

1908 年戊申（清光绪三十四年），二十四岁

返回黄冈，改姓名为周定中，在百福寺白石书院孔庙教书。不久又到邻近之马鞍山的黄龙岩教书。是年与次年，读二程、朱熹、王船山诸

书，尤其是他们的易学著作。又读《列子》，由读《列子》启发了对王阳明的理解。

1911 年辛亥（清宣统三年），二十七岁

十月十日，武昌起义爆发。十三日黄冈光复。十力参与其事，光复后出任秘书，不久即赴武昌任湖北都军府参谋。先一年，何自新病逝。

1912 年壬子（民国元年），二十八岁

与詹大悲、胡瑛等联名上书黎元洪，请以王汉、何自新从祀于武昌烈士祠。秋冬，鄂督特设武昌日知会调查记录所，编辑日知会志，十力任编辑。晤见月霞法师。

1913 年癸丑（民国二年），二十九岁

在吴贯因主办的《庸言》杂志上发表五篇笔札，涉及儒释道诸家，立志弘大旧学，以拯救世道人心。主张恢复道统，于孔子易学和宋明儒有了同情的理解。二次革命讨袁失败后，被遣散。以遣散费回德安为兄弟置田。在德安读经学、子学、佛学著作。

1914 年甲寅（民国三年），三十岁

与老秀才傅晓榛之幼女既光在黄冈结婚。次年长女幼光生。

1916 年丙辰（民国五年），三十二岁

作《船山学自记》、《某报序言》等文字，忧时之悲情，溢于言表，关怀安心立命问题。

1917 年丁巳（民国六年），三十三岁

再晤月霞法师。孙中山先生领导的护法运动兴起。秋，十力曾由江西入湖南参预民军，不久与天门白逾桓赴粤，佐孙中山幕。蔡元培掌校北京大学，改革北大，并创进德会。十力贻书赞助，极声应气求之雅，与蔡先生始结文字之交。

1918 年戊午（民国七年），三十四岁

在广州居半年之后，痛感党人绝无在身心上做工夫者，念党人竞权

争利，革命终无善果，对政治、政党颇觉失望，慨然弃政向学，决心专力于学术，导人群以正见。自是年始，誓绝世缘，而求为己之学，避免随俗浮沉。6月由广州经上海、庐山回德安。在上海，与老友张纯一相过从。在匡庐题壁："数荆湖过客，濂溪而后我重来"。秋，汇集1916年以来的笔札二十五则，编成《熊子真心书》，自印行世。蔡元培为之序。

1919 年己未（民国八年），三十五岁

在天津南开学校教国文。暑假，与梁漱溟初会于北平广济寺。

1920 年庚申（民国九年），三十六岁

上半年继续执教于南开学校。致函蔡元培，讨论与新文化运动相关的若干问题，蔡将此函推荐刊发于《新潮》二卷4号。同期刊发有罗家伦《答熊子真书》。暑假，梁漱溟访南京金陵刻经处研究部，向欧阳竟无大师请教佛学并介绍十力求学。下半年，十力在南京欧阳门下学习佛法。次年继续在南京学佛，子世菩生。

1922 年壬戌（民国十一年），三十八岁

继续在南京学佛，起草《唯识学概论》。欧阳竟无先生的南京支那内学院与太虚法师的武昌佛学院就《大乘起信论》展开论战。是年，蔡元培始聘熊十力为北京大学特约讲师，代替梁漱溟，主讲唯识学。冬，十力到北大任教，与梁漱溟师弟住地安门吉安所。

1923 年癸亥（民国十二年），三十九岁

在北京大学讲授佛教唯识学。10月，北大出版组印制先生的《唯识学概论》讲义。该讲义基本上依据于佛家本义，忠实于内院所学。印出不久，忽盛疑旧学，于所宗信，极不自安，乃毁稿，草创《新唯识论》。与林宰平（志钧）交游，与梁任公晤谈，与梁漱溟等住北京西郊永安观。

1924 年甲子（民国十三年），四十岁

为自己更名为"十力"（此前叫"子真"）。夏秋，暂停北大教职，随梁漱溟师弟前往山东曹州创办曹州高中。先生任教于曹州高中。高赞非得列门墙。年底取道济南返乡。

1925年乙丑（民国十四年），四十一岁

元月在北京大学《现代评论》上发表《废督裁兵的第一步》。春，应武汉大学前身武昌大学校长石瑛邀聘，执教于武大。先生携高赞非赴任。同事有方东美等，学生有胡秋原等。秋，武大校长易人，先生仍返北大任教。秋冬，删注窥基《因明大疏》，作为讲授因明学用。与梁先生师弟十数人共住什刹海东梅厂胡同，斋名"广大坚固瑜伽精舍"。12月南京内学院年刊《内学》第二辑发表先生的《境相章》。是年小女再光生。

1926年丙寅（民国十五年），四十二岁

先生的《因明大疏删注》先由北大印成讲义本，后由上海商务印书馆出版发行，为治因明之津梁。先生的第二种《唯识学概论》讲义由北大印出。此书是先生由佛归儒、自创新论的一个里程碑。与梁漱溟、卫西琴等十余人住北京万寿山大有庄。

1927年丁卯（民国十六年），四十三岁

因病到南京中央大学休养，与汤用彤、李石岑及内院师友相游处。春，由张立民陪侍移杭州西湖养疴，与严立三同住法相寺。5月，与严立三、张难先、梁漱溟、陈铭枢等在南高峰聚谈，叹息人材凋零。

1928年戊辰（民国十七年），四十四岁

住西湖孤山广化寺，蔡元培来看望，与蔡先生谈养材及设立哲学研究所事。应汤用彤先生邀，去南京中央大学讲学，唐君毅得列门墙。次年因病重由张立民陪侍回武昌，住连襟王孟荪家。推荐胡秋原留学日本。

1930年庚午（民国十九年），四十六岁

先生的《唯识论》由公孚印刷所印制。这一稿本较1923年《唯识学概论》有了根本变化，较1926年《唯识学概论》亦变化了十之三四。高赞非记录整理的熊十力1924—1928年论学语录和信札，经张立民删定并序，编为《尊闻录》，于10月自印行世，分赠友好。仍住杭州广化

寺，与理学大师马一浮结交。北京大学陈大齐百年先生欲聘马先生为研究院导师，马先生举熊先生代，熊亦坚辞。马先生读《尊闻录》，特举"成能"、"明智"二义加以讨论。家眷住南京大石桥。

1931 年辛未（民国二十年），四十七岁

张难先主政浙江。熊仍住杭州，与湖北三怪张难先（义痴）、石瑛（蘅青）、严重（立三）砥砺廉洁。

1932 年壬申（民国二十一年），四十八岁

1 月 25 日致函国民政府主席林森，指陈抗日救国大计，主张对日寇不宣而战。1 月 28 日，日军进攻上海，十九路军将士英勇抵抗。先生专程赶往上海慰问陈铭枢和将士。10 月，先生的哲学代表作《新唯识论》（文言文本）在杭州自印行世。马一浮题签作序。是书标志先生营造了十年的哲学体系正式确立起来。马序和蔡元培序予以很高评价。11 月重返北大讲授唯识学。住梁漱溟先生家崇文门文外缨子胡同十六号，与学生云颂天、谢石麟共住。牟宗三得列门墙。12 月，南京内学院《内学》第六辑发表刘定权《破新唯识论》批评熊十力，欧阳竟无大师作序。

1933 年癸酉（民国二十二年），四十九岁

2 月，先生的《破〈破新唯识论〉》由北大出版部出版，对刘定权的《破论》作反批评。北大出版组又油印先生的《新唯识论参考资料》。元至 2 月，《海潮音》十四卷一、二期分别发表太虚《略评新唯识论》和燃犀《书熊十力著所谓新唯识论后》。秋，北平直隶书局印行周叔迦《新唯识三论判》，批评《新论》、《破论》、《破破论》。住北平后门二道桥，与汤用彤、钱穆、蒙文通、张尔田、张东荪、张申府、冯友兰、张岱年等交游，郑奠、罗庸、郑天挺、罗常培、陈政、姚家积等执弟子礼。5 月致函胡适，胡适将信加上标题《要在根本处注意》发表于《独立评论》。4 月、7 月、8 月分别在《大公报》发表《杂感》、《略释"法"字义》、《循环与进化》等文。暑假去邹平看望梁先生。寒假回湖北避寒。

1934 年甲戌（民国二十三年），五十岁

在《独立评论》、《大公报》发表短文若干。住北平沙滩银闸胡同

六号。

1935年乙亥（民国二十四年），五十一岁

4月在《大公报》发表《文化与哲学——为哲学年会进一言》一文，回应关于本位文化建设的讨论。10月在北京出版《十力论学语辑略》，收录1932年冬至1935年秋近三年间的论文笔札。（尔后编为《十力语要》卷一。）华北危机，敦请胡适表态。与钢和泰、李华德交往。冬天南归，与伍庸伯游黄州，访刘慧凡。

1936年丙子（民国二十五年），五十二岁

夏秋季写作《佛家名相通释》。在《文哲月刊》、《中心评论》、《北平晨报》"思辨"专栏发表多篇文章，与张东荪、唐君毅等讨论学术。仍住北平二道桥，与贺麟为邻。来访者还有刘公纯、阎悌徐、冯文炳（废名）、金岳霖、沈有鼎、王维诚、黄艮庸、牟宗三等。是冬至次年春答意大利马格里尼教授，释《老子》。

1937年丁丑（民国二十六年），五十三岁

2月，北京大学出版组正式出版《佛家名相通释》，马一浮先生题签。是书经费由居正先生资助。七七事变发生，先生由刘公纯陪同，冒险逃离北平，回湖北。是冬入川，暂居重庆。

1938年戊寅（民国二十七年），五十四岁

春，移居璧山。璧山中学校长钟芳铭欢迎先生住下。与邓子琴、钱学熙、刘公纯、陈亚三、刘冰若、王绍常、任伦昉等生相依于忧患之中，为诸生讲民族精神、种原及通史。坚信日寇决不能亡我国家、民族、文化。是夏整理出《中国历史讲话》，由中央陆军军官学校石印。同时作《中国历史纲要》，未发表。指导学生钱学熙译《新论》为语体文，至转变章首段。

1939年己卯（民国二十八年），五十五岁

夏有嘉州（乐山）之行，应马一浮聘，任复性书院主讲。8月19日在乐山遇寇机轰炸，寓居全毁于火，左膝受伤。9月17日作《复性书院开讲示诸生》。在书院规制及用人等问题上，与马先生有点意见不

合，约于 10 月中下旬离开复性书院。时武汉大学已迁至乐山，熊先生曾到武大短时讲学。返回璧山后，与梁漱溟等借住来凤驿古庙西寿寺。冬，与学生韩裕文移居来凤驿小学校长刘冰若处，指导韩译《新论》为语体文，转变章译完。欧阳竟无先生致书批评十力。

1940 年庚辰（民国二十九年），五十六岁

仍住璧山来凤驿，与梁漱溟相过从。夏天，学生吕汉财资助印行《新唯识论》语体本上卷。梁漱溟创办勉仁中学与勉仁书院于北碚金刚碑。先生来北碚勉仁书院。

1941 年辛巳（民国三十年），五十七岁

4 月，《十力语要》卷二成书，由周封岐资助印行。是书搜罗 1936至 1940 年的先生笔札，并印有先生于 1940 年 6 月 15 日写的跋语。仍住北碚勉仁书院，改写《新论》卷中为语体文，孟秋脱稿。钱穆、牟宗三分别来北碚看望先生。

1942 年壬午（民国三十一年），五十八岁

正月，以勉仁书院哲学组名义出版《新论》语体本上中卷，经费由居正募资。仍住北碚，居正、陶希圣、郭沫若、贺麟、唐君毅等曾来探访。与方东美、冯文炳通函，讨论佛学。太虚著文评《新论》语体本，与蒙文通辩难《周官》。流徙贵州遵义的浙江大学张荫麟、张其昀、谢幼伟等办《思想与时代》杂志，邀先生在该刊发表短文多篇，与谢幼伟讨论玄学方法，著文悼张荫麟。

1943 年癸未（民国三十二年），五十九岁

2 月 23 日，欧阳大师逝世于江津，熊先生前往吊唁。3 至 7 月，与吕澂先生往复通函辩论佛学根本问题。春，《新论》下卷改写成语体文。夏，北京大学昆明办事处续聘先生为北大文学院教授。先生于抗战中接受西南联大发给的薪水或代用品，未赴昆明。徐复观得列门墙。

1944 年甲申（民国三十三年），六十岁

3 月，全部《新唯识论》语体文本由中国哲学会作为中国哲学丛书甲集之第一部著作由商务印书馆在重庆出版。是书标志先生的哲学体系最终成熟。从正月至秋冬之际，起草《读经示要》。是年在《哲学评论》、《三民主义》半月刊发表论文若干。致书陶希圣、冯友兰，对冯著《新原人》甚为推许，并提出不同意见相讨论。

1945 年乙酉（民国三十四年），六十一岁

12 月，先生的又一鸿篇巨制《读经示要》由重庆南方印书馆作为中国哲学丛书甲集之三印行。是年，贺麟、谢幼伟、周通旦等发表文章推崇先生之学，王恩洋以佛学立场发表文章批评先生。

1946 年丙戌（民国三十五年），六十二岁

春，由重庆返回武汉。是春与夏初，先生两次拒绝接受蒋介石资助他办哲学研究所的经费，不愿沾染官方的秽气。夏初重入川。孙颖川在乐山附近五通桥办黄海化学工业研究社，特为先生附设一哲学研究部，聘先生主持之。8 月在五通桥作《中国哲学与西洋科学》的长篇讲词。秋冬在王星贤协助下汇编《十力语要》卷三、卷四。卷三为先生 1942 至 1946 年间论文书札，原由黄艮庸所选存。卷四以《尊闻录》为主体。

1947 年丁亥（民国三十六年），六十三岁

3 月作《增订十力语要缘起》。仲春由重庆乘船东下，然后由武汉北上，于 4 月 24 日抵北平，返回北京大学。与冯文炳同住。先后住孑民堂后院集体宿舍和沙滩松公府宿舍。与校长胡先骕先生谈学术与养才问题，建议设哲学研究所。4 月，接受美国康乃尔大学柏特教授对他的访问，并与汤用彤、胡适、林宰平、金岳霖、梅贻宝、贺麟、朱光潜等出席中国哲学会欢迎柏特的会议。在北大孑民堂上课，殷海光等曾听课。秋，著文《纪念北京大学五十年并为林宰平祝嘏》。秋，由北平经上海返汉口。在上海住朱惠清家，与牟宗三、徐复观、张立民等合影。

3 月，商务印书馆在上海重印《新论》语体本（全一册）。年底，湖北友人门生筹印"十力丛书"，湖北省及武汉市政府拨出印费，印成《新唯识论》语体本三卷四册、《十力语要》四卷四册，均线装大字本。

暑假读《大智度论》，并作《读智论抄》，在 9 月至次年元月出版之《世间解》连载。是年在《学原》、《哲学评论》、《东方与西方》、《龙门》杂志上发表论文十多篇。周谷城、杜守素（国庠）等著文批评先生的唯

心论。

1948 年戊子（民国三十七年），六十四岁

2 月再度赴杭，应浙江大学文学院院长张其昀、哲学系主任谢幼伟之聘到浙大讲学。张、谢与郑奠出资为先生筑屋，先生命名为"漆园"。自此，先生以"漆园"为号。是春，马一浮先生与复性书院同人欢迎熊先生及叶左文先生，小聚并合影留念。先生收安陆池师周遗孤池际安为嗣女，改名熊池生，字仲光。6 月，先生作《命仲女承二姓记》。在《学原》上发表《论事物之理与天理：答徐复观》、《略谈〈新论〉要旨（答牟宗三）》等文。致函胡适，并附《读谭子化书》一文。秋末离杭赴粤，居广州郊外番禺化龙乡黄艮庸家。邓子琴由南京抄寄印顺法师《评熊十力的新唯识论》长文。先生遂以黄艮庸名义作长文《申述新论旨要平章儒佛摧惑显宗记》，反驳印顺。给仲光讲授佛学。钱穆、王季思、唐君毅与至中兄妹等曾来看望先生。

1949 年己丑（民国三十八年），六十五岁

2 月，《读经示要》在徐复观、吴俊升等帮助下，由上海正中书局印成三卷三册线装大字本。在广州编定《十力语要初续》，汇集 1947 年秋至 1949 年春的论文书札及熊仲光的学佛札记《困学记》。又修订胡哲敷的《非韩》长文。胡哲敷三十年代曾在杭州听先生讲授《韩非子》，后撰成此文。先生再作改定，成《韩非子评论》。在徐复观等帮助下，《十力语要初续》和《韩非子评论》于是年底在香港出版。是年与在港台的徐复观、唐君毅、张丕介、钱穆、牟宗三、胡秋原、柯树平等，及在四川的叶石荪等反复通函，亦与北大汤用彤、清华冯友兰、中央大学宗白华等通函，谋安身之处。在此期间与徐复观产生矛盾、隔阂。

10 月 1 日中华人民共和国成立，14 日广州解放。10 月 25 日郭沫若、董必武联名打电报邀请先生北上。先生 11 月 18 日才收到郭、董电报，复信提出到北京后不做官、能讲学等。

1950 年庚寅，六十六岁

元月由广州回到武汉，3 月到北京，住董必武代为租定的安定门内车辇店胡同 51 号，6 月移居张云川代觅的护国寺大觉胡同 12 号，取斋名为"空不空"。仍援旧例，任北京大学哲学系教授，每周两钟点课，

不到校上课。贺麟、任继愈曾分别带学生到先生家听先生讲《新唯识论》。老友门生曾来探望。夏、秋，著《与友人论张江陵》，自印行世。冬，请大众书店印《摧惑显宗记》，署黄庆之名，作为"十力丛书"之一。经费由赵介眉赞助。

1951 年辛卯，六十七岁

5 月作成《论六经》，系给徐特立的一封长信，由大众书店印存。提倡学术自由研究、独立创造的风气，主张私人民间自由讲学，建议当局恢复南京内学院、浙江智林图书馆和勉仁书院，分别由吕澂、马一浮、梁漱溟主其事，又建议设立中国哲学研究所，培养研究生研讨国学。认定中华五千年高深悠久的文明自有独到精深之处，中国人之做人与立国的特殊精神应视为立人立国之道。批评梁漱溟，并与之辩论梁著《中国文化要义》。

1952 年壬辰，六十八岁

删削《新唯识论》语体本。秋，移居什刹海后海的鼓楼大金丝套十三号，一所小四合院，乃政府购置之公房。

1953 年癸巳，六十九岁

《新唯识论》（壬辰删定本）于是秋由董必武、林伯渠协助印出。陈荣捷之英文著作《现代中国宗教之趋势》在美国出版，首先把先生之哲学思想介绍到西方。

1954 年甲午，七十岁

自春至秋，著《原儒》上卷。10 月 29 日，由弟子刘公纯等陪同，离京赴沪，依子世菩住青云路 169 弄 91 号。自此定居上海。刘静窗等拜谒先生。此后，刘与先生反复讨论佛学与儒学。次年，《原儒》上卷排印一百册，并起草下卷。

1956 年丙申，七十二岁

2 月出席全国政协知识分子会议，此后被增选为全国政协委员。在陈毅关照下，于 6 月 14 日迁居淮海中路 2068 号洋房的第二层，专事写作，避免了与家眷住在一起的干扰。是年，北京大学评先生为一级教授。6月，在《哲学研究》发表《谈"百家争鸣"》一文。夏初，《原儒》下卷脱稿，秋初排印，存百部。仲冬，《原儒》上下卷由上海龙门联合书局公开出版发行，加印五千套。全书含原学统、原外王、原内圣三部分。并附录《六经是孔子晚年定论》。是秋，开始起草《体用论》，导致心血管病复发。自上年始与在苏州的唐至中联系上了，以后与她通信，并通过她与唐君毅、牟宗三去函。

1958 年戊戌，七十四岁

4月，《体用论》由上海龙门联合书局按先生秘书封用拙的抄本影印出版。是书浓缩并发挥了《新唯识论》的基本思想，是晚年代表作之一。10月退休，北大教授名义解除，工资关系转到全国政协。是年写作《明心篇》。先生定居沪上后，先后与周予同、周谷城、李平心、任鸿隽、刘佛年有过交往。往来较多的有陈子展、袁道冲、王揆生、刘公纯、田镐、潘雨廷等。

1959 年己亥，七十五岁

4月，《明心篇》由龙门书局排印出版。是书乃先生晚年最有代表性的著作，发挥生命体验的形上睿智，讨论心性论与认识论问题。是年开始起草《乾坤衍》。

1961 年辛丑，七十七岁

立春前写完《乾坤衍》。自费影印百余部。是书仍由私人文书封用拙誊抄，通过郭沫若联系中国科学院印刷厂影印。先生说："余患神经衰弱，盖历五十余年。平生常在疾苦中，而未尝一日废学停思。余之思想，变迁颇繁，惟于儒佛二家学术，各详其体系，用力尤深。本书写于危病之中，而心地坦然，神思弗乱。此为余之衰年定论。"夏，梁漱溟在海拉尔避暑，编《熊著选粹》。梁又于11月著长文《读熊著各书书后》批评熊学。是年前后，程兆熊、唐君毅夫妇与其妹唐至中分别从香港和苏州给先生寄营养品或药品。次年春刘静窗先生去世，先生亲去吊唁。次年王元化始拜谒先生，彼此交往了二三年。

1963 年癸卯，七十九岁

元旦动笔作《存斋随笔》，释佛教十二缘生，春节作自序一篇，仲冬完稿并作补记。陈荣捷用英文编著《中国哲学资料书》在美国出版，有专章介绍先生。该书突出地把熊先生和冯先生（友兰）作为 20 世纪重建传统哲学的两大代表人物加以述介和表彰。

1964 年甲辰，八十岁

将《存斋随笔》请封用拙誊抄后寄郭沫若，以谋印出。12 月赴京列席全国人大三届一次会议、出席全国政协四届一次会议期间，郭沫若告以印存此书有种种困难。次年收到退稿后，请封先生再抄一份留存。

1966 年丙午，八十二岁

"文化大革命"爆发，天下大乱。先生身心俱受摧残。被红卫兵抄家、批斗，在街头示众受辱。淮海中路寓所被造反派强占，不得不回青云路与家人住在一起。心境悲凉，但求速去。作一联云："衰年心事如雪窖，姜斋千载是同窗。"常写字条批评"文化大革命"，口中念念有词："中国文化亡了！"

1968 年戊申，八十四岁

春夏之交，患肺炎。5 月 23 日上午九时与世长辞。先一年 6 月 2 日，马一浮先生在杭州去世。

参考文献

萧萐父主编，郭齐勇副主编，郭齐勇、景海峰、王守常、蔡兆华等整理：《熊十力全集》（九卷十册），武汉，湖北教育出版社，2001年。

萧萐父、郭齐勇编：《玄圃论学集——熊十力生平与学术》，北京，三联书店，1990年。

郭齐勇编：《存斋论学集：熊十力生平与学术》，北京，三联书店，2008年。

郭齐勇主编：《玄圃论学续集——熊十力与中国传统文化国际学术研讨会论文集》，武汉，湖北教育出版社，2003年。

郭齐勇著：《熊十力及其哲学》，北京，中国展望出版社，1985年。

郭齐勇著：《熊十力与中国传统文化》，香港，天地图书公司，1988年；台北，台湾远流出版公司，1990年。

郭齐勇著：《熊十力思想研究》，天津，天津人民出版社，1993年；新版为《熊十力哲学研究》，北京，人民出版社，2011年。

郭齐勇著：《天地间一个读书人：熊十力传》，台北，业强出版社，上海，上海文艺出版社，1994年。

郭齐勇著：《熊十力传论》，北京，中国社会科学出版社，2013年。

郭齐勇编撰：《熊十力学案》，方克立、李锦全主编《现代新儒家学案》上册，北京，中国社会科学出版社，1995年。

景海峰著：《熊十力》，台北，东大图书公司，1991年；新版为《熊十力哲学研究》，北京，北京大学出版社，2010年。

林安梧：《存有、意识与实践：熊十力体用哲学之诠释与重建》，台北，东大图书公司，1993年；上海，三联书店，1995年。

李渊庭、阎秉华编写：《梁漱溟先生年谱》，桂林，广西师范大学出版社，1991年。

毕养赛主编：《中国当代理学大师马一浮》，上海，上海人民出版社，1992年。

杜维明：《探究真实的存在：略论熊十力》，《近代中国思想人物论——保守主义》，台北，台北时报公司，1980年。

中国近代思想家文库

图书在版编目（CIP）数据

中国近代思想家文库. 熊十力卷/郭齐勇编. —北京：中国人民大学出版社，2014.4

ISBN 978-7-300-18602-3

Ⅰ. ①中… Ⅱ. ①郭… Ⅲ. ①思想史-研究-中国-近代②熊十力（1885～1968）-思想评论 Ⅳ. ①B250.5

中国版本图书馆 CIP 数据核字（2013）第 319610 号

中国近代思想家文库

熊十力卷

郭齐勇　编

Xiong Shili Juan

出版发行	中国人民大学出版社	
社　　址	北京中关村大街 31 号	**邮政编码**　100080
电　　话	010－62511242（总编室）	010－62511770（质管部）
	010－82501766（邮购部）	010－62514148（门市部）
	010－62515195（发行公司）	010－62515275（盗版举报）
网　　址	http://www.crup.com.cn	
经　　销	新华书店	
印　　刷	涿州市星河印刷有限公司	
开　　本	720 mm×1000 mm　1/16	**版　次**　2014 年 6 月第 1 版
印　　张	20.25 插页 1	**印　次**　2025 年 4 月第 4 次印刷
字　　数	315 000	**定　价**　88.00 元